Theory of Family Welfare

가족복지론

고명석·김경원·박선민 공저

동문사

머리말

21세기에 들어서면서 우리나라는 저출산·고령화사회의 문제가 급격하게 심각해지고 있으며, 재분배에 대한 불평등으로 인하여 가족체계와 국가의 가족정책에 많은 영향을 미치고 있다. 경제적 불평등 등으로 인한 가족해체 현상 등이 사회문제로 대두되고 있고 비혼인 1인가족, 장애인가족, 노인가족, 동거가족, 기러기 가족, 별거가족, 동성애가족, 다문화가족, 북한이탈주민가족 등 다양한 새로운 가족형태가 우리 사회에 증가하고 있다. 국가의 정책 중에서도 무상보육 등 가족정책이 확대되고 있다.

따라서 21세기는 가족체계 안에서 가족구성원과의 친밀한 관계가 어떻게 적용하며, 이러한 가족관계 기능 및 구조상에서 나타나는 가족문제, 그리고 이러한 가족문제에 대한 국가적·사회적 대책 등에 관한 것을 체계론적 관점에서 종합적으로 연구하는 작업은 더욱 중요시되고 있다고 할 것이다.

본 교재는 저자들의 학문적 깊이와 현장 경험을 바탕으로 최근 다양한 환경 속에서 변화되고 있는 가족의 개념과 가족복지관련 현황과 실태 등을 구체적으로 제시하였을 뿐만 아니라 가족복지정책 행정, 그리고 다양한 가족복지 관련 프로그램과 실천기술 등을 기술하는 데 중점을 두었다. 또한, 새로운 가족복지이론과 접근방법 등을 소개하여 대학 등에서 가족문제와 가족의 삶의 질에 대한 학업에 임하는 학생뿐만 아니라 가족복지정책 및 행정을 기획하고 집행하는 공직자 그리고 가족복지실천 현장에서 가족복지실천을 수행하는 실무자들에게 전문적인 지식과 기술 적용에 도움을 주고자 집필하게 되었다.

본 교재는 오늘날 가족복지학을 비롯하여 사회과학을 공부하는 모든 학생들이 반드시 인식하여야 할 전문적 지식을 제공하는 것이다. 따라서 필자들은 사회복지를 전공하는 학생들에게 가족복지의 체계론적 지식과 현장실무 수행의 기술 및 가족복지의 중요성을 함께 고민할 수 있도록 하였다. 특히 본 교재는 저자들이 활동하고 있는 학교에서 수년간 강의하면서 정리한 내용을 다음 사항을 최대한 고려하여 집필한 것이다.

첫째, 가족복지를 처음 공부하는 학생들이 부담 없이 '가족복지론'을 입문하기에 적당한 내용과 분량을 제공하는 데 관심을 가졌다.

둘째, 실제 집필을 실행하는 시간적 과정에 따라 각 장을 배열함으로써 학업에 대한 실제적 이해를 하도록 하였다.

셋째, 실질적인 가족체계 접근방법과 적용방법을 제공함으로써 현장 활동에 적용할 수 있도록 하였다.

본 교재는 새로운 학술적 이론이나 개념을 정의한 것이 아니라, 일반적으로 통용되는 기존의 연구저작물이나 책 등 자료집을 인용하거나 활용하여 쉽게 풀어쓰거나 정리하였다. 그럼에도 불구하고 인용한 분분들에 대해서는 개별저자들의 양해를 구했어야 마땅하지만, 교재의 성격상 비상업적 용도를 고려하여 지면을 통하여 일괄적으로 양해를 구하는 바이다.

본 교재를 집필하면서 학생들이 더욱 더 이해하기 쉽도록 교재를 만들려고 노력하였으나 난해한 부분이 있다면 이는 전적으로 필자들의 부족함의 결과이다.

부족한 필자들의 미흡한 교재이지만 '가족복지론'을 학습하는 학생들에게 도움이 되기를 바라며, 본 교재가 나오기까지 수고해 주신 도서출판 동문사 가족들과 우리나라 가족복지발전을 위해 헌신적인 활동을 아끼지 않는 김경원 · 박선민 교수 가족분들에게 고마운 마음을 전합니다.

2016년 6월 백련산 자락에서

저자를 대표하여 고명석

차 례

제 1 장

가족에 대한 이해

제1절 _ 가족의 개념과 기능

제2절 _ 현대가족의 변화

제3절 _ 현대가족변화에 대한 쟁점

제4절 _ 현대가족의 문제

제5절 _ 현대가족의 문제점 해결방안

제1절 가족의 개념과 기능

가족에 대한 정의는 가족을 연구하는 학자마다 강조하는 점이 조금씩 다르다. 가족의 사전적 정의는 '혈연 · 인연 · 입양으로 연결된 일정 범위의 사람들(친족원)로 구성된 집단'으로 명시하고 있으며, 가족에서의 혈연관계는 부모-자녀관계를 기본으로 하고 그 확장을 포함한다. 예컨대 조손관계는 부모-자녀관계가 수직적으로 확장(직계친)된 것이며, 형제관계는 부모를 공유하는 수평적 확장(방계친)이라고 할 수 있다. 그리고 인연(姻緣)관계는 부부관계를 기본으로 하고 그 확장을 포함한다. 예컨대 고부관계는 한 여성의 부부관계와 그 남편의 모자관계의 결합으로 볼 수 있다. 한편 입양은 생물학적 자녀가 없는 경우에 특정 목적을 위하여 사회적인 자녀관계를 맺는 것을 말한다(한국민족문화대백과, 한국중앙연구원).

1. 가족의 개념

인간은 출생과 함께 가족이란 집단에 속한다. 가족은 우리 사회의 기본 단위이며, 보호, 보건 등 신체적 보호의 1차적 기능을 가지고 있는 사회화를 위한 학습의 장이다. 가족은 가장 오래된 사회의 기본적인 단위로서 다른 사회제도에 비해 비교적 적은 구성원으로 이루어졌지만, 인간의 기본적인 욕구와 사회의 여러 가지 요구가 역동적으로 상호작용하면서 인류 역사상 가장 오래 동안 지속되어온 제도이다.

1) 전통적인 가족 개념

가족에 대한 개념은 학자마다 조금씩 다르게 정의하고 있다(박희숙 외, 2014).

(1) 머독(Murdock)

'가족은 부부와 자녀로 구성되고, 주거와 경제적인 협력을 같이하며, 자녀의 출산을 특징으로 하는 집단으로, 사회적으로 인정받는 성적 관계를 유지하는 최소한 두 명의 성인 남녀와 한 명 이상의 자녀를 포함한다'라고 정의하였다. 가족의 혈연이나 혼인이라는 제도적 측면에서 법적 지위를 중심으로 부여받는 핵가족적 정의에 초점을 두고 있다.

(2) 레비스트로스(Levi-Strauss)

결혼으로 형성되고, 부부와 자녀들로 구성되지만 다른 근친자가 포함될 수 있으며, 가족구성원은 법적 유대, 경제적 · 종교적 · 그 외 다른 권리와 의무, 성적 관리와 금기, 애정, 존경 등 다양한 심리적 감정으로 결합된 것으로 정의하였다. 가족의 유대, 관계, 결합 등 운명공동체적 성격을 중요 요소로 생각한 것이다.

(3) 버제스와 로크(Burgess & Locke)

가족은 혼인, 혈연 또는 입양에 의해 결합된 집단으로 각각의 사회적 역할 속에서 상호작용, 의사소통하고 공통의 문화를 창조, 유지하는 집단으로 정의하였다. 이는 전통적인 가족의 정의에 가족구성원 내의 역할과 문화를 강조한 것이다.

전통적 의미의 가족은 혼인, 혈연 및 입양으로 이루어진 관계자들의 집단으로 볼 수 있으며, 이 집단의 구성원들은 의식주를 공동으로 해결하고 정서적 유대와 공동체적 생활방식을 갖는다.

2) 현대적인 가족 개념

현대사회의 급격한 변화와 함께 가족에 대한 가치관의 변화로 이혼가족, 재혼가족, 무자녀가족, 조손가족, 다문화가족, 미혼모부자가족, 동성애가족 등 다양한 형태의 가족이 등장하고 있어서 전통적인 가족개념은 새로 등장한 가족을 포괄하기 어려워 새로운 개념 정의가 시도되었다.

(1) 하트먼과 레어드(Hartman & Laird)

둘 이상의 사람이 서로 친숙한 한 가족이라 여기고, 밀접한 감정적 유대와 '가정'이라는 생활공간 그리고 생물학적 · 사회적 · 심리학적 요구의 충족에 필요한 역할과 과제를 공유하는 것이다.

(2) 이효재

일상적인 생활을 공동으로 영위하는 부부와 자녀들, 그들의 친척, 입양이나 기타 관계로 연대의식을 지닌 공동체집단을 의미한다.

(3) 올슨과 디프레인(Olson & DeFrain)

두 명 이상의 가족원들이 서로 돕고 몰입되어 있으며, 애정과 친밀감, 가치관, 의사소통과 자원을 서로 나누는 집단을 말한다.

(4) 미국사회복지사협회

자신들 스스로가 가족으로 생각하면서 전형적인 가족임무를 수행하는 2인 이상의 사람들의 모임을 말한다.

(5) 아이힐러(Eichler)

한 명 혹은 그 이상의 자녀를 포함하거나 포함하지 않을 수 있으며, 이 자녀가 혼인관계에서 태어날 수도 있고 그렇지 않을 수도 있는 사회집단을 말한다.

현대적 의미의 가족은 가족의 개념을 어떻게 정의하고 어떤 가족 개념에 의거하여 정책을 결정하는가에 따라 다양한 형태의 가족들이 경험하는 현실은 달라질 수 있으므로 우리 사회는 핵가족만이 정상적 가족이라는 개념을 넘어서, 다양한 형태의 가족이라는 현대적인 가족 개념을 수용해야 한다.

2. 관련용어

1) 가정

가족이 함께 생활하는 사회의 가장 작은 집단이다. 또한 가정은 긴장완화, 휴식과 안정, 재충전 등을 위한 심신의 안식처의 의미도 가지고 있다.

2) 가구, 세대

가구와 세대는 동일한 의미로 사용된다. 가구는 혈연관계와는 상관없이 1인 또는 2인 이상이 모여 주거와 생계의 경제적 협력을 같이하는 단위이다.

3) 친족

친족은 혈연관계와 인척관계에 의해 결합된 사람들을 말한다. 우리나라의 「민법」에서는 친족을 부계, 모계 구분 없이 8촌 이내의 혈족, 4촌 이내의 인척, 배우자를 의미한다.

일반적으로 '친척'이라 한다.

4) 집

집은 가족구성원, 거주지, 건물 등까지 포함하는 가족보다 더 광범위하게 사용되는 개념이다. 복지서비스의 비공식적 주체로서 집은 재가, 재택, 거택 등으로 표시된다. 재가는 사회복지서비스의 공급에서 가족의 기능을 부각시키는 의미로 주로 우리나라에서 사용된다. 재택은 주로 일본에서 사용하며, 가정의 장소적 의미로 사용된다. 거택은 가족의 기능을 거의 기대하지 않는 것으로 장소적 의미가 가장 강하다.

3. 가족형태

가족의 형태는 가족의 크기, 가족구성의 범위, 부부의 결합형태, 세대 수에 따른 분류 등 구분요인에 따라 다양하다.

1) 가족의 크기에 따른 분류

(1) 소가족과 대가족: 5인 이하인 가족은 소가족, 6인 이상은 대가족

(2) 핵가족과 확대가족: 핵가족(nuclear family)은 부부와 그들의 미혼 직계자녀로 구성된 가족이고, 확대가족(extended family)은 결혼한 자녀가 부모와 동거하는 형태의 가족

확대가족은 핵가족이 확대 또는 복합된 형태의 가족을 의미하며, 결혼한 자녀가 부모와 동거하는 가족형태로써 가족이 종적으로 확대된 것을 직계가족(stem family)이라고 하고, 형제들이 결혼한 후에도 그들의 부모와 동거하여 횡적으로 가족이 확대된 것을 방계가족(collateral family)이라고 한다. 확대가족의 제일 윗세대가 사망한 뒤에도 그의 아들들이 계속 한 가족을 이루고 사는 경우는 복합가족(joint family)이라고 한다.

2) 부부의 결합 형태에 따른 분류

(1) 단혼제(monogamy, 일부일처제): 1남 1녀로 이루어지는 부부의 결합 형태

(2) 복혼제(poly monogamy, 일부다처제 혹은 일처다부제): 배우자의 수가 어느 한쪽이 단수이고, 상대배우자가 복수인 경우

(3) 연속적 단혼제(serial monogamy): 일생 동안 여러 배우자를 만나는 경우. 동시에 한 사람 이상의 배우자와 결혼하는 복혼제와는 다름

3) 세대 수에 따른 분류

(1) 1세대 가족: 남매나 형제로 구성된 가족

(2) 2세대 가족: 부부와 미혼 자녀로 구성된 가족

(3) 3세대 가족: 조부모와 부모, 자녀로 구성된 직계가족과 방계가족

4) 새로운 가족형태

(1) 독신가족: 자발적으로 결혼을 하지 않는 사람

독신가족이 증가하는 원인은 첫째, 교육기간의 연장과 직장생활의 확산, 둘째, 개인주의와 자유화의 영향으로 인한 자아실현에 대한 기대상승, 셋째, 가족가치관의 변화, 넷째, 생활양식의 변화이다.

(2) 자발적 무자녀가족: 부부가 동의하여 자녀를 가지지 않겠다고 결정한 가족

'자녀를 갖지 못하는(childless)' 가족과는 구분이 되는 '자녀를 갖지 않는(child-free)' 가족을 말한다.

(3) 동거가족: 공식적으로 결혼을 하지 않고 가족을 형성하는 것

동거가족은 일시적 동거나 성적욕구 해결, 경제적 이유 등으로 인한 동거가 아닌 결혼생활의 대안으로 생각하는 동거만을 의미한다.

(4) 집단가족: 공동체 정신의 구현을 목적으로 함께 살면서 책무, 재산 등을 공유하는 집단

자녀를 공동으로 양육하고 남녀의 역할구분이 없어 여성의 자율권과 지위가 높은 편이다.

(5) 동성가족: 동성애자 가족

4. 가족의 기능

가족의 기능은 가족구성원에게 애정과 친밀한 관계로 정서적 지원과 성장, 성숙을 돕는 것과 자녀의 출산과 양육을 통한 사회성원을 충원하는 것으로 크게 나눌 수 있다. 또한

가족의 기능은 고유기능과 기초기능, 부차적 기능으로 설명할 수 있으며, 각각은 가족구성원에 대한 대내적인 기능과 사회 전체에 대한 대외적인 기능이 있다.

1) 고유기능

(1) 대내적인 기능: 애정, 성의 기능과 생식, 양육의 기능

(2) 대외적인 기능: 성적인 통제와 사회성원의 충원 기능

2) 기초기능

가족이 가지는 생산과 소비의 경제적 측면을 의미한다.

(1) 대내적인 기능: 생산과 소비의 기능

(2) 대외적인 기능: 노동력의 제공과 생활보장, 경제질서의 유지 기능

오늘날의 가족은 생산기능보다 소비기능의 비중이 높다. 주로 도시에서 살고 있는 가족에게 의식주가 중심이 되어 외적 생활보장의 기능을 한다.

3) 부차적 기능

부차적 기능은 고유기능과 기초기능으로부터 파생된 것이다. 대내적으로는 교육, 보호, 휴식, 오락, 종교 등이 있다. 이는 가족구성원이 신체적 · 심리적 · 정신적으로 안정을 가지게 하여 사회안정 유지 및 재생산의 기능을 한다(박희숙 외, 2014).

(1) 교육적 기능: 문화전달기능에 대응 및 양육의 기능으로 자녀가 사회에 적응하는 데 필요한 지식, 기술, 규칙 등의 기초적인 사회화를 시켜줌 → 오늘날 가족 밖에서 수행하는 비율이 높아짐

(2) 보호적 기능: 외적 위험으로부터 가족구성원과 가족의 재산을 보호

(3) 휴식의 기능: 가족구성원에 대해 심신의 긴장과 피로를 해소하고, 노동력을 회복시키는 기능

(4) 오락의 기능: 가족구성원의 오락적 욕구를 충족시키는 기능, 교육적 의미 수반. 오늘날 컴퓨터, TV, 스마트폰의 영향력이 증가함에 따라 가족의 오락기능을 위협

(5) 종교적 기능: 가족의 신앙적 욕구를 충족시키는 기능, 오늘날 이 기능은 감퇴

〈표 1-1〉 가족의 대내외적 기능

성격	대내적 기능 (가족구성원 개인에 대한 기능)	대외적 기능 (사회 전체에 대한 기능)
고유기능	애정, 성	성적 통제
	생식, 양육	자손의 재생산(사회구성원 충족)
기초기능	생산(고용, 수입획득)	노동력 제공, 분업에 참여
	소비(의식주, 문화적 욕구충족)	생활보장, 경제질서의 유지
부차적 기능	교육(개인의 사회화) 보호 휴식 오락 종교	심리적 · 신체적 · 문화적 · 정신적 안정

출처: 박희숙 외(2014).

제2절 현대가족의 변화

현대사회의 가족은 가족의 구조적 변화와 외부변수인 산업화, 도시화에 따라 핵가족이라는 가족형태가 출현하게 되었으며, 부모와 자녀만의 핵가족 세대 비율이 감소하고 부부만의 세대, 편부 · 편모세대, 독신세대 등 가족의 다양화 현상이 뚜렷해지고 있는 실정이다. 또한 출산율의 감소, 노인 인구의 증가, 독신가구 및 단독가구의 증가, 결혼연령과 이혼 및 재혼율의 증가 등의 현상들은 가족 인구구성의 변화뿐만 아니라 가족구조, 형태, 기능, 가치관, 주기에 있어서도 많은 변화를 초래하고 있다.

1. 인구구성의 변화

1) 초혼연령 증가 및 혼인 감소

초혼연령 증가는 외환위기가 발생한 1997년을 기점으로 증가폭이 커졌으며, 그 원인은 경제적 불황으로 결혼준비를 못했거나 결혼 이후의 경제적 부담에 따른 남성의 결혼 기피, 여성의 자아성취욕구가 증대됨에 따라 교육과 취업기회에 적극적으로 참여로 인한 것으로 볼 수 있다. 통계청 자료에 의하면, 남성의 초혼연령은 1990년 27.9세에서 2010년 31.8세로 3.9세 늦춰졌다고 보고되었다. 최근 20년 사이 남녀 초혼연령은 4세가량 증가하였고, 혼인율은 감소하였다.

(인구 1천 명당, 건)

	혼인 건수 (건)	혼인율 (1천 명당)	평균 초혼	
			남자(세)	여자(세)
1980	403,031	10.6	27.3	24.5
1990	399,312	9.3	27.8	24.8
2000	334,030	7.0	29.3	26.5
2010	326,100	5.3	31.8	28.9

출처: 통계청(2013). 혼인통계.

2) 저출산 현상

현재 우리나라의 출산율은 계속해서 감소하는 추세를 보이고 있다. 통계청(2013)이 발표한 '9월 인구동향'에 따르면, 2013년 월 신생아 수는 전년도에 비해 매우 감소한 수치를 나타내고 있으며, 2013년 9월 출생한 신생아의 수는 37,200명으로 전년 동월 대비 10.8% 감소한 수치이다.

년도	1960	1970	1980	1990	2000	2005	2010
평균출산(명)	6.0	4.5	2.83	1.59	1.47	1.07	1.22

출처: 통계청(2013). 출생통계.

3) 고령화인구 증가

인구학에서 65세 이상 인구 구성비에 따라 고령화사회(7% 이상), 고령사회(14% 이상), 초고령사회(20%)의 3단계로 나눈다. 우리나라는 지난 20년 동안 전체 인구에서 노령 인구가 차지하는 비율이 꾸준히 높아졌다. 2000년에 노령인구가 340만 명으로, 전체 인구의 7.2%를 넘으면서 고령화사회에 접어들었다. 그로부터 10년 후인 2010년 노령 인구는 545

만 명으로 11.0%에 도달하였다.

(단위: 천명, %)

	1990	2000	2010	2018	2026	2030
총인구	42,869	47,008	48,875	49,340	49,039	48,635
0~14세	10,974	9,911	7,907	6,286	5,721	5,525
15~64세	29,701	33,702	35,611	35,979	33,099	31,299
65세 이상	2,195	3,395	5,357	7,075	10,218	11,811
구성비	**100.0**	**100.0**	**100.0**	**100.0**	**100.0**	**100.0**
0~14세	25.6	21.1	16.2	12.7	11.7	11.4
15~64세	69.3	71.7	72.9	72.9	67.5	64.4
65세 이상	5.1	7.2	11.0	14.3	20.8	24.3

출처: 통계청(2010). 장래인구추계.

우리나라 고령화 추세는 프랑스, 미국, 독일, 일본 등 선진국에 비해 속도가 매우 빠르다. 지금까지의 추세대로라면 2026년 20.8%를 넘어 5명 중 1명이 노인인 초고령사회가 될 것으로 예상된다. 이는 출산율이나 평균수명에 따라 약간 변동이 있을 수 있다.

국가	도달연도			증가 소요연수	
	고령화(7%)	고령(14%)	초고령(20%)	7~14%	14~20%
한국	2000	2018	2026	18	8
일본	1970	1994	2006	24	12
프랑스	1864	1979	2018	115	39
이탈리아	1927	1988	2006	61	18
미국	1942	2015	2036	73	21
스웨덴	1887	1972	2014	85	42

평균수명의 연장과 고령인구의 증가는 가족 내 부양해야 하는 노인의 증가와 노인만으로 구성된 노인 단독가구, 남성보다 평균수명이 긴 여성노인 혼자 생활하는 여성노인가구 등 가족으로부터 제공되었던 주된 보호기능을 노인 스스로가 감당해야 하는 형태의 노인 가족 유형을 초래할 수 있다.

그림 1-1 한국 노령인구 변화추이

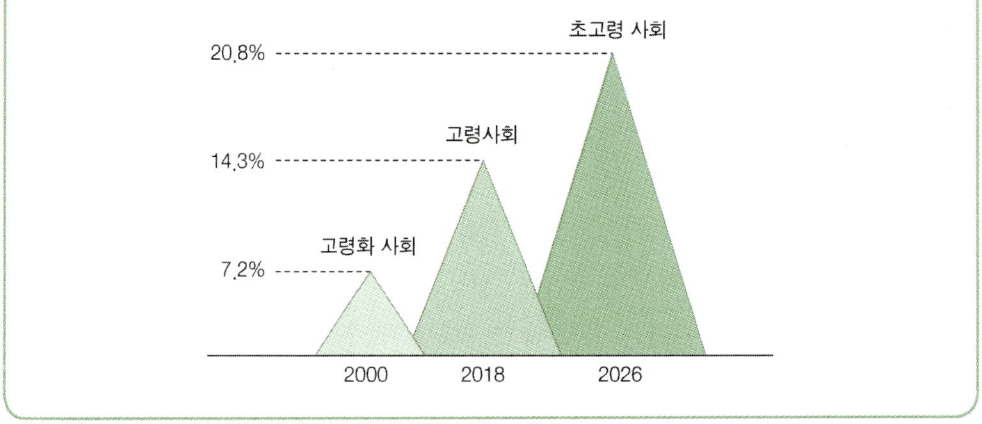

출처: 통계청(2010).

그림 1-2 한국 평균수명 변화추이

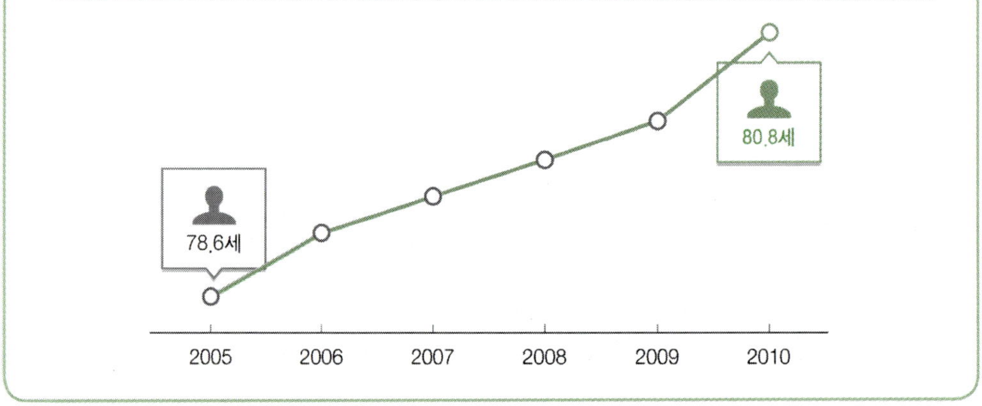

출처: 통계청(2010).

2. 가족구조의 변화

1) 가족규모의 축소

세계적으로 1인 가구가 늘고 있는 추세이며, 우리나라의 경우 1인 가구 증가세는 세계에서도 가장 빠른 수준이다. 1990년대 전체 가구의 9.0%였던 1인 가구 비중이 2010년 23.3%로 증가하였고, 2035년에는 전체 가구의 34.3%로 증가할 것으로 전망하고 있다.

| 표 1-2 | 1~2인 가구의 비율

구 분	1990년	2000년	2010년
일반 가구 수	11,355,000가구	14,312,000가구	17,334,000가구
1인 가구	9.0%	15.5%	23.3%
2인 가구	13.8%	19.1%	-

출처: 보건복지포럼(2011).

이러한 1인 가구 증가의 원인은 ① 부모와 자식이 함께 사는 핵가족형태의 해체, ② 결혼을 하지 않거나, ③ 이혼, 사별의 꾸준한 증가, ④ 평균수명 연장으로 인한 고령화 추세, ⑤ 경제와 고용의 불안정에 따른 결혼 및 출산의 연기, ⑥ 여성의 경제참여 증가로 인한 저출산 현상으로 인한 것으로 볼 수 있다.

2) 가족형태의 다양화

(1) 한부모가족

이혼, 사망, 별거, 유기, 미혼모 등의 발생이 증가하여 그 수가 증가하는 추세이다. 한부모가족은 산업화 이후 고도로 발전된 경제성장과 사회변동에 따른 가치관의 변화, 가족의 행복보다는 개인의 행복을 더 추구하는 개인주의적 성향, 복잡한 사회환경으로 인한 교통사고, 산업재해, 높은 스트레스, 각종 성인병, 과로사 등 40대 남성의 사망률 증가로 그 수가 증가하고 있는 것이다.

(2) 재혼가족

혼합가족 또는 재구성 가족으로, 최근 이혼율이 늘어남에 따라 재혼율도 증가하는 추세이다.

우리나라의 경우 재혼 건수는 1991년 남자 337,000건, 여자 296,000건이었던 것이 2012년 남자 511,000건, 여자 565,000건으로 크게 증가하고 있는 추세이다(통계청, 2013). 이러한 현상은 과거에는 이혼이나 사별 이후에 여성들이 혼자 자녀를 키우는 경향이 많았으나 현대에 들어서면서 여성들도 재혼을 통해 새로운 가족을 형성하는 추세가 늘어나고 있음을 시사한다.

(3) 무자녀가족

부부의 합의하에 자발적으로 자녀를 갖지 않고 부부 두 사람으로 구성되는 가족을 의미한다. 최근 들어 다양한 이유로 자녀를 두지 않는 무자녀가족이 점차 증가하고 있다. 이는 자녀 출산을 거부하는 삶의 형태로 딩크족(DINK: Double Income No Kids)이라고도 하며, 부부가 자신들이 처한 각 상황 속에서 자신들에게 가장 적합한 대안을 모색하는 과정에서 만들어진 '과정적 현상'으로 이해된다(박희숙 외, 2014).

(4) 다문화가족

최근 들어 국제결혼에 의한 다문화가족이 크게 증가하는 추세이다. 대부분의 다문화가족은 언어나 문화적 차이, 경제적 어려움, 외국인에 대한 사회적 편견 등으로 가족 간의 갈등과 사회적 소외를 경험하고 있으며, 다문화가족의 자녀들은 언어발달 지체와 이로 인한 학교생활 적응곤란 등의 문제에 노출되어 있다. 이와 같은 사회적 변화에 따라 혼인이주여성의 출신국 변화와 혼인형태의 다양화, 생애과정의 진전, 자녀의 증가 등 다양한 변화들이 일어나고 있다. 이에 따른 새로운 정책수요를 발생시켰다.

(5) 동성애가족

동성애 자체의 증가보다는 성적 취향에 대한 사회적 인식의 개방과 더불어 증가하고 있는 추세이다. 스웨덴, 덴마크, 노르웨이, 아이슬란드는 법적으로 동성애가족을 인정하고 있다. 그러나 우리나라는 동성애에 관한 제도들을 인정하고 받아들일 준비가 되어 있지 않다. 그래도 최근에는 예전과는 달리 동성애를 위한 다각적인 움직임을 보이고 있다.

(6) 공동체가족

공동체가족은 의식주 및 가사노동의 공유, 집합적인 놀이, 여가문화의 창조 등 개인의 집단사회에 대한 대등한 참여와 협력을 통해 자신과 타인을 똑같이 존중하고 배려하며 함께 생활하는 집단을 의미한다. 공동체가족의 출현은 현대사회의 가족구조에서 생겨나는 각종 문제점들을 극복하고자 나타난 가족의 형태로 가족기능에 초점을 맞춘 선택적 가족으로 이해할 수 있다.

3. 가족기능의 변화

가족기능의 일부가 다른 사회기관에 의해 수행됨으로써 그 기능이 축소・약화된 반면, 자녀를 사회화시키는 기능이나 가족구성원의 긴장과 피로를 회복시키기 위한 기능, 사회

발전에 기여할 수 있는 기능은 오히려 확대·강화되고 있다.

1) 성적 및 재생산 기능의 변화

임신 및 출산의 자유, 다양한 피임법의 개발 및 보급으로 성에 대한 규범 및 가치관의 변화를 가져왔다.

2) 자녀양육 및 사회화의 기능 변화

자녀양육 및 사회화 기능은 과거보다 강화되어 가족에게 큰 부담으로 작용하고 있다. 입시 위주의 교육제도로 인해 조기교육 및 과잉교육으로 인한 가정교육의 부재 현상도 나타나고 있다.

3) 경제적 기능의 변화

농경사회의 가족이 수행했던 자급자족의 생산기능이 약화되고 소비기능이 강화되었다.

4) 정서적 유대 및 여가의 기능 변화

과거에 비해 가족 간의 정서적 유대 및 여가기능이 강화되어 그 어느 때보다 중요시되고 있다. 최근 부부의 이혼이나 별거 등에 의한 가족해체로 버려지는 자녀들이 늘고 있는 상황은 부모의 책임의식이 약화되고, 사랑과 보호와 양육을 가장 우선으로 하는 가족의 정서적 유대기능이 점점 약화되고 있음을 보여주는 현상이다. 또한 가정의 휴식 및 여가기능은 일터와 가정의 연결, 인적 재원의 재충족, 노동력 질의 향상을 위해서 필요하며, 개인 및 가족 삶의 질 향상에 절대적인 역할을 하고 있으므로 점차 비중이 커져가고 있는 기능이다.

5) 사회보장기능의 변화

지금까지의 가족은 노인과 환자 등을 보살피는 일종의 사회보장제도로서의 기능을 수행해 왔으나 현대의 가족은 사회보장기능을 담당할 인적 자원을 보유하고 있지 않으며 사회보장제도가 미비한 우리나라의 경우 가족에게 경제적 부담과 심리적 부담을 안겨주고 있는 실정이다.

6) 지위계승기능의 변화

과거에 비해 현대사회는 지위계승기능이 강화되고 있다. 자녀의 교육과 결혼, 재산상속 등을 통해 계속 강화되고 있다.

7) 가사노동의 변화

여성의 가사노동 부담을 덜기 위한 성역할 사회화, 의・식・주 생활의 상품화, 가사보조기구의 기계화 등이 계속 진행되고 있다.

4. 가족생활주기의 변화

가족생활주기는 가족이 함께 생활하면서 변화하는 과정으로 개인적 측면에서는 자신의 삶을 계획해 볼 수 있으며, 가족적 측면에서는 가족의 계속적인 발달과 변화에 따른 발달과업을 준비하고 잠재된 문제와 취약점 등을 파악하고 예방할 수 있다. 가족생활주기는 결혼에 의한 가족형성기, 자녀 출산을 통한 가족확대기, 자녀의 출가를 통한 가족축소기로 이루어진다.

1) 가족형성기의 변화

결혼연령이 늦춰지면서 가족형성기가 늦게 시작하는 추세이다.

2) 가족확대기의 축소

맞벌이 부부의 증가에 따라 자녀출산기와 자녀의 양육 및 교육기간 짧아지고 있다.

3) 가족축소기의 연장

자녀 수가 적어지는 추세이므로 마지막 자녀가 독립하는 시기가 빨라지고, 수명이 길어지면서 자녀가 독립한 후 부부만이 남는 중・노년기 기간이 전보다 훨씬 길어지고 있다.

4) 가족해체기의 연장

가족축소기가 연장됨에 따라 가족생활주기의 마지막 단계인 해체기 역시 연장되고 있다.

5) 가족생활주기 변화로 인한 가족생활의 변화

자녀를 모두 독립시키고 배우자가 사망하기까지 약 20여 년 정도 부부만의 시간을 보내는 것이 길어지면서 배우자와 취미활동이나 여가시간을 함께 하는 것이 매우 중요하게 되고, 배우자를 선택할 때 상대방의 사회, 경제적 배경보다는 성격이나 가치관을 더 중요하게 여기게 되었다.

이러한 가족주기상의 변화는 우리의 가족관계에도 영향을 미쳐 부자중심에서 부부중심의 가족관계로 변화되었으며, 사람들은 원만하고 행복한 부부생활의 중요성을 인식하게 되어 부부 단위로 가족활동・여가활동・사회활동에 참가하는 경우가 증대되었다(김미숙 외, 1990).

5. 가족가치관의 변화

1) 결혼가치관의 변화

개인의 자아성취와 개인의 이익을 우선시하는 개인주의적 가치관이 보편화되면서 반드시 결혼하여야 한다는 보편적 결혼관이 약화되고, 미혼기간이 길어지고 심지어 독립하는 경향이 증가하고 있다. 한국보건사회연구원에서 실시한 '전국 결혼 및 출산 동향조사(2005)'에 의하면 결혼해도 안 해도 무방하거나 혹은 결혼을 하지 않는 편이 좋다고 한 비율이 미혼남성의 경우 25.6%, 미혼여성의 경우 48.6%이다(박희숙 외, 2014). 이러한 경향은 미혼남녀에게 더 이상 결혼이 필수가 아닌 선택임을 여실히 보여주고 있다. 더욱이 결혼을 통해 삶의 질이 향상되고 행복할 수 있다는 기대감이 없음을 시사하고 있다.

2) 자녀에 대한 가치관의 변화

경기침체로 인한 고용과 소득의 불안정, 직장맘・싱글맘의 어려움, 자녀양육과 교육비에 대한 부담 때문에 결혼 이후 자녀출산을 필수적으로 생각하는 경향은 줄어들고 상대적으로 결혼과 출산 간 상호 연관성은 약화되는 추세이다.

미시경제학의 지평을 넓힌 공로로 노벨경제학상을 받은 미국의 게리 베커(Gary S Becker, 1976)는 비용-편익 분석의 접근을 결혼, 출산, 교육, 이혼 등 가족문제에도 적용하였다. 그의 이론적 세계에서 자녀는 냉장고와 같은 내구재나 다름없이 수지타산에 기초해 냉장고를 구매하듯 출산도 효용과 비용을 따져서 결정한다고 보았다. 효용은 어린아이를 키우는 재미, 노후에 자녀에 대한 부모의 심리적·재정적 의존 등이다.

비용은 좋은 일자리 포기와 같은 기회비용, 시간비용, 양육비용 등이다. 이와 같은 이론을 근거로 유럽에서 출산율이 낮은 이유를 설명하듯 우리나라의 출산율 감소현상도 기회비용 차원에서 자녀에 대한 가치관이 변화하고 있고, 여성들이 자녀양육과 사회생활을 병행하는 것이 쉽지 않음을 시사하는 것이다.

3) 평등에 대한 가치관의 변화

현재 우리나라는 남성과 동등한 수준 또는 그 이상의 교육을 받은 여성들이 늘어나면서 결혼과 자녀에 대한 가치관이 급속도로 변화하고 있다. 여성들은 자녀를 출산, 양육하고 가사를 책임지는 일에 만족하지 않고, 자아실현을 위해 노력하는 여성들이 증가함에 따라 가사분담 및 자녀양육에서 동등함을 주장하게 되고 양성평등의 개념이 부각되고 있다. 이를 실현하기 위해 부모는 자녀에게 동등하고 평등하게 서로 독립적으로 협동하면서 사는 모습을 보여주어 수평적이며 민주적인 인간관계를 배우도록 노력하여야 한다.

양성평등사회를 위한 노력

- 남성답다, 여성답다는 말은 '인간답다'로 바꾸고
- 차이를 개성으로 인정하며
- 한 성이 다른 성을 지배하지 않고
- 서로 인간으로서 동등한 대우를 하며
- 성차별 문화는 적극 거부한다.

제3절 현대가족변화에 대한 쟁점

가족은 사회 환경과 역동적인 상호작용관계를 끊임없이 가짐으로써 지속적으로 변화하고 때로는 급격한 변동을 하며, 이 시기에 가족가치가 강조되고 가족변화에 대한 거부감이 증가되어 가족위기론이 등장하게 되었다. 특히 산업화 과정에서 나타난 가족의 변화는 다양한 조건들이 상호 복합적으로 작용하여 형성되었다. 그러므로 이에 대한 원인을 규명하기 위해서는 사회경제적 · 문화적 그리고 가족 내적인 조건 등 거시적 차원과 미시적 차원에서 동시적으로 접근해야 한다(이진숙, 2003).

이러한 가족의 변화에 대한 관점은 가족위기론과 가족진보론으로 설명하고 있다.

1. 가족위기론

가족위기론자들이 말하는 가족의 위기는 단순한 표면적 변화를 말하는 것이 아니라 근본적인 구조 및 기능상의 쇠퇴와 그에 따른 삶의 방식에 있어서의 혼란과 갈등을 의미한다(Popenoe, 1988). 가족변화의 원인은 극단적인 개인주의와 이기주의 및 인간의 쾌락주의에서 찾는다. 산업화와 도시화가 진행되면서 개인주의적 가치가 증대하고, 자아실현의 욕구가 강조되는 사회 속에서 점차 가족은 자녀의 보호와 사회화 기능 및 사랑과 연대감 제공이라는 정서적 기능들을 원활히 수행하지 못한 채 이혼과 한부모가족, 무자녀부부 가족, 독신가구 등이 증가하고, 출산을 거부하는 부정적인 방향으로 가고 있다고 진단한다. 이들은 현대사회에서 개인은 점차 집단보다는 개인을 중시하고 공동체로서의 가족유대보다는 개별체로서의 자아실현에 더 가치를 두고 사회적 풍조가 확산되고 있다고 보는 것이다. 이에 따라 가족 내에서 희생과 배려의 가치가 상실되고 있고, 이것이 가족해체현상으로 이어진다고 본다. 그리고 가족위기론의 입장에서는 아동의 빈곤을 가장 심각한 문제 중의 하나로 제기하고 있다. 아동은 가족해체 이후 극심한 빈곤층을 형성하게 되었으며, 일상적 부양 단위가 파괴됨으로써 전통적으로 부모들이 자녀에게 투자하는 물질, 시간 및 애정이 현저히 감소하고, 이에 따라 정서적으로 심각한 갈등을 경험하는 등 여러 가지 어려움을 겪고 있다고 주장한다.

그 예로 1980년대 이후 미국 아동빈곤 증가폭의 절반 이상은 이혼과 이로 인한 모자가정의 증가에 의해서 발생되고 있다는 것이다. 따라서 가족위기론자들은 전형적 가족을 강조하려는 경향이 강하고 '남성은 생계부양, 여성은 가족보호'의 성별 역할분업에 기반하여, 아동을 양육하는 핵가족형태인 정상가족에 대한 신화를 바탕으로 핵가족이야말로 천부적으로 주어진 성별 역할에 기초하여 사회구조를 원활하게 유지하기 위한 수단이 되며, 아동양육과 부양, 가족구성원들의 사회화, 노동력 재생산 기능을 가장 잘 수행해낼 수 있는 기본적 단위로 가장 이상적인 가족형태가 된다고 강조한다. 또한 가족만이 제공할 수 있다고 생각하는 특별한 정서적 유대가 흔들리고, 그것을 대체할 수 있는 다른 인간관계나 사회제도가 등장하지 않는 상황에서 새롭게 등장하고 있는 한부모가족, 동거부부, 동성애부부 등 새로운 가족형태는 극단적인 일탈, 병리적 현상으로 간주한다. 결혼에 대한 전통적 의미와 규범적 성격은 퇴색하고 결혼마저 개인적 행복과 자아실현을 위한 수단적 성격이 강조되어 자유로운 선택과 계약에 입각한 하나의 생활양식에 불과한 것이 되었다고 보는 것이다(Bellah et al., 1985). 이처럼 가족변화의 심각성을 강조하는 학자들은 새로운 가족형태의 등장원인을 극단적인 개인주의가 가족에까지도 침투하였기 때문으로 분석한다(박희숙 외, 2014).

가족위기론 입장에서 가족변화의 위기에 대한 대책으로 여성의 권한을 제한(고등교육을 없앰, 저임금 유지, 피임금지법 등)하고 종래의 성별 역할을 지속시켜나갈 수 있는 방안을 강력하게 주장하고 있다. 특히 구조기능론자의 대표 학자인 파슨스(Parsons)는 남성의 도구적 역할과 여성의 정서적 역할을 가장 인간적이고 자연에 순응하는 가족의 이상형으로 제시하여 이를 기반으로 사회구조가 형성되어야 함을 강조하면서 정상적인 부계중심 가족가치로의 전환 주장하였다.

2. 가족진보론

가족진보론자들은 가족변화를 위기보다는 당연하고 자연스러운 변화로 수용하면서 다양한 가족유형을 인정하고 있으며, 현대가족은 민주적이고 평등한 가치를 중시하는 전체 사회의 변화 속에서 점차 전통적 가족의 위계를 거부하고 민주적인 가족관계를 형성시키고자 하는 의지들을 성숙시켜나가고 있으며, 이에 따라 가족구조는 변화하고 다양화되어 간다고 주장한다.

가족진보론자들은 종래의 가부장제적 가족구조와 경제구조의 불안정성을 강조한다(Scanzoni, 1987). 즉, 가족은 성과 연령에 의한 불평등과 역할 및 기능수행을 의무로 했던 가부장제적 가족에서 부부간 평등과 아동 및 개별 구성원들의 개인적 권리가 존중되는 가족으로 변화되어 가고 있다는 것이다. 따라서 이혼과 한부모가족, 동거부부 및 동성애부부와 같은 비전형적 가족은 정상(혹은 건강)가족에서 일탈한 비정상가족이 아니라 자율성과 평등성을 기본 가치로 하는 현대사회의 대안가족이 될 수 있다고 본다. 또한 이혼이나 출산율 문제의 근본적 원인은 전통적인 성역할을 거부하려는 여성의 이기심에 있는 것이 아니라, 자녀양육 및 출산의 모든 책임이 여성에게 과부하된 성별 분업체계, 가정과 직장의 양립을 지원하기 위한 보육정책 및 사회적 지원체계 부족, 여성의 가족보호역할에 대한 사회적 경시 등에서 비롯된다고 간주한다(이동원 외, 2001).

가족진보론자들의 주장은 가부장적 가족구조변화, 부부간 평등과 아동 및 개별 구성원들의 개인적 권리가 존중되는 가족으로 변화되어야 한다는 것이다. 자녀양육 및 출산의 책임이 여성에게만 과중하게 부여되고 있으며, 경제구조의 다원화와 불안정성이 가족이 변화되어갈 수밖에 없는 이유로 지적하고 있다. 특히 남성 생계 부양자 모델은 중산층 이상의 가족에게만 적용되는 한계를 비판한다. 남성가장의 수입만으로 가족을 부양할 수 없는 경제구조와 고용형태의 변화를 강조한다. 그리고 가족구조의 변화로 인해 가장 커다란 사회문제로 지적되는 아동의 빈곤화문제에 대해서도 성차별적 · 사회구조적 환경이 주요 요인으로 들고 있다. 아동의 빈곤화문제는 기본적으로 가족 자체의 문제라기보다는 노동시장의 여성불평등과 저임금체계, 사회복지정책 및 사회안전망 체계부재에서 비롯된다고 주장한다(Gaufhier, 1996).

또한 가족진보론자들은 정상가족 이데올로기 신화에 대해 전면적으로 반박한다. 이들에 따르면 초역사적으로 정상적이고 이상적인 가족에 대한 집착은 신념으로만 존재했을 뿐 가족은 늘 다양한 방식의 문제와 이를 해결해가는 과정의 연속선상에 놓여 왔다는 것이다. '이상가족'에 대한 긍정적이고 밝은 면만을 그리며, 가족에 대한 정의와 인식은 지나치게 단순화되어 현실적으로 가족들(familes)이 가지는 복합성 · 유동성 · 다양성들이 비정상가족으로 범주화되는 결과를 초래하고 있다고 지적한다.

그리고 이들은 중심적인 가족가치를 개인의 만족과 자기발전, 자율과 독립성에 두고 있다. 또한 이혼율의 증가와 결혼율의 감소에 대해 다르게 해석하고 있다. 이러한 변화는 가족이나 결혼에 대한 근본적인 가치의 변화를 의미하기보다는 불행한 가족 그리고 결혼생활을 굳이 지속할 필요가 없다는 인식상의 전환, 그리고 가족 내의 좀 더 개방적이고 민주적인 의사소통과 생활방식을 통해 개별 구성원들 삶의 질을 향상시켜야 한다는 더욱 적극적인 생활방식을 반영한 것이다. 이혼은 새로운 삶의 기회를 모색하고 더 적극적인 삶의 방식이라고 설명한다. 아울러 한부모・독신・동거・동성애 가족 등 새롭게 등장하고 있는 가족유형 등을 가족제도의 위기증후로 보는 것이 아니라 대안적 가족형태로 간주한다.

가족진보론자들은 가족변화는 당연하며 오히려 적극적인 사회복지정책을 통한 전통적 가족기능을 사회화해야 함을 강조한다.

| 표 1-3 | 가족위기론과 가족진보론의 쟁점 비교

대립적 관점과 쟁점	가족위기론	가족진보론
가족변화의 원인	극단적인 개인주의, 이기주의, 쾌락주의	가부장제의 모순과 자본주의 경제구조의 불안정성
이상적 가족형태	남성=생계부양 여성=가족보호 라는 성별 분업에 기초한 핵가족	존재하지 않음
중심적 가족 가치	가족공동체, 특별한 정서적 유대, 상호의존	개인적 만족, 자기발전, 자율성과 독립성
이상적 부부관계	남성=생계부양 여성=가족보호 라는 성별분업에 기초한 동반자 (남성중심적) 관계	가족보호와 노동에 대한 동업자 (남녀평등 강조) 관계
새로운 가족유형들 (한부모・독신・동거・동성애 가족 등)	가족제도의 위기 증후	대안적 가족형태
대 안	전통적 가족가치의 회복 분명한 성역할 정립	적극적 사회복지정책을 통한 가족기능의 사회화

제4절 현대가족의 문제

1. 빈곤이나 자원의 결핍으로 인한 문제

가족생활에 필요한 경제적 자원의 결여는 가족의 생존 자체를 위협할 수 있다는 측면에서 가족생활의 곤란 중에서도 가장 기본적인 문제이다. 빈곤가족은 주로 가족의 생계를 책임지는 사람의 사망, 질병, 실업, 장애, 노령에 의해 발생하며, 빈곤으로 인한 가족문제는 다양하고도 심각하며, 마지막에는 가족해체를 가져오기도 한다.

2. 가족 내 인간관계의 문제

가족 간의 가치관의 차이, 역할갈등, 가족구성원의 특수한 성격, 습관 등이 원인이 되어 가족생활을 유지하기 곤란하게 되는 경우 가족 내 갈등을 경험하게 되며, 가족 내 갈등은 심한 경우 이혼, 별거, 가출 등이 일어나며, 가족이 해체되거나 가족의 안정성을 상실하게 된다. 최근에는 아동학대, 존속폭행, 가족폭력이 증가하고 있으며, 청소년의 비행, 미혼모, 성폭행, 혼수문제로 인한 가정파탄 등의 병리적 가족문제도 증가하고 있다.

3. 불안정가구의 증가

사회적 보호를 필요로 하는 문제를 가지는 불안정한 혹은 비전통적인 가족이 증가하고 있다. 최근 이혼율 증가로 인한 한부모가족, 여성가구주 가족의 증가는 심각한 사회문제로 대두되고 있다.

4. 피부양자의 보호문제

가족의 기능 중 생산기능, 교육기능 등이 다른 사회제도로 이양되고 현대가족에는 재생산기능과 보호를 필요로 하는 대상자의 보호기능만 남아 있음이 일반적인 지적이다. 이는 여성의 사회참여나 취업이 증가하면서 사회적 보호를 필요로 하는 대상자(아동, 노인, 장애인, 병자 등)의 보호문제가 대두되고 있다. 더 이상 피부양자에 대한 보호 제공의 문제는 개인이나 개별 가족이 해결할 수 있는 상태를 벗어나고 있다.

제5절 현대가족의 문제점 해결방안

현대가족의 문제점 해결을 위해 다음과 같은 해결방안이 필요하다.

첫째, 가족복지법을 제정한다. 가족과 가족구성원을 통합적으로 보는 시각에서 현재의 각종 가족 관련법을 보완하여 정리하거나 가족관계의 기본법으로 가족복지법을 새로 입안하는 것이 바람직하다.

둘째, 대통령직속의 가족정책 심의기구를 설치한다. 가족관련 정책(주택, 근로, 교육, 세제, 여성, 가족법 등)은 정부의 어느 한 부서에서 통괄할 수 없으므로 국무총리 산하 혹은 대통령 직속으로 가족정책 심의기구를 설치하거나, 2~3년에 한 번씩 '가족에 관한 청와대 회의'와 같은 기구를 설치하여 가족에 관한 정책을 조정하고 통괄하여야 한다.

셋째, 가족기능의 와해 전 보완적 서비스를 제공한다. 가족정책은 가족의 기능이 실패한 후 혹은 가족이 와해된 후에 도와주는 것이 아니라 지원이 필요할 때 가족의 기능을 회복하도록 도와주는 방향을 지향하여야 한다.

넷째, 금전적 서비스는 국가가, 비금전적 서비스는 가족이 상호 보완적으로 책임져야 한다. 최소한의 소득보장과 의료보장은 공적 부조와 사회보험을 통하여 정부가 금전적으로 책임져야 하며, 비금전적 서비스는 가족의 기능을 일시적 혹은 부분적으로 보완하는 사회서비스를 제공하여 가족이 사회적 서비스의 도움을 받으면서 가족구성원들에게 필요한 서비스를 제공하는 책임을 져야 한다.

다섯째, 가족기능을 보완하는 서비스를 제공한다. 개인에 대한 직접적인 원조보다는 가족을 통하여 원조하거나 아니면 가족을 직접 원조해 주는 방향으로 나가야 한다. 가족에 대한 소득보장, 주택서비스, 교통편의 제공, 간호보호 역할의 완화서비스(보육서비스, 가정봉사원서비스, 위탁노인서비스 등)를 확대하는 것이 바람직하다.

여섯째, 가족은 문제의 해결사라는 전제에 개입해야 한다. 가족은 문제의 발생 혹은 저장소이기보다는 문제의 해결사로서 가족정책은 가족의 이러한 기능을 발휘할 수 있도록 강화시키거나 회복시키는 방향으로 지향하여야 한다.

제 2 장

가족복지의 이해

제1절 _ 가족복지의 개념과 목표

제2절 _ 가족복지의 대상과 가족문제

제3절 _ 가족복지의 필요성

제1절 가족복지의 개념과 목표

1. 가족복지의 개념

1) 가족과 사회복지의 관계

구분	특 징
가족	• 전통적으로는 혼인, 혈연 및 입양을 통해서 이루어진 관계자들의 집단이며, 의식주를 공동으로 해결하고 정서적으로 유대를 가지며, 공동체적 생활방식을 갖는 집단 • 사회의 유지와 발전을 위해 필수불가결한 제도
복지	• 안녕(well-being)의 의미로 사용되며 더할 나위 없이 좋고 만족스러운 삶과 건강, 행복의 조건들이 만족스러운 안녕의 상태를 말함 • 공적구제(public relief)의 의미를 포함 • 20세기 선진국들의 사회복지제도는 가족의 전통적인 보호기능을 대행해 주는 대체물로서 성장

전통적으로 가족과 가족문제는 사회복지의 주요 관심대상이 되어왔다. 가족이 가족구성원의 보호라는 전통적인 기능이 약화되고, 개인에게 감정적 지원과 만족감을 주는 안식처로서의 가족의 중요성은 더해갔지만, 그러한 기능을 가진 가족은 점차 사라지고 있다는 것이다. 이런 점에서 증가하는 가족문제(가족해체, 아동의 인권침해, 한부모가족의 급증, 사생아의 증가 등)에 사회적 기제로서 사회복지 제도화의 필요성이 증대되고 있다.

현대가족은 자본주의의 구조적 모순, 산업화, 가족규모의 축소와 그 기능의 약화, 다양화된 가족형태, 가부장주의 가치와 양성평등주의 가치의 혼재 등으로 인한 결손가족문제, 가족폭력 문제, 노인가구 가족문제, 장애인가족문제, 비행청소년 가족문제, 알코올중독자 가족문제, 다문화가족문제 등의 사회적 문제를 직면하고 있다.

가족에 대해 사회복지적으로 접근한다는 것은 가족문제를 해결하기 위한 사회복지적 대책을 강구하는 것을 의미한다. 사회복지적 대책이란 가족문제를 해결하기 위해 사회복지의 방법이 사용된다는 것이다. 이런 점에서 이념으로서의 가족에 대한 사회복지적 접근은 산업혁명 이후 영국을 비롯하여 프랑스, 독일 및 스칸디나비아에서 시작되었으며, 실천으로서의 가족에 대한 사회복지적 접근은 다양한 형태의 서비스 또는 프로그램을 중심으로 미국에서 발달되었다(Munson, 1980).

오늘날 가족에 대한 사회복지의 책임논의는 상반된 두 가지 차원에서 설명할 수 있다(박희숙 외, 2014). 하나는 과거에 가족의 사적인 영역으로 생각되었던 부분이 점차 공적 영역화되는 것이다. 예를 들어 건강, 성에 관련된 정보나 교육 등은 가족의 사적인 영역으로 가족이 그 역할에 실패하였을 때만 공적인 책임이 되었지만, 최근에는 가정생활교육, 가정폭력, 미성년자 임신, 학대, AIDS 예방교육 등의 예방적 프로그램으로 전환되었다.

또 하나는 과거에는 공적인 책임으로 생각되었던 부분들이 다시 가족의 사적인 영역으로 되돌아가는 것이다. 예를 들어 복지개혁을 통해 일을 통한 복지(welfare)를 강조하며 개인의 책임을 강조하는 나라에서 미혼모와 그 아동 또는 빈곤가족을 위한 경제적 지원을 줄이고, 이에 대해 노동과의 교환을 요구하는 정책적 시도가 있었다. 이와 같이 가족의 사회복지 책임에 대한 논의가 있으나 사회복지의 출발은 가족에서 이루어졌으며 오늘날에도 가족은 사회복지분야 중 중심적인 활동분야로 존재하고 있다.

2) 가족복지의 개념

가족은 사회의 기본 단위로서 인간의 성장과 발달, 문화전달, 양육을 담당하는 1차 집단으로 위대한 생존가치와 능력을 가지며, 가족생활은 개인의 생활주기를 통해 다른 사회부분에서 발견할 수 없는 중요한 가치를 지니고 있다. 그러나 가족의 규모와 기능이 축소되면서 가족을 중심으로 일어나는 사회문제를 해결하기 위해 가족복지가 필요하다.

가족복지란 가족의 삶이 행복하고 안정되며 바람직하도록 사회구성원 전체가 집단적으로 노력하는 것을 말한다. 펠드만과 슈어츠(Feldman & Scherz)는 '가족복지란 전체로서의 가족은 물론 그 구성원의 사회적 기능수행을 효과적으로 증진시킴으로써 가족구성원 모두의 행복을 도모하도록 하기 위한 사회복지의 한 분야'라고 정의하였고, 조흥식 외(1997)는 '가족복지란 목적 면에서는 국민의 생활권의 기본 이념에 입각하여 가족의 행복을 유지시키고자 하는 것이며, 주체 면에서는 가족을 포함한 사회구성원 전체이고 대상 면에서는 가족구성원 개개인을 포함한 '한 단위로서의 가족 전체', 수단 면에서는 제도적·정책적·기술적 서비스 등 조직적인 제반활동을 뜻하고, 범위 면에서는 사회복지의 한 분야이며 복지라는 목적 달성을 위한 현실적인 수단'으로 정의하고 있다.

최경석 등(2003)은 가족복지를 '사회의 한 단위로서의 가족의 전체성을 주목하면서 가족과 그 구성원이 경험하는 문제를 해결하여 가족이 건강하고 행복한 상태를 유지할 수 있도록 하는 거시적이고 미시적인 사회적 대책'으로 정의하였다.

김영화 등(2010)은 가족복지를 '가족의 욕구와 문제를 스스로 충족시킬 수 있도록 그 잠재력을 개발하고, 가족의 역할과 기능을 활성화시키며, 생활의 질적 향상을 위해 여러 가지 형태로 사회가 개입하는 것'으로 정의하였다.

이와 같이 가족복지의 개념은 학자마다 다양하게 정의되지만, 가족문제를 가족 전체의 맥락에서 본다는 것에 대체적으로 합의하며, 가족구성원의 만족스러운 삶 그 이상의 상태를 지향하고 그를 위한 구체적 실천활동까지 포함하는 개념이다.

한편 가족복지의 개념은 그 실천대상의 범위에 따라 두 가지의 개념으로 나누어 설명하고 있는데(조흥식 외, 2002; 박주희, 2007), 구체적인 내용은 다음과 같다.

첫째, 잔여적 개념(residual definition)이다. 잔여적 개념은 사회적 기능을 수행하는 데 내적자원과 외적자원이 결여되는 가족에 프로그램과 서비스를 시혜적으로 제공하는 것을 의미한다. 즉, 잔여적 개념에서는 일반가정에 가족복지 서비스는 제공할 필요가 없다 것을 전제로 한다. 한편 집단에 시혜적으로 제공되는 잔여적 정책과 서비스에 대한 비판으로 그 실천의 방법이 매우 제한적이고 일관성 없어 부정적 결과를 초래하기도 한다는 문제점이 지적된다. 즉, 잔여적 서비스의 제공이 대상가족의 사회복지 의존성을 유도하여 결과적으로 그들 스스로의 자활의 동기와 능력을 상실하게 되는 것을 우려하는 것이다.

둘째, 제도적 개념(institutional definition)이다. 제도적 개념은 정상적이고 일반적인 가족들도 현대의 복잡한 사회 속에서 취약해질 수 있는 공동의 인간적 욕구결핍의 문제를 가지고 있다고 가정하며 일반가족들의 다양한 욕구를 잘 충족시킬 때 사회 및 가족문제 발생이 예방될 수 있다고 보는 시각이다. 따라서 가족은 보호적·치료적 서비스는 물론 예방적 서비스를 제공 받는 것이 바람직하다고 보는 관점이다.

현대사회의 가족복지는 점점 제도적 개념에서 실천되어야 하는 것이 바람직하다는 방향으로 변화하고 있다. 따라서 현대가족을 위한 복지의 기능은 모든 가족의 생활을 보호, 보장, 강화하고, 가족구성원 개개인의 사회적 기능 수행을 높이기 위하여 공적·사적 기관이 제공하는 제반의 서비스 활동 및 노력이라 할 수 있다.

2. 가족복지의 목표

1) 가족의 안녕 도모

가족복지는 가족의 문제와 욕구를 해결하여 개인과 가족의 안녕을 추구해야 한다.

2) 가족구성원 간의 권리보장과 평등증진

다양한 가족구성원 간의 문제를 해결하고 예방하기 위해서는 법적 장치와 제도적 장치가 가족구성원의 권리와 평등을 보장하는 것에 목표를 두고 실천되어야 한다.

3) 새로운 가족형태의 인정

사회와 가치관의 변화에 따라 새로운 형태의 가족이 출현하고 있음을 인정하고 이를 정책에 반영하여 그들이 가진 문제를 해결해야 한다.

4) 사회문제의 근본해결

가족복지는 사회의 변화를 유도하고, 사회문제를 해결하는 데 기여해야 하며, 이는 인간이 끊임없이 추구해온 가치인 평등과 자유의 개념을 실현하는 수단이다. 이를 통해 사회변화를 유도할 수 있어야 한다.

제2절 가족복지의 대상과 가족문제

1. 가족복지의 대상

가족은 사회경제적 체계에 직접 연계되어 있는 집단이므로 이런 외적인 사회경제적 체계는 가족 내부에 중요한 영향을 주게 된다. 즉, 가족은 내적인 고유 기능과 함께 외적인 영향을 받으면서 기능하는 복잡한 체계라고 할 수 있다. 이런 점에서 가족복지의 대상영역을 분명하게 하는 것을 통해 가족복지의 의미를 더욱 분명히 할 수 있을 것이다.

먼저 가족복지의 대상은 구체적으로 광의와 협의로 나눌 수 있다. 광의의 측면에서 보면, 가족복지의 대상은 모든 유형의 가족들이, 그리고 이 가족들이 앞으로 당면할 가능성이 있거나, 현재 당면하고 있는 모든 가족문제가 그 대상이 된다. 협의의 측면에서는 주로 가족생활상의 문제에 봉착하고 있는 위기의 가족이 그 대상이 되는데, 소위 말하는 결손가정과 해체가족 및 가족생활주기에 따라 발생되는 발달적 및 상황적 스트레스를 특별히 겪고 있는 가족을 들 수 있다(조흥식 외, 2002; 최경식 외, 2003).

이와 같이 가족복지의 일차적인 대상은 가족관계 및 가정생활을 어렵게 하는 모든 문제라 할 수 있는데, 학자들에 따른 가족복지의 대상영역을 정리하면 다음과 같다.

| 표 2-1 | 가족복지의 대상영역

학 자	대 상 영 역	특 성
미국사회 사업사전 (1970)	① 가족발달상에 직면하는 가족 내적인 스트레스 상황으로 인한 문제 ② 가족 외적인 스트레스 상황(사회구조적 · 경제적 원인)으로 인한 문제 ③ 가족관계 가족구성원의 개인적 기능장애 및 이상성격장애로 인한 문제	스트레스의 원인과 성격에 따른 분류
Feldman & Scherz (1968)	① 결혼성립기의 결혼형태 및 과정, 적응으로 인한 문제 ② 육아기의 육아기능 수행과 가족자원의 갈등으로 인한 문제 ③ 노후기의 노인 개인의 당면문제들, 노년기 부부 및 부모자녀의 부양관계로 파생되는 문제	가족발달 주기에 따른 분류
시케타와미와 (1967)	① 가족 내의 기능적 결손으로 인한 문제(가족관계상의 갈등 등) ② 가족의 구조적 결손으로 인한 문제(편부모, 아동가족 등)	가족의 결손특성에 따른 분류
야마자키 (1976)	① 외생적 장애(사회구조상의 모순으로 인한 저임금, 실업, 퇴직, 일시적 · 만성적 빈곤, 직업의 성격, 주택, 가족교육, 보건, 사법제도 등) ② 내생적 장애(가족의 긴장, 가족성원의 결손, 가족의 심신장애 등)	가족문제의 발생 원인에 따른 분류
Hollingsworth (1974)	① 가족지원 서비스(소득보장, 주택, 교육, 보건, 레크리에이션, 법적보호, 정보제공) ② 가족보충 서비스(가족상담, 탁아, 이웃놀이집단, 방과전후 프로그램, 가정관리사, 가사보조원, 지역사회부조 및 지역사회 서비스, 일시보호프로그램 등) ③ 가족대리 서비스(입양, 가족위탁보호, 휴일보호, 가족집단보호, 집단시설보호)	가족복지의 서비스 차원에 따른 분류

출처: 조흥식 외(2002). 최경식 외(2003)의 내용 재구성; 김경자 외(2012) 재인용.

가족복지의 대상은 가족으로 구성된 개개인이 아니라 가족 전체라는 사실을 전제로 해야 하며, 가족복지의 대상은 국가와 가족의 입장에서 본 가족의 문제와 욕구여야 한다. 이는 가족의 욕구가 충족되지 않는다면 가족의 문제가 사회문제가 되기 때문이다.

1) 1970년대까지 미국의 일반적인 가족복지 대상 영역

가족의 스트레스 상황으로는 가족구성원의 갑작스러운 사망, 이혼, 가장의 전근, 낯선 지역으로의 이사, 생계유지자의 실직 등의 경우와 경제적 곤경 및 사회자원 도입의 곤란 등 경제적 · 사회적 요구를 충족할 수 없는 상황에 놓인 경우, 가족관계, 가족구성원의 개인적인 기능장애로 가족구성원 중 일부가 이상성격으로 곤란한 문제가 발생하여 가족이 사회적 기능을 수행하는 데 제한이 생기는 경우이다(NASW, 1990).

2) 가족구조상의 특성에 따른 대상

가족구조상의 특성에 따라 가족복지의 대상을 규정하는 것으로 취업부모가족, 미혼모가족, 이혼 및 재혼 가족, 아동가장가족, 독신가족 등 가족의 구조상의 다양화를 고려하여 각 가족이 지닌 특성에 따라 복지개입을 달리하는 경우를 말한다.

3) 가족기능상의 문제에 따른 대상

가족의 기능상의 문제에 따라 가족복지의 대상을 규정하는 것으로 학대, 알코올중독, 약물중독, 청소년비행 및 가족 생계책임자의 실직으로 인한 소득의 상실 등 가족이 병리적 또는 경제적 측면에서 기능상의 손상을 경험하는 가족과 장애로 인해 심리적 · 의료적 문제를 겪고 있는 가족이 그 대상이다.

4) 가족생활주기에 따른 대상

가족의 생활주기에 따라 가족은 다양한 변화와 문제 또는 위기를 경험하게 된다. 결혼의 성립기, 육아기, 노년기로 각각 해당하는 가족복지 대상영역을 설정할 수 있다. 가족의 성립기는 부모-자녀관계와 비슷한 결혼, 투사적 동일화의 결혼, 부부간에 거리가 있는 결혼, 미성숙한 결혼, 상호의존이 강한 결혼, 지배-굴복적 결혼, 공생적 결혼 등의 가족구성원 간의 불균형을 초래하는 결혼의 형태가 주요 대상이 된다.

육아기는 양육자와 피양육자 간의 건전한 신뢰감 육성, 자기통제, 사랑하고 사랑받는 능력의 조장, 훈련, 학습능력의 습득을 도와 건전한 육아기능을 수행하는 것이 가족복지의 대상이 된다. 노년기는 노후 문제가 가족복지의 대상이 된다.

현재 우리나라의 가족복지대상은 요보호대상자 중심으로 가족 전체로서의 접근이 아니라 가족구성원의 개인에 두고 있다. 또한 가족문제를 빈곤과 이로 인한 소득의 상실, 질병, 자녀양육문제 및 여성의 모성보호문제 그리고 노후 대책문제와 장애인 가족문제 등으로 분리 · 제한하고 있다.

2. 가족문제

가족문제는 가족생활을 지속하는 데 필요한 가족기능에 장애를 가져오는 문제는 물론, 아직 가족기능장애는 없지만 생활상에 어려움이 있는 가족의 모든 문제를 말한다. 가족의 문제 성향과 심각정도는 다양하지만 크게 세 가지 차원에서 분류할 수 있다. 첫째, 개인과 가족의 기능과 가족관계에 관한 문제-부부갈등, 별거, 이혼, 부모-자녀관계, 자녀문제, 직장부적응, 일탈행동, 미혼모문제, 아동학대 혹은 유기, 가족유기 등, 둘째, 빈곤이나 사회자원의 결핍에 관련된 문제-경제문제, 직업문제, 주택문제, 건강문제, 만성질환, 신체장애, 세대주 사망, 한부모가족문제, 청소년가장 가족문제, 노인문제 등, 셋째, 일시적 긴장에 의한 문제-일시적으로 긴급하거나 긴장상황 때문에 역할수행의 어려움을 초래하는 문제로서 실직, 질병, 사업실패, 이민, 이주, 불의의 사고, 가족원의 자살, 수감 등을 들 수 있다(사회복지학사전, 이철수 외, 2009).

가족문제 발생의 원인이 가족 외부에 있는지 내부에 있는지에 따라 첫째, 가족 외부문제는 경제적 상황, 불평등, 실업, 무주택, 교육과 의료기회의 박탈, 둘째, 가족 내부문제는 가족구성원 간의 관계문제와 내적 문제로 구분할 수 있다.

| 표 2-2 | 가족문제의 분류

문 제	내 용
구조적 가족문제	가족문제의 발생 원인이 가족의 구조적 결함에 있다. 결손가족이나 가족구성원상의 문제로 가족구성원 간의 연령차, 성별, 구성원의 부재 등이 문제의 원인이다.
기능적 가족문제	가족 내 하위체계의 기능, 가족구성원의 역할기능을 가족문제의 원인으로 본다. 가족 내의 하위체계로는 부부관계, 부모-자녀관계, 형제자매관계 등이 있다. 가족구성원의 역할기능으로 인한 문제는 사회의 급격한 변화로 갈등이 발생하며 파생된다.
사회환경적 가족문제	가족문제의 원인은 가족 내에만 존재하는 것이 아니라 사회·문화적요인, 지역사회, 경제체제 등과도 연관이 있다. 많은 가족이 빈곤, 실업, 범죄 등의 사회경제적 문제에 노출되어 있으며, 이러한 요인들은 가족의 관계와 기능문제의 원인이다.
역동적 가족문제	가족문제가 구조적·관계적·사회경제적 조건 등의 상호역동성에 의해 발생한다고 보는 것이다. 예를 들어, 구조적 결함으로 인한 결손가족, 기능적 장애로 인한 경제적 부양기능의 결여, 가족의 감정관계로 인한 부부관계 혼란 등의 문제가 상호 역동적으로 발생한다는 것이다.

출처: 박희숙 외(2014). 가족복지론.

제3절 가족복지의 필요성

사회의 가장 기본적인 체계인 가족은 사회의 발전과 안정을 위해 매우 중요한 역할을 수행하고 있다. 가족이 수행하는 기능들로는 노동력의 재생산, 가족원의 보호, 사회 활동에 참여할 수 있도록 가족원을 사회화시키는 것 등이 있다. 이러한 측면에서 전통사회의 전형적 가족 유형인 확대가족의 형태는 이상과 같은 기능을 수행하기에 적합한 구조적 특성을 가지고 있었다. 그러나 산업화가 진행될수록 핵가족의 형태가 전형적인 가족으로 자리매김하면서 가족은 규모나 기능면에서 급격한 변화를 겪게 되었다.

특히 한국가족은 1990년대 후반 외환위기 이후에는 가족의 부양기능 약화와 위기가족의 증대가 가속화되었다. 또한 최근에는 저출산 및 고령화의 가속화에 따른 이른바 돌봄의 위기에 대한 대응 필요성이 높아지고 있는 상황이다. 이로 인해 가족구성원의 부양과 돌봄을 전적으로 가족에게 의존할 것이 아니라 사회가 함께 책임지고 분담해야 한다는 사회적 공감대가 확산되고 있다. 따라서 가족복지의 필요성이 크게 부각되었다.

1. 가족과 사회관계의 변화

가족은 사회의 존속을 위해 필수적이고 긴밀한 존재로서 사회의 변화로 인한 취업모의 증가, 핵가족화, 탈시설화 정책, 비용절약정책 등의 이유로 가족구성원들은 가족에게 보다 많은 보호와 복지에 대한 책임을 요구하고 있다. 따라서 다양한 사회복지서비스가 제공되어야 한다.

2. 가족에 대한 개입의 관점변화

오늘날 사회문제해결에 국가의 개입을 부정적으로 바라보던 신자유주의자들은 사회복지제도의 개혁을 추진하면서 가족복지 프로그램을 집중 지원하는 경향으로 가족에 대해 국가가 개입할 것을 요구하고 있다.

3. 다양한 가족형태의 등장과 욕구변화

다양한 가족형태가 등장하고 그에 맞추어 다양한 욕구변화가 발생하여 이를 충족시켜 주는 가족복지서비스가 필요하다.

4. 가족문제에 대한 가족단위의 접근변화

점차 인간과 사회문제를 해결하는 데 가족이 효율적인 단위라는 사실이 강조되고 있다.

5. 가족복지의 접근방법

가족복지는 다양한 가족문제에 의도적으로 직접적 또는 간접적 방법을 사용하여 개입하는 것을 의미한다. 가족복지의 접근방법은 가족복지정책과 가족복지서비스로 나누어 볼 수 있는데, 가족복지정책은 간접적 접근방법이고, 가족복지서비스는 직접적 접근방법에 해당한다.

가족복지정책의 예방적 방법은 가족문제를 사회 전체의 문제로 보고 가족이 전체 사회와의 관계에서 제도로서 잘 존속하거나 기능할 수 있도록 사회적 조건과 환경을 조성해가는 접근 방법으로 법과 제도를 통해 거시적이고 간접적으로 접근하며, 가족복지서비스의 사후 회복적 방법은 문제 또는 장애로 고통당하고 있는 가족에게 직접적으로 개입하여 심리적 서비스를 제공하거나 지역사회 정보나 연계를 활성화하는 것과 관련되어 있다.

1) 가족복지 정책적 접근방법

가족복지정책은 예방적 관점을 가지고 국가가 가족을 위해 시행하는 모든 활동을 의미하며, 이는 사회질서가 무너져 사회적 위험으로 나타난 사회구조적 문제를 국가의 책임으로 보면서 제도적·환경적·거시적으로 접근하는 것이다. 가족정책 용어의 역사적 변화는 첫째, 처음에 유럽에서는 포괄적으로 가족에 대한 수당, 보편적 가족급여, 소득세제 등과 같은 가족을 유지하는 소득재분배의 의미로 주로 사용되었다. 둘째, 인구정책과 장기간에 걸친 인구계획의 맥락에서 사용되었다. 셋째, 부적응 가족으로 불리는 가족(결손가족, 장애가족, 노인가족, 빈곤가족, 무주택가족 등)을 대상으로 하는 맥락에서 사용되었다. 넷째, 최근 아동의 인권옹호 및 주부를 위한 사회정책의 맥락 속에서 가족정책이 강조되었고, 특히 취업모를 위한 시책으로 보게 되었다(박희숙 외, 2014).

(1) 가족정책의 분류

가족정책의 영역은 일반적으로 명시적 가족정책, 묵시적 가족정책으로 분류된다(NASW, 1995).

① 명시적 가족정책

정부가 특정한 기획과 정책을 시행할 때, 그것이 가족에게 분명하게 관여하여 가족정책의 목표를 얻을 수 있다. 예를 들어 아동복지서비스, 가족상담, 생활부조, 가족계획, 각종 조세혜택, 주택정책 등이 있다.

② 묵시적 가족정책

정책의 목표를 모두 얻을 수 없더라도 가족에 대해 관여하고 있는 기획이나 정책을 말한다. 예를 들어 '공장을 어디에 설치해야 하는가', '도로와 건물의 배치는 어떻게 해야 하는가', 관세조정과 이민정책 등이 이에 해당한다.

(2) 가족정책의 장점

① 가족정책은 전통적으로 유지되어 온 핵가족의 붕괴를 방지하는 하나의 잠재적인 전략이 될 수 있다.

② 가족정책은 사회복지 전개와 분석에 유용한 틀을 제공할 수 있으며, 끊임없이 변화하는 가족의 복지요구에 즉각적으로 대응할 수 있다.

③ 가족정책은 모든 영역에서 지금까지의 제반 사회정책과 공공정책을 평가할 수 있는 하나의 기준이 될 수 있다.

(3) 가족정책의 대상영역

① 소득유지정책에 관한 것: 사회보장, 금전부조, 물품부조, 각종 세금공제 혜택 등이 있다.

② 인구정책에 관한 것: 가족계획 등이 있다.

③ 고용 및 노동시장의 촉진정책에 관한 것이 있다.

④ 주택정책에 관한 것이 있다.

⑤ 아동양육 프로그램 및 서비스에 관한 것: 가정탁아, 각종 탁아센터 등이 있다.

⑥ 보건 및 의료보호 정책에 관한 것이 있다.

⑦ 대인복지서비스에 관한 것: 카운슬링, 가정원조서비스, 급식서비스, 보육서비스 등이 있다.

(4) 가족정책의 수립 시 고려할 점

① 가족정책의 목표가 갖는 가족구성원 개개인의 보호 측면과 전체 가족의 유지측면의 균형문제이다.

② 가족정책의 대상이나 중점 프로그램을 선정하는 과정에서 보편주의와 선정주의의 균형문제이다.

③ 재가가족중심 프로그램과 가족 외부에 존재하는 가족대체 프로그램과의 균형문제이다.

④ 전문주의 개입 대 일반주의 개입의 균형문제이다.

⑤ 예방 대 치료의 균형문제이다.

⑥ 가족정책 주관기관에 대한 관심문제이다.

⑦ 단기비용과 장기수익의 균형문제이다.

2) 가족복지서비스적 접근방법

가족복지서비스적 접근방법이란 그 대상이 개인에게 있는 직접적 접근방법이다. 가족복지서비스란 국가와 사회의 가족복지정책의 방향에 따라 가족의 복지증진을 위하여 구체적인 서비스로 기획·전환된 일련의 프로그램이나 사업을 말한다(송다영, 2007).

가족복지서비스는 가족복지실천의 미시적 접근방법으로 가족개입의 문제를 인간관계의 조정기술로 보고, 문제의 원인을 심리적·사회적 원인에서 주로 찾는다. 가족복지서비스의 내용을 미국사회복지사협회는 가족 상담과 가족치료에 관한 것, 자아심리학의 응용, 가족과 가족구성원의 역할에 관한 것, 다양한 가족의 문제 그리고 위기가족의 개입에 관련된 서비스로 설명하고 있다. 즉, 가족복지서비스는 사회제도적 측면, 집단상호작용적 측면, 개인심리적 측면의 상호 연관성에 관련된 서비스를 말한다.

현대사회에서는 어느 국가를 막론하고 출산과 양육문제, 노부모부양문제, 양육과 부양을 둘러싼 부양갈등문제와 같은 미시적 문제들과 경제적 구조의 불안정과 맞물린 실업률의 증가, 비정규직 증대, 빈곤가족의 증대와 같은 거시적 문제에 당면해 있다. 따라서 현대사회의 가족복지서비스는 일과 가정 양립을 위한 과제, 가족해체 증가와 다문화 사회로의 전입에 따른 다양한 가족의 증가에 따른 갈등과 적응문제, 빈곤의 여성화문제 등 매우 광범위하고 다양한 영역을 포괄하고 있다(김혜경 외, 2015).

(1) 가족에 대한 직접적 개입

가족복지관이 수행하며, 전문가가 개입하여 직접적 면접을 통한 상담형식으로 진행된다. 과정으로는 가족사정-초기 만남-계약-개입방법의 선택-개입-평가의 과정을 거친다.

(2) 가족보호

가족보호(family caregiving)는 가정 내에서 발생하는 가족장애문제에 대해 보호를 제공해 줌으로써 가족의 역할 수행과 능력 고취를 향상시키는 기능을 수행하는 것이다. 예를 들어 발달장애 아동을 가진 가족, 치매노인가족, 만성 질환자를 가진 가족들에 대한 서비스가 있다.

(3) 가족치료

가족을 단위로 하는 사회복지사업, 치료 및 상담 등의 방법을 절충하는 다양한 모델을 가지며, 가족복지기관과 사회복지 관련분야에서 활발히 행해지고 있다.

(4) 가족옹호

가족옹호(family advocacy)는 지역사회에 필요한 변화를 일으키기 위해 사람들이 사회행동에 사명을 가지고 가족의 욕구에 대한 직접적이고 전문적인 지식을 이용하게 하여 가족의 생활조건을 향상시키도록 계획된 전문적 서비스이다. 그 목표는 현존의 공적 및 민간 서비스와 그 전달체계의 향상뿐 아니라, 그 지역사회에 적합한 새롭고 변화된 형태의 서비스를 개발하는 데 있다.

(5) 가족생활교육

가족생활의 질적 극대화를 실현시키기 위해 집단역할의 학습과정을 통해 가족 및 개인의 사회적 기능을 향상시키기 위한 서비스이다. 미국 가족관계학회(National Council on Family Life Education)에서는 가족생활교육을 '개인과 가족의 복지를 위한 예방적이고 교육적인 프로그램의 개발, 적응, 평가훈련 및 연구'라고 정의하였으며(NCFR, 2000), 정현숙(2007)은 '아동에서 노인까지 개인과 가족의 전반적인 삶의 질을 높이고 가족 및 사회에서 나타나는 다양한 문제해결을 돕기 위해 개인과 가족의 잠재력을 개발하고 강화시키는 평생교육'으로 정의하였다.

가족생활교육의 특성은 ① 가족생활주기에 걸친 가족과 개인에 관련된 것이며, ② 개인과 가족의 욕구에 근거하고, ③ 다학제적인 학문배경과 다전문적인 실천방법을 활용하고, ④ 매우 다양한 환경(setting)에서 제공될 수 있으며, ⑤ 치료적이기보다 교육적이고, ⑥ 다양한 가족의 가치를 대변하고 존중하며, ⑦ 가족생활교육의 목적을 인식한 전문가에 의한 실천이 강조되는 과정이라고 정의하였다(Arcus, Schwaneveldt & Moss, 1977; 정현숙 2007; 김혜경, 2015).

가족생활교육은 가족가치의 혼란과 탈규범적 가족문화의 출현, 가족원의 긴장과 가족 내 역기능 증가, 가족의 교육기능 상실과 이에 대한 외부자원에 대한 가족의 욕구 증가와 같은 가족과 사회적 변화에 따라 그 필요성이 강조되고 있으며, 가족강화에 대한 사회적 합의의 증가에 따라 세계적으로 널리 보급되고 있는 대표적인 예방적 차원의 가족복지서비스라고 할 수 있다(김혜경 외, 2015).

(6) 가족계획사업

재생산적 건강보호서비스의 일종으로 임신중절, 성병에 대한 보호, 영양, 자녀수에 대한 계획, 임신을 위한 서비스 등을 제공함으로써 건강한 가족생활을 하도록 한다. 또한 예방성과 치료성을 띤 혼전, 혼후 상담서비스가 있다.

(7) 가족보존과 가정기반서비스

가정법률상담, 학령 전 아동 및 노인을 위한 주간보호 등 다양한 접근 및 치료 방법, 상호 보완적 서비스의 결합 형태로 행해지는 것이다. 이 외에도 가정위탁보호, 입양, 한계인구층, 즉 소수인종집단, 빈민, 노인, 알코올중독자, 미혼모가족을 위한 각종 프로그램이 있다.

제3장

가족복지실천 원리와 원칙

제1절 가족복지실천의 원리

가족복지실천은 가족과 함께 행복한 삶을 영위하고 아름다운 생애가 되도록 효과적으로 일상생활을 이어가는 데 관심을 두고 있다. 가족이 위기에 직면하였을 때 어떻게 도우며, 문제 상황에 적절하게 개입하여 효과성과 유용성에 대한 인식의 연결과 가정 중심의 실천의지에 높은 가치를 부여하고자 한다. 가족관계를 관리하는 보다 효과적인 방법을 창출하는 기술을 가르치는 것이 가족복지실천의 원칙이다.

1. 가족체계기반의 이념원리

가족복지서비스는 가정에서 서비스를 제공하고 있기에 단지 사정, 개입하는 것으로 끝나지 않는다. 그래서 가족문제 발생하는 동시에 가족치료적 개입을 하는 것이 더욱 효과적이다. 가족사회복지사는 가정에서 가족기능 수행에 대한 직접적인 정보를 편안하게 대할 수 있으며, 가족구성원들이 친근한 환경에서 상호작용을 하고 있기 때문에 가족구성원 간의 환경생태도로 가족을 이해하고 적극적으로 개입하여 도와야 한다.

가정을 중심으로 한 실천기반의 가족복지서비스는 가정에서 서비스를 제공하는 것 이외에도 다양한 시너지 효과가 기대되는 것이 있다.

① 가정은 쉽게 개입할 수 있는 설계된 장소라는 점이다.

② 모든 가족구성원의 참여를 자연스럽게 유도할 수 있다.

③ 가족복지서비스를 보다 폭넓은 범주에서 접근할 수 있다.

④ 중도탈락자와 약속한 후에 개입할 수 없는 사례를 줄일 수 있다.

가정기반의 서비스에 대한 클라이언트의 변화를 촉구하는 프로그램에서 부모들은 다른 서비스와 비교해 볼 때 가정으로 찾아오는 서비스에 대하여 보다 성의 있는 접근을 하는 경향이 있다.

2. 가족중심 사상의 원리

가족의 변화 가능성과 가족복지실천은 보호적인 환경에서 양육, 성장하는 것이 모든 인간의 권리라는 원칙에 기초를 두고 있다. 가족기반의 개입은 변화와 목표를 가진 측면에서 문제 외의 문제를 해결할 수 있는 기술을 습득케 한다. 예를 들어, 가족복지실천의 핵심요소가 부모에게 아동양육방법을 배우고 익히게 하는 일이라면 다른 형제들에게 미치는 영향까지 배려하는 것이 보편적인 실천원칙이다. 이와 같이 가족중심의 실천은 표적 가족구성원이 변화되는 것 이외에 문제 있는 다른 가족구성원의 행동 역시 가족중심 가족복지실천의 중요한 기법 중 하나이다.

3. 가정 위기개입의 원리

가족복지실천에서 위기관리는 가정의 파탄 지경에서 긴급한 지원을 하는 서비스이다. 위기 기간 동안 사회복지사는 가족들이 위기를 해결하고, 이 상황을 극복하고 적응할 수 있도록 대처기술을 원조하는 데 주력해야 한다. 위기개입을 통한 가족복지실천은 가족구성원이 자신의 고통을 견디고 새로운 성장과 더 나은 가정생활을 통하여 사회통합을 이룩하고, 극복 시점까지 도달하도록 원조하여야 하는데, 그러기 위해서는 위기개입은 가족이 경험한 구체적이고 실질적인 문제를 중심으로 해야 한다. 위기개입은 단기 가족치료기법 적용시켜나가야 한다.

4. 가족생활교육의 접근원리

가족생활교육은 개인이 가족생활을 영위하는 과정에서 발생할 수 있고 예측할 수 있는 문제들에 대해 교육을 통하여 문제의 발생을 예방하고 직면한 문제를 슬기롭게 해결해 나갈 수 있도록 교육하는 것이다.

사회복지사는 가족생활전문가의 역할을 훈련받아야 한다. 사회복지사가 가족을 돕고자 할 때 가족의 역할과 가족 관리기술의 특화는 상당히 필요한 기술이 필요하다. 기술의 다양한 방법은 다음과 같다(박희숙 외, 2014).

① 자기조절기법

② 효과적인 행동의 강화

③ 분노를 다룰 수 있는 기술

④ 가족의 행동을 추적하는 방법

⑤ 부모역할과 가족관리 기술 개발

⑥ 가족갈등으로 인한 스트레스 조절방법

⑦ 역할극 같은 기법을 이용하여 긍정적인 행동실행방법

가족생활교육은 사회 변화 및 가족 내 욕구의 다양화로 인해 다양한 프로그램의 개발이 필요하다. 프로그램 개발할 때 중요한 것은 건강한 가족을 구현할 수 있는 가족향상(family enrichment) 또는 가족의 잠재력(family potential)을 최대화하는 것이다(유영주 외, 1993).

5. 생태학적 접근원리

가족생태학이론에서 체계는 목적을 달성하기 위해 전체를 구성하는 각 부분이 전체와 부분 간의 상호작용을 통해 체계론적 과정을 형성하고, 투입, 과정, 산출, 피드백 과정을 거친다. 체계이론을 가족생태계에 적용하면, 가족을 둘러싼 모든 환경은 투입요소가 되며, 가족체계가 환경에 적응하거나 환경을 변화시키는 것은 변환과정이 된다.

가족생태학적 접근에서 가족은 외부환경과 그 안에 있는 인간과의 끊임없는 상호작용과 교류를 통해 의사결정을 하고 체계를 발전시켜나간다. 생태학적 접근은 특히 사회와 가족과의 관계를 파악할 때 보다 중요하며, 사회적 맥락에서 볼 때 가족은 위험과 기회라는 양면성을 가지고 있다. 예를 들면, 가족이 친한 이웃 없이 범죄 가능성이 높은 지역에 사는 것은 생태학적으로 위험하다. 이렇게 이웃사람들이 서로 돌보아 줄 수 없어 스트레스를 많이 받고, 이웃에게 필요한 지원을 제공할 수 없다면 이것은 큰 문제이다. 그래서 효과적인 가족복지실천은 가족과 사회 환경, 양 측면에서 도움을 줄 수 있는 강점과 자원을 검토하여야 한다.

사회복지사는 어떤 가족에 폭넓게 개입하기보다는 하나의 특정한 문제나 도움을 줄 수 있다는 것도 알고 있어야 하며, 특정한 문제를 어떻게 해결할 것인지 활용할 수 있는 가족 내외의 자원을 연결하여 개입하여야 한다.

제2절 가족복지실천의 원칙

가족복지실천현장에서 사회복지사가 가족의 강점과 적극적인 선택의 자유를 추구할 수 있는 기본적인 원칙이다.

1. 가족을 돕는 가장 좋은 장소는 가정이다.

집에서 가족이 상호작용하는 것을 관찰함으로써 사회복지사는 가족에게 보다 쉽게 접근할 수 있으며, 가족의 사회적 상황을 바탕으로 가족에 대한 정확한 이해가 이루어지고, 이러한 것을 기반으로 한 개입은 성공을 위한 기회를 제공한다.

2. 가족복지실천은 가족이 스스로 문제를 해결할 수 있도록 가족의 능력을 최대로 활용한다.

가족은 새로운 기술을 배우고 실천함으로써 변화하게 되고, 개입의 주요 목표는 가족들이 자신에 대하여 신뢰를 가지고 독립을 촉진하는 방법으로 변화에 적극적으로 참여할 수 있도록 하는 것이다.

3, 특정 가족의 사회 · 심리 · 문화 · 교육 · 경제 · 신체적 특성에 대한 사정에 기초하여 개별화된 개입이 필요하다.

가족복지의 실천은 도움을 필요로 하는 특정 가족이 있는 곳부터 출발한다. 가족복지실천의 이점 중 하나는 가족의 독특성을 반영하는 개입을 계획할 수 있다는 것이다.

4. 사회복지사는 가장 먼저 가족의 긴박한 욕구에 우선하여 반응하고 난 후 장기적인 목표를 추구하여야 한다.

사회복지사는 즉각적인 반응을 하고 사정해야 하며, 욕구를 충족할 수 있는 도움을 주어야 한다. 기본적인 욕구 보장 후 다음 욕구를 위하여 가족과 함께 노력해야 한다.

5. 하나의 사회체계로 가족구성원의 행동은 전체 가족에 영향을 줄 수 있다.

이익은 가능한 한 개별 가족원의 이익이 전체 가족을 치르는 대가보다 적은 결과를 예측하는 것이 가족에 도움이 된다.

6. 사회복지사와 가족 간에 상호 협력적인 관계가 형성되어야 한다.

가족과 협력적 동반관계는 공통의 문제를 확인하고 목표를 설정하고 해결책을 강구할 수 있는 힘을 부여하는 데 매우 중요한 조건으로 작용한다.

7. 가족복지실천의 목표는 인종, 지역, 신념 등에 관계없이 모든 집단을 위한 사회정의를 실현한다.

사회복지사는 도움을 필요로 하는 가족에 대하여 옹호자, 교육자, 중재자의 역할을 수행하여야 하며, 어떤 특정한 문화적 관심을 가지고 다른 문화적 관점을 강요하는 것을 경계하여야 하고, 그 대신에 가족의 문화적 유산으로부터 강점이 무엇인가를 찾아 강조할 수 있어야 한다.

8. 최근 가족 친화적, 여성 친화적, 양성 평등적 가족정책 및 행정체계의 확립이 필요하다.

가족 모두가 행복하고 편안한 생활이 되어 아름다운 생애가 되도록 서로 협력해야 한다. 이에 따라 다음과 같은 과제 수행이 필요하다.

① 가족복지실천에 대한 사회적 연대의 정책이 확보되어야 한다.
② 가족보호기능에 대한 사회적 지원(보육, 노인부양)이 필요하다.
③ 체계적 가족정책의 수립과 진행을 위한 행정체계의 구축이 필요하다.
④ 가족복지서비스 전달체계의 구축이 필요하다.

제3절 가족사회복지사의 역할

1. 지지자의 역할

가족사회복지사의 주요 역할은 가족의 강점을 발견하여 이를 강화시켜주는 역할이다. 가족사회복지사의 주도적 철학은 가족의 강점을 규명해서 강화하는 것이며, 강점을 알리는 것은 가족사회복지사가 가족과 동참할 수 있게 하고, 변화를 향한 동기와 낙관주의를 창출할 수 있는 유대를 발달시킬 수 있게 한다.

2. 교사, 훈련자의 역할

가족에게 부족한 지식이나 기술을 습득하도록 도움을 주는 역할이다. 가족이 결핍되어 있거나 기술 또는 지식에서 부족한 영역을 가족사회복지사가 배양하도록 돕는 것이다. 문제가 될 수 있는 영역은 의사소통, 부모역할기술, 문제해결, 분노조절, 갈등해결, 가치명료화, 금전관리, 일상생활기술 등에서의 결핍을 포함한다. 때로 교사의 역할은 부모가 자녀에게 언어로 징계하는 것을 긍정적이고 건설적인 부모-자녀 상호작용으로 대체하도록 돕는 데 관여하며, 가족사회복지사는 부모가 긍정적 행동을 강화하고 부정적이고 비난받는 행동을 못하게 함으로써 아동의 문제행동을 효과적으로 다룰 수 있도록 부모를 교육한다.

3. 자문가의 역할

가족들이 자녀의 일탈행동이나 진로탐색 등 다른 곳에서 도움을 받을 수 없을 경우, 가족이 처한 상황에 대해 피드백을 제공함으로써 이들의 특정 문제를 해결하도록 도움을 주는 역할이다. 예를 들어, 가족은 일반적으로 잘 기능해왔지만, 자녀가 청소년기에 들어서면서 특별한 도움이 필요한 어려운 시기가 될 수 있다. 이러한 경우 가족사회복지사는 상담자로서, 부모에게 전형적이고 또는 정상적인 10대 행동에 관한 가치 있는 정보를 제공할 수 있다. 가족사회복지사는 사회복지사 이외의 다른 곳에서 전혀 이러한 피드백을 받을 수 없는 부모와 자녀들에게 지속적으로 피드백을 제공할 수도 있다.

4. 중재자의 역할

가족사회복지사는 갈등이 일어나는 양편 사이에서 스트레스와 갈등을 다룬다. 가족원 간, 가족 간, 또는 가족과 지역사회의 갈등상황에서 해결을 중재할 수 있고, 갈등상황에서 발생하는 스트레스를 감소시킬 수 있는 역할이다.

5. 옹호자의 역할

가족문제가 가족 내 가족원들의 관계에서 기인한 것이 아니라 지역 또는 사회환경의 구조적 문제로 인해 발생한 것이라면, 가족의 이익과 문제해결을 위해 사회체계로부터 가족을 옹호하는 역할이다.

6. 자원동원가의 역할

가족문제를 해결하는 데 필요한 지역사회 집단과 자원 등에 관여하면서 이를 활성화시키고 동원할 수 있는 역할이다.

7. 가능하게 하는 자의 역할

가족이 다른 방식으로 접근할 수 있도록 기회를 확장해 주어 이용할 수 있는 서비스를 가족에게 알려주고 서비스를 활용할 수 있도록 도와 그 가족의 능력과 힘을 강화시켜주는 역할이다.

제4절 가족복지서비스

가족복지서비스는 가족의 문제를 개별적 · 심리적 · 미시적으로 해결하고 치료하는 서비스로 사후 회복적 처우라는 성격이 있다. 그러나 특수한 요구를 가진 가족문제가 점차 일반화되어 가면서 예방적 관점에서의 프로그램 개발과 실시가 필요하게 되었다.

가족복지서비스를 기능상의 특성에 따라 구분하면 다음과 같다(김혜경 외, 2015).

1. 가족기능 지원 서비스

가족에 대한 지지적 서비스(supportive service)로 가족이 생활하고 있는 시대와 사회가 요구하는 가족의 기능을 가족 스스로가 보다 잘 수행할 수 있도록 기능의 일부를 지지하는 서비스이다. 가족정책(소득보장, 주택보장, 교육보장, 보건 및 의료보장), 가족상담, 가족치료서비스, 가족생활교육 및 부모교육 서비스, 문화 또는 여가생활 및 각종 생활정보를 제공하는 서비스 등이 있다.

2. 가족기능 보충서비스

가족의 내부적 원인이나 가족을 둘러싼 여러 가지 사회환경 때문에 가족 스스로가 가족의 기능을 원활하게 수행하지 못할 때 가족문제가 발생하게 되는데, 가족문제를 해결하여 가족이 안정을 찾을 수 있도록 사회가 가족의 기능을 일부 보충해 주는 서비스(supplementary service)이다.

가족의 기능을 보충해 주는 서비스로 보육서비스, 노인과 장애인을 위한 재가서비스와 케어(care)서비스, 가정조성사업(홈메이커서비스, home maker service), 노인보호서비스 등을 들 수 있다. 또한 선별주의적 관점에서 제공되는 각종 사회보장, 즉 「국민기초생활보장법」에 의한 저소득층 가정에 제공되는 보호를 들 수 있다.

3. 가족기능 대리서비스

가족 스스로가 그들이 당면한 문제를 도저히 극복하거나 해결할 수 없을 때에 가족의 기능을 전적으로 대리하는 서비스(substitute service)로, 일시 또는 장기간의 가정위탁보호, 입양, 노인 및 장애인이나 아동을 수용하는 시설보호 등을 들 수 있다.

제 4 장

가족복지정책과 전달체계

제1절 가족복지정책의 개념과 유형

1. 가족복지정책의 개념

가족정책(family policy)이란 국가가 가족의 기능이나 역할에 의도적으로 영향을 미침으로써 원하는 방향의 변화를 가져오려는 체계적인 개입계획을 의미한다. 또한 가족복지정책(family welfare policy)이란 '통제와 지원을 통해 국가가 순수하게 가족을 위해 행하는 정책만을 의미'한다. 가족복지정책의 목표대상은 "가족"이다. 가족이란 정치, 경제, 교육, 법, 종교 등과 함께 사회의 가장 기본적인 제도로 가족구성원에게 많은 영향을 미친다.

가족복지정책의 개념을 정의할 때 보편적으로 캐머만과 칸(Kamerman & Kahn, 1978)의 말을 인용하다. 캐머만과 칸은 가족은 '가족복지정책이란 정부가 가족에 대해 그리고 가족을 위해 행하는 모든 활동'이라고 정의하였다. 고티에(Gauthier, 1999)는 가족복지정책을 협의와 광의로 나누어 설명한다. 협의의 가족정책은 소득보장, 모성보호, 아동보호, 노인보호, 사회복지서비스 등이고, 광의의 가족정책은 가족법, 공공정책 등이다. 고믹(Gomick, 2001)은 가족부양정책적 활동 등을 가족복지정책이라고 한다. 가난문제를 해소하기 위한 프랑스의 가족수당(family income supplement), 영국의 근로자가족 세액공제(working family tax credit) 등이 있다. 전선영 외(2011)는 국가가 그 사회가 추구하는 목표를 실현하기 위한 의도를 가지고, 가족 및 가족구성원으로서의 개인을 대상으로 행하는 일련의 정책이라고 정의하였다.

2. 가족복지정책의 유형

캐머만과 칸의 가족복지정책 유형을 세 가지 유형으로 제시하였다.

첫째, 가족복지정책을 사회문제해결을 위한 정책의 한 분야로 보는 유형이다.

둘째, 정책을 효율적으로 수행하기 위해 가족복지정책을 하나의 매개체로 활용하는 유형이다.

셋째, 다른 사회정책을 선택하기 위한 관점 또는 결정의 기준으로 접근하는 유형이다.

이 세 가지 유형은 가족복지정책의 궁극적 목표를 어디에 두는가에 대한 관점의 차이가 있으며, 이 유형들의 공통점은 가족을 정책의 직접적 대상 단위로 하는 점과 가족구성원이 아니라 가족을 하나의 통합적 단위로 보고 접근하는 점이다.

하딩(Harding, 1996)의 가족복지정책 유형을 가족의 책임에 대한 국가의 지원방식이나 정도에 따라서 다음과 같이 구분하였다.

1) 권위주의모델(authoritarian model)

가족의 형태나 행동양식을 국가가 원하는 방향으로 강화하기 위한 정책과 법적 조치를 취하는 모델로 국가의 통제가 매우 강력한 모델이다. 국가가 선호하는 행동의식과 가족형태 강화를 위해 정책을 수행하는 모델이다.

2) 자유방임모델(laissez faire model)

국가가 가족에 대한 간섭을 하지 않고 사적인 영역을 보호함으로써 특별한 가족정책을 제시하지 않는 모델이다. 국가의 가족불간섭을 원칙으로 하고, 특별히 선호되는 가족형태는 존재하지 않고 개별가족생활에 대해 어떠한 영향력도 행사하지 않는다.

3) 중간개입모델(intermediate model)

가족에 대한 국가의 책임을 적절한 수준에서 인정하고 가족통제를 시도하고, 가족의 자율적인 측면을 존중하면서, 가족기능의 보완 내지는 대체 정책을 제시한다. 국가통제방법에 따라 특정분야의 책임을 강화하는 유형, 동기유인형, 특정 가족형태에 대한 가정에 근거한 상호작용형, 가족지원형, 가족대체형, 욕구반응형으로 다양하게 제시되어 있다.

| 표 4-1 | 가족정책모델

유 형	특 징	통제정도
권위주의 모델 (authoritarian model)	• 국가는 특정 선호하는 가족유형과 가족행위를 장려하고 여타의 것을 금지하는 통제정책을 펼침 • 개인과 가족의 개별적 욕구나 선택은 무시됨	통제적
특정 영역에서 가족책임의 강제 (the enforce of responsibilities in specific areas)	• 특정 영역에 있어서 가족생활을 통제함	↑
긍정적 인센티브를 사용한 조정 (the manipulation of incentives)	• 국가가 선호하는 가족 행동패턴을 조장하기 위해 조세나 급여체계 등의 경제적 유인책을 병행함	│
제한적 가정하에서 작용 (working within condtraining assumpton)	• 구체적인 어떤 행동유형을 통제하거나 부정적 제재를 가하는 통제적 가족정책은 없음 • 암묵적으로 정책에서 어떤 가족유형을 가정함으로써 결과적으로 특정 가정유형을 조장함	│
가족을 대체하거나 지원 (substituting for and supporting families)	• 가족행위에 대해 의도적으로 영향을 미치고자 하는 국가정책은 없으며 현존 가족역할이나 행위가 지속되기를 바람 • 다만, 가족이 실패할 경우 이를 지원하거나 혹은 대체하는 서비스를 제공함	│
수요와 욕구에 반응 (responding to needs and demands)	• 국가는 특정 가족유형에 대한 가정이나 선호가 없으며 가족의 변화에 따라 나타나는 가족의 욕구에 수동적으로 반응함 • 가족유형에 상관없이 모든 가족들이 필요한 서비스를 이용할 수 있음	↓
자유방임모젤 (laissez-faire model)	• 가족은 개인의 자유영역이고 사적 선택영역으로 간주함 • 국가는가족생활에 대해 어떠한 영향력을 행사하지 않음 • 가족에 대한 정책목표는 없으며 선호하는 가족유형이나 행위, 가치, 성도덕 등은 존재하지 않음. 가족정책은 무정책이 정책임 • 국가는 가족을 매개하지 않고 단지 개이으로서의 구성원과 관계함	방임적

출처: Harding (1996); 박희숙 외(2014) 재인용.

제2절 가족복지정책의 발달과정

① 1960~1970년대: 산아제한을 위한 가족계획 수립의 시작(가족에 대한 지원이 매우 미미한 수준) 단계

② 1980~1987년대(제5공화국시기): 가족관련 정책의 지원대상이 주로 가족에게 부양을 받을 수 없는 장애인, 노인, 아동, 모자 등의 보호 또는 취약계층에 집중하는 단계

③ 1988~1992년대(제6공화국시기): 다양한 계층의 사회적 욕구를 반영하여 사회보장제도가 확충되었으나, 충분한 생계유지 및 저소득층 자립에는 미치지 못함

④ 1993~1997년대(문민정부시대): 저소득 장애인 가구에 대한 교육비, 각종 장애인 감면제도 등 확대

⑤ 1998~2002년대(국민의 정부시기): 생산적 복지를 강조하여 저소득 장애인 가구에 대한 교육비, 각종 장애인 감면제도 등이 확대되어 저소득층과 실직자를 돕기 위한 각종 제도들이 마련됨

⑥ 2003년 이후(참여정부시기): 참여복지라는 슬로건 하에서 사회복지의 공급주체로서 국가의 역할이 강조되었고, 예방적 측면의 복지기능을 강조하여 「건강가정기본법」 제정, 여성가족부 신설, 가족정책의 전환점이 된 시기

⑦ 2008년 이후(이명박 정부시기): 기존 여성가족부에서 담당한 가족정책이 보건복지부로 통합되었으며, 한부모가족, 다문화가족, 위기가정 등에 대한 지원 등에 초점을 맞춤

⑧ 2013년 이후(박근혜 정부시기): 첫 여성대통령으로 여성가족분야 국정과제에는 저출산문제해결과 일, 가정 양립을 위한 임신과 출산, 양육 정책 비중이 두드러진 것이 특징

지금까지 우리나라의 가족복지정책은 가족구성원들이 제기하는 여러 문제에 대해 먼저 그 가정의 문제를 해결하고 이것이 여의치 않은 제한적인 경우에 한해서만 국가가 개입하는 소극적인 형태의 정책을 펼쳐왔다. 이는 잔여적 성격을 가진 정책운영이다.

제3절 외국의 가족복지정책과 한국의 가족복지정책

1. 저출산 및 자녀양육문제(학자별)

캐머만과 칸(Kammerman & Kahn, 2000)은 모성을 보호할 수 있는 정책 마련을 강조하였다. 즉, 정책은 자녀를 출산하는 경우 노동시장은 출산 전후로 건강을 회복할 기간, 그 기간 동안의 임금 대체, 복직 이후 보육서비스를 제공하는 것까지 마련해야 한다는 것이다.

베첼사(Wetzelsa, 1999)는 일과 가정생활의 양립을 강조하였다. 이를 성취하기 위해 개별 세제혜택, 보육지원금 및 보육서비스의 이용 가능성, 보육서비스의 질을 강조하였다.

슬리보(Sleebos, 2003)는 양성평등과 관련된 사회규범이 출산수준에 영향을 미친다고 보았으며, 여러 사회제도 간 양성평등 균형의 중요성을 강조하였다(장혜경 외, 2004; 박희숙 외, 2014).

① **자녀가 제공하는 물질적·심리적 혜택의 변화**: 현대사회는 자녀양육의 결과로 자녀가 제공하는 물질적 혜택은 감소, 자녀 출산의 정서적 혜택보다 자아실현과 개인 성취를 강조하는 경우 자녀출산을 고민하게 된다고 보았다.

② **자녀양육으로 발생하는 직접비용과 기회비용 요인**: 자녀에 대한 교육기간 및 양육의 질적 수준에 대한 높은 기대로 자녀양육비인 직접비용은 증가하는데, 여성의 교육기회, 취업기회, 과외활동의 기회가 확대되어 자녀출산과 양육을 하고자 하는 기회비용은 감소한다.

③ **고용이 불안정하거나 실업률이 높을 경우 결혼과 출산을 미룸**: 특히 여성의 직업과 경력에 대해 사회적으로 긍정적인 시각의 확산과 경제적 여건 등이 출산과 관련된 결정에 영향을 미친다.

④ **물질주의 영향**: 개인의 자율성, 자아실현 등이 가중되는 현대사회에서 자녀라는 존재의 가치가 감소하고 있다.

⑤ 남성을 주 생계부양자로 규정하면서 남성중심사회는 일과 가정을 병행하고자 하는 여성의 요구를 수용하지 못해 양성평등과 관련된 사회 전체의 제도나 규정이 제대로

되어지지 않으면 개인적으로 출산수준을 낮추는 경향을 보인다.

| 표 4-2 | 외국의 자녀양육 지원정책의 유형

구분		특징	내용
재정적 지원	현금급여	정기적 현금급여	가족수당, 자녀수당
		일시불 현금급여	출산수당, 모성급여, 새학기 수당
	세제지원	• 세금환급 • 세액공제 • 세금감면	자녀유무, 자녀 수, 자녀연령, 출생순위 등에 따른 세금감면, 세금환급 등
	서비스와 재화	서비스와 재화의 무료제공 및 보조금 지급	교육서비스, 의료서비스, 치과서비스, 대중교통 서비스에 대한 지원, 여가활동 관련서비스
	주택지원	• 보조금 지급 • 주택관련 세제혜택 • 기타 서비스에 대한 보조 등	• 주택담보 대출 시 저당권 감액 • 주거비용의 세금환급 및 소득공제 • 주거관련 서비스에 대한 보조금 지원
시간적 지원	휴가 및 휴직	• 산전·후 휴가 제공 • 육아휴직제도 제공	• 복지보장 • 상실임금의 보전 • 출산 및 육아를 위한 휴가제도
	탄력근무제	탄력근무제 도입	• 탄력적 근무시간제도 • 가족관련 업무를 위한 외출 가능
서비스 제공	보육서비스	공보육 서비스의 제공	보육시설의 제공, 보육재정의 제공, 방과 후 프로그램, 직장 보육서비스 등
		보육서비스에 대한 공공재원의 제공	

출처: 유계숙 외(2007).

2. EU 국가의 가족복지정책

EU 국가의 가족복지정책의 핵심은 자녀 돌봄과 양육의 사회화이다. 유럽 가족복지정책이 가족의 유형에 상관없이 다양한 가족들의 양육과 부양부담 완화가 목표이다. 부모가 가족생활과 취업을 병행하고 자녀양육으로 인해 파생되는 경제적 부담을 덜어주기 위해 보육지원에 초점을 두었다. 이와 관련된 가족복지 프로그램과 서비스의 종류가 점점 다양해지고 있다.

1) 스웨덴

가족복지정책의 기본 이념은 사회구성원 모두 공공복지의 기여자인 동시에 수혜자가 되는 사회연대와 평등이다. 스웨덴의 가족복지정책의 특징은 다음과 같다.

① 가족친화적 성격이 강함
② 노동시장에서의 양성평등을 통해 여성이 일과 자녀양육을 병행할 수 있게 하는 데에 초점을 둠
③ 가족의 다양성을 인정 → 동거와 결혼이 동일하게 인정 (차별을 두지 않음)
④ 다양한 가족의 형태를 수용
⑤ 어떠한 가족형태든 개인의 출생부터 사망까지 국가가 지속적으로 도움을 제공
⑥ 진보적.가족친화적인 관점
⑦ 부모의 역할과 노동을 병행하도록 돕는 정책으로 가족수당, 공보육, 육아휴직제도가 있음

2) 독일

가족복지정책의 목적은 자녀양육부담으로 인한 저소득문제와 여성이 경제활동을 할 경우 발생하는 성 평등적 역할분담의 갈등으로 인한 저출산문제에 대한 대안으로, 부모가 직접 가사를 병행할 수 있는 사회적 여건을 조성하는 것이다.

(1) 소득지원정책

사회 여러 분야로부터 지원받아야 할 중요한 성과로 인식한다는 것에서 출발한다. 인식 실현을 위해서 가족 생활개선과 자녀로 인한 가족의 경제적 부담을 경감시키고자 아동수당, 자녀 세금공제를 실시하고, 자녀가 있는 경우 주택수당과 실업수당도 지급하고, '가족성과보상제도' 자녀 없는 가구와 자녀 있는 가구 간의 경제적 격차가 발생하지 않도록 지원하며, 한부모가정은 최저생계비 이상의 소득보장이 이루어지도록 배려하는 것이 목적이다.

(2) 자녀양육지원정책

목적은 가족의 재생산기능 강화이며, 여성이 자녀양육과 취업을 조화롭게 병행할 수 있

도록 지원하고, 자녀양육으로 인해 경제활동 중단할 경우 그에 상응하는 수입을 지원한다.

아동수당은 16세 미만 자녀를 대상으로 소득에 근거하여 지급하고 있으며, 양육비는 2001년 이후부터 출생한 자녀를 직접 양육하고, 일주일당 30시간 미만의 형태로 취업하는 부모는 소득에 따라 차등 적용한다.

모성보호휴가는 출산 전 6주, 출산 후 8주의 모성보호기간에 걸쳐 실질임금을 제공받는다. 직접 자녀를 양육하는 근로자들은 성별에 관계없이 자녀가 4세가 될 때까지 '부모시간제도'를 사용할 수 있다. 해당 부모는 3년간 사업장에서 파트타임으로 근무할 수 있으며, 고용주의 동의를 얻는다면 자녀가 8세가 되는 해로 연기하여 사용할 수 있다.

3) 프랑스

가족친화적인 가족복지정책을 실시하고 있으며, 보편주의적 가족복지에서 선별적인 복지정책으로 변화하고 있다. 가족의 다양성을 포용하기 위해 '연대성'과 '정의'의 논리에 근거를 두고 있다.

(1) 소득지원정책

가족수당, 가족소득보충급여, 주거수당, 이사보조금, 최저생계비 지원 등이 있다. 가족수당은 부양자녀가 2인 이상인 경우 지급하고, 가족소득보충급여나 이사보조금 지원은 3인 이상 가구로 한정하여 소득지원과 출산을 장려하고 있다.

(2) 자녀양육지원정책

수당지급과 보육정책으로 구분하고 있다.

① 수당지급

영유아수당, 자녀입양수당, 자녀간병수당, 자녀교육수당, 특수교육수당, 편부모수당 및 자녀부양비 징수 지원, 가족지원수당 등 다양한 방식의 수당을 지급한다.

② 보육정책

시설보육 위주의 정책에서 개별가정보육 지원정책으로 전환하여 2인 이상의 자녀가 있는 부모에게 제한적으로 지급되는 육아휴직수당, 개별가정보육 지원정책으로 3년까지 정액제로 유급육아휴직을 제공하며, 개별가정보육지원수당 및 보육인고용지원금 지원, 등록

보육사고용보조금 지원 등이 있다.

3. 한국의 가족복지정책

1) 가족복지정책의 기본 방향

① 다양한 가족에 대한 수요자 중심 서비스를 강화한다.

가족기능의 역량을 강화, 사회통합을 위한 다문화가족의 사회적응을 위한 서비스 제공, 가족에 대한 보편적·예방적 지원과 이탈된 요보호아동을 위한 서비스 제공 등이다.

② 가족친화적 사회 환경을 조성한다.

가족친화적 지역 환경 조성을 촉진, 기업의 가족친화경영 활성화 유도, 지역사회가 중심이 되는 통합적 가족지원 전달체계 강화 등이다.

③ 통합적 접근을 통한 가족복지서비스 정책 연계 및 효율화를 향상시킨다.

민간·공공 관련서비스 전달체계의 효율화, 대상·기능별 관련서비스와 연계 강화 등이다.

2) 가족복지정책의 과제

① 가족기능의 강화

② 가족돌봄의 사회화로 부담 경감

③ 다양한 가족의 자립의 자립역량 강화

④ 일과 가정의 양립을 위한 가족권과 노동권의 조화

⑤ 가족정책 인프라 확충

3) 가족복지정책의 내용

(1) 보육

초기 우리나나라 보육정책은 영유아 복지향상에 초점을 맞추어 여성의 경제활동을 통한 보육환경 변화에 대응하기에 미흡하여 보육서비스를 자녀양육에 수반되는 경제적 부담을 완화하는 것을 목적으로 보육시설에 대한 지원 확대, 영유아 보육비를 현금으로 지급, 방과 후 학교보육교실과 방과 후 아동보호서비스 등을 제공하고 있다.

(2) 부모권 보장

| 표 4-3 | 출산전후휴가 급여와 육아휴직제도 비교

	출산전후휴가 급여	육아휴직제도
정책 목적	맞벌이가족과 한부모가족을 위한 효과적 복지대책이며 저출산·고령화를 지원하기 위한 정책	
목적 및 개념	출산한 여성근로자의 근로의무를 덜어주고 임금의 상실 없이 휴식을 보장받도록 함	• 근로자가 만 6세 이하의 초등학교 취학 전 자녀를 양육하기 위해 신청하는 휴직 • 근로자의 육아부담을 덜어주고 계속 일할수 있게 지원하여 근로자의 생활안정과 고용 안정을 도모
내 용	• 임신 중 여성에 대해 출산전후를 통해 90일의 보호휴가를 주어야 함 • 90일 중 출산 후에 반드시 45일 이상 확보되도록 부여해야 함	• 초등학교 취학 전까지 1년 이내의 육아휴직을 부여받을 수 있음 • 양육대상인 자녀가 출생한 날부터 6세 이하의 기간 동안 자유로이 그 시기와 기간을 정할 수 있음 • 2014년 1월 14일부터 만 8세 이하 또는 초등학교 2학년 이하의 자녀로 확대되고 있음
지원 대상	• 휴가가 끝난 날 이전에 「고용보험법」 제41조에 따른 피보험 단위기간이 통산하여 180일 이상일 것 • 휴가를 시작한 날(제19조 제2항에 따라 근로자의 수 등이 대통령령으로 정하는 기준에 해당하는 기업이 아닌 경우는 휴가 시작 후 60일이 지난 날로 본다) 이후 1개월부터 휴가가 끝난 날 이후 12개월 이내에 신청할 것. 다만, 그 기간에 대통령령으로 정하는 사유로 출산전후휴가급여 등을 신청할 수 없었던 자는 그 사유가 끝난 후 30일 이내에 신청하여야 한다.	• 육아 휴직을 시작한 날 이전에 「고용보험법」 제41조에 따른 피보험 단위기간이 통산하여 180일 이상일 것 • 같은 자녀에 대하여 피보험자인 배우자가 30일 이상의 육아휴직을 부여받지 아니하거나 「남녀고용평등과 일·가정 양립 지원에 관한 법률」 제19조의2에 따른 육아기 근로시간단축을 30일 이상 실시하지 아니하고 있을 것 • 「고용보험법」 제70조 제1항에 따른 육아휴직급여를 지급받으려는 사람은 육아휴직을 시작한 날 이후 1개우러부터 육아휴직이 끝난 날 이후 12개월 이내에 신청하여야 한다. 다만, 해당 기간에 대통령령으로 정하는 사유로 육아휴직급여를 신청할 수 없었던 사람은 그 사유가 끝난 후 30일 이내에 신청하여야 한다.
지원 금액	• 출산전후휴가기간 중 우선지원대상 기업은 90일분, 그 외 기업은 30일분에 대해 「근로기준법」상 통상임금액을 지급한다. • 「근로기준법」 제74조의 규정에 의한 보호휴가기간 중 보호휴가를 이유로 지급받은 금품	• 육아휴직기간 동안 매월 통상임금의 100분의 40을 지급하고, 급여 중 일부를 직장 복귀 6개월 후에 합산하여 일시불로 지급한다. • 육아휴직급여액의 지급대상기간이 1개월이 안 되는 달에 대해서는 일수로 계산하여 지급한다.

	과 출산전후휴가급여등을 합한 금액이 보호휴가 개시일을 기준으로 한 통상임금을 초과한 경우, 그 초과하는 금액을 출산전후휴가급여 등에서 감액하여 지급한다.	또한, 육아휴직기간 중 사업주로부터 육아휴직을 이유로 금품을 지급받은 경우로서 매월 단위로 육아휴직기간 중 지급받은 금품과 육아휴직급여의 100분의 85에 해당하는 금액을 합한 금액이 육아휴직 시작일 기준으로 한 월통상임금을 초과한 경우에는 그 초과한 금액을 육아휴직급여의 100분의 85에 해당하는 금액에서 제외하고 지급한다.
신청 시기	• 우선지원대상 기업: 휴가를 시작한 날 이후 1개월부터 휴가가 끝난 날 이후 12개월 이내(휴가기간 중: 30일 단위로 신청 가능) • 대규모기업: 휴가를 시작한 날(대규모기업은 휴가 시작 후 60일이 지난 날로 본다) 이후 1개월부터 휴가가 끝난 날 이후 12개월 이내 • 출산전후휴가 종료일로부터 12월 이내에 신청하지 않을 경우에는 출산전후휴가급여를 받을 수 없다. ※ 단, 천재지변, 본인·배우자 또는 그 직계존·비속의 질병·부상, 병역법에 의한 의무복무, 범죄혐의로 인한 구속 또는 형의 집행이 발생한 경우 그 사유가 끝난 후 30일 이내에 신청해야 한다.	• 육아휴직을 시작한 날 이후 1개월부터 매월 단위로 신청하되, 당월 중에 실시한 육아휴직에 대한 급여의 지급신청은 다음 달 말일까지 해야 한다. 매월 신청하지 않고 기간을 적치하여 신청 가능하다. 단, 육아휴직이 끝난 날 이후 12개월 이내에 신청하지 않을 경우 동 급여를 지급하지 않는다.

(3) 노인장기요양보험

2007년 4월 27일 제정하고, 2008년 7월 1일부터 시행하였다. 고령 또는 노인성 질환 등으로 인해 일상생활을 혼자 수행하기 어려운 노인에게 신체활동이나 가사지원 등의 장기요양급여를 제공하여 가정의 몫이던 노인 요양문제를 국가와 사회가 공동으로 해결하기 위한 것이다. 적용대상은 전국민이며, 장기요양신청대상자는 65세 이상의 노인 및 노인성 질환을 가진 67세 미만의 국민, 6개월 이상 혼자 정상생활이 어려운 자로서 장기요양등급판정위원회에서 등급판정을 받은 국민이다.

급여종류는 시설급여(노인요양시설과 노인전문요양시설의 통합 형태인 요양시설과 소규모형태의 노인요양공동생활시설), 재가급여(방문요양, 방문목욕, 주·야간보호, 단기보호서비스), 현금급여(가족요양비, 특례요양비 및 요양병원간병비)가 있다.

요양인정점수와 등급은 다음과 같다.

그림 4-1 요양인정점수와 등급

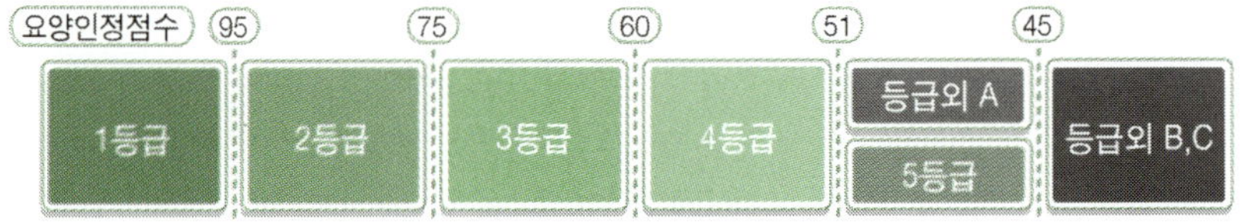

제4절 가족복지정책 전달체계

1. 공공전달체계

	(1) 중앙정부	(2) 지방정부
개념	• 대부분의 서구 복지국가는 중앙정부가 중심이 되어 사회복지정책을 수행함	• 사회복지재화나 서비스가 완전하게 지방정부 단독으로 제공되는 경우는 많지 않음
장점	• 공공재적 성격이 강한 재화(의료, 교육)나 서비스 공급에 유리 • 사회보험과 같이 규모의 경제가 발생하는 부분에서의 역할이 큼 • 평등과 사회적 적절성 실현에 필요한 강력한 권한을 지님 • 프로그램을 통합, 조정하기 유리함 • 안정적인 사회복지제도 유지에 유리하여 정책 전달에 가장 중요한 역할을 수행	• 지역주민의 욕구에 신속하고 효율적으로 대응할 수 있음 • 지방정부 간의 경쟁으로 서비스 질 향상 • 서비스의 대상자가 정책결정과정에 참여하기 쉬움 • 대상자의 변화하는 욕구에 적극적인 대처 가능
단점	• 중앙정부의 서비스 제공 = 자원 비효율적 배분 • 중앙정부의 독점적 공급에 따른 재화나 서비스 질 저하 • 서비스 대상의 변화하는 욕구에 융통성 있게 대응하기 어려움	• 지역 간 불평등으로 사회통합 저해 규모의 경제를 실현하기 어려워 사회보험제도의 시행이 곤란 • 프로그램의 안정성과 지속성 보장의 어려움 • 지방정부 단위의 프로그램 발전은 단편화될 가능성이 큼

2. 민간전달체계

	(1) 자원조직	(2) 비공식부문	(3) 영리조직
개념	• 집단적 사회복지활동의 한 형태	• 가족, 친구, 이웃 등과 같이 일정한 형식을 갖추지 않으면서 사회복지서비스를 공급·전달하는 체계	• 사회민주주의가 발달한 국가: 영리조직을 규제하고 공공부문이 광범위하게 복지부문에서 활동 • 미국: 의료보험과 같은 사회복지가 민간차원에서 제공되며, 국가는 보충적인 기능을 담당
특징	• 자원봉사자에게 의존 • 자선적 기부에 의존 • 기본적으로 개인 또는 집단으로부터 기부금, 회비 등에 의존 • 집단구성원이 스스로의 보호를 위해 재원조달과 활동을 함	• 서비스를 필요로 하는 대상들의 다양한 욕구와 변화에 쉽게 대응할 수 있음 • 비용의 효율성을 극대화 • 대상자의 내적 욕구에 적절히 대응	• 모든 국민이 부가적으로 필요로 하는 복지서비스를 이용하기 위해서는 시장원리에 따라 향유하게 하는 방식이 적절 • 사회적 자원의 효율성을 극대화
단점	• 국가와 시장영역 사이에서 그 경계선이 애매하고 불명확함 • 국가로부터 받는 지원과 수익성 사업 등이 자원조직의 정체성을 약화시킴	• 여성의 경제참여가 증가하고 있어 비공식부문 서비스 제공가의 규모가 점차 줄어들게 되어 점차 비공식부문의 규모가 축소될 것으로 예상	

제5절 가족복지정책 관련법

1. 헌법

「헌법」은 국민의 일상생활을 규율하고 지원하는 우리나라 최고의 법규범으로 국민의 기본권, 통치구조, 경제체제 등 국민생활에 필요한 근본적이고 기초적인 사항을 정하고 보장하는 기본법이다.

〈가족과 관련된 헌법 제36조〉

제1항 혼인과 가족생활은 개인의 존엄과 양성의 평등을 기초로 성립되고 유지되어야 하며, 국가는 이를 보장한다.

제2항 국가는 모성의 보호를 위하여 노력하여야 한다.

제3항 '모든 국민은 보건에 관하여 국가의 보호를 받는다.'라고 하여 가족보호에 대한 국가의 의무를 규정하고 있다.

2. 가족법(「민법」)

1) 법의 의의와 기본 이념

가족법은 가족과 직접적으로 관련되는 법으로 「민법」 제4편 친족법과 제5편 상속법을 총칭하는 것이다. 가족생활 전반에 대한 내용을 규정하고, 가족법은 원래 부계중심의 가부장적 가족제도원리에 근거하여 제정된 법률로 헌법의 기본 원칙인 양성평등에 위배되는 규정들이 상당수 존재하고 있다. 여성가족부는 가족법의 개정을 위한 논의를 지속하고 있다. 2000년 10월 동성동본불혼규정, 여성의 재혼금지조항 폐지, 2008년 호주제 폐지 등이 있다.

| 표 4-4 | 가족법(「민법」) 관련조항의 개정안

조 항	구 법 령	개 정 안
호주의 정의(제778조)	• 일가의 계통을 계승한 자, 분가한 자, 일가창립 및 부흥한 자 등	• 삭제
가족의 범위(제779조)	• 호주의 배우자, 혈족과 그 배우자 및 그 가(家)에 입적한 자	• 배우자, 직계혈족 및 형제자매(생계를 같이하는) 직계혈족의 배우자, 배우자의 직계혈족 및 배우자의 형제자매
입적, 복적, 일가창립, 분가 등(제780조, 제782~799조)	• 호주제를 전제로 한 입적, 복적, 일가창립, 분가에 관한 규정	• 삭제
동성동본 금혼(제809조)	• 동성동본 금혼	• 근친혼 등의 금지조항으로 변경
여성의 재혼금지기간(제811조)	• 6개월	• 삭제

아내의 입적(제826조 제3 · 4항)	• 아내는 남편의 가(家)에 입적	• 삭제
친양자제도 신설 (제908조의 2~8)		• 양자를 양부모의 친생자로 신분등록부에 기재
부모의 친권행사(신설)		• 부모의 친권행사 시 자녀의 복리를 우선 고려해야한다는 의무조항 신설

2) 가족법(「민법」)의 주요내용

(1) 가족의 범위

개정된 가족의 범위는 배우자, 직계혈족 및 형제자매와 생계를 같이하는 직계혈족의 배우자, 배우자의 직계혈족 및 배우자의 형제자매이다.

(2) 혼인에 관한 규정

혼인에 관한 조항에서는 부부간의 의무, 성년의제, 동거와 상호 부양과 협조 등을 명시하였다. 개정된 혼인에 관한 규정에서는 남녀평등과 혼인의 자율성을 보장하기 위해 동성동본금혼제도를 폐지하고 근친혼금지제도로 전환하였다.

(3) 이혼에 관한 규정

가족법에서는 이혼을 협의상 이혼과 재판상 이혼으로 분류하고, 협의상 이혼은 가정법원의 확인을 받아 「가족관계의 등록 등에 관한 법률」이 정한 바에 의하여 신고함으로써 그 효력이 성립되며, 재판상 이혼은 배우자에 부정한 행위가 있었을 때, 배우자가 악의로 다른 일방을 유기한 때, 배우자 또는 그 직계 존속으로부터 심히 부당한 대우를 받았을 때, 배우자의 생사가 3년 이상 분명하지 아니한 때 가정법원 이혼을 청구하는 것이다.

(4) 부모-자녀관계에 관한 규정

가족법에서의 부모-자녀관계에 관한 내용은 대체적으로 관계의 법적 효력을 중심으로 규정하고 있으며, 보호자로서 부모의 기능이 법적으로 원활하지 않거나 부재한 경우 후견인이나 친족이 대신 법적인 책임자 또는 조력자의 기능을 할 수 있다고 규정하고 있다.

3. 건강가정지원법

1) 법의 의의와 기본 이념

「건강가정기본법」은 우리 사회가 변화함에 따라 급속도로 증가하고 있는 가족해체현상인 이혼, 가족의 부양기능 약화 등의 가족문제에 대처하며, 가정을 단위로 한 통합적이고 예방적인 복지서비스를 구현하기 위해 제정되었다.

입법 목적은 건강한 가정생활의 영위와 가족의 유지 및 발전을 위한 국민의 권리·의무와 국가 및 지방자치단체 등의 책임을 명백히 하고, 가정문제의 적절한 해결방안을 강구하며, 가족구성원의 복지증진에 이바지할 수 있는 지원정책을 강화함으로써 건강가정 구현에 기여하는 것을 목적으로 한다.

2) 「건강가정기본법」의 주요 내용

(1) 가족, 가정, 건강가정에 대한 정의

| 표 4-5 | 「건강가정기본법」 제3조에의 가정 관련용어의 정의

용 어	정 의
가 족	혼인·혈연·입양으로 이루어진 사회의 기본단위
가 정	가족구성원이 생계 또는 주거를 함께 하는 생활공동체로서 구성원의 일상적인 부양·양육·보호·교육 등이 이루어지는 생활단위
건강가정	가족구성원의 욕구가 충족되고 인간다운 삶이 보장되는 가정
건강가정 사업	건강가정을 저해하는 문제의 발생을 예방하고 해결하기 위한 여러 가지 조치와 가족의 부양·양육·보호·교육 등의 가정기능을 강화하기 위한 사업

(2) 책임주체 및 적용대상

국가 및 지방자치단체는 건강가정을 위하여 필요한 제도와 여건을 조성하고, 이를 위한 시책을 강구하고 가족구성원의 특성과 가정유형을 고려하여야 한다.

(3) 건강가정사업

「건강가정기본법」에서는 국가 및 지방자치단체가 추진해야 하는 건강가정사업으로 가정에 대한 지원, 가족단위 복지증진, 가족의 건강증진, 가족부양의 지원, 이혼예방 및 이혼

가정지원, 건강가정교육 등, 개별복지법과 달리 가정을 단위로 한 통합적 접근을 규정하고 있다.

| 표 4-6 | 건강가정사업의 주요 내용

사 업	내 용
가정에 대한 지원	• 국가 및 지방자치단체는 가정이 원활한 기능을 수행하도록 지원해야 하며, 지원 사항은 다음과 같다. - 가족구성원의 정신적 · 신체적 건강지원 및 안정된 거주생활 - 소득보장 등 경제생활의 안정 및 직장과 가정의 양립 - 태아검진 및 출산, 양육의 지원 - 음란물, 유흥가, 폭력 등 위해환경으로 부터의 보호 - 가정폭력으로부터의 보호 및 가정친화적 사회분위기의 조성 • 그 밖에 건강한 가정의 기능을 강화 · 지원할 수 있는 관련사항 - 국가 및 지방자치단체는 취업여성의 임신 · 출산 · 수유와 관련된 모성보호 및 부성보호를 위한 유급휴가시책이 확산되도록 노력하여야 한다. - 국가 및 지방자치단체는 한부모가족, 노인 단독가정, 장애인가정, 미혼모가정, 공동생활가정, 자활공동체 등 사회적 보호를 필요로 하는 가정에 대하여 적극적으로 지원하여야 한다.
자녀양육 지원 강화	• 국가 및 지방자치단체는 자녀를 양육하는 가정에 대하여 자녀양육으로 인한 부담을 완화하고, 아동의 행복추구권을 보장하기 위해 보육, 방과 후 서비스, 양성이 평등한 육아휴직제 등의 정책을 적극적으로 확대 시행하여야 한다. • 국가 및 지방자치단체는 다양한 가족형태를 고려하여 아동양육지원사업시책을 수립 · 시행해야 하며, 이를 예산의 범위 내에서 지원할 수 있다. • 국가 및 지방자치단체는 가사노동의 가치에 대한 사회적 인식을 제고하고, 이를 관련법 · 제도 및 가족정책에 반영하도록 노력하여야 한다.
가족단위 복지 증진	• 국가 및 지방자치단체는 사회보험 · 공공부조 등 사회보장제도의 운용과 관련하여 보험료의 산정 · 부과, 급여 등을 운용함에 있어서 가족을 지지하는 시책을 개발 · 추진하여야 한다. • 국가 및 지방자치단체는 경제 · 사회, 교육 · 문화, 체육, 지역사회 개발 등 각 분야의 제도 · 정책 및 사업을 수립 · 추진함에 있어 가족을 우대하는 방안을 강구하여야 한다.
가족의 건강증진	• 국가 및 지방자치단체는 영유아, 아동, 청소년, 중 · 장년, 노인 등 생애주기에 따르는 가족구성원의 종합적인 건강증진대책을 마련하여야 한다.
가족부양 지원	• 국가 및 지방자치단체는 영유아 혹은 노인 등 부양지원을 요하는 가족구성원이 있는 가정에 대하여 부양부담을 완화하기 위한 시책을 적극적으로 강구하여야 한다. • 국가 및 지방자치단체는 질환이나 장애로 가족 내 수발을 요하는 가족구성원이 있는 가정을 적극 지원하며, 보호시설을 이용할 수 있도록 전문보호시설을 확대하여야 한다. • 국가 및 지방자치단체는 가족구성원 중 장기요양을 필요로 하는 질병이나 사고로 간병을 요할 경우 가족간호를 위한 휴가 등의 시책을 마련하여야 한다.

민주적이고 양성평등한 가족관계 증진	• 국가 및 지방자치단체는 부부 및 세대 간에 가족갈등이 있는 경우 이를 예방 · 상담하고, 민주적이고 양성평등한 가족관계를 증진시킬 수 있도록 가족지원서비스를 확대하고, 다양한 가족생활교육, 부모교육, 가족상담, 평등 가족홍보 등을 추진하여야 한다. • 국가 및 지방자치단체는 가정폭력이 있는 가정의 경우 가정폭력피해자와 피해자 가족에 대한 개입에 있어 전문가의 체계적인 개입과 서비스가 이루어지도록 노력하여야 한다.
가족단위의 시민적 역할	• 국가 및 지방자치단체는 가족의 결속력과 가족구성원의 발전을 위하여 가족이 시민으로서의 역할을 증진할 수 있는 기회와 서비스를 제공하여야 한다. • 국가 및 지방자치단체는 가족단위의 자원봉사 참여가 확대되도록 노력하여야 한다.
가정생활문화 발전	• 국가 및 지방자치단체는 건강가정의 생활문화를 고취하고, 그에 대한 지원정책을 수립해야 하며, 국가 및 지방자치단체가 지원하여야 하는 건강가정의 생활문화는 다음과 같다. - 가족여가문화 및 양성평등한 가족문화 - 가족단위 자원봉사활동 - 건강한 의식주 생활문화 및 합리적인 소비문화 - 지역사회 공동문화 - 그 밖에 건강가정의 생활문화와 관련된 사항
가정의례	• 개인과 가정은 건전한 가정의례를 확립하도록 노력하여야 한다. • 국가 및 지방자치단체는 건전한 가정의례를 확립하기 위한 지원정책을 수립하여야 한다.
가정봉사원	• 국가 및 지방자치단체는 건강한 가정을 유지하기 위하여 필요한 경우에는 가정을 방문하여 가사 · 육아 · 산후조리 · 간병 등을 돕는 가정봉사원을 지원할 수 있다. • 가정봉사원은 여성가족부령이 정하는 바에 따라 교육을 받아야 하며, 국가 및 지방자치단체는 가정봉사원에게 예산 범위 안에서 일정 금액을 지급할 수 있다.
이혼예방 및 이혼가정 지원	• 국가 및 지방자치단체는 이혼하는 부부가 이혼 전 상담을 받을 수 있게 하는 등 이혼조정을 내실화할 수 있도록 필요한 조치를 강구하여야 한다. • 국가 및 지방자치단체는 이혼의 의사가 정해진 가족에 대하여 이들 가족이 자녀양육 · 재산 · 정서 등의 제반문제를 준비할 수 있도록 도움을 주는 지원서비스를 제공하도록 하여야 한다. • 국가 및 지방자치단체는 이혼한 가족에 대하여 양육비에 대한 집행력의 실효성을 강화하고 그 적용대상을 확대하도록 하여야 한다.
건강가정교육	• 국가 및 지방자치단체는 건강가정교육을 실시해야 하며, 교육내용은 다음과 같다. - 결혼준비교육 - 부모교육 및 가족윤리 교육 - 가족가치 실현 및 가정생활 관련교육 등
자원봉사활동 지원	• 국가 및 지방자치단체는 건강가정과 관련되는 자원봉사활동사업을 육성하고 장려하여야 한다.

(4) 건강가정지원센터

「건강가정기본법」에 의해 국가 및 지방자치단체는 가정문제의 예방, 상담 및 치료, 건강가정의 유지를 위한 프로그램의 개발, 가족문화운동의 전개, 가정 관련 정보 및 자료제공을 등을 위하여 중앙, 시, 도 및 시 · 군 · 구에 건강가정지원센터를 설립, 운영해야 한다.

| 표 4-7 | 건강가정지원법의 주요 내용

구 분	조 항	
목적	제1조	건강한 가정생활의 영위와 가족의 유지 및 발전을 위한 국민의 권리, 의무와 국가 및 지방자치단체 등의 책임을 명백히 하고, 가정문제의 적절한 해결방안을 강구하며 가족구성원의 복지증진에 이바지할 수 있는 지원정책을 강화함으로써 건강가정 구현에 기여하는 것을 목적으로 한다.
이념	제2조	가정은 개인의 기본적인 욕구를 충족시키고 사회통합을 위하여 기능할 수 있도록 유지 · 발전되어야 한다.
국민의 권리와 의무	제4조	제①항 모든 국민은 가정의 구성원으로서 안정되고 인간다운 삶을 유지할 수 있는 가정생활을 영위할 권리를 가진다. 제②항 모든 국민은 가정의 중요성을 인식하고 그 복지의 향상을 위하여 노력하여야 한다.
국가 및 지방자치단체의 책임	제5조	제①항 국가 및 지방자치단체는 건강가정을 위하여 필요한 제도와 여건을 조성하고, 이를 위한 시책을 강구하여 추진하여야 한다. 제②항 국가 및 지방자치단체는 제①항의 시책을 강구함에 있어 가족구성원의 특성과 가정유형을 고려하여야 한다. 제③항 국가 및 지방자치단체는 민주적인 가정형성, 가정친화적 환경조성, 양성평등한 가족가치 실현 및 가사노동의 정당한 가치평가를 위하여 노력하여야 한다.

제5장

가족사정에 대한 이해

제1절_ 가족사정의 개념

제2절_ 가족사정의 영역

제3절_ 가족사정 방법

제4절_ 관찰(observation)

제5절_ 생활력 도표(life chronology)

제6절_ 가족범주도식

제1절 가족사정의 개념

과거 진단(diagnosis)이라는 용어에서 최근 사정(assessment)이라는 용어를 사용하게 된 배경은 첫째, 클라이언트의 문제를 병리적으로 보는 관점은 클라이언트의 강점을 개발하지 못하게 하고, 둘째, 병리를 강조하는 접근은 인간이 잠재능력과 가능성을 가지고 있다는 사회사업의 가장 중요한 가치실현을 어렵게 하기 때문이었다.

일반적인 사정이란 다음과 같다. 첫째, 클라이언트 문제의 본질, 둘째, 클라이언트 및 중요한 타인의 대처능력, 셋째, 클라이언트 문제와 관련된 체계 및 이들 체계와 클라이언트 간의 상호작용, 넷째, 클라이언트의 문제해결을 위해 이용 가능한 자원, 다섯째, 문제를 해결하려는 클라이언트의 동기 파악을 위해 자료를 수집하고, 분석하고, 종합하는 일련의 과정을 말한다(Hepworth & Larson, 1993).

초기사정은 지금까지의 내용을 중심으로 개입 전 단계에서 개입계획을 위한 근거를 제공하고, 넓은 의미에서의 사정은 초기사정뿐 아니라 서비스의 전 과정을 통해 이루어진다.

사정은 직관이나 느낌보다는 관찰, 기록, 연구문헌 등 경험적 자료에 근거해야 클라이언트를 보다 객관적으로 볼 수 있으며, 사회사업실천의 결과도 과학적으로 측정하고 평가할 수 있다.

가족사정(family assessment)은 가족을 하나의 단위로 보고 가족 내부 및 외부 요인, 이들 양자 간의 상호작용 등을 파악하기 위해 자료를 수집, 분석하고 종합하여 그 가족에 대한 개입을 계획하는 일련의 과정을 말한다(조흥식 외, 2002). 객관적 자료(objective data)와 주관적 자료(subjective data)에 대한 파악도 필요하다.

제2절 가족사정의 영역

1. 가족 내 역동에 대한 사정

1) 가족욕구

욕구(need)란 어떠한 목적을 위해 필요하거나 필수적인 것이 결여되거나 결핍된 것을 지칭한다. 즉, 생존, 자율, 삶의 계획, 사회적 최소(social minimum)에 대한 사회적 행위자의 의무 등을 말한다. 가족욕구란 가족의 생존, 자율, 생활계획, 사회적 행위자의 의무를 다하기 위해 필요하여 구하는 것이다.

2) 가족문제

욕구는 해결해야 할 문제(problem)로 간주되어야 한다. 문제란 사람에게 해결욕구를 유발시키는 불만족스러운 상태, 조건을 의미한다. 사회복지실천에서는 문제와 욕구를 동일선상에서 이해하는 것이 중요하다. 가족문제란 가족원에게 그에 대한 해결욕구를 유발시키는 불만족스러운 상태, 조건을 의미한다.

3) 가족문제 유형

사회복지사는 가족들이 직면할 수 있는 문제들의 유형에 대해 인지하고 있어야 한다.

4) 가족의사소통

가족관계는 의사소통의 결과이며, 메시지를 통해 환경과의 관계를 유지한다. 즉 가족은 의사소통에 의한 규칙이 적용되는 상호작용체계로, 가족문제를 사정하기 위해서는 가족관계 내의 의사소통과정을 이해해야 한다.

(1) 보완적 관계와 대칭적 관계

① **보완적 관계**(complementary relationship): 두 사람은 동등하지 않은 지위를 가지고 한 사람이 월등한 위치에서 행동을 주도하고, 다른 한 사람은 따른다.

② 대칭적 관계(symmetrical relationship): 동등한 지위를 가지고 있으며, 각자 행동을 주도하는 권리를 나타내고, 상대방을 비평하며 조언한다.

(2) 이중구속 의사소통

메시지를 받는 사람이 복종할 것과 불복종할 것을 요구하는 이중적인 메시지이며, 보통 엄마와 자녀 사이의 보완적 관계 내에서 나타난다.

여러 학자들(Bateson, Jackson, Haley, Weakland)은 정신분열증환자 가족 내의 의사소통에서 이중구속 모순을 발견한다. 예를 들면, 손자를 원하던 시어머니가 딸을 낳고 행복한 표정으로 수유를 하고 있는 며느리에게 "요즘 누가 딸, 아들을 가리니. 다음번에는 아들 낳으면 되니까 상심마라."하는 경우이다. 이중구속 메시지에 의한 모순적 행동은 메시지를 받은 사람에게 이중적인 의사를 전달하기 때문에 영속적인 병적 의사소통이 형성된다.

(3) 메타의사소통

메타의사소통은 메시지에 관한 메시지를 보내는 것이다(Satir, 1967). 메시지는 받는 사람에게 어떻게 받아들여지기 원하는지, 보내는 사람의 의도를 전달하고, 메시지를 보내는 사람이 받는 사람을 인식하는 방법, 자신이 갖는 태도 등의 관여된 사람들 간 관계의 성격을 나타낸다. 예를 들면, "아무것도 아니에요."라고 하는 부인에게 남편이 "당신은 아무것도 아니라고 말하지만 뭔가 문제가 있는 것 같은 태도인데요."라고 말하는 것이다. 메타의사소통은 언어수준과 비언어수준에서 나타날 수 있다.

비언어적 메타의사소통은 메시지를 보내는 사람이 말로 표현한 것 이상의 의미를 포함하며, 언어적인 것보다 덜 명시적이기 때문에 의사소통과정의 복잡성을 더해 주며, 받는 사람은 보내는 사람의 상황까지 판단하도록 해야 한다.

(4) 위장(mystification)

위장은 가족 내에서의 갈등이나 불화를 보호하게 하거나 가면을 쓰고 반응하는 현상을 말한다. 갈등을 직면하지 않고 회피하면서 본질을 가리는 방식으로 반응하며, 이러한 회피행동은 갈등을 악화시킨다. 위장의 기능은 현상을 유지하는 것이다.

(5) 주장적(assertiveness) 의사소통

주장성은 의사소통하는 방법 중의 하나로 개인의 생각, 욕구, 정서를 자기신뢰감, 기술,

관심으로써 타인에게 알리는 능력이다. 주장적 · 공격적 · 수동적 의사소통은 연속선에 배치할 수 있으며 차이가 있다.

| 표 5-1 | 의사소통 유형의 특징

주장적	공격적	수동적
• 다른 사람의 욕구와 감정, 나 자신의 욕구와 감정은 동등하게 중요하다.	• 다른 사람보다 내가 더 중요하다. • 내가 원하고 느끼는 것이 우선되어야 한다.	• 나보다 다른 사람이 더 중요하다. • 내가 말하는 것과 느끼는 것은 가치가 없다.

대부분의 사람들은 주장적 의사소통에 어려움을 겪고, 몇몇의 사람들은 타인의 요구에 부응하고, 자신의 욕구는 부인하는 데 익숙해져 타인의 요구를 거부하는 데 어려움을 겪는다.

5) 가족구조

미누친(Minuchin)이 설명한 구조적 가족치료의 기본 토대 중 하나는 가족이란 하위체계의 지지를 통해 기능하는 하나의 체계라는 개념이다. 가족원의 행동은 반복된 작용을 통해 이루어진 상호교류패턴에 의해 조절된다. 가족의 구조가 변화하면, 가족원의 지위도 변화되며, 각 개인도 변화를 겪게 된다(Janzen 외, 1980; 박희숙 외, 2014 재인용).

(1) 부부하위체계

남편과 아내로 구성된 하위체계로서 남편과 아내로서의 역할에 대해 보완성과 적응성을 살펴보는 것이다. 이는 배우자가 상대방의 효과적인 기능수행을 위하여 지지를 해 주는 행동양상을 발달시켜야만 하는 것을 의미한다. 이를 위해 합류와 협동이 필요하다.

부부하위체계의 효과적 기능에는 분리되는 능력과 행동이 필수적이므로 배우자들은 친밀, 지지, 독립적 행동에 필수적인 개별성 유지 사이에 균형을 추구해야 하고, 부부하위체계는 가족이라는 경계구조 내의 경계에 의해 특징지어진다. 내적 경계선은 참여자의 개인성을 유지시키고, 외적 경계선은 그 하위체계를 규정하고 외부세력의 침입으로부터 보호한다(박희숙 외, 2014).

(2) 부모하위체계

부모하위체계는 자녀에 초점을 두고 전체 가족을 이끌어가는 책임을 가진다. 자녀의 출생 및 성장과 더불어 통제와 허용을 적절히 조절하면서 자녀가 독립성을 갖도록 한다(조흥식 외, 2004).

(3) 형제하위체계

같은 세대로 이루어지는 경우가 대부분이고 나름의 관심과 생각을 갖게 되므로, 어른들로부터 자신을 보호할 필요가 있을 때 서로 쉽게 연합한다. 부모가 이 체계를 엄격히 다루면 자녀의 독립성이 방해를 받아 가족기능이 역기능적으로 될 수 있다(조흥식 외, 2004).

(4) 부모-자녀하위체계

세대가 서로 다른 가족원들로 구성되어 다른 하위체계보다 역기능적이 될 수 있다. 자녀에게 엄격함과 허용을 적절히 하는 것이 중요하고, 한쪽 부모가 다른 부모를 배제시키는 방식으로 자녀와 관계를 맺는 경우 역기능적이 되기 쉽다(조흥식 외, 2004).

6) 가족권력

가족 내에서의 권력은 다른 가족원의 행동을 변화시킬 수 있는 능력을 말하며, 다른 가족원들의 욕구를 실현시켜줄 수 있는 자원을 많이 가진 가족원일수록 권력을 많이 가진다.

사회복지사는 가족 내 어떤 하위체계가 다른 하위체계에 대해 권력을 행사하는 위계질서를 어떻게 조직하고 있는가를 파악해야 한다. 위계질서는 ① 가족원들 사이의 권력의 분포를 통해서 ② 가족의 규칙체계 내에서 ③ 가족이 공유하고 있는 의미와 가치체계를 통해서 알 수 있다(Haley, 1976).

7) 가족규칙

가족원들이 서로의 행동을 규정하고 제한하는 합의를 말한다(이재연 외, 1990).

(1) 명시적 규칙

가족원들이 분명하게 드러내놓는 규칙을 말하며, 가족원들의 구체적 역할과 기대에 따라 설정되어 있고, 가족들이 원하는 것이 논의되며, 타협과 변화할 수 있다.

(2) 묵시적 규칙

가족원들이 분명하게 드러내놓지 않는 규칙을 말하며, 반복된 상호교류가 시간이 지나면서 확고해진 것일 수 있기 때문에 가장 힘을 갖는 규칙일 수 있다.

(3) 메타롤

규칙에 관한 규칙으로 가족원들이 가족규칙을 어떻게 변화시킬 것인가에 대한 규칙이다. 기능적인 가족은 규칙변화의 필요성을 느낄 때 합의를 이끌어 내고, 역기능적 가족은 변화에 대한 기대를 가지고 있지 않거나 가족규칙이 변화될 수 없을 것이라는 강력한 메타롤(metarole; 규칙에 관한 규칙)을 가지고 있을 것이다(조흥식 외, 2004).

(4) 가족의례

사회복지사는 가족사정을 할 때 그 가족의 의례(생일, 기념일, 정기적 식사모임과 같은 가족이 집행하는 일정한 전통적 의식)에는 어떤 것이 있는가를 사정하여 가족을 이해해야 한다(박희숙 외, 2014).

8) 가족 삼각관계

가족 삼각관계는 가족 내 2인 체계 속에서 긴장을 느끼는 사람이 긴장의 정도를 감소시키기 위해 제3의 인물이나 이슈를 끌어들여 맺게 되는 관계를 말한다(Janzen 외, 1980). 제3의 요소에 의해 주어지는 이익을 얻기 위해 본래의 두 사람은 노력을 하기 때문에 제3의 요소는 주목의 대상이 되며, 가족 삼각관계는 역기능이 될 수도, 순기능이 될 수도 있다(김유숙, 2002).

사회복지사가 유의할 점은 다음과 같다.

① 가족 내의 관계패턴을 보는 방식을 제공한다

② 가족 삼각관계의 대상에 사회복지사가 포함될 수 있음을 유의한다.

③ 잘못된 삼각관계는 세대가 다른 두 사람이 연합하여 가족 중 한 사람을 밀어내는 것이다. 물증은 있지만 삼각관계의 존재를 인정하지 않는다.

④ 삼각관계가 반드시 병리는 아니다. 제3의 요소가 상대방의 자리를 대신하지 않으면 문제가 되지 않는다(전선영 외, 2011).

9) 가족신화

가족원들이 공유하는 신념과 서로 간의 기대, 가족원의 관계로 구성되어 가족원들이 의심의 여지없이 신화로 합의하는 결과를 가져온다(Janzen 외, 1980). 일반적으로 현실에 대한 왜곡이나 부정 및 현실 위장의 요소가 있다. 사회복지사는 비합리적인 가족신화도 가족원들은 그것이 정서적으로 필요불가결한 부분으로 인식한다는 것을 명심해야 한다.

가족신화는 가족원의 행동을 결정하는데, 가족신화가 깨뜨려져 가족항상성이 흔들리면 가족은 다시 그 신화를 강화하여 가족항상성을 유지하려고 한다(전선영 외, 2011). 가족신화가 가족사정에 중요한 이유는 상호작용의 시작과 유지, 정당화시키는 데 조직화된 신념으로 작용하기 때문이다.

10) 가족 내 역할

역할이란 일정한 지위에 있는 개인에 의해 수행되는 일련의 연속되고 학습된 행동으로, 가족 내 역할은 가족 내에서 자신의 위치와 존재를 결정하는 사고와 행동양식을 의미하며, 가족생활을 위한 구체적인 과제수행을 포함한다. 오랜 시간에 걸쳐 형성된 것으로 영구적이고, 융통성이 적으며, 거의 무의식적이다. 사회복지사는 가족 역할구조가 형성된 이유와 과정을 분석하는 것이 중요하다. 역할 수행에 대한 평가는 다음 네 가지 개념으로 이루어진다(전선영 외, 2011).

① **역할갈등**: 역할갈등은 역할을 수행하면서 겪는 어려움을 의미하는데, 하나의 지위에 기대되는 역할들에 합의가 결여될 때 겪는 '역할 내 갈등'과 한 개인에 의해 수행되는 여러 역할들이 상호 불일치할 때 발생하는 '역할 간 갈등'이 있다.

② **역할모호성**: 어떤 지위에 대한 역할이 분명히 고정되지 않았을 때 발생한다.

③ **역할과중**: 한 개인이 자신에게 기대되는 역할들을 부담되고 힘들게 느껴 문제가 되는 경우를 말한다.

④ **역할단절**: 일반적으로 삶의 주기에 따라 기대되는 역할이 변화되는데, 이때 변화되는 역할 간에 유사성이 부족할 때 파생되는 문제이다.

11) 가족생활주기

가족생활주기는 가족생활에도 탄생에서 소멸까지 일련의 과정이 있고, 단계마다 과업이 존재한다. 가족생활주기 사정은 대부분의 가족이 가족생활주기의 모든 단계를 거치며, 가족은 각 단계에 대한 적응과정에서 스트레스를 경험할 수 있고 나아가 가족문제를 발생시킬 수 있기 때문에 중요하다. 사회복지사의 가족사정 항목은 다음과 같다(박희숙 외, 2014).

① 현재의 가족생활주기
② 현재의 가족생활주기에 대한 가족원들의 인식 정도
③ 가족생활주기에 따른 발달과업의 수행 정도
④ 질병, 죽음 등 갑작스러운 변화의 적응 정도
⑤ 별거, 이혼, 재혼, 한부모가족이 겪는 생활주기상의 문제

2. 환경과의 상호작용에 대한 사정

콤프턴과 갤러웨이(Compton & Galaway)는 환경을 특정한 지역 내에서 사회적으로 규정되어 건축된 공간 내 사람들의 조합 및 그들의 상호작용과 상호교류라고 정의하였다. 상호교류는 개인 및 가족생활 내에서 사회 및 문화체계의 생활 내에서 특정 기간에 걸쳐 발생한다고 하였다. 태어날 때부터 환경은 우리와 친밀한 부분이 되어 우리의 선택과 상호교류를 통해 우리가 삶을 구성할 재료를 제공한다(Compton & Galaway, 1999).

1) 사회적 환경(social environment)

가족원들이 개인, 집단, 가족, 지역사회, 계층, 문화 등 여러 수준으로 구성된 환경과 어떠한 상호작용, 상호교류를 하는지 사정한다.

2) 지리적 환경(physical environment)

가족을 둘러싸고 있는 자연적 환경과 건축된 환경을 사정한다.

3) 시간적 환경(temporal environment)

인간은 환경으로부터 자신을 보호하기 위해, 사생활을 가지기 위해 주택을 짓고, 공간

을 구축한다. 이는 개인의 취향과 수요에 달려 있으며, 가족이 창조하는 사적 공간은 가족원들에 대한 감정과 상호작용한다.

4) 영적인 환경(transpersonal environment)

생의 의미를 추구하기 위해 문화적으로 지지되는 모든 방식과 기회를 포괄한다. 이는 종교의식에 국한하지 않고 보다 높은 존재가 있다는 신념, 그 존재와의 관계 가능성을 포함한다. 영적인 환경의 의미, 영적 경험에 대한 가족원의 요구, 사회 안에서 활용 가능한 기회 사이의 결합이 결여되면 이는 영적 위기나 불안을 초래할 수 있고, 사회복지사가 영적 환경에 민감하지 못하다면 정신질환으로 오해할 수도 있다(박희숙 외, 2014).

그림 5-1 환경사정의 틀

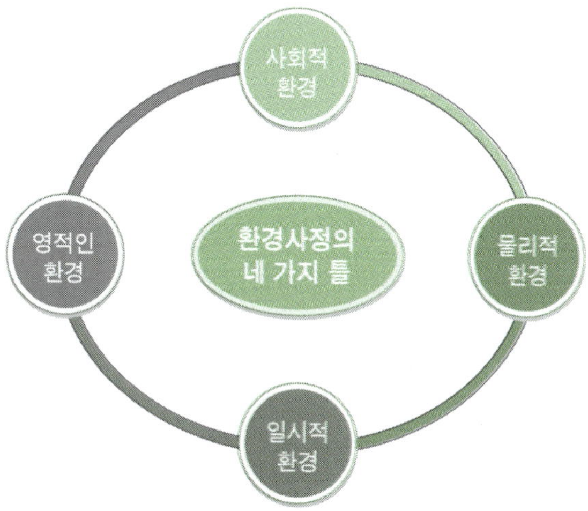

제3절 가족사정 방법

1. 인터뷰

가족사정의 방법 중 가장 기본적이고 중요한 방법으로 부모, 자녀, 이웃 등을 대상으로 한다. 반드시 인터뷰 전에 가족에 관한 기관의 기록과 의뢰 및 그에 대한 정보 등을 살펴보아야 하며, 클라이언트의 의견 경청, 관찰, 직접적·간접적 질문이나 격려, 편안한 분위기를 조성해야 한다. 인터뷰의 목적 공유해야 하며, 경우에 따라 구조화된 틀에 의해 이루어지고 그렇지 않으면 개입계획을 위한 충분한 사정이 이루어져야 하고, 구조나 시간이 융통적으로 발휘될 수 있다(Holman, 1983).

2. 그림 그리기

1) 생태도(eco-map)

1975년 하트만(Hartman)에 의해 개발된 것으로, 가족과 그 가족의 생활공간 내에 있는 사람 및 기관 간의 연계를 그림을 그려 나타내는 것이다. 생태도는 그 가족의 주요 환경체계를 그림으로 그려서 가족체계의 요구와 자연 간의 균형을 보여주는 것(조흥식 외, 2004)이며, 생태도는 가족과 환경체계 간의 경계의 본질, 가족 내 역동 등 클라이언트 가족에 관한 많은 정보를 제공한다(Hartman & Laird, 1983).

생태도 작성 순서는 다음과 같다(이영실 외, 2012)

① 가족을 표현하는 원을 중앙에 그려 클라이언트와 그 가족을 표시하고,

② 가족이 일상적으로 상호작용하는 주변 환경체계는 중심 원 주변에 각각 원으로 표시한다.

③ 클라이언트와 가족체계를 포함한 모든 체계 간의 상호교류, 즉, 관계의 성격과 자원의 흐름을 특정 기호로 표시하고,

④ 클라이언트의 가족생활에 영향을 미치는 환경체계를 중앙 원 주변에 배치시킨 후,

⑤ 가족과 환경체계의 관계를 다양한 선으로 표현한다.

그림 5-2 생태도 예시

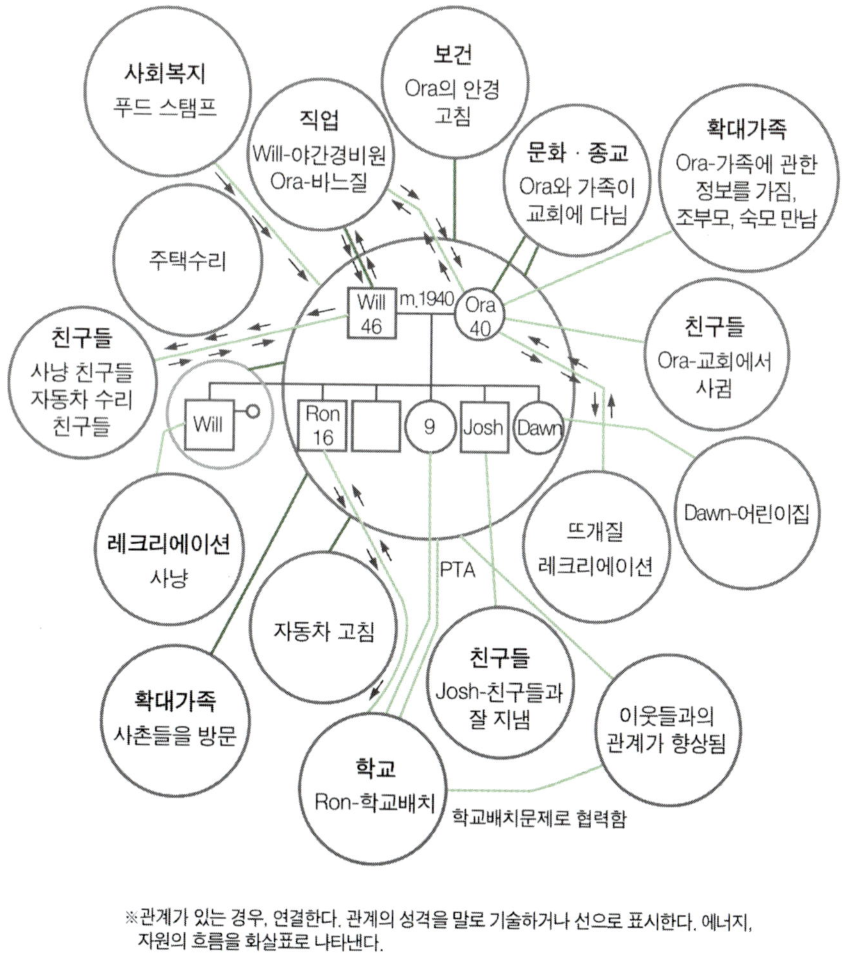

출처: Hartman, A., & Laird, J. (1983); 박희숙 외(2014) 재인용.

2) 가계도(genogram)

특정 기간 동안의 클라이언트의 가족 역사와 주된 사건을 볼 수 있게 해 주는 사정도구이다. 보웬(Bowen)의 다세대 가족체계이론에 근거한 사정도구로 2~3세대에 걸친 가족구성원의 정보와 관계를 도표로 기록하고 작성하며, 가족 내 역동을 이해하거나 여러 세대에 걸쳐 발전시켜온 가족역할, 유형, 관계 등을 가족과 함께 상호적인 방법으로 살펴보기 위해 사용된다. 가계도를 그려보는 것은 그 가족의 가족문제에 기여하는 중요 요인과 가족패턴을 알 수 있게 해 준다(조흥식 외, 2004). 가계도 작성 순서는 다음과 같다(이영실 외, 2012).

① **가족의 구조를 도식화한다**: 가족구성원이 다음 세대까지 생물학적 · 법적으로 어떻게 관련되어 있는지 도표로 묘사한다.

② **가족구성원에 대한 정보를 기록한다**: 나이, 출생, 사망 시기 등의 이력을 기록하고, 중요한 사건에 대한 과도기, 대인관계 변화, 이사 등을 기록한다.

③ **가족관계를 기록한다**: 가족의 진술내용과 사회복지사의 관찰내용에 근거하여 가족구성원의 관계를 다양한 기호로 표현한다.

그림 5-3 가족의 기본 구조를 나타내는 기호

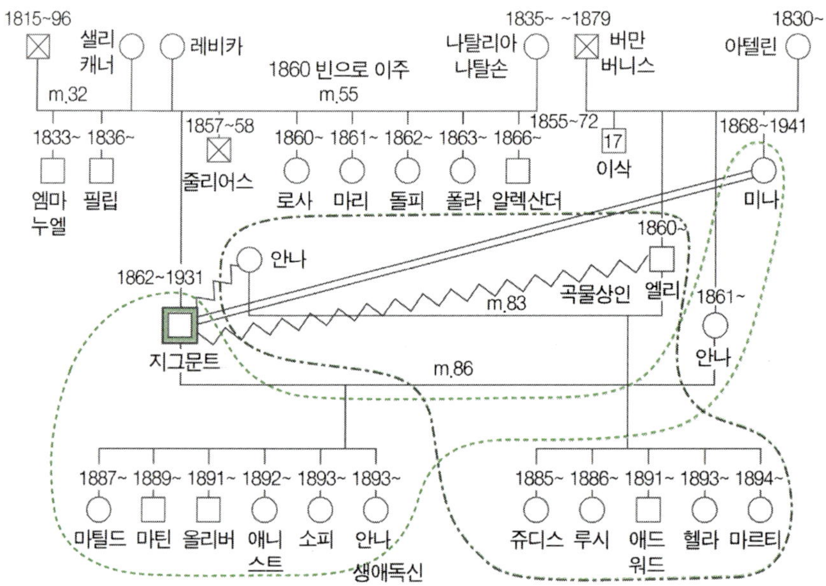

출처 : Hartman, A., & Laird, J.(1983). Family-centered social work practice. New York : Free, p.195.

출처: Hatrman, A., & Laird, J. (1983).

그림 5-4 가계도 예시

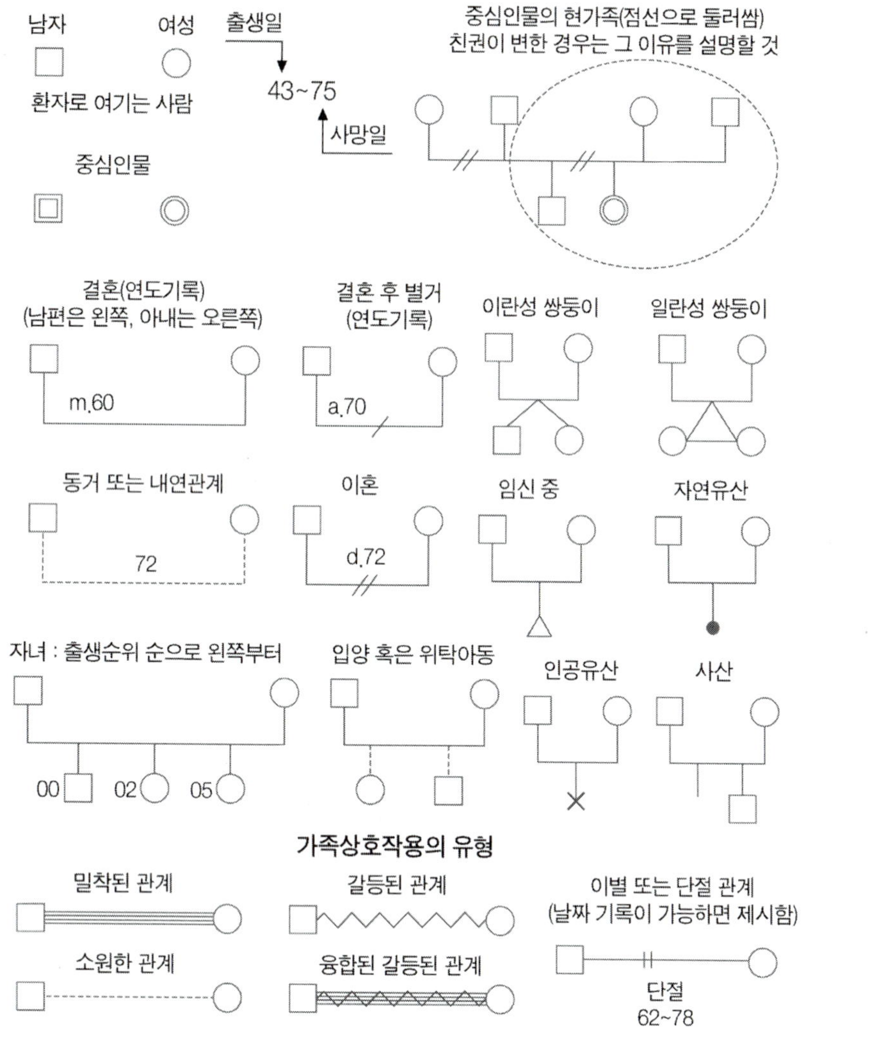

출처: McGoldrick, Gerson & Shellenberger (1999).

3) 사회적 관계망 그리드(socal network grid)

개인, 가족의 사회적 지지체계를 사정하는 도구로 사회적 관계망을 그림이나 표로 나타냄으로써 가족의 관계망을 전체적으로 볼 수 있다(Tracy & Whitaker, 1990; 허남순 외,

2004). 사회적 관계망은 사회적 지지를 제공하는 관계망들의 망을 의미하는데, 사회적 지지는 외부체계 중에서 가장 영향을 미친다. 사회적 관계망 그리드는 관계의 양과 질을 시각적으로 파악하기 쉽고, 지속적인 사정과 개입계획을 세우는 데 도움이 된다. 또한 대인적 역동성이 명확하여 사정평가에 긍정적 기여를 하며, 클라이언트도 주변사람들에 대한 자신의 감정과 태도를 명확히 할 수 있다(이영실 외, 2012; 박희숙 외, 2014).

| 표 5-2 | 사회적 관계망 그리드 예시

		생활영역 (앞의 그림 내용)	나에게 구체적 도움을 준다	나에게 정서적 도움을 준다	나에게 정보·조언을 준다	나에게 비판적 일 때가 있다	도움의 방향은?	친밀한 정도는?	접촉 빈도는?	알고 지낸 기간
명		1. 가족 2. 친척 3. 직장·학교 4. 클럽·교회 5. 친구 6. 이웃 7. 전문가 8. 기타	1. 가끔 2. 자주 3. 항상	1. 가끔 2. 자주 3. 항상	1. 가끔 2. 자주 3. 항상	1. 가끔 2. 자주 3. 항상	1. 서로 돕는 관계 2. 내가 그 사람에게 3. 그 사람이 나에게	1. 별로 가깝지 않다 2. 가까운 편이다 3. 매우 가깝다	0. 보지 못함 1. 1년에 몇 번 2. 1달에 한번 정도 3. 1주일에 한번 정도 4. 거의 매일	1. 1년 미만 2. 1~5년 3. 5년 이상
성명	NO									
	01									
	02									
	03									
	04									
	05									
	06									
	07									
	08									
	09									
	10									
	11									
	12									
	13									
	14									

제4절 관찰(observation)

사회복지사가 클라이언트가 말하고 행동하는 것에 주의를 기울이는 것이다. 가족의 역할, 가족관계, 가족의 생활모습 전반을 살펴볼 수 있으며, 사정 전 과정에서 사용할 수 있다. 또한 클라이언트의 비언어적 표현은 사회복지사가 클라이언트를 이해하는 데 중요한 요소가 된다.

자유로운 관찰 - 일련 화된 관찰, 즉흥적 관찰 - 형식적 관찰, 참여관찰 - 비참여 관찰로 구분할 수 있다(Pincus & Minahan, 1974).

관찰은 매우 효과적인 사정도구이나 몇 가지 문제점이 있다(손병덕 외, 2008).

첫째, 공개관찰의 경우 클라이언트가 관찰 사실을 알았을 때 이를 인식하여 원래 행동과 다르게 행동할 수 있다. 이때는 정확한 사정이 어렵기 때문에 이를 해소할 수 있는 사전준비가 필요하다.

둘째, 지적 장애를 가진 클라이언트의 경우, 보호자의 동의를 받는다고 해도, 윤리적으로 문제가 될 수 있다.

셋째, 관찰자의 사회적 통념과 문화적 편견 등은 왜곡된 사정을 야기한다.

1. 가족조각(family sculpture)

가족관찰의 대표적인 방법이다. 가족조각은 가족구성원이 가족에 대해 어떻게 인식하고 있는지를 시각적으로 표현하여 가족에 대한 이해를 돕기 위한 방법이다. 가족구성원이 스스로 공간적 위치를 배치하여 가족관계를 몸으로 표현하면서 하나의 그림을 완성하는 것이다. 이는 가족동맹과 역기능적 가족연합을 표현함으로써 관계 재조정의 필요성을 인식시키는 데 효과적인 방법이다. 이를 통해 가족구성원은 가족체계내의 신념과 규칙을 인식하고, 이것이 어떻게 표현되는지 알 수 있다.

2. 가족조각의 과정

사회복지사는 먼저 한 구성원에게 다른 구성원을 배치하도록 한다. 요청 받은 구성원은 자신이 인식하는 대로 가족구성원의 공간, 몸짓, 태도 등을 무언으로 연출한다. 또한 가족구성원은 연출하는 구성원의 지시대로 배치되어 무언극을 하는데, 그 과정에서 연출하는 구성원이 가족에 대해 어떻게 인식하는지 이해할 수 있게 된다.

제5절 생활력 도표(life chronology)

가족이나 구성원에게 발생한 중요한 사건이나 시기를 표를 이용하여 연대기적으로 작성하는 것으로 가족생활력 도표는 클라이언트의 현재 기능 수행에 영향을 미치는 발달단계상 특정 시기의 생활경험을 이해하는 데 도움이 된다. 아동·청소년 대상의 활동에서 유용하다(이영실 외, 2012).

| 표 5-3 | 생활력 도표 예시

연 도	연 령	거주지	가족상황	학 교	건 강	활 동	문 제
1981	출생연월일 81. 8. 23	서울	父 26 母 24		정상출생		
1982	1						
1983	2		영희 출생		천식, 3일 입원		
1984	3	대전					
1985	4						
1986	5	수원	철수 출생	유치원 입학	천식, 3일 입원		
1987	6						
1988	7		父의 음주량 증가	초등학교 입학	교통사고, 다리골절		학교를 싫어함, 자주 아픔

제6절 가족범주도식

사회복지사가 가족과 첫 만남 이후 가족의 기능을 사정할 수 있도록 연구하여 생각해낸 도구로서, 8개 범주(문제해결, 정서적 반응, 정서적 관여, 의사소통, 역할행동, 자주성, 행동통제방식, 일반적 역할)에 대하여 60개 항목의 자기보고형식의 설문으로 구성되었다(이화여자대학교 사회복지연구회, 2001).

1. 가족사정의 차원

1) 가족이 제시하는 문제

가족은 제시하는 문제 혹은 욕구를 무엇으로 보는가? 누가 가족이 제시하는 욕구 혹은 문제를 인식하는가? 가족들을 둘러싼 환경체계들은 가족의 문제를 무엇으로 규정하는가? 다양한 가족원들은 문제를 어떻게 규정하며, 가족원들 간에 생각의 차이는 있는가? 등이다.

2) 생태학적 사정

가족원과 환경체계들 간의 경계는 어떠한가? 환경체계들과 관계에서 개별성원들 간의 차이가 있는가? 가계 수입, 음식, 거주지의 안전 등 가족의 기본적 욕구는 충족되고 있는가? 거주지역의 안전, 교육 및 보건의료자원, 교통과 통신에 대한 접근 등은 어떠한가? 이웃이나 친구, 지역사회와 의미 있는 상호교류를 하며 적응적 균형을 이루는가? 등이다.

3) 세대 간 사정

확대가족과의 관계는 어떠한가? 해결되지 않은 세대 간 가족문제가 있는가? 사고나 죽음, 별거 같은 주요 상실을 경험했는가? 가계도 분석을 통해 드러난 가장 중요한 가족 유형은 무엇인가? 여러 세대를 거치면서 반복되어 내려오는 가족의 유형이나 관계, 문제 등은 무엇인가? 등이다.

4) 가족 내부에 대한 사정

가족 의사소통을 지배하는 규칙들이 있는가? 가족 외부와의 경계는 개방적인가? 아니면 폐쇄적인가? 가족성원 간 경계는 밀착되었는가? 혹은 경직되었는가? 가족 내 하위체계들이 각각 적절한 기능과 역할을 하는가? 가족구조와 기능, 의사소통, 가치, 신념체계 등은 무엇인가? 등이다.

2. 8개 범주

1) 문제해결

가족이 정서적 혹은 육체적 안녕 혹은 기능수행 단위로서 가족의 생존에 대한 위협에 어떻게 대처하는가와 관련이 있다. 여기서의 위협은 수단적이거나 감정적인 것을 포함한다. 수단적 위협의 예는 부모의 실업이나 아동폭행 등이 있다. 감정적 위협은 우울증에 빠진 자녀, 당황한 부모, 부적응 순환 상호작용 등이 있다.

예) 우리는 집 주변에서 일어나는 대부분의 문제를 해결한다.

2) 정서적 반응

가족사회복지사는 정서를 유발시키는 자극에 대해 적절한 양과 질로 반응할 수 있는 가족의 능력을 평가해야 한다. 가족구성원 개개인이 정서를 서로 교환하는 정도 또한 중요하다.

예) 우리 중 일부는 정서적으로 반응하지 않는다.

3) 정서적 관여

정서적 관여는 단순한 감정 표현을 초월하며 가족구성원들이 서로에게 갖고 있는 정서적 관여의 양과 질을 나타낸다. 부모에게 자식들을 지지하도록 강력히 권한다.

예) 민감한 느낌에 대해 서로 이야기하는 것이 어렵다.

4) 의사소통

가족사회복지사는 가족구성원들이 서로 의사소통하는 방식을 주의 깊게 경청함으로써 가족관계에 대한 중요한 실마리를 얻을 수 있다. 건강한 가족의 의사소통은 분명하고, 직접적이고, 개방적이고, 솔직하다.

예) 어떤 사람이 화가 났는데, 상대방은 그 이유를 모른다.

5) 역할행동

역할은 행동의 반복적인 패턴이며, 이는 매일의 가족생활에서 기능을 수행한다. 특히 역할은 전통적인 사회법규 외의 역할을 포함한다. 예를 들면, 아버지가 자녀를 돌보고 엄마가 1차적 재정적 부양자, 한 자녀 희생양의 역할을 할 때, 알코올중독자 가족에서는 어릿광대와 영웅과 같은 특이역할을 관찰할 수 있다. 적절한 가족의 역할은 명확히 구분된 부모와 자녀의 역할, 상황에 따른 역할의 융통성, 알맞게 실행된 역할들 등이다.

예) 우리는 제각각 특별한 의무와 책임을 가지고 있다.

6) 자주성

자주성은 가족구성원들이 독립적으로 행동하고, 독자적이고 책임 있는 선택을 할 수 있는 능력과 관련이 있다. 개인화는 상대방과 구별되는 독특한 개성의 느낌이다.

예) 어머니는 내가 무슨 옷을 입어야 하는지를 항상 말해요

7) 행동통제방식

행동통제는 가족이 충격을 이겨내고, 표준행동 유지하며, 위협상황에 처하는 방식과 관련이 있다. 네 가지 통제 양식은 다음과 같다.

① 엄중함: 개인의 변화를 용납하지 않는 고정된 가족의 행동양식

② 융통성: 엄격하고 명확한 반면, 개인의 변화를 허용하는 융통성 있는 가족의 행동양식

③ 자유방임: 효과적이거나 확립된 행동통제 양식이 존재하지 않는다.

④ 혼란: 가족 내에서의 행동통제방식이 완전히 모순되는 경우이다.

예) 우리는 구타하는 사람에 대한 규칙이 있다.

8) 일반적 역할: 통합 기술 사정 도구

제6장

가족복지실천 모델

제1절 가족치료의 주요개념

가족체계는 가족구성원들의 하위체계를 포함하여 이와 상호작용하며, 사회환경과도 상호작용하며 발달주기에 따라 변화하는 하나의 개방된 체계이다. 가족사회복지사는 치료의 초점을 '사람(개인)'에서 '가족전체'로 맞추어 가족이 모두 변화에 참여하여 상호작용할 수 있도록 해야 한다.

1. 가족 항상성

가족의 항상성(homeostasis)은 가족 내의 관계를 지속적으로 유지시키는 상호작용적 과정이며 내적인 균형을 이루게 한다. 가족 간의 균형이 위태롭게 되면 이전의 상태로 돌아가려고 하는데, 이는 가족규칙을 활성화하여 지속적으로 관계를 유지하게 할 수 있다. 가족구성원에게 칭찬이나 처벌을 하여 행동을 강화하는 되돌림을 통해 가족의 균형을 유지하는 것이다(허남순 외, 2004: 조흥식 외, 2002).

2. 가족규칙

가족구성원 간에 지켜야 할 의무나 태도에 대한 지침, 권리를 말한다. 가족 내에서 적절한 행동이라고 판단되는 것을 규범으로 구체화한 것으로 가족성원들의 관계, 역할수행, 행동지침에 대한 지도 원리이다. 이를 통해 가족은 항상성을 유지한다(허남순 외, 2004).

3. 순환적 인과성(circular causality)

한 성원의 변화는 다른 구성원들과 가족 전체에 영향을 주고, 이 영향은 다시 그 성원에게 영향을 주는 순환구조를 띠며 상호작용한다. 가족체계의 모든 행동은 반응이며, 개별 성원의 문제는 순환적이다(조흥식 외, 2004).

4. 의사소통

가족치료의 발달과정상 의사소통모델이 개발될 정도로 기초가 되는 주요개념이다. 가족구성원 간의 정보교환을 통해 관계를 형성해나가는 모든 행동을 의미한다. 의사소통의 기능에는 내용기능과 관계기능이 있다.

① **내용(content)기능**: 사실적인 정보, 의견, 감정을 전달

② **관계(relationship)기능**: 정보의 전달과정에서 관계의 속성을 규정함

가족은 지속적인 관계로 가족규칙이나 동의에 따라 관계를 규정하는 과정을 고정화한다(이영실 외, 2010: 조흥식 외, 2004).

5. 체계

체계이론을 가족에 적용한 것으로 가족은 전적으로 개방체계도 폐쇄체계도 아니다. 가족이 개방체계일수록 적응적이고, 변화 가능성이 높으며, 넥엔트로피(negentropy)를 가지고 있으며, 목표지향, 침투 가능한 경계, 자유로운 의사소통, 개별화의 특징을 가진다. 폐쇄체계일수록 경직된 경계를 가지고, 상대적으로 엔트로피(entropy)의 위험성이 있다(신성자 외, 2000; Goldenberg & Goldenberg, 1996).

6. 경계

가족은 어느 정도의 침투적인 경계를 가지고 외계와 교류할 수 있고, 적절한 가족기능을 위해 하위체계들도 자신의 경계를 유지하면서 각각의 역할과 책임을 수행하며 서로 교류한다. 체계가 복잡할수록 가족이 개방체계로 기능할 수 있는 능력, 가족원의 계급질서, 역할이 분담되는 방법과 가족 내 행동기준 등이 가족과 외계와의 경계를 규정짓는 규칙 등을 함께 고려하여 사정해야 한다(박희숙 외, 2014).

7. 형태발생성(morphogenesis)

가족은 항상성을 유지하면서 체계 내외의 변화에 적응하기 위한 유연성이 필요하다. 내

부적으로 가족 전체의 발달주기과정에 따른 새로운 과업수행을 위해 재조직되는데, 발달단계가 옮겨가면서 새로운 욕구와 과업을 수행하기 위해 새로운 규범과 선택이 필요하며, 이에 따른 규칙의 변화가 필요하다(조흥식 외, 2004).

8. 비총합성

전체는 부분의 합보다 크다. 가족도 마찬가지다. 개별성원의 특성보다는 성원의 행동을 연결하는 상호작용이나 의사소통의 유형에 주의를 기울여야 한다(조흥식 외, 2004).

9. 다귀결성 혹은 동귀결성

시작은 같아도 다른 결과를 가져올 수 있으며, 같은 결과도 다른 시작으로부터 올 수 있다는 원칙이다. 처음 상황이나 사건의 영향은 가족조직의 반응에 따라 달라질 수 있으며, 같은 위기상황에서도 가족에 따라 다른 대처를 보이는 현상은 다귀결성으로 설명할 수 있다(조흥식 외, 2004).

제2절 정신분석 가족치료모델

개인의 내면적 역동에 관한 이론으로 현재의 관계를 왜곡시키는 무의식적 충동과 그것의 방어기제들을 대상관계이론에 기초하여 인식하고 해석하는 것이다. 가족 상호작용을 무시한 개인을 분석하는 것이 아니라, 성숙한 방식으로 상호작용하고자 하는 가족의 역동을 방해하는 근본 욕구를 찾아내는 것이다.

어린 시절의 경험 → 무의식적 잔여물 → 내부대상 형성 → 현재 관계에 영향

대상관계이론에 따르면, 어린 시절의 경험은 무의식적 잔여물로 남아 자신과 타인에 대한 정신적 이미지인 내부대상을 형성하고, 현재의 관계에 영향을 미친다. 유아의 첫 내부대상은 주 양육자인 어머니로서 어머니와의 경험에 따라 좋거나 나쁜 이미지로 분리되지만, 이유기가 되면 유아는 어머니를 좋거나 나쁜 사람으로 경험하게 된다. 아동이 성장하면서 내사(introjection), 동일시(identification), 자아정체감(egoidentity)과 같은 내재화가 일어나는데, 내사는 가장 원시적 형태로 아동은 내사를 통해 자신과 대상에 대한 좋은 혹은 나쁜 내부대상을 경험한다(박희숙 외, 2014).

'완벽한 환경'보다는 '보통으로 기대되는 환경'이 유아의 발달에 더 도움이 되며, 부모는 유아의 의존성을 받아들이고, 점진적으로 자율성을 지지하면서 양육해야 한다.

치료자는 가족의 대화, 행동 속에서 무의식적으로 억압된 과거를 찾아 훈습한다. 가족의 저항을 극복하기 위해서 필요에 따라 자기노출 직면을 사용하며, 전이기법을 활용한다(조흥식 외, 2004).

1. 정신분석 가족치료모델의 발달배경과 주요개념

1) 정신역동적 가족치료

(1) 프로이드(Froud)

정신분석적 연구의 선구자이다. 가족관계가 미치는 영향은 인정하였으나 인간의 개인적인 정신내적 갈등을 해소시키는 데에만 주력하고 가족체계의 특성을 변화시키는 데 관심 두지 않는다. 가족을 '신경증적 공포를 습득한 묶은 관계'로 보면서 환자의 정신적 구조를 변화시키면, 환자에 대한 타인들의 행동도 궁극적으로 변화되리라고 믿었다.

가족역동에 대한 정신분석적 이해는 어머니와 자녀의 관계 분석에서 시작된다. 예를 들어, '극장에서 돈을 덜 내기 위해 아이의 나이를 속이는 어머니'는 초자아 공백 상태로 본다. 기혼 부부 대상의 연구에서 가족이 상호 연결되어 있는 정신내적인 체계임을 밝혔다.

(2) 아커맨(Ackerman)

초기 정신역동적 가족치료 개척자로서 가족격리보다 가족 안에서 치료가 문제 개선에 효과적이라고 보았다. 가족원 각자의 고유한 인성, 가족 내 역할관계, 가족의 외부 환경과의 관계를 중요시하고, 내적 갈등은 불안에 대한 방어로 신경증상이 출현될 수 있다고 주장하였다.

연동병리는 부부관계의 상호보완성이 깨져 있고, 가족이 협조적 · 지지적 · 통합적 기능의 문제를 가지고 있는 것이다. 억압된 감정을 노출하고, 가족관심을 부부관계에서 역할관계를 분명하게 규명하면 가족이 활기 있게 감정교환하면, 건설적으로 문제해결을 할 수 있다고 보았다.

(3) 보스조르메니 내지(Boszormenyi-Nagy)

가족 내 윤리적 책임을 강조하는 맥락적 가족치료이론을 발달시켰다. 가족관계는 생물학적 · 역사적 사실, 정서적 · 인지적 요인, 가족원 간 상호교류와 주고받음의 균형을 추구하는 관계윤리에 의해 영향 받으며, 어려움을 겪는 가족은 근원적 채무와 만성적인 적자, 장기간의 부채상환이 특징이다. 개인의 이익은 가족을 위해 희생되고(보이지 않는 충성심), 부정적 연쇄를 통찰함으로써 가족을 용서하고 관대해지며 채무가 청산될 때 치료가 된다고 보았다.

2) 대상관계 가족치료

(1) 핵심

유아의 기본 욕구가 초기 양육자인 어머니와의 애착욕구이며, 유아기의 어머니와의 관계경험에서 형성된 대상관계가 현재의 인간관계에 강력하게 영향을 미친다. 관계체계에 들어오는 개인이 심각한 개인적 문제를 가질 수 있고 문제가 항상 관계에서만 존재하는 것이 아니라는 것을 일깨워주었다.

(2) 계승

정신분석학자 클라인(M. Klein) 시작 → 말러(M. Mahler), 살리반(H. S. Sullivan), 페어바인(R. Fairbairn), 코헛(H. Cohut), 딕스(H. Dicks) 발전 → 후라모(J. Framo), 스키너(R. Skynner), 야콥슨(N. Jacobson), 쉬라프 부부(D. Scharff & J. Scharff)에 의해 통합되어졌다.

욕동과 애착욕구 및 사회적 관계성에 있어서는 어린 시절의 경험에 의해 형성된 기대를 바탕으로 지금 현재의 사람들과 관계를 맺는다. 과거의 경험과 기대 위에서 이루어지는 자신과 타인에 대한 정신적 이미지인 '내적 대상(internal object)'이다.

성공적인 분리와 개별화를 형성하게 되면 잘 분화되고 내적으로 통합된 자기를 형성하게 된다. 그렇지 못할 경우 정체성 발달이 지연되고 지나치게 강한 정서적 애착이 형성된다.

3) 모델 형태

(1) 기본모델

무의식적 충동과 방어를 밝히고 해석하는 것이다. 개인이 성숙하게 상호작용하지 못하게 하는 기본적인 결핍과 두려움을 찾는 것이다.

페기와 칼(Peggy & Carl)의 예에서 칼은 아내학대는 무의식에서 오는 것으로 보았다. 자신의 내적 갈등에 대해 무력함과 자신의 감정과 의도, 자기 자신을 통제하지 못하고 아내구타의 행위는 연약하다고 느껴지는 자신의 감정에서 해방되기 위한 것으로 설명하고 있다.

(2) 구조적 모델

① **초자아(super ego)**: 양심에 비추어 욕구를 억압하면서 행동하기를 요구함/도덕적, 비판적 측면/의식과 무의식에 걸쳐있음/이상적인 것/자아이상과 양심

② **자아(ego)**: 현실원리-현실세계에서 적절한 방법으로 타협하며 원 본능의 욕구를 채워 주려함/사고와 인식의 과정-불안/자아가 약할 때 무의식의 영향을 받음

③ **원본능(id)**: 쾌락의 원리로 삶을 위해 필요한 생물학적인 반사나 욕구-좌절된 욕구는 무의식에 저장(긴장, 불안)

4) 주요개념

(1) 대상관계

표상이란 자신과 대상에 대해 갖는 정신적 상(image)을 의미하며, 초기 양육자와의 경험을 통해 자신에 대한 지각, 느낌, 감각, 기억, 기대, 의미가 내면화되어 존재된다(김진숙, 2000).

(2) 분열(splitting)

초기양육자의 전체 대상이 아닌 부분 대상을 좋고 나쁜 것으로 이분화하게 되는데, 이를 분열이라고 한다. 유아는 초기 어머니와의 관계에서 좋은 어머니, 나쁜 어머니로 분열 기제가 작동한다. 그 후 좋은 어머니 이미지와 나쁜 어머니 이미지를 발달시키고, 그 이후에는 자기에 대한 표상이 좋은 나, 나쁜 나로 분열된다. 성인이 되면 사회적으로 분화된 자기표상에서 정체성의 분열이 나타나게 된다.

즉, 유능한, 성공적인, 가치 있는, 강한 속성을 지닌 좋은 자기표상과 무능한, 실패적인, 가치 없는, 약한 속성을 지닌 나쁜 자기표상으로 모든 대상관계를 나누어 나타난다. 개인의 심리적 건강은 분열이 통합되어 온전한 대상으로 지각되고 경험되는 것이다(이영희 외 역, 2005; 최규련, 2011).

(3) 투사적 동일시(projective identification)

개인이 수용하기 힘든 내적 특성을 대상이 갖고 있는 것으로 지각하여 대상으로 하여금 이에 일치된 행동과 감정을 유발하게 하는 과정을 투사적 동일시라고 한다.

투사적 동일시는 대부분 생의 초기에 발생했던 왜곡된 대상관계의 결과이고, 무의식적인 수준의 언어 이전 단계이기 때문에 정확한 특성을 알아내기 어렵다. 의사소통과 메타커뮤니케이션 유형을 통해 투사적 동일시를 확인할 수 있다고 한다(Cashdan, 1988; 이영희 외 역, 2005).

① **의존성**: 자신의 약함과 무력함을 드러낸다.

② **힘(지배성)**: 상대방의 행동을 조절하려는 '통제'를 추구한다.

③ **성**: 성적으로 가치 있음을 드러냄으로 관계 유지된다는 내적 표상을 지닌다.

④ **환심 사기**: 환심을 사는 자기희생적 수고로 관계가 유지된다는 내적 표상을 지닌다.

(4) 원초아(id)

원초아는 쾌락을 추구하고 고통을 회피하는 방향으로 움직이는 쾌락원칙의 지배를 받는다. 따라서 원초아는 충동적이고 비합리적이며, 자애적이다. 원초아에는 긴장을 해소하는 두 가지 기제가 있는데, 반사행동과 1차 과정사고가 그것이다. 반사행동은 선천적이고 자동적인 행동으로, 예를 들면 눈을 깜박이는 행위와 기침, 재채기 등이 이에 속한다. 1차

과정사고(primary process thinking)는 욕구를 만족시키는 대상의 이미지를 기억(상상) 속에서 만들어 긴장을 감소시키는 것이다.

(5) 자아(ego)

원초아의 쾌락추구는 외부세계의 현실로 인해 즉각 이루어질 수 없는 경우가 많다. 따라서 외부의 현실을 감안하여 만족을 지연시키고 현실에 적응하는 능력을 길러야 한다. 하지만 자아는 원초아를 좌절시키려는 것이 아니라 원초아의 목적을 달성하기 위해 원초아를 의식적으로 통제하고, 적절한 방향으로 이끌리는 것이다. 자아의 이러한 현실적 사고는 2차 과정사고(secondary process thinking)에 의해 가능하다. 이러한 자아의 힘은 근본적으로 원초아로부터 온 것이다. 즉, 원초아의 욕구를 현실적인 방법으로 충족시키기 위해 기능한다는 것으로 자아는 마음의 이성적인 요소로서 출생 후 경험을 통해 발달한다.

(6) 초자아(superego)

초자아는 성격의 도덕적 측면으로서 쾌락보다는 완성을 중시하고, 현실보다는 이상을 중시한다. 초자아의 일부는 사회의 도덕률이나 금기로 구성되고, 또 일부는 부모로부터 받은 도덕교육을 토대로 형성된 도덕관념으로 구성된다. 부모가 행하는 도덕교육 역시 사회규범을 교육하는 것이므로 결국 초자아는 외부세계의 대변자인 것이다. 따라서 초자아의 주요기능은 옳고 그른 것을 결정하여 사회가 인정하는 도덕적 기준에 따라 행동하는 사회적 원리에 따른다고 볼 수 있다. 초자아는 두 가지 하부세계를 갖는데, 그 하나는 양성이고, 다른 하나는 자아이상이다.

(7) 고착

발달단계에서의 욕구의 과다한 만족과 과다한 좌절로 심리적으로 발달의 이전 단계에 머물러 있는 것이다.

(8) 퇴행

발달단계에서 이전의 단계로 후퇴하는 것이다. 어려움에 직면하면 어린 시절 자신의 욕구가 완전하게 충족되었던 과거로 돌아가고 싶어 한다. 방어기제의 하나로 위험에서의 탈출이 동기이다.

(9) 전이(transference)

과거에 해결되지 못한 욕구들, 부적절한 느낌, 욕구, 태도, 환상, 방어 등이 다시 경험되는 것으로, 전이는 아동인 한 개인에 속해 있는 어떤 특성을 다른 사람에게도 귀속시킴으로써 왜곡된 지각을 발달시키는 것이다. 전이는 치료과정 중에 클라이언트가 자신의 무의식적 갈등의 문제를 표출하게 되는데, 그 때 그 갈등과 관계되는 대상에 대한 감정들이 사회복지사를 향해 나타나는 것이다. 사회복지사는 클라이언트로 하여금 어린 시절의 꿈과 욕망들을 현실에서 이해할 수 있게 해 주며 과거와 현재를 분별할 수 있게 도와주어야 한다. 클라이언트는 자신의 충동과 불안이 비현실적이라는 사실을 깨닫게 되고, 현실적인 수준에서 적절한 결정을 할 수 있는 통찰력 갖게 된다.

제3절 치료목표와 치료과정

1. 치료목표

무의식적 욕구와 제약에서 해방되어 현실에 바탕을 둔 전인적인 사람으로 가족원 간에 상호작용을 할 수 있게 하는 것이다.

① 과거의 무의식적 이미지에 대한 통찰을 통한 인성 변화-분리 개별화/분화 - 원 가족에서의 개인의 성장, 심리적 독립과 관련된다.

② 가족원의 무의식적 구속으로부터의 자유를 추구한다.

③ 현실에서 보다 건강하고 온건한 개인과 가족의 성장을 촉진한다.

2. 치료과정

1) 자유연상

클라이언트로 하여금 마음속에 떠오르는 것(꿈, 다른 일상에 대한 보고, 과거사에 대한 보고)이면 무엇이든지 이야기하도록 하는 방법이다. 무의식적인 사건을 표면으로 끌어내는 최고의 방법이다. 원본능, 자아, 초자아의 파생물들이 표면으로 떠오르면 사회복지사는 그 파생물들을 분석하는 것이다. 이때 클라이언트는 자아의 기능이 적절한 대상이어야 한다. 자유연상이 저항에 부딪히면 먼저 저항을 분석해야 하며, 치료에서 노출된 공격적 행동과 성적 충동을 건설적인 방법으로 표현하도록 격려함으로써 통찰을 통한 적극적인 활동을 자극할 수 있다. 이때 직면, 명료화, 해석의 기법을 사용한다.

2) 해석

정신분석의 과정에서 자유연상, 꿈, 저항, 전이를 분석할 때 사용한다. 해석의 기술을 사용할 때 사회복지사는 클라이언트가 저항, 방어의 태도를 취할 때, 그 방어적인 행동의 이면에 숨겨져 있는 원인을 해석하기 전에 내담자의 방어나 저항행동 자체를 지적하고, 설명해 주어야 한다.

3) 꿈의 분석

꿈을 향하여 무의식적 욕구를 찾아내고 해결되지 않은 문제에 대한 통찰을 얻을 수 있다. 프로이드는 꿈이야말로 '무의식에 이르는 왕도'라고 보았으며, 꿈은 무의식적 소망 또는 두려움이 위장한 형태로 나타난 것으로 보았다.

4) 저항과 전이의 분석과 해석

저항은 치료적 발전을 저해하고 클라이언트가 무의식적 요구를 표출하는 것을 방해하는 것이며, 의식적일 수도 있고 무의식적일 수도 있다.

전이는 치료과정에서 클라이언트가 치료자에게 보이는 반응으로 클라이언트가 실제로는 자신의 생애에서 소중한 사람들에 대해 느끼는 사고의 정서를 치료자에 대해서 느끼는 태도인 것처럼 표현하는 것이다. 전이의 분석은 클라이언트로 하여금 과거 자신의 미해결된 문제가 현재 자신에게 어떻게 영향을 미치는지 동행할 수 있는 기회를 갖게 된다.

통찰된 미결사항을 적절히 해석하고 훈습을 통하여 클라이언트에게 자신을 변화시킬 수 있는 기회를 갖게 한다.

5) 훈습

정신분석치료에서 치료자는 클라이언트의 꿈과 전이·저항 등으로 무의식을 해석해 주고 클라이언트로 하여금 자신의 문제에 대해 깊게 통찰하게 해서 자신의 문제에 대해 유아적 소망을 포기하거나 낡은 행동양식을 버리고, 현실에 근거한 판단과 소망으로 새로운 행동양식을 습득해야 하지만 단기간에 되지 않는다.

3. 사회복지사의 역할

자유연상을 통해 무의식적인 것을 끌어올리게 되는데, 이때 방해를 최소화하고 불필요한 개입을 배제하면서 개인의 반응을 면밀히 검토한다. 또한 클라이언트에게 조언을 최소화하며 가족들의 생활을 거의 조정하지 않는다. 치료의 목적은 원 가족에서 분리되어 성장하는 것, 개인을 가족이라는 거미줄로부터 해방시키는 것이다.

현재 나타내고 있는 행동 아래 숨겨진 동기를 표면화함으로써 통찰력을 키운다. 정신역동모델로 접근하는 가족사회복지사는 누구에게 초점을 둘 것인가를 결정해야 한다.

제4절 보웬의 가족치료모델

1. 보웬의 가족치료모델의 치료이론

보웬(Bowen)은 정신분석에서 출발하여 독립된 가족치료모델을 제안하였다. 보웬의 세대 간 가족치료기법은 내담자 가족 내의 삼각관계를 분리시켜 접근하는 방법이다. 사회복지사는 치료과정에서 이야기되는 내용보다 가족 내에서 어떻게 상호작용을 하는지에 더 관심을 가져야 한다고 주장한다(조흥식 외, 2004; 이영실 외, 2010).

보웬은 가장 중요한 가족문제는 '정서적 융합'에서 발생하며 주요 치료목표는 분화로 보았다(Nichols & Schwartz, 2007).

보웬이론의 특성은 대인관계에서 우리를 지배하는 정서적인 힘에 관한 설명으로, 우리가 타인을 이해하는 데 장애가 되는 것은 타인의 말을 경청하는 대신 반사적으로 반응하고 감정적으로 행동을 하기 때문이라는 것이다. 이렇게 반사적으로 반응하는 것은 낮은 자아분화 수준 때문이므로 보웬의 가족치료 접근은 궁극적으로는 자아분화 수준을 높이는 것이다.

보웬이론의 핵심은 가족 결속(togetherness)과 개별화(individuality)로 양극단에 치우치지 않고 적절하게 균형을 유지하는 것을 건강한 상태로 보았다. 최적의 가족발달은 가족 성원들의 자아가 잘 분화되어 불안수준이 낮으며 부부가 각각의 원 가족과 적절한 거리에서 정서적으로 좋은 관계를 맺는 것으로 보았다.

2. 주요개념

1) 자아분화(differentiation of self)

자아분화는 보웬의 핵심개념으로 정신내적인 부분과 대인관계적인 부분으로 나눌 수 있다. 간단하게 말하면 정신내적인 부분은 자신의 내면의 감정과 사고를 분리할 수 있는 능력이고 대인관계적인 부분은 자신의 행동과 생각을 독립적으로 할 수 있는지의 부분이다.

자아분화 수준이 높은 사람은 어떤 일이 있을 때 타인의 행동에 대해 반사적으로 반응하지 않고 객관적인 사고가 가능하며, 사고와 감정의 균형이 잡혀 있으며, 타인의 의견을 존중하지만 압도당하지는 않고, 남의 인정이나 외부의 규준보다는 자신의 내면에서 원하는 소리에 민감하다(김유숙, 2002).

2) 삼각관계(triangles)

삼각관계가 형성되는 데 있어 기본적인 기제는 불안이다. 삼각관계의 형성은 다음과 같이 설명될 수 있다. 우선, 부부관계에서 불안을 느낄 경우 불안을 느끼는 배우자는 자신의 불안 수준을 낮추기 위해 다른 사람을 부부관계에 끌어들여 이자 관계를 삼자 관계로 만든다. 이 경우 삼각관계에 끌려 들어오는 대상은 주로 힘이 약한 자녀이거나 부모의 인정을 받고 싶어 하는 자녀, 정서적으로 특별한 자녀, 결함이 있는 자녀, 한쪽 부모와 닮은 자녀가 되며, 일이나 술과 같이 제3의 대상이 삼각관계의 한 점을 만들 수도 있다(김유숙, 2002).

삼각관계 형성의 다른 하나는 한 배우자가 느끼는 불안을 감지한 자녀가 그 불안에 두려움을 느껴 불안 수준이 높은 배우자와 융합하면서 그(혹은 그녀)의 불안 수준을 낮추려고 노력하는 과정에서 생긴다. 어떤 경우이든 불안 수준을 낮춰주는 기능을 하기는 하지만 부부의 갈등 수준을 낮추지는 못한다.

3) 핵가족 정서과정(nuclear family emotional process)

핵가족 정서과정은 가족 내에서 반복되는 패턴으로 작용하는 정서적 압력에 관한 것으로 보웬은 이 개념을 설명하기 위해 '미분화된 가족 자아군'이라는 용어를 사용하였다. 예를 들어, 원 가족으로부터 미분화된 사람은 부모와 '정서적 단절'을 원하지만 자아분화 수준이 낮기 때문에 결과적으로 부부관계에서 융합하는 경향이 있다(Bowen, 1978; 박희숙 외, 2012).

배우자를 선택할 때도 자신의 분화 수준 정도의 사람을 선택하기 때문에 결혼 후 정서적 융합에서 오는 갈등을 경험하게 된다는 것이다.

자아분화 수준이 낮은 두 사람은 결혼 후 문제가 생기면 서로 상대방 탓을 하며, 한 사람은 회피하고, 배우자에게서 정서적인 거리를 느낀 상대는 불안한 마음을 자녀에 대한 애착으로 보상받으려 하면서 자녀와 융합하는 정서과정을 경험하게 된다(김유숙, 2002).

4) 가족투사과정(family projection process)

가족투사과정은 부모가 자신의 미성숙과 미분화에서 오는 문제를 자녀에게 전달(투사)하는 과정을 말한다. 부부간의 정서적 융합은 부부간의 갈등, 정서적 거리감, 또는 과다기능이나 과소기능을 야기한다.

예를 들어, 불안을 가진 어머니가 자신의 불안 때문에 자녀에게 몰두할수록 자녀의 기능은 저하되고 자녀가 제 기능을 하지 못할수록(정서적 · 심리적 · 행동적 문제 유발), 어머니는 더욱 더 이 자녀에게 몰두하여 결과적으로 이 자녀는 어머니의 불안을 덜기 위해 정서적인 장애자가 되는 희생양이 된다(Bowen, 1978; 조흥식 외, 2004; 김유숙, 2002).

5) 다세대 전수과정(multi-generational transmission process)

다세대 전수과정은 만성적 불안이라는 가족의 정서적 과정이 대를 이어 전달되는 것을 가리킨다. 자신의 불안을 자녀에게 투사한 부모는 결과적으로 자신의 분화 수준보다 더 낮은 자아분화 수준을 가지게 되는 자녀를 만들며, 이 자녀는 자신의 분화 수준과 비슷한 배우자를 만나 자신의 자녀에게 삼각관계를 통한 투사를 하게 되는 패턴이 반복적으로 일어난다.

자녀의 문제는 자녀나 부모의 문제라기보다 여러 세대에 걸쳐 일어나는 행동, 반응의 결과로 볼 수 있으며, 정서적 융합 혹은 단절 역시 세대 간에 전수된다(Bowen, 1978; 조흥식 외, 2004).

6) 형제순위(sibling position)

가족 내의 형제순위를 기초로 자녀들의 성격이 고정되는 부분이 있다는 것으로 부모와 자녀가 맺는 삼각관계의 역동을 설명한다.

예를 들어, 장남(혹은 장녀)은 다른 형제들보다 권력이나 권위가 있다고 여겨지며 그러한 권력을 주는 부모와 강한 감정적 유대를 발달시키면서 분화 수준은 낮아지고 삼각관계에 빠질 가능성이 있다. 반면 다른 형제들은 집안 내에서 약자(그림자)로서의 자기 지위에 대한 반응으로 상대적으로 외부의 경험에 대해 개방적이며 독립적이 될 수 있다(김유숙, 2002).

동일한 가정환경이라 할지라도 가족 내에서의 지위에 따라 부모와의 경험이 달라지고 결과적으로 분화 수준이 달라진다.

7) 정서적 단절(emotional cut off)

정서적 단절은 세대 간의 불안을 처리하는 방법으로 부모와 자녀 간의 융합이 클수록 자녀가 성장한 후 부모와 단절하려는 경향이 더 커진다는 것이다. 정서적 단절은 부모로부터 물리적인 거리가 멀리 떨어지거나 같이 살아도 부모로부터 자신을 격리시키며, 부모를 부인하거나 거부하는 행동으로 나타난다. 즉, 정서적 단절의 두 가지 표시는 가족의 중요성에 대한 부정과 독립성의 과장이다(최규련, 2011).

8) 사회의 정서적 과정(societal emotional process)

사회의 정서적 과정은 가족기능에 대한 사회적 영향에 관한 것으로 사회적 불안 수준이 증가하면 사회집단의 분화 수준도 낮아지는 결과를 가져온다는 것이다.

보웬은 성차별, 계급, 인종에 대한 편견이 불행한 사회적 정서전달과정의 한 예이며, 개인이나 가족의 자아분화 수준이 높을수록 부정적인 사회적 영향에 보다 잘 대처할 수 있다고 믿었다(Kerr & Bowen, 1988).

3. 보웬의 가족치료모델의 치료기법

1) 가계도

가계도는 사정 · 평가하는 단계에서 자료를 조직하고 치료과정을 통해 관계과정과 핵심적인 삼각관계를 추적하는 것이다(Goldeanberg & Goldeanberg, 1991).

2) 삼각관계로부터 분화

삼각관계로부터 분화기법은 치료자가 의도적이며 일시적으로 삼각관계에 들어가기도 하고 벗어나기도 하면서 삼각관계를 깨는 것이다. 치료자의 자아분화 수준이 높을수록 정서적 균형을 유지할 수 있다(Bowen, 1978: 허남순 외 공역, 2004).

3) 가족조각

가족조각은 제스처, 거리, 행동 등으로 조각의 의미를 전달하는 것으로서, 가족구성원에게 그들 가족을 '조각'해 보라고 요청하여 관계의 성질을 묘사하는 방식으로 자세를 취하는 것이다.

무언으로 다른 사람의 관점을 이해하는 수단이기 때문에 말수가 적은 가족에게 유용하다(Bowen, 1978; 윤현숙 외, 2002).

4) 관계경험

관계경험은 다른 사람의 요구에 대하여 회피, 항복하는 것을 변화할 수 있도록 돕는 방법으로, 가족 내 삼각관계의 구조적 변화를 위한 것이며, 가족구성원의 체계과정과 자신의 역할을 알도록 하는 것을 목표로 한다(Bowen, 1978; 윤현숙 외, 2002).

5) 코칭

코칭은 치료자가 내담자에게 개방적이고 직접적으로 접근하도록 하는 기법으로 치료에서 형태는 다르지만, 치료자가 개인적·정서적으로 관여하게 되는 역할과 관련된다. 이해를 증가시키고, 초점을 자기에게 두며, 가족구성원 간 기능적인 애정 관계를 발전시키는 것을 목표로 한다(Bowen, 1978; 김정진 편저, 2008; 이팔환 외 공역, 2001).

6) 자기 입장을 취하도록 함

다른 사람의 행동 대신 자신의 느낌을 말하도록 하는 것은 정서적인 반응의 악순환을 깨는 가장 직접적인 방법이다. 말하는 상대방의 상태를 이해하게 되며, 반응적이고, 해결방법을 찾을 수 있는 생각을 시작하게 할 수 있다(Goldeanberg & Goldeanberg, 1991; Bowen, 1978).

제5절 구조적 가족치료모델

1. 구조적 가족치료의 치료이론

대표적인 학자는 미누친(Minuchin)이며, 가족구조의 중요성 강조하였다. 역기능적인 가족구조를 재구조화하는 것을 목적으로 하며, 가족의 하위체계 간에 경계가 존재하는데, 체계의 구성보다는 경계가 가족의 상호작용 이해에 더 중요하다.

가족사회복지사는 하위체계 간 명확한 경계확립을 위한 활동에 참여해야 한다. 구조주의 치료는 현재 가족의 기능, 제시된 문제중심의 단기적 접근이고 시간 제한적이며 목표지향적이다. 기본적인 구조적 개념인 경계, 하위체계, 제휴, 상보성은 개인, 가족, 사회적 맥락을 모두 고려하면서도 가족을 이해하고 치료하기 위한 분명한 조직적인 틀을 제공해 준다.

구조주의에서는 모든 가족이 구조를 가지고 있다는 것과 이 구조는 가족이 행동하고 있을 때만 드러난다는 것을 기본적인 전제로 하고 현재 가족의 행동에 관심을 가진다.

2. 주요개념

1) 하위체계

미누친은 새로운 체계를 만드는 것보다 하위체계 주변경계를 명백히 하는 것이 더 중요하다고 하며, 가족구조 내에서 발생하는 가족구조상의 문제에 관심을 두었다.

가족체계구조는 자녀하위체계, 부모하위체계, 부부하위체계로 이루어진다.

2) 위계질서

위계질서는 하위체계 간의 규칙과 우선순위를 말하며, 상위체계는 전체 가족에 대한 의사결정권을 갖고 전체 가족구성원들의 행동을 통제, 지배하는 규칙을 만들고 시행한다(Minuchin, 1974).

그림 6-1 가족하위체계의 경계도표

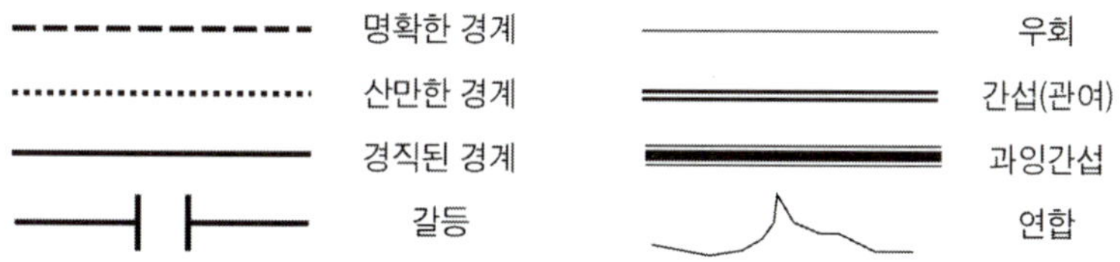

3) 경계

경계(boundary)는 가족과 하위체계의 독립과 자율성을 보호하는 것이다. 경직된 경계에서부터 산만한 경계까지 다양하며, 하위체계 간의 상호역동은 경계선이 명확한지, 밀착되어 있는지, 분리되어 있는지에 따라 다르다.

경직된 경계선은 지나치게 엄격한 가족규칙에 의해 통제되며 바깥의 하위체계들과의 접촉을 거의 허락하지 않기 때문에 유리된 관계를 초래한다. 심하게 경직된 체계는 가족성원의 다양성을 인정하지 않으며 한 가족성원의 긴장이 다른 성원에게 전달되지 않고 의사소통에 어려움이 있는 특성을 가지고 있기 때문에 가족의 보호적인 기능을 수행하기 어렵다.

산만한 경계선은 하위체계 간에 속박된 관계(밀착관계)를 초래한다. 이러한 가족은 가족성원들 사이의 경계선이 미분화되어 있어 침투가 잘되고 유동적이기 때문에 매우 높은 상호지지를 보이지만, 개개인의 독립과 자율이 보장되기 않으며 가족성원들이 서로 엉켜 있다. 명확한 경계선은 안정되고 융통성이 있는 것을 의미한다. 명확한 경계선은 가족구조 내의 위계질서를 잡아주며 부모로서의 권위를 인정받고 자녀들은 부모로부터 적절한 보호와 존중을 받게 해 준다(Minuchin, 1974).

4) 제휴

제휴(alignment)란 안정적 결탁, 삼각관계, 우회적 결탁을 말하며, 이는 다른 사람이 활동하는 데 있어 체계의 한 가족성원이 합류되거나 대항하는 것을 말한다. 즉, 두 명의 구성원이나 하위체계들이 협력적으로 상호작용하는 것이다. 긍정적 제휴는 가족이나 개인의 복지에 기여하지만 부정적 제휴는 경직되고 배타적인 성격을 지니며 가족의 문제를 야기한다(Pavlino & McCrady eds., 1978; 김정진 편저, 2008).

| 표 6-1 | 경직 · 명확 · 밀착 경계선 비교

경직된 경계선 ────────	명확한 경계선 — — — — — — —	밀찰된 혹은 모호한 경계선 ······················
• 독립된 태도로 서로를 대함 • 거리감, 소외감이 있음 • 자율적, 독립적 • 도움을 주는 능력이 부족 • 의사소통이 원활하지 못함 • 가족의 보호기능일 떨어짐	• 기능적인 가족, '우리', '나 자신임'의 감정을 잃지 않음 • 자율적이고 독립적 • 협동, 지지하며 서로의 삶에 관여	• '너의 일은 모두 나의 일'이라는 태도 • 개인의 정체성이 모호 • 거리감이 없음 • 강한 소속감으로 자율성을 방해 • 가족원이 지지, 협동, 관여함 • 해결할 능력 부족 • 개인의 분화는 가족을 배신하는 행위로 간주 • 가족원의 문제에 전체가 반응함

5) 세력

세력에 대한 구조적 문제는 체계 내 기능적인 세력의 부족과 연관이 있다. 첫째, 체계 내에서 기능적인 세력의 부족인데 세력행사능력이 부족하거나 가족성원이 세력행사를 허용하지 않는 세력이 없는 것을 의미한다. 둘째, 잠재능력을 억제하는 것으로 연령에 부적절한 방법으로 행동하도록 강요하는 것을 의미한다(Minuchin, 1974; 정문자 외, 2007).

6) 가족적응

미누친(1974)은 가족체계 내 긴장발생을 다음과 같이 설명하였다.

① 한 가족성원이 가족 외부세력과 접대할 때
② 가족 전체가 가족 외부세력과 접촉할 때
③ 가족의 발달단계상의 과도기일 때
④ 한 가족성원이 갖고 있는 특정한 문제일 때

7) 가족구조

가족구조는 가족구성원들이 상호작용하는 조직화된 패턴이며, 결정론적인 개념이지만 행동을 규정하지는 않는다.

① **일반구속**(universal contraints): 부모와 자녀들이 서로 다른 양의 권위를 가지고 일련의 계층적 구조를 가지는 것이다.
② **특이구속**(idiosyncratic constraints): 구성원들이서로 다른 상호 보완적인 기능을 가지는 것이다(Pavlino & McCrady eds, 1978).

3. 치료 목적 및 목표, 치료자의 역할

1) 치료목적

가족구조를 재구조화하는 것이다.

① 역기능적인 상호거래 유형을 변화시키기 위해 가족구성원의 위치를 변화시키고 부모하위체계를 강화시키는 것이다.

② 명확하고 융통성 있는 경계선을 만든다.

③ 좀 더 효과적으로 적응할 수 있는 대안을 발견하고 동원하는 것이다.

2) 치료목표

역기능적 구조를 바로잡는 것이다.

① 경계선을 바로잡는 것 = 엄격한 경계선, 산만한 경계선 → 분명한 경계선을 설정한다.

② 가족구조의 변화를 위해서 가족체계에 합류시킨다.

③ 하위체계 간 위계질서를 바로 잡는 일이다.

④ 치료자가 교류의 패턴변화에 직접적으로 개입해서 순환적 구조를 변형시켜 가족체계의 상호교류 규칙을 재구조화하고, 가족구성원이 서로 대하는 방식을 변화시키며, 좀 더 서로를 만족하게 하는 것이다.

3) 치료자의 역할

표적은 가족으로, 가족체계의 기능 강화에 초점을 맞춘다(Minuchin, 1974; 김규수, 2006).

① 가족구성원의 행동, 경험을 변화시키고, 스스로 문제를 해결할 수 있도록 하며, 가족체계의 변형을 촉진한다.

② 경계선이 분명해지고 위계질서가 바로 서면, 가족구조는 가족의 성장을 도움을 준다.

③ 치료자는 가족을 지지하고, 가족은 다른 구성원을 지지하며 돕는 역할을 한다.

④ 가족을 합류시키고, 가족구조를 조사·평가·변화시키기 위해 환경을 조성한다.

4. 치료기법

1) 합류하기(joining)

가족체계는 항상성을 유지하려고 하기 때문에 치료자는 가족에 합류함으로써 성원들을 이해하고 수용해야 한다. 치료의 초기과정을 단축·촉진시키는 방법에는 유지·추적·모방의 기법이 있다.

| 표 6-2 | 유지 · 추적 · 모방의 기법

기법	내용
유지 (maintenance) 기법	• 가족구조를 지각하고 분석할 때 의도적으로 지지함 - 어머니의 지도력이 강한 가족에 합류 → 어머니를 통해 자녀와 접촉 • 가족원 개인의 특성을 있는 그대로 받아들이는 것 - 개인의 장점 인정, 자녀의 침묵, 가족이 사용하는 의사소통, 표현방식 • 가족을 재구조화하는 데 상용될 수 있음 - 치료자가 형제하위체계를 지지 → 모자 · 부부하위체계 재구조화
추적 (tracking) 기법	• 치료자가 가족의 의사소통과 행동의 내용을 따라 계속되도록 격려 • 비지시적 치료자가 가족에 합류하기 위해 사용하는 전형적인 방법 • 아내, 남편이 사용하는 용어 · 의사소통패턴 추적→ 문제핵심파악
모방 (mimesis) 기법	• 치료자가 가족의 생활방식 · 정서상태에 적응하기 위해 가족이 사용하는 언어, 몸짓, 대화방식을 따라함 - 느리게 반응하는 가족원에게 치료자도 속도를 늦춰 반응 • 추적과 모방도 가족의 재구조화를 위해 사용할 수 있음 - 가족의 상호작용패턴을 추적 → 가족의 밀착된 관계의 모습이 드러남 - 특정 가족원의 생활경험 모방 → 치료자와 가족원 간 연합이 이루어짐

2) 실연화(enactment)하기

실연화 기법은 치료자가 구상하고 있는 상호작용방법을 가족들이 실제 행동을 통해 연기하도록 만드는 방법이다.

가족들이 연기하는 동안에 치료자는 관찰하며 역기능의 가족구조를 발견할 수 있다.

3) 재구조화(restructure)하기

재구조화 기법은 여러 가지 분야에 적용될 수 있다. 예를 들어, 가족의 현실 · 증상에 도전하거나, 가족 상호거래유형 실현화, 경계선 만들기, 스트레스 고조시킴, 과제를 내어줌, 증상 활용, 분위기 조작, 지지 · 교육 · 안내 등에 적용될 수 있다.

4) 상호작용에 개입하기(working with interaction)

가족은 있는 그대로보다 바람직하다고 생각하는 대로 자신을 기술하는 경향이 있다. 그래서 치료자는 가족에게 어떤 문제를 다루는지, 세션 중에 직접 실연하여 가족의 상호작용 구조를 관찰하고 수정한다.

5) 진단하기(diagnosing)

치료자는 가족문제를 한 성원의 문제로 파악할 것이 아니라 개인의 문제를 가족의 역기능적 상호작용의 결과로 이해하고 가족 전체가 변화함으로써 성원들 모두에게 도움이 되도록 문제를 진단한다.

6) 상호작용을 강조하고 수정하기(highlighting and modifying interaction)

가족의 역기능적인 상호작용유형을 강조하고 수정하기 위해서는 현재의 균형상태를 깨뜨리기 위한 자극적인 방법이 필요하다. 정서, 반복, 지속 등을 선택적으로 사용하여 강도를 이루어 사용한다.

7) 경계 만들기(boundary making)

치료자는 지나치게 유리되거나 밀착된 하위체계 간의 경계를 근접하게 하거나 경계 간에 거리를 만든다.

8) 균형 깨뜨리기(unbalancing)

하위체계 간의 관계재배치를 통해 역기능적인 가족의 균형을 깨뜨리는데, 이를 위해 가족치료사는 일부 성원의 편을 들기도 한다.

9) 가족의 전제에 도전하기(challenging the family's assumption)

치료자는 가족성원의 현실에 대한 인지변화, 정보·충고 제공의 교사역할을 한다.

제6절 전략적 가족치료모델

1. 전략적 가족치료모델의 치료이론

이론보다는 문제해결에 초점을 두기 때문에 문제에 대한 이해보다는 해결방법에 초점을 맞추고, 실용적인 방법들을 제시한다. 사회복지사는 지시를 많이 사용하거나, 오히려 증상을 처방하기도 한다. 사회복지사는 일방적인 지시보다는 관계·정도·시간상의 차이에 대해 가족의 의견을 이끌어내는 순환적 질문하기 기법을 제안한다.

전략적 가족치료모델로 개입하는 치료자들은 행동의 원인에 대한 고려보다는 행동의 변화를 일으키는 데 관심이 더 많다. 이론보다는 치료기법에 대해 기술하며, 특정 가족의 문제를 해결하기 위해 다양한 전략을 사용한다. 전략적 가족치료모델은 목표를 설정할 때 항상 가족의 호소문제를 해결하는 것을 포함한다. 그리고 가족 상호작용의 규칙 혹은 질서는 가족 항상성을 유지하기 위해 작동하며, 문제 저변에 깔린 동기에 관심을 가지지 않으며, 순환적인 인과관계로 문제를 파악하고 피드백 고리로 자극과 반응의 반복적인 의사소통 형태를 분석한다.

전략적 가족치료모델의 공통적 특징은 다음과 같다.

첫째, 문제의 지속과 유지에 관하여 체계이론에 근거한 순환적인 관점을 지닌다.

둘째, 반복되는 행동의 연쇄과정과 행동패턴을 관찰하고 변화시키는 것에 초점을 둔다.

셋째, 직접적으로 개입하여 변화를 유도하며, 전략을 세워 실용적이고 간결한 기법을 사용한다.

넷째, 저항을 극복하고 가능한 단기에 종결짓기 위해 고안된 창의적인 개입방법을 활용한다.

다섯째, 가족의 정신내적 과정이나 통찰을 통한 성찰, 이해의 변화보다는 문제해결과 행동의 변화를 일으키는 데 관심이 많다.

여섯째, 잘못 시도된 문제해결방법을 효과적으로 바꾸도록 돕는 것이 유용하고 필수적이다.

2. 주요인물과 발달배경

전략적 가족치료모델의 종류에는 MRI 상호작용모델, 헤일리와 마다네스(Haley & Madanes)의 구조 · 전략적 모델, 밀란(Millan)의 체계모델 등이 있다.

1) MRI 상호작용모델: 잭슨(Jackson, 1958)

1959년 잭슨이 주도하여 의사소통, 치료, 가족, 정신분열증에 관심이 있는 연구팀이 시작하여, 초기 10년 동안 가족치료훈련과 조사.연구를 통해 개발된 모델로서 역설기법과 지시기법을 발전시켰다.

1967년 위클랜드(Weakland), 와찰라위크(Watzlawick) 등에 의해 MRI 단기치료센터가 세워졌다. 이 모델은 증상에 초점을 두고 10회로 상담을 제한하였다. 의사소통의 '내용'이 아닌 잘못된 의사소통 '과정'이 문제라고 가정하고, 의사소통 연구와 에릭슨(Erickson)의 역설적 접근을 접목하여 문제해결중심의 단기 전략적 접근모델을 개발하였다. 같은 해결방법에 고착되어 문제를 유지시키는 정적 피드백 고리를 확인한 후 이러한 역기능적 상호작용을 유지하는 가족규칙을 파악하고 변화시킬 수 있는 전략을 찾는 것이다.

2) 헤일리와 마다네스(Haley & Madanes)의 구조 · 전략적 모델

1962년까지 베이트슨(Bateson)의 정신분열증 가족연구에 참여하고 나중에 MRI (Mental Research Institute)에서 잭슨과 같이 일하였고, 1967년에 MRI를 떠나, 미누친과 합류하였고, 미누친의 영향을 받아 가족의 구조를 중시하는 구조적 관점을 추가하였다. 에릭슨의 최면술 영향은 치료자와 환자의 관계를 최면관계(치료사 권력) 1976년 마다네스와 함께 워싱턴가족치료연구소를 설립 · 운영하고, 헤일리가 권력과 통제에 대한 자신의 견해와 에릭슨의 임상적 방식(저항을 처리하는 방법, 지시와 은유적 언어 사용, 역설적 개입 등), 구조주의 관점을 접목시켜 발전시켰다. 가족을 치료적 이중구속에 빠지게 하는 역설적 방법으로 증상의 자발적 포기를 유도하였다.

3) 밀란(Milan)의 체계모델

이탈리아의 정신분석치료가 살바니 파라졸리(Selvini Palazzoli)를 주축으로 섭식장애아를 치료하면서 체계이론을 받아들여 발달시켰다. 밀란모델은 증상 발생과 유지에 관련되는 가족의 역기능적 상호작용 규칙인 가족규칙에 초점을 두고 역설적 접근을 통하여 게임 규칙에서 벗어나게 하는 접근을 한 체계적 모델이다.

치료자는 중립적 위치에서 가족게임의 규칙을 파악하고, 순환질문을 통해 가족원이 본인의 인식론을 검토하여 새로운 신념체계를 도입하도록 유도한다. 순환적 질문은 가족구성원이 가지고 있는 제한적이고 단선적인 시각에서 벗어나 문제의 순환성을 깨닫도록 돕기 위한 기법이다(조흥식, 2010).

3. 주요개념

1) 의사소통

(1) 의사소통의 공리

모든 행동은 어느 수준에서 의사소통이며, 모든 의사소통은 내용과 지시의 측면을 가진다. 의사소통이 이루어지는 관계는 대칭적이거나 보완적 관계이다.

(2) 가족항상성

가족체계는 계속 변화하는 가족 내외의 환경에 적응하면서 일관성을 유지하려 한다. 병리적인 가족일수록 변화보다 안정성을 위해 가족의 엄격한 연쇄과정을 유지한다.

(3) 이중구속

화자(특히 권력을 가진 자)가 청자에게 의사전달을 할 때 의사소통의 수준이 일치되지 않는 모순된 메시지를 보내는 역기능적 의사소통 형태이다.

(4) 피드백 고리

가족은 피드백을 통해 정보를 교환하면서 서로의 행동을 통제하거나 확장한다. 변화에 저항하여 가족을 원래의 평형상태로 돌아오게 하는 부적 피드백(negative feedback) 고리와 현재 상태를 벗어나 변화를 시도하는 정적 피드백(positive feedback) 고리가 규칙에 의해 규제된다.

(5) 가족규칙

가족항상성을 유지하기 위해 가족의 행동을 통제하는 규칙이다. 명시적 규칙과 암묵적 규칙으로 분류하며, 상위규칙은 규칙을 총괄하는 규칙의 유지와 변화에 관한 규칙이다.

2) 권력과 통제, 위계, 역설적 개입

(1) 권력과 통제

가족원이 자신의 위치에 맞는 권력과 통제를 가질 때 위계질서가 유지되며, 치료자는 권력투쟁에 관한 가족관계를 파악하여 명확한 치료 목표 설정과 구체적인 개입방식을 계획할 수 있다. 증상은 가족의 항상성을 유지하기 위한 기제이다.

(2) 위계

윗세대가 위계적으로 상위에서 더 많은 권력과 통제를 가지고 규칙을 집행할 수 있어야 하며, 명확한 경계를 통해 가족원은 각각의 위치를 구조적으로 유지해야 하고, 이러한 구조적 질서가 잘 유지되는 가족일수록 기능적이다.

(3) 역설적 개입

내담자에게 증상행동을 계속하도록 격려하는 '증상처방적' 개입을 하며, 내담자가 치료자의 지시에 저항하면서 변화를 일으키도록 유도한다.

3) 가족게임과 가설설정–순환질문–중립성

(1) 가족게임

가족의 의사소통 규칙과 관계규칙을 유지하기 위한 복잡한 가족 상호작용으로, 역기능적 가족에서는 가족원 모두 게임의 규칙에 합의하지 않으면서 서로 힘을 얻기 위해 끝없는 게임을 한다.

(2) 가설설정

치료의 전 과정을 통해 치료자(또는 치료팀)가 지속적으로 가족기능에 관한 가설을 세움으로써 체계적 면접과 정보의 조직화를 촉진시킨다.

(3) 순환질문

가족 각자가 가족의 상호작용이나 가족관계에 대해 이야기하게 하는 대화기법으로, 내담자는 가족에 대해 새롭게 인식하고 자신을 관계적 맥락에서 바라보게 된다.

(4) 중립성

가족원이 문제에 대해 인식하는 것을 도전 없이 수용하는 치료자의 자세이다.

| 표 6-3 | 세 가지 전략적 치료모델 특징 비교

	MRI의 상호작용모델	헤일리와 마다네스의 구조·전략적 모델	밀란의 체계모델
근거이론	의사소통이론, 전략적이론	의사소통이론, 구조적이론	체계이론
주요개념	의사소통공리, 이중구속, 피드백 고리, 가족항상성, 가족규칙	권력, 통제, 위계구조, 역설	가족게임, 순환적 인식론, 치료원리(가설설정-중립성-순환질문)
일차적 주제	의사호통 유형, 잘못 시도된 해결책	연쇄과정 및 위계구조, 가족원 간의 통제와 보호	역기능적 가족게임, 가족원 간의 통제와 보호
행동의 지속성	단기적, 현재 연쇄적 상호작용	단기연쇄, 장기적인 구조적 문제	과거와 현재의 장기적 연속행동
치료단위	2인 또는 3인	3인 이상 가족이나 사회적 관계 전체	3인

출처: Goldenberg & Goldenberg (2001), 김득성 외 역(2003).

4. 전략적 가족치료모델의 치료목표 및 과정, 치료자의 역할

1) 치료목표

일차적 목표는 증상행동의 제거이며, 이차적 목표는 행동을 규제하는 가족체계의 변화이다. 개방형 질문을 통해 내담자가 객관적이며, 행동적인 언어로 문제를 분명히 규명하도록 하고, 내담자가 기대하는 구체적인 변화목표를 설정하도록 한다.

2) 치료과정

문제(증상)에 대한 정의 및 이를 제거하기 위한 구체적 목적의 설정, 단계적인 치료적 개입을 한다.

(1) 초기 면접

① 전체 치료과정의 계획을 세우기 위한 중요한 단계

② 문제에 대한 구체적이고 행동적인 정의와 내담자가 시도한 해결책 파악

③ 헤일리의 초기 면접: 친화 단계, 문제규명 단계, 상호작용 단계, 목표설정 단계

(2) 사정 및 가설설정

① 가족원 개개인이 문제를 어떻게 보는지를 파악하여 문제를 정의

② 가족위계가 어떻게 가족의 문제와 관련되는지 알기 위해 회기 중 가족의 상호작용을 면밀히 관찰

③ 증상이 가족원을 어떻게 통제하는지에 대해 평가

(3) 개입하기

① 개별적인 맞춤형 전략을 세움. 잘 계획된 아주 작은 개입이 강력한 치료적 연쇄효과를 가져올 수 있음을 가정

② 직면보다는 우회적인 역설적 개입을 통해 과제를 주거나 지시를 하여 회기와 회기 사이의 변화를 유도

3) 치료자의 역할

치료자는 '전략가'이며 다른 치료모델에 비해 변화에 대한 직접적인 책임을 진다. 전략적 기술, 활동성과 강한 책임감, 통제와 권위의 유지, 중립성(밀란 모델), 경우에 따라 팀 접근이 요구된다.

| 표 6-4 | 세 가지 전략적 치료모델의 치료목표와 치료과정 비교

	MRI의 상호작용모델	헤일리와 마다네스의 구조·전략적 모델	밀란의 체계모델
치료 목표	증상 제거, 현재 행동의 변화, 가족체계 변화	증상제거, 현재 행동의 변화, 가족체계 변화	가족게임의 중단, 가족의 인식 변화, 가족체계의 변화
치료 과정	• 상담과정 소개 • 문제에 대한 조사와 정의 • 문제 유지시키는 행동 평가	• 사회적 단계 • 문제정의 단계 • 상호작용과 가족구조 진단	• 면접 전 정보 수집 단계 • 면접 동안 문제와 상호작용 평가 단계

	• 상담목표 설정 • 개입 선택과 실행, 과제주기	단계 • 목표 설정 단계 • 개입선택과 과제 지시 단계	• 휴지기 동안 가설 설정 및 상담목표 설정 단계 • 개입선택과 실행, 과제 부여 단계 • 면접 후 논의 단계

5. 전략적 가족치료모델의 치료기법

1) 역설적 개입

'변화하라'는 메시지와 '변화하지 말라'는 두 가지 모순된 메시지를 전달하는 '치료적 이중구속'의 상황을 만드는 것이다. 증상을 통제하거나, 증상을 포기하게 된다. 증상 처방, 고된 체험 기법, 위장 기법, 은유 기법을 사용한다.

2) 긍정적 의미 부여

문제를 지속시키는 가족의 행동을 재구성하는 방법으로 '증상은 가족체계의 균형을 유지하고 가족의 응집성을 촉진하기 때문에 긍정적인 것'이라는 의미를 부여하여 파괴적인 가족게임을 무력화한다.

3) 의식

일정한 의식을 만들어 게임을 하게 함으로써 가족게임을 과장되게 인식하도록 하는 기법으로, 자신들이 얼마나 어리석은 게임을 지속하고 있는지 깨닫게 하여 게임을 중단하도록 유도한다.

4) 불변의 처방

역기능적 가족의 '더러운 게임'에 대한 방식을 형성하여 게임을 중단하도록 하는 기법으로, 일반적으로 부모의 동맹을 강화하고 다른 가족연합을 해체함으로써 가족의 경직되고 파괴적인 상호작용에서 벗어나도록 유도하는 것이다.

제7절 해결중심 가족치료모델

1. 해결중심 가족치료모델의 이론적 기반

MRI(Mental Research Institute) 이론에 뿌리를 두고 있다. 문제중심적인 관점에서 벗어나 개입의 초반부터 해결방안 모색하고 치료자는 가족이 문제해결능력과 자원을 가지고 있음을 전제로 가족의 강점, 긍정적인 것, 이미 성공한 것을 탐색·강화·확대하는 데 주력한다.

내담자가 자신의 문제에 관하여 가장 많이 알고, 해결방안을 찾을 수 있는 능력이 있다고 보기 때문에 해결방안 모색에서 내담자의 자율적인 협력 중요시 하며, 드 쉐이저(de Shazer), 버그(Berg, 김인수)가 개발한 가족에 대한 긍정적인 시각을 가지고 문제보다는 가족이 적용해 왔거나 적용 가능한 문제해결책 등을 탐색하는 데 상담의 초점을 둔다. 문제 원인을 밝힐 필요가 없고 가족이 기대하는 미래가 어떤 것인가를 분명히 하는 것으로 치료원리로는 건강한 것에서 시작하여 MRI의 단기 가족치료모델과 해결중심 가족치료모델의 공통점이 있다.

① 문제의 형태와 기능보다는 과정과 피드백 고리에 초점을 둠
② 시도되었던 문제해결책에 초점을 둠
③ 문제는 어려움을 반복적으로 잘못 다룬 것으로 규정
④ 가족의 기능과 역기능적 위계에 관심을 두지 않음
⑤ 생각과 행동에 대한 자기 강화 패턴에 초점을 둠

2. 주요개념

해결중심 가족치료에서는 문제를 실패의 증거로 보지 않고 가족발달의 필연적인 한 부분으로 본다. 치료사와 내담자의 관계는 협력적인 관계로, 이렇게 협력적인 관계가 내담자로 하여금 문제를 해결하기 위해 좀 더 도움이 되는 태도를 갖게 한다고 보았다(Hanna, 2007).

해결중심치료사는 문제가 해결될 미래에 초점을 두며, 사실 문제의 해결책은 문제가 발

달하게 된 과정과는 전혀 관계가 없을 수도 있다고 본다. 해결중심 단기가족치료는 전통적인 가족치료모델과 다른 가정과 철학적인 관점을 가지고 있다.

1) 치료자-내담자 관계유형

해결중심치료에서는 내담자와 치료사가 협력관계에 있다고 보고 내담자의 동기에 따라 내담자-치료사의 상호작용 특징이 달라진다고 하면서 방문형 관계, 고객형 관계, 불평형 관계로 나누었다.

(1) 방문형: 치료의 필요성과 문제해결의 동기가 약함

방문형 관계에서 내담자는 드러나는 문제를 문제로 보지 않으며 그렇기 때문에 그 문제에 대해 이야기하는 것 자체를 꺼린다. 특히 이전에 어떤 기관으로부터 자신에게 문제가 있는 것으로 비난받았다고 생각했을 경우 더욱 그렇다. 고민과 갈등만 있고 변화와 해결에 대한 기대나 소원이 적다. 타의에 의해서 치료에 의뢰되어 온 상황에서 이들은 자신의 문제를 인정하지 않고 상담 받을 문제가 없다거나 또는 다른 사람에게 문제가 있다고 생각한다.

이들은 문제해결 동기가 약하고, 가능한 한 치료자와의 관계를 끝내려고 하며, 내담자는 치료를 강요받는다고 느끼고 치료받아야 하는 상황 자체를 불평한다. 치료사는 다른 사람의 요구와 결정을 따르는 것이 얼마나 힘들었는지를 이해해 주는 과정이 필요하다.

(2) 고객형: 문제해결을 위해 어떤 것이든 시도하려는 동기가 있음

고객형 관계에서는 내담자가 치료에서 어떤 변화가 일어나기를 바라며 치료를 통해 문제를 해결하고자 하는 동기를 가지고 온다. 치료자와 내담자가 일치된 해결목표와 기대를 가질 때 형성되고, 내담자는 자신이 바로 해결책의 한 부분임을 깨우치게 된다. 언어적 또는 비언어적으로 문제해결을 위해 어떤 일을 하려는 의지를 나타낸다.

매우 긍정적이고 협력적인 치료관계로 치료자는 내담자가 잘하고 있는 점에 대해 많은 칭찬을 해 주고, 내담자의 문제해결을 위한 의지에 대해 지지와 동의를 표시해야 하며, 내담자의 문제해결 의지와 장점을 연결시켜 행동과제를 주고 내담자가 다른 어떤 일을 시작할 때 자신과 가정에서 무엇이 달라지는지를 관찰하는 과제를 같이 준다.

(3) 불평형: 다른 사람을 위한 목표를 가지고 옴

불평형 관계에서 내담자는 상담 중 상담 목표나 불평을 찾아내기는 하지만 내담자가 해결에 필요한 어떤 것도 구체적으로 밝혀내지 못한 경우이다. 이 경우 내담자는 관찰을 잘하고 불평과 문제를 잘 알고 있지만 자신을 희생양으로 인지하며 해결을 위한 구체적인 작업을 할 동기는 가지고 있지 않다. 내담자의 동기는 내담자와 치료사의 상호작용을 통해 달라질 수 있으며, 치료사의 역량에 따라 방문형 내담자가 고객형으로 바뀌기도 한다(Lipchik, 1987).

치료자와 내담자가 함께 상담의 목표나 불평을 찾아내긴 하지만 내담자가 해결에 필요한 어떤 것도 구체적으로 밝혀 내지 못한 경우에는 관찰을 잘하고, 불평과 문제 유형과 상황을 자세히 설명하고, 자신을 희생자로 인식(타인의 변화로 문제해결이 가능하다고 생각)한다. 또한 문제로 인해 고통을 받고 있지만 해결책을 찾는 단계에서는 수동적이고 불분명한 반응을 보인다. 문제중심의 대화가 특징적이다. 자신의 위치나 역할을 변화시켜야 한다고 생각하지 않고 치료자는 내담자에게 이해와 공감을 표시하고, 내담자가 잘하고 있는 점에 대해 칭찬을 해 주며, 과거와는 다른 방법으로 노력할 것을 격려해 준다.

3. 기본원리와 철학

① 병리적인 것보다는 건강한 것에 초점을 맞춘다.
② 가족에게서 강점, 자원, 건강한 특성, 탄력성을 발견해 상담에 활용한다.
③ 탈이론적, 가족의 견해를 중시하므로, 인간행동에 대한 가설에 근거해 사정하지 않는다.
④ 해결방법의 간략화를 추구해 작은 변화부터 시도한다.
⑤ 예외적인 상황을 살펴보고 문제 상황을 탐색하여 문제 상황과 차이점을 찾는다. 문제가 발생하지 않는 상황을 증가시킴으로써 가족의 긍정적 부분을 강화한다.
⑥ 과거의 문제보다 미래와 해결 방안 구축에 관심을 집중 현재와 미래의 상황에 적응하도록 도움을 준다.
⑦ 상담자와 가족이 함께 해결 방안을 발견하여 구축하는 과정에서 협력을 중시한다.

⑧ 해결중심 치료모델은 다음의 철학을 중요시한다.
첫째, 어떤 것이 잘 기능하면 그것을 고치지 않는다.
둘째, 효과가 있다면 그것을 좀 더 실시한다.
셋째, 효과가 없다면 다음에 같은 방법을 사용하지 말고 다른 방법을 사용한다.

4. 치료목표와 치료자의 역할

1) 치료목표

현재 가족이 가지고 있는 문제를 해결하는 것으로 모든 사람은 자신의 문제를 해결할 수 있는 자원을 가지고 있으며 그 자원을 사용할 수 있다. 문제가 확대되었을 때 상실감을 느껴 해결할 수 없다고 생각한다. 치료사는 내담자가 아직 잘 사용하지 못하는 능력을 찾아주어야 하며, 그들의 문제를 잘 다룰 수 있는 기술을 끌어내 주어야 한다. 첫 면담에서 목표를 분명히 하여 치료의 종결을 결정할 수 있는 범주를 설정한다.

2) 치료자의 역할

치료의 목표는 내담자들이 뭔가 다른 것을 하거나 생각하도록 도움으로써 내담자가 제시한 불평을 해결하고 내담자의 삶을 보다 만족스럽게 하는 것이다. 구체적으로는 내담자의 언어를 문제중심 대화에서 해결중심 대화로 바꾸어주며, 치료 목표도 예를 들어 미혼인 남자가 여자에게 데이트 신청하기와 같이 내담자가 성취 가능한 명확한 목표를 설정하도록 돕는 것 그 자체가 하나의 주요한 개입이며, 미래에 대해서 그리고 달라지고 싶은 것이 무엇인지에 대해서 생각하게 하는 과정이 해결중심 치료사들의 주요 임무이다 (Walter & Peller, 1996).

전체적인 치료목표는 다음의 세 가지로 요약할 수 있다(Dallos & Draper,2001).

① 문제가 아무리 심각해도 항상 같은 수준으로 심각한 것은 아니며 분명히 언젠가는 덜 심각했던 순간이 있다. 그러므로 치료사는 인내심을 가지고 '문제가 일어나지 않았던 상황'을 폭넓게 탐색해야 한다.

② 좀 더 효과적이었던 방법을 발견하면 그 방법을 더욱 많이 사용하도록 한다. 가족에

게 예외상황이나 문제를 해결하는 데 도움이 되는 역량이 있다는 것을 발견하면 그 능력을 더욱 많이 사용하도록 격려한다. 이렇게 성공의 경험이 실패와 좌절의 경험을 대치하게 함으로써 자기강화를 하게 된다.

③ 만약 어떤 방법이 효과가 없으면 다시는 그 방법을 사용하지 않는다. 가족들은 자기도 모르는 사이에 다른 대안이 없다고 생각하면서 자신들이 지금까지 해왔던 패턴을 반복한다. 그러므로 가족으로 하여금 대안적인 패턴을 발견하도록 도우며 결과적으로 이러한 대안적인 패턴을 반복하면서 이전의 부정적인 패턴을 대치할 수 있도록 돕는다.

3) 개입기법

(1) 변화를 해결로 이끄는 질문

① 상담 전 변화에 대한 질문

가. 내담자가 상담을 예약한 후 현재 이곳에 오기까지 달라진 것이 무엇인지 질문하는 방법이다.

나. 내담자들이 상담을 요청할 때는 문제의 심각도가 가장 높다.

다. 치료자는 치료 이전의 변화를 매우 관심 있게 관찰하고, 이를 근거로 내담자의 잠재 능력을 발견하며, 내담자가 의식하지 못하는 해결책을 찾아내도록 도움을 준다.

라. 내담자 스스로 노력한 것과 문제해결 잠재능력이 있음을 인정해 줌으로써 해결 의지를 강화시킨다.

② 예외질문

가. 예외질문(exception question)이란 가족이 현재 가지고 있지 않은 '예외' 상황을 탐색하고, 이런 예외를 확장하기 위해 가족이 해야 할 것에 대한 단서를 찾으려는 질문이다. 예외질문은 '언제 문제가 발생하지 않았습니까?', '문제가 발생하는 상황과 발생하지 않는 상황에 어떤 차이점이 있습니까?' 등이다.

나. 일상생활에서 성공적으로 잘하고 있으면서도 의식하지 못하는 것을 발견하고 성공했던 행동을 의도적으로 하도록 강화시키는 방법으로서 "최근에 문제가 일어

나지 않은 때는 언제였습니까?", "언제 바람직한 행동을 하였습니까?", "문제가 일어난 상황과 문제가 일어나지 않은 상황의 차이점은 무엇입니까?" 등이다.

다. 예외 상황에서 어떤 일이 일어났는지 알기 위해 무엇이 달라졌는지, 누가, 무엇을, 어디서, 언제, 어떻게 했을 때 문제가 생기지 않았는지 질문한다.

라. 한두 번의 중요한 예외를 찾아 추적함으로써 내담자의 성공 경험을 확대하고 강조하여 내담자의 자존감을 강화한다.

마. 내담자는 문제중심의 부정적인 사고에서 해결방안을 모색하는 방향으로 관심을 모으게 된다.

바. 의식하지 못하는 사이에 성공적으로 잘하고 있는 것들을 새롭게 발견하게 되고 의도적으로 바람직한 행동을 하게 된다.

③ 기적질문

가. 기적질문(miracle question)은 문제가 해결된 상태를 상상해 보고, 해결하기 원하는 것을 구체화하고 명료화하기 위한 질문이다.

나. 기적에 관한 질문의 예는 다음과 같다.

- '밤에 자는 동안에 기적이 일어나 지금 치료목표로 하는 문제가 해결되었다고 합시다. 그러나 잠자는 동안에 기적이 발생하여 무슨 일이 생겼는지 아무도 모릅니다. 아침에 눈을 떴을 때 무엇을 보면 지난 밤 동안에 기적이 일어났다고 생각하겠습니까?'
- '당신은 처음에 무엇을 보면 기적이 일어났다고 생각하겠습니까?'
- '당신에게 변화가 일어난 것을 다른 가족은 무엇을 보고 알 수 있겠습니까?'
- '그런 행동이 최근에 언제 있었습니까?'
- '그런 행동을 계속하려면 어떻게 해야 할까요?'
- '기적이 일어난 것 같이 하려면 무엇부터 시작해야 할까요?'
- '기적이 이미 일어나고 있는 것을 알 수 있는 아주 작은 신호는 무엇일까요?'

다. 긍정적으로 대답하도록 질문한다.

라. 작은 일부터, 나부터 시작… '기적이 자신의 목표'라는 것을 자각한다.

마. 내담자가 문제를 다른 사람의 문제로 보는 경우

→ "당신이 보기에 그들에게 달라진 점이 무엇이 있을까요?"

바. 내담자가 문제를 자신의 문제로 보는 경우

→ "당신에게 달라진 점이 무엇이 있을까요?"

사. 기적에 관한 질문 후에 내담자가 실제로 할 수 있는 일을 질문한다.

→ "그런 일이 일어나도록 하기 위해 당신이 제일 먼저 할 일은 무엇이라고 생각합니까?"

→ "이 기적이 더 자주 일어나려면 어떻게 해야 할까요?"

아. 기적질문 후 내담자가 실제로 할 수 있는 일과 목표와 관련된 예외 상황을 파악하기 위한 질문을 한다.

→ "그런 일이 일어나도록 하기 위해 당신이 제일 먼저 할 일은 무엇인가"

→ "이러한 기적이 조금이라도 일어난 적이 언제 있었는가?"

→ "그럴 때 무엇이 달랐는가?"

→ "누가 무엇을 하였는가?"

자. 기적질문은 문제가 해결된 상황을 상상해 보고, 해결하기 원하는 것들을 구체적이고 명확하게 확인함으로써 치료목표를 설정하는 데 도움이 된다.

차. 이런 경험은 내담자에게 강력하고 새로운 경험이 되어서 자신이 다르게 행동할 수 있고, 그에 따라 문제해결도 가능하다고 느끼게 된다.

④ 척도질문

가. 척도질문(scaling question)은 문제해결, 관계, 자아존중감 등의 수준을 수치로 표현하여 다음 단계로 가기 위해 무엇을 해야 할지 구체적으로 탐색하기 위한 질문이다.

나. 척도질문 이유는 다음과 같다.

- 내담자가 치료자에게 정보를 제공
- 내담자의 변화과정을 확인, 격려, 강화
- 내담자 가족에게 자신의 문제의 심각성, 문제해결의 우선순위, 성공정도, 정

서적 관계, 관계 개선을 위한 노력 정도, 문제해결을 위한 동기와 의지, 자신감과 자존감, 진행에 대한 평가 등 구체화시킬 필요가 있는 것을 수치로 표현하여 평가하는 데 유용하게 활용될 수 있는 질문을 한다.

다. 척도질문의 예

→ "1점은 당신이 처음 면접하러 올 때의 상황이고, 10점은 당신의 문제가 모두 해결될 때의 상황이라면 현재의 상황은 몇점 정도인가?"

→ "5에서 6으로 가려면 무엇을 해야 한다고 생각하나요?"

→ "당신이 결혼생활을 지속하고 싶은 정도는 몇 점입니까?"

라. 주의할 점

현재와 미래에 초점을 두고 과거에 초점을 두지 않는다. "오늘", "지난 주", "지난 달"과 같이 시간을 규정한다. 그렇지 않으면 내담자는 혼동한다.

⑤ 대처질문(coping question)

가. 대처질문은 내담자가 어려운 상황에서 견디고 살아남기 위해 노력한 능력이 있을 지각하게 하고 이러한 능력을 활용하여 스스로 문제해결을 위해 노력할 힘과 용기를 주는 역할을 한다. 예를 들어 '참으로 힘드셨을 텐데, 어떻게 지금까지 지탱 할 수 있었습니까?' '어떤 방법이 도움이 되었습니까?' 등이다.

나. 적용시점

- 기적에 관한 질문에 대해 대답이 모호한 경우
- 예외적인 상황을 발견하기 어려울 때
- 문제와 고통을 계속 호소하고 악화되거나 절망적인 경우

다. 대처질문의 예

→ "문제가 매우 심각한 것 같은데 상황이 더 나빠지지 않도록 하기 위해 어떻게 하시나요?"

→ "어떤 방법이 도움이 되었습니까?"

→ "당신의 남편이나 아이들은 무엇이 당신에게 도움이 된다고 하나요?"

→ "무엇이 조금 바뀌면 희망이 생길까요?"

→ "가출을 시도한 것이 어떻게 도움이 되었는가?"

라. 대처질문을 함으로써 내담자가 어려운 상황에서 견디어 내고 더 나빠지지 않게 한 것을 강조한다.

마. 이러한 질문은 내담자에게 약간의 성공을 느끼도록 하고 내담자 자신이 대처 기술을 가지고 있음을 깨닫게 하는 효과를 가져 온다.

바. 내담자는 자신의 노력과 의지, 자원을 발견하게 되고, 이 점들을 활용하여 스스로 문제해결을 위해 노력할 힘과 용기를 가지게 된다.

(2) 메시지 전달하기: 칭찬하기 → 연결하기 → 과제주기

① 칭찬하기: 인정하기를 포함

- 칭찬하기: 내담자가 자신이나 다른 사람에게 도움이 되는 것이면 칭찬하고 긍정적인 반응을 한다.
- 인정하기: 내담자의 상황과 감정, 생각에 대해 이해와 공감, 동의, 지지를 표시하고 긍정적으로 반응한다.
- 확인과정의 두 가지 효과
  - 내담자로 하여금 긍정적인 관점을 갖도록 함으로써 문제해결에 대한 자신감과 자기확신을 높인다.
  - 내담자로 하여금 치료자의 말에 잘 협력하도록 한다.

② 연결하기

- 내담자의 장점과 자원에 대한 확인과정을 바탕으로 하여 과제를 주는 이유와 논리적 근거를 설명한다.
- 내담자는 과제를 타당한 것으로 받아들이고 잘 수행한다.

③ 과제주기

- 방문형: 과제는 주지 않고 칭찬 만 함 - 다음에 다시 찾을 수 있는 여지를 줌
- 불평형: 무언가를 관찰하라고 함(긍정적인 관점)
- 고객형: 변화를 향해 행동으로 옮길 수 있는 과제를 줌

그림 6-2 개입전략패턴

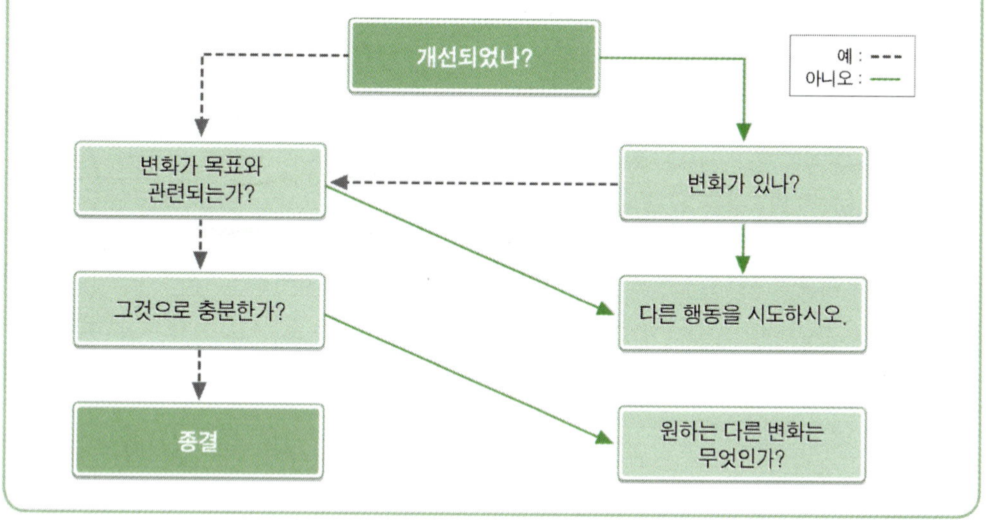

제8절 인지행동 가족치료모델

가족들이 가지고 있는 문제에 학습이론과 인지이론을 적용시킨 모델이다. 가족들이 가지고 있는 문제를 행동치료이론에 근거하여 개입하는 것으로서 러시아 심리학자 파블로프(Ivan Pavlov, 1849~1936)의 고전적 조건화이론이 기초가 되었다. 다른 모델들보다 깊게 사정・평가하는 것이 특징이다.

1950년대 스키너(Burrhus Skinner, 1904~1990)가 인지행동치료의 견해로 인간 행동을 설명하면서 1960년대 이후 행동주의 절차와 결합한 다양한 인지적 치료모델과 인지적 행동치료가 행동치료 문제점들을 보완하기 위해 출현하였다. 가족구성원의 인지 왜곡을 현실적으로 검토하고, 성원 간 보상교환 비율을 높이지만, 한편 혐오교환을 줄이며, 의사소통・문제해결기술 교육에 초점을 두고 있다.

1. 인지행동 가족치료모델의 이론적 배경

1) 행동치료 이론

1950년대 스키너의 조작적 조건화가 가장 큰 기여를 하였으며, 행동주의적 학습이론은 당시에 정신분석에 반대되는 관점을 내세우며 등장하였다. 문제행동을 치료하기 위해 심리적 갈등을 다루기보다 행동 자체를 직접 치료하는 것이다. 목표행동을 주의 깊게 관찰한 후 그 행동의 빈도·비율을 수량화하고 기능을 분석하기 위해 강화와 관련된 행동 결과를 주목하였다

조작적 반응의 빈도는 그 결과에 의해 결정되며, 긍정적으로 강화된 반응은 더 자주 발생하고 처벌받거나 무시된 반응은 소멸된다.

인간은 내적인 창조적 힘이 아니라 유전적 요인과 환경에 따라 결정된다고 본다. 대부분의 인간행동이 내적 충동보다 외적 자극에 의해 동기화된다고 보았다.

① **파블로프**: 고전적 조건화
② **스키너**: 조작적 조건화
③ **반두라**: 사회학습이론

2) 인지치료 이론

인지치료는 1963년 벡(Beck)이 우울증으로 진단된 50명의 환자와 다른 증상을 가진 38명의 환자들의 사고과정을 비교·연구한 결과 우울증 환자에게서 낮은 자존감, 강한 자책감, 과도한 책임감, 강한 도피희망, 불안한 특유의 사고내용, 독선적 추론, 선택적 추상화, 과일반화, 과장, 부정확한 라벨링 등 비논리적이고 비현실적인 사고를 관찰하였다.

우울증의 감정장애가 사고장애에 원인이 있다는 가설을 바탕으로 인지장애의 원인이 되는 개인의 도식형성과정에 주목한다. 환자의 판단과정을 보다 객관적으로 개선하고, 사고의 전제조건이 되는 개인의 인지적 구성의 타당성을 검토하여 보다 타당한 것으로 변화시킴으로써 우울증이 개선된다고 보면서 인지치료가 탄생하였다(Beck, 1963; 사카노유지, 1995; 김외숙, 2005; 서혜석 외, 2013).

인지치료의 기본 가설은 개인의 사고가 행동과 밀접하게 연결되어 있다고 보며, 이상행

동은 개인의 성장과정 가운데 형성된 고정적인 도식에 의해 판단된 왜곡된 사고형식으로 인해 계속 일어난다고 생각하여 자기행동을 객관적으로 평가하여 도식을 수정하고 왜곡된 인지를 수정하는 것이 개입의 초점이며, 왜곡된 인지수정에 행동이상의 치료가 필요하다

| 표 6-5 | 인지적 오류 목록

흑백논리	어떤 상황을 연속적인 관점이 아니라 두 가지 범주로만 보는 것
부정적 결과의 예상	어떤 부정적 일이 발생했거나 혹은 일어나고 있다고 짐작을 하는 것으로 점쟁이 예언과 재앙화가 있다.
점쟁이 예언	마치 수정구슬을 통해 들여다보듯이 미래에 어떤 부정적인 일이 일어날 것이라고 예상하는 것
재앙화	스스로 가장 두려워하는 일이 일어나고 있거나 일어날 것이라고 생각하는 것으로 다른 일이 일어날 가능성이나 덜 부정적인 가능성은 전혀 고려하지 않는다.
장점 무시하기	근거 없이 자신의 긍정적인 경험과 성과 또는 능력들이 가치 없다고 스스로 생각한다.
감정적 추론	느낌(믿음)이 너무 강력하여 어떤 사실이 틀림없이 진실이라고 믿고, 그 반대의 증거는 무시하거나 아예 고려조차 하지 않는다.
명명하기	자기 자신이나 다른 사람에게 어떤 반대의 증거도 고려하지 않은 채 확고하고도 포괄적인 부정적 명령을 붙인다.
정신적 여과	전체를 보지 않고 부정적인 하나의 세부항목에만 지나치게 관심을 갖는다.
독심술	다른 사람들이 생각하는 것이 무엇인지 알 수 있다고 믿는다. 다른 사람이 생각하고 있는 것이 다른 것일 수도 있지만 그런 가능성은 무시하고 확인하려는 노력을 하지 않는다.
지나친 일반화	현재의 상황을 훨씬 뛰어넘어 광범위하게 부정적인 결론을 내린다.
강박적 부담	자신이나 다른 사람들의 행동에 대해서 엄격하고 고정된 생각을 가지고 있으며, 이런 기대에 미치지 못하는 것을 지나치게 부정적으로 평가한다.
부적응적 사고	논리적 오류를 가지고 있지 않은 어떤 문제사고들로 이 생각들은 사실일 수도 있다. 그러나 이런 생각을 깊이 하면 더욱 불안을 느끼고 성장을 가로막는다.

출처: Adapted with permission from Judith S. Beck (1995). Cognitive Therapy : Basics and Beyond. Guilford Press. Figure 8.2, p.119., Debra A. Hope 외(2000), p.110 : 서혜석 외, 2013 재인용.

3) 인지행동주의적 가족치료의 가설

인지행동치료는 사고, 즉 개인의 내면에서 은밀하게 일어나는 과정이 행동변화를 중재한다는 이론적 입장을 취하는 모든 치료접근법을 의미하며, 그 강조점에 다소 차이가 있지만 개인의 행동과 정서의 변화를 유도하기 위해서 클라이언트의 사고와 그 과정을 변화시키는 목적을 가진 모든 치료절차는 인지행동치료에 속한다고 할 수 있다. 가족치료에서

인지행동주의적 접근을 가능하게 하기 위한 이론적 가설이다(Goldenberg, 1983; 김규수 외, 2006; 서혜석 외, 2013).

① 행동은 정상/비정상과 무관하게 학습의 동등원리에 의해 같은 방법으로 습득되고 유지된다.
② 행동장애는 부적응적 패턴을 표시하는 것이다.
③ 부적응적 행동이란 선천성 장애인지 혹은 병으로 인한 것인지를 밝히기보다는 그 자체가 장애이다.
④ 환경이란 돌이킬 수 없으므로 초점은 현재의 바람직하지 못한 행동을 유지시키는 상황을 정확히 분석한다.
⑤ 학습된 부 적응적 행동은 배우지 않은 행동과 구분할 수 있고, 새로 학습된 행동패턴과 교체될 수 있다.
⑥ 치료는 과학적 심리학의 임상실험 결과 적용이 포함된다.
⑦ 사정은 치료의 계속이라고 본다. 치료 효과성이 지속적으로 평가되고 개입에 필수적 기술이 각각의 문제에 대해 개별적으로 작성된 것을 의미한다.
⑧ 행동적 치료는 과거의 재구성을 위한 추적이나 시도보다 지금 현재의 문제에 주력한다. 바람직하지 못한 행동을 강화시키는 현재의 환경적 자극을 클라이언트가 깨닫고 변화하도록 그의 행동에 대안을 주도록 한다.
⑨ 치료효과는 측정 가능할 정도의 행동적 변화를 평가하는 것이다.
⑩ 더 진보된 치료적 기술에 대한 연구는 행동주의적 치료사들에 의하여 지속적으로 수행된다.

2. 주요개념

1) 고전적 조건화(classical conditioning): 반응적 조건형성

반응을 끌어내는 일상적인 자극을 계속 반복함으로써 중립적이었던 자극만으로 반응을 끌어내는 학습형태로 반응적 조건화라고도 한다.

고전적 조건형성은 자동적(반사적, 무조건) 반응을 일으키는 자극과 연합된 중립자극도

나중에는 반응을 유발하게 된다. 즉, 자극들 간의 연합에 의해 반응적 행동이 유발되는 것을 의미한다.

예) 개에게 고기를 주기 전에 매번 종을 울리면 그 개는 점차 종소리만 듣고도 침을 흘리게 된다.

① **무조건적 반응**: 고기(무조건자극)에 대한 개의 반응(침분비)

② **중립자극**: 고기를 주기 전에 울리는 종소리

③ **조건적 반응**: 조건형성 후 중립자극이었던 종소리(조건자극)에 대한 개의 반응

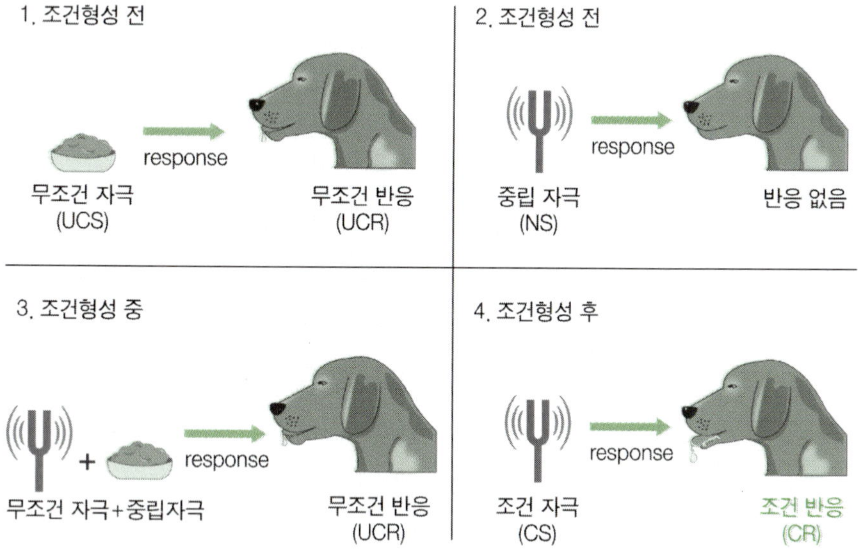

2) 조작적(도구적) 조건형성

유기체가 원하는 결과를 얻기 위하여 실행하는 자발적이며 능동적인 반응이다. 행동과 결과 사이의 연합에 의해 생성되며, 특정행동에 따른 결과는 다음 행동의 원인이 되고, 행동은 보상과 벌에 의해 유지 또는 통제된다.

3) 변별자극(discriminative stimulus)

특정한 반응이 보상받거나 보상받지 못할 것이라는 단서 혹은 신호로서 작용하는 자극

으로 어떤 행동이나 반응을 나타내면 바람직한 결과를 얻을 수 있을 것인지 알 수 있는 신호이다. 인간은 변별자극으로 외적 세계를 예측하고 통제하는 것이 가능하다.

4) 강화

강화란 보상을 제공하여 행동에 대한 반응을 강력하게 하는 것이다. 행동의 결과로서 그 행동을 좀 더 자주 유지하도록 했다면 그 결과를 강화라고 한다.

행동을 강화함으로써 미래에 그 행동을 다시 할 가능성을 높이는 역할, 즉 반응을 증가시키는 행위나 사물을 강화물이라고 한다.

① **정적 강화**: 유쾌자극의 제공으로 행동의 빈도수를 높이는 것

② **부적 강화**: 혐오자극의 제거로 행동의 빈도수를 높이는 것

5) 소거

소거는 더 이상 강화를 받지 못해서 행동이나 반응이 사라지거나 약화되는 것이다.

예) 아이가 부모의 주의를 끌기 위해 심하게 운다. → 부모가 관심을 보이지 않고 내버려두면 처음에는 더 심하게 우는 듯하다가 점차 심하게 우는 행동이 약화되거나 사라진다.

6) 벌(punishment)

어떤 행동을 했을 때 혐오적 자극을 제시하거나 유쾌한 자극을 철회하여 특정행동의 빈도를 줄이는 것으로서 행동수정의 한 방법이다.

① **정적 처벌**: 특정행동 뒤에 부정적이거나 혐오스러운 자극을 제시하여 해당 행동의 빈도를 감소시키는 것

② **부적 처벌**: 특정행동 뒤에 유쾌한 자극을 철회하여 해당행동의 빈도를 감소시키는 것

③ **전제조건**: 특정한 행동이 일어날 때에 즉시 벌이 주어져야 하며, 비슷한 시기에 보상을 받아서는 안 됨

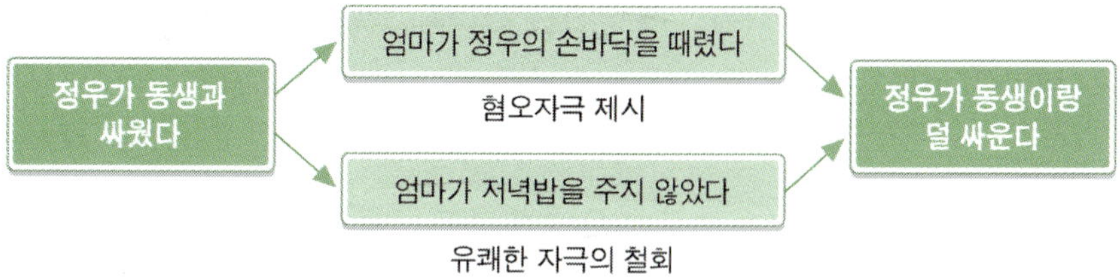

7) 강화스케쥴

조작적 행동이 습득되고 유지될 수 있도록 강화물을 제시하는 빈도와 간격의 조건을 나타내는 규칙이다.

① 고정간격계획: 정해진 시간간격으로 강화 제공

② 가변간격계획: 예측할 수 없는 시간간격으로 강화 제공

③ 고정비율계획: 일정한 횟수의 행동을 한 다음 강화 제공

④ 가변비율계획: 평균적으로 정해진 수의 반응이 일어난 후 강화 제공

8) 변별과 일반화

변별은 사회적응적인 행동에는 강화를 제공하고, 문제성 있는 반응에는 강화가 주어지지 않는다. 일반화는 어떤 상황에서 일어난 행동은 비슷한 상황에서 일반화(안에서 새는 바가지 밖에서도 샌다)된다.

9) 행동조성(Shaping)

원하는 반응에 접근할 때마다 강화가 주어지는 것이다. 복잡한 행동이나 기술을 학습시키는 데 유용한 방법이다.

예) 배변욕구에 관한 의사표시 → 칭찬 → 아동의 자기표현행동 조성 → 변기에 앉음 → 배설 → 변기 물 내리기 → 바람직한 행동학습

10) 모델링

다른 사람이 행동하는 것을 보면서 그 행동을 따라서 하는 것을 의미한다. 새로운 반응

은 학습할 수 있고 기존의 반응 특징들은 직접적 강화 없이도 다른 사람의 행동을 관찰하거나 반응결과를 통해서 변화될 수 있다고 보는 개념이다. 반두라의 사회학습에서 중요한 과정으로 보고, 치료과정에서 원하는 행동을 보여주고 상대방이 그 행동을 보고 배우게 하기 위해 사용된다.

3. 치료목표와 치료자의 역할

1) 치료목표

가족의 기능보다 행동의 변화를 초래할 수 있는 방법에 보다 많은 관심을 둔다. 효과적인 의사소통과 문제해결능력을 학습시켜 가족이 앞으로 자신들이 당면하게 될 여러 가지 문제를 해결할 수 있도록 돕는다.

2) 치료자의 역할

자동적 사고를 확인한 후 자동적 사고의 목록을 작성하고 인지적 오류를 확인하고, 반복적으로 사용되는 오류를 찾는다. 자동적 사고는 억제하거나 긍정적으로 생각하게 하기보다 반론적 질문들과 같이 그 생각을 직접적으로 공략한다.

다른 접근법들과 차이점은 다음과 같다.

첫째, 자신과 타인에 대한 무조건적인 존경이다.

둘째, 구조화되고 직접적인 접근을 강조한다.

셋째, 주관적인 경험의 독특성을 중시한다.

넷째, 소크라테스식 방법과 질문을 사용한다.

다섯째, 자신의 책임을 중시한다.

인지행동 가족치료모델은 주로 부모훈련, 부부치료, 성기능장애 치료 등에 적용되었다(조흥식, 2010).

(1) 부모훈련

부모의 행동이 자녀의 행동을 유발·유지하는 데 기여하고, 자녀의 문제행동도 부모의 행동을 유발시킬 수 있다. 치료자는 교사의 역할을 수행하며, 부모에게 구체적인 문제행동과 관련된 부모와 자녀의 상호작용에 대해 기술하도록 돕는다.

교육을 통해 부모들이 사회학습의 원리들을 이해하고 적용시키는 법을 습득하고 훈련하여, 자녀들의 문제행동(짜증, 반항, 공포, 공격적 행동, 배변훈련 등)이 어떻게 강화되고 있는지 파악하고 적용한다. 부모－자녀의 상호작용을, 일반경 등을 통해 훈육방법이나 자녀와의 협상과정을 관찰하는 방법을 사용한다.

(2) 부부치료

부부불화의 결정적 요인은 혐오통제로서, 혐오행동으로 반응하는 부부는 정적 대안을 조성하지 못하고 서로에게 점점 부정적으로 반응하게 된다. 치료 이전에 일상생활에서의 상태를 점검하고, 특별한 표적행동에 대해 사정하며, 표준적인 부부관계를 묻는 질문 등을 통해 사정한다. 치료자는 부부가 혐오행동을 줄이고, 정적 행동을 늘림으로써 서로에 대한 만족을 증진시키는 데 초점을 맞춘다. 지시, 모델링, 역할연습, 구조화된 연습, 행동시연, 피드백 등을 통해 부부가 배우자에게 서로 바라는 행동에 대해 구체적·긍정적인 용어로 요구하도록 교육한다.

부부치료를 위한 개입기법은 다음과 같다(서혜석 외, 2013).

첫째, 부부는 상대에 대한 비판적인 불평 대신 분명하게 인지행동주의적으로 표현하는 것을 배운다.

둘째, 부부는 부정적인 통제 대신 긍정적인 통제를 강조하는 인지행동주의적 교환절차를 배운다.

셋째, 부부는 의사소통 개선을 배운다.

넷째, 부부는 권력을 공유하는 것과 의사결정을 명백하게 하도록 격려 받는다.

다섯째, 부부는 치료에서 얻은 이익을 유지·확대시키는 수단으로서 미래의 문제를 해결하기 위한 전략을 배운다.

4. 치료기법

1) 체계적 둔감화

행동주의 치료과정에서 가장 널리 활용되는 임상적 기법으로 불안이나 공포로 인해 야기되는 부적응적 행동이나 회피행동을 수정하는 데 매우 효과적인 것으로 알려지고 있다. 이 기법은 불안을 일으키는 자극을 행동적으로 분석하고 불안 유발상황에 대한 위계목록을 작성한 다음 이완훈련을 시키고, 불안을 유발하는 상황을 상상하게 하여 치료하는 방법이다. 이때 불안을 유발하는 상황을 상상하는 순서는 위협을 가장 적게 느끼는 상황에서부터 시작하여 위협적인 상황으로 옮아가는 것이 바람직하다. 불안유발자극과 불안반응의 관계가 완전히 소거될 때까지 이러한 절차를 반복하여 실시한다.

2) 이완훈련

행동할 필요가 있지만 불안수준이 높아 상황에 맞는 행동을 하지 못하는 경우에 사용한다. 전통적인 조건화기법을 활용한 불안대처기법 중의 하나가 바로 이완훈련이다. 이완훈련은 내담자들이 중요한 근육부위를 점진적으로 이완시킬 수 있도록 마음을 편안하게 하고 호흡을 조절하거나 심상을 떠올리게 하는 것이다.

3) 행동형성

바라는 목표에 점진적으로 접근하는 방법으로, 추구하는 목표를 작은 단계로 나누어서 각 단계에서 강화하여 변화를 만들어가는 것이다.

4) 토큰강화법

토큰강화법(token reinforcement)은 스키너의 조작적 조건화의 원리를 활용한 기법으로, 바람직한 행동을 할 때마다 즉각적인 행동강화를 해야 할 불편을 덜기 위한 방법으로 부모훈련에서 사용된다. 특정행동을 직접적 강화인자를 사용하여 강화하는 대신에 토큰을 보상하거나 반대의 경우는 토큰을 회수하는 방법으로, 후에 원하는 다양한 물건이나 기회와 교환할 수 있도록 하는 기법이다. 이 기법은 토큰을 강화인자로 활용하여 적응적 행동을 발달시키거나 토큰을 뺏음으로써 바람직하지 못한 행동을 소거시키려는 목적으로 사용된다.

5) 유관계약

가족원의 바람직하지 않은 행동을 수정하기보다는 상호작용원리를 기초로 바람직한 행동을 극대화하는 데 초점을 두는 것이다. 부모와 자녀 간의 유관계약은 아동과 부모의 일종의 계약으로 주로 10대 자녀에게 많이 적용된다. 그 방법으로 부모와 10대 자녀 양쪽 모두에게 서로에게 바라는 행동목록을 적게 하고 작은 행동변화의 대가로 무언가를 얻게 하는 것이다.

즉, 자녀가 긍정적인 변화를 보이면 그 변화에 뒤이어 부모가 확실하고 구체적인 변화를 조성하겠다는 약속을 하는 것이다. 부부 사이에서는 한 배우자가 다른 배우자에게 선행된 변화가 있으면 자신이 어떤 변화를 일으키겠다는 데 동의하는 것이다.

6) 타임아웃

부적절한 행동을 감소시키기 위한 기법으로 자주 사용되는 것은 정적 강화로부터의 타임아웃이다. 즉, 긍정적 강화를 받을 수 있는 기회를 박탈함으로써 부적응적 행동을 소거하는 기법이다. 이것은 아동이 바람직하지 않은 행동을 할 경우에 아동을 무시하거나 고립시키는 것을 의미한다. 타임아웃의 시간은 2~5분 정도가 적당하고 아동에게 반드시 이유를 설명해 줘야 한다. 타임아웃 중에 일어나는 저항이나 고함소리는 무시해야 하며, 아동이 머무르는 공간에는 아동이 즐거워하는 장난감 등을 치워서 강화를 주지 않아야 효과를 거둘 수 있다.

7) 혐오기법

부적응적 행동이 나타날 때마다 고통스러운 혐오자극을 가하여 문제행동을 소거시키는 기법이다. 혐오자극으로서는 전기충격이나 화학적 혐오자극, 시각적 혐오자극 등이 사용된다. 이러한 기법은 알코올중독, 약물중독, 성도착증, 도박 등의 문제행동을 해결하고자 할 때 주로 사용된다.

8) 자기주장 훈련

자기주장 훈련(self-assertive training)은 대인관계에서의 불안을 주장행동을 통하여 감소시키는 데 사용되는 훈련방법이다. 상대방의 권리를 침해하거나 상대방을 불쾌하게 하지 않는 범위 내에서 자신의 느낌, 생각, 신념과 태도를 자유롭고 직접적으로 표현할 수 있도록 원조하는 방법이다. 분노나 적개심을 표현하지 못하는 사람, 거절하지 못하는 사람, 지나치게 겸손하여 다른 사람에게 이용당하는 사람, 표현에 어려움이 있는 사람들에게 유익한 기법이다.

최근 가장 인기를 얻고 있는 행동주의 기법으로 부부치료에 많이 활용되지만, 비주장적인 개인이나 아동에게도 적용할 수 있다. 자기주장 훈련에는 지시, 환류, 모델링, 행동연습, 사회적 강화와 과제 등의 임상적 전략을 주로 활용한다.

9) 귀인

이미 성취한 것들을 말해주는 방법을 통해 그들이 바라는 모습이 되도록 내담자를 격려함으로써 행동을 조성하고 통제하는 방법이다.

10) 역설적 개입

바람직하지 못한 행동을 더 많이 늘리도록 시도하여 그 행동을 감소시키는 개입방법이다. 불면증으로 인해 힘들어하는 경우 잠을 자지 않고 책을 읽어오도록 과제를 주는 방법이 그 예이다.

11) 행동시연

치료과정에서 어떤 역할을 치료사가 시범을 보여준 후 따라해 보도록 하거나 시험적으로 해보도록 요청함으로써, 치료 밖의 실생활에서 필요한 태도나 행동을 습득할 수 있도록 하는 행동수정기법이다.

제9절 경험적 가족치료모델

1. 경험적 가족치료모델의 배경이론

1960년대에 유행했던 개인심리학에 근원을 둔 실존적 및 인본주의적 경향에서 나왔다. 과거보다 현재에 초점을 두어 지금-여기(here-and-now)의 경험에 초점을 두며, 자신의 감정을 표현하고 자신의 감정에 접촉하는 데 목표를 둔다. 1차적으로 개인성원에 초점을 두며, 높은 자아존중감 재형성, 가족의 성장기능을 회복하는 내적인 자원의 활용 강조한다.

치료자는 가족에게 문제를 설명하고 통찰력을 제공하기보다는 가족구성원들이 특유의 행동양식에 맞는 경험을 함으로써 문제해결을 도모하고자 한다. 경험적 가족치료사는 개인, 그리고 가족의 성장과 발달을 높이려는 데 중점을 둔다.

휘태커(Whitaker)는 가족의 무책임성과 위장을 들추어내어, 가족구성원을 구속하는 가치관, 관습, 행동 등으로부터 자유로워지도록 도움을 줌으로써 본연의 자기 모습을 찾아가도록 하였다. 사티어(Satir)는 내담자의 문제가 원 가족과의 해결되지 못한 문제와 생존방식이 반영된 것이라고 이해하고 연합적인 가족치료(conjoint family therapy)를 처음 제안하였다(정문자, 2003). 사티어는 내담자를 이해하는 태도와 내담자가 자신의 존재와 가치를 통찰하여 진정한 참자기를 경험할 수 있도록 돕는다.

경험적 가족치료의 특성은 다음과 같다(김혜숙, 2008).

① 자아존중감의 증진과 자기 가치를 느끼며 인식한다.

② 개인적으로 자기 성장을 할 수 있도록 한다.

③ 가족들 간의 의사소통을 통한 상호 존중감과 신뢰감을 회복한다.

④ 직접적인 경험과 교육을 중요시 여긴다.

⑤ 삶의 경험을 긍정적인 자원으로 활용한다.

⑥ 개인의 정서적인 고통과 애도 감정을 표현하고 승화한다.

⑦ 자신의 삶에 대한 선택과 결정권에 대한 책임을 인식한다.

2. 주요개념

1) 가치체계

인간 속성에 관한 중요한 신념을 언급하였으며, 사티어의 치료모델은 성장모델로서 인간의 가치체계를 강조하고 있다.

2) 성숙

중심개념이자 가장 중요한 개념으로 사티어는 성숙한 사람과 미성숙한 사람의 특성, 역기능적인 사람의 의사소통기술을 설명하였으며, 동시에 개인의 성숙 정도를 의사소통능력과 관련하여 설명하였다

3) 자기존중

사람은 자기감정 없이 성숙할 수 없다는 개념이며, 의사소통은 개인의 자아개념, 즉 자기상과 자기존중·감정과 밀접한 관계라고 보고 있다.

4) 의사소통

의사소통은 주고받는 과정과 언어적·비언어적 과정을 중시하였으며, 메시지의 일치성·불일치성에 관심을 두었고 가족체계를 이해하기 위해 역기능적 의사소통유형, 즉, 회유·비난·평가·주의산만으로 분류한다(Satir, 1983; 김정진 편저, 2008; 이영실, 2000).

| 표 6-6 | 사티어의 네 가지 의사소통유형의 언어도형

의사소통 / 유형	말(words)	몸(body)	내면(insides)
회유형 (Placater)	동의한다. • 당신이 원하는 것은 무엇이든지 좋다. 나는 오로지 당신을 행복하게 해 주고 싶다.	회유한다. • 나는 스스로 어떻게도 할 수 없다.	• 나는 스스로 쓸모없는 존재하고 느낀다(그가 없으면 죽은 사람이다. 나는 가치가 없다).
비난형 (Blamer)	동의하지 않는다. • 당신은 어떤 일도 제대로 하지 못한다. 도대체 어떻게 된 일이냐?	비난한다. • 나는 여기에서 우두머리이다.	• 나는 외롭고 성공할 수도 없다.
계산형 (Computer)	초합리적이다. • 주의 깊게 관찰해 보면, 여기에 누구의 손이 일을 많이 해서 닳아 있는 것을 알아낼 수 있다.	계산한다. • 나는 조용하고, 냉정하며 그리고 침착하다.	• 나는 상처를 쉽게 입는다.
산만형 (Irrelevanter)	무관하다. • 말에 의미가 없다.	• 정신이 다른 곳에 팔려 있다.	• 아무도 돌봐주지 않는다. 나를 받아들이는 곳이 없다.

3. 치료목표와 치료자의 역할

1) 치료목표

사티어 모델에서의 치료목표는 내면을 다루고, 경험을 통하여 긍정적 방향으로 변화를 이루어야 한다. 진정한 변화가 일어나기 위해서는 열망을 건드려야 하기 때문에 치료목표는 경험적으로 열망 그리고 자기와 만날 수 있도록 도와야 한다(서혜석 외, 2013).

경험적 가족치료의 궁극적인 목적은 각 개인들이 자기가치에 대한 안정된 감정을 발전시킴으로써 성장하도록 하는 것이다(Satir, 1983; 이영분 외 공역, 2008; 김혜숙, 2008).

① 대인관계의 상호작용에서 상호존중과 신뢰할 수 있는 경험을 내담자가 직접 하도록 하는 것이다.

② 사티어는 경험에 의해서만 개인이 성장할 수 있는 잠재력을 개발하여 발전시키고 강화시킬 수 있다고 믿었으며, 가족원들이 직접적이며 "지금-여기"에서의 만남을 통해 성숙한다고 믿었다.

③ 사티어는 경험에 의해서 잠재력이 개발, 발전, 강화될 때 성장할 수 있다고 하였으며, 이로써 자기존중감을 안정화시키는 데 집중하였다.

④ 사티어는 자신의 자아가치와 존중감을 높이고, 자기인생에 대한 선택을 스스로 결정하도록 돕는 것을 목표로 하였다.

2) 치료자의 역할

사티어 모델의 네 가지 궁극적인 목표를 이루기 위해 내담자와 협력하여 구제적인 목표를 세워야 하는데, 기능이 좋은 내담자들은 자신이 원하는 최종적인 치료 목표를 알고 있기 때문에 치료사의 도움을 필요로 하지 않지만, 자신이 경험하고 있는 내면의 진행과정을 거의 인식하지 못한 내담자들은 자신의 역동을 자각하기 위해서 또는 치료 목표를 세우기 위해서 치료사의 도움이 많이 필요하다.

① 더 높은 자아존중감을 갖도록 돕는다.

② 더 나은 삶의 선택할 수 있도록 돕는다.

③ 더 책임지는 사람이 되도록 돕는다.

④ 더 일치적인 사람이 되도록 돕는다.

치료적 신념은 치료사에게 인간에 대한 관점과 변화에 대한 관점을 제공함으로써 안내서적인 역할을 제공한다. 사티어 모델의 치료적인 신념은 다음과 같다(Banman, 2002).

① 변화는 가능하다.
② 치료 회기 동안 이차적 수준에서의 변화(second level change)를 가져올 수 있어야 한다.
③ 문제가 문제인 것이 아니라, 대처방식이 문제인 것이다.
④ 감정은 자기 자신에게 달려 있기 때문에, 스스로 감정을 변화시키고, 잘 관리하고, 때로는 이를 즐길 수 있는 법을 배워야 한다.
⑤ 치료는 긍정적인 목표를 세워야 하며, 부정적인 경험에 대한 충격을 해결하는 데 있다.
⑥ 치료는 체계적이며, 심리내적이고 상호작용적이다.
⑦ 대부분의 사람들은 스트레스 상황에서 불편감을 극복하기보다는 친숙함을 선택하며, 변화에 대한 두려움을 가진다.

4. 치료기법

1) 가족조각

가족조각(family sculpture)을 사용하는 목적은 가족구성원이 자신의 내면적 감정에 접함으로써 실제의 자신을 알고 느끼며 새로운 대처방법을 생각해 보기 위한 방법이다. 이 과정을 통해서 가족의 의사소통유형, 권력구조, 경계선, 소속감, 개념과 규칙, 가족체계의 융통성 정도를 파악할 수 있다

2) 치료도구로서의 밧줄

'상호작용, 연결, 관계'를 상징하는 밧줄은 내면적 과정을 시각화하고 외현화시키는 방법으로 사용된다. 일단 가족구성원 수만큼의 밧줄을 준비하여 각자의 허리에 묶는다. 구성원들은 밧줄의 묶임과 엉킴 상태를 보고 경직된 관계와 연결상태를 인식하고, 엉킴을 풀 방법을 말하면서 가족관계 개선방법을 알게 된다.

3) 재정의

재정의(reframing)는 증상의 긍정적 측면을 강조하였는데, 부정적 의미를 긍정적 의미로

변화시키기 위해 사용하는 방법이다.

4) 은유

은유(metaphor)는 어떤 생각을 표현하기 위한 수단으로 어떤 단어를 선정하여 사용할 수 있으며, 이렇게 비유된 단어에 의해 그 생각에 대한 가족원들의 논의를 진행할 수 있다.

그림 6-3 사티어 모델 치료 과정

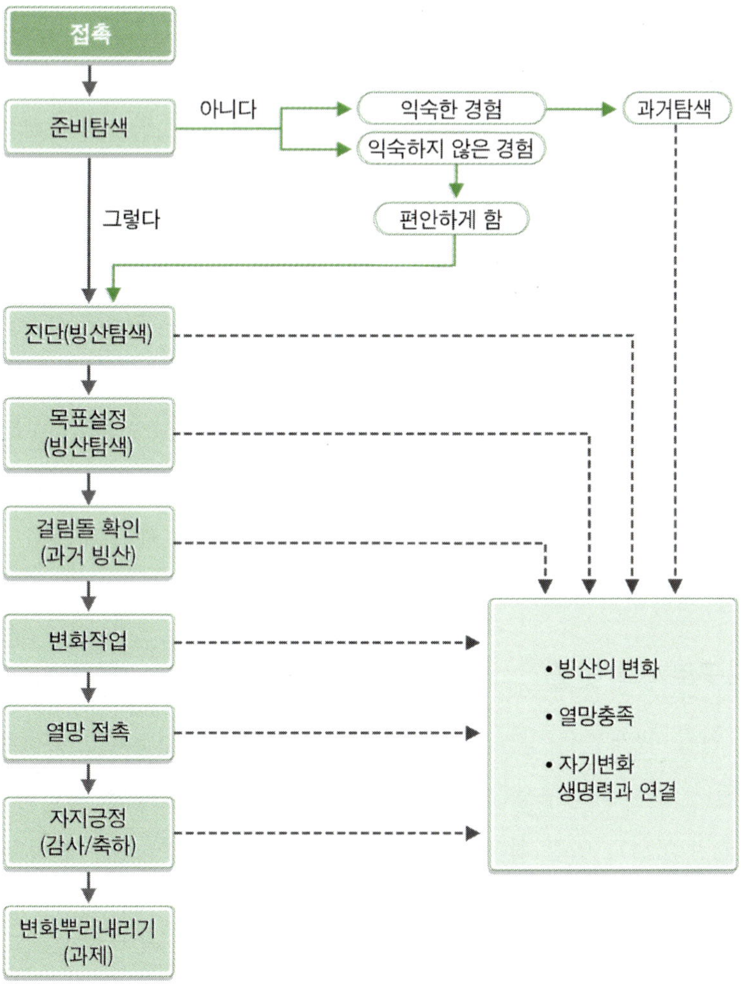

출처: Benman (2005), 사티어부부가족전문가상담과정.

5) 역할극

과거의 사건, 바람 또는 미래사건에 대한 두려움을 치료세션 중에 직접 역할놀이를 해보게 하여 가족들이 피부로 느낄 수 있도록 기회를 제공하는 것이다. 지나간 기억을 회상하고, 억압된 감정을 표출하여 정서적 경험을 강화시키는 개인치료에 유용한 방법이다.

6) '나'의 표현

구성원 각자 자신의 기분, 느낌, 소망이 초점이 되는 이야기를 할 수 있는 기회를 갖게 하여, 자기를 표현하고 이해시키는 방법을 알게 한다.

7) 가족생활연대기

3세대의 가족생활연대기(family fact chronology)를 적는 것이다. 조부모 출생에서 시작하여 일정한 연령에 이를 때까지의 사건을 연대순으로 적는다. 이 연대기를 정리하는 과정에서 가족들이 경험한 개인적·사회적·역사적 상황을 이해할 수 있게 된다.

8) 빙산탐색

사티어 모델에서는 인간의 내면을 설명하는 은유로 빙산을 사용하였으며, 치료를 위해서는 내면의 각 부분이 변화하여 전체의 내면 체계의 변형(transformation)이 일어나야 한다고 보았다. 사티어는 빙산을 수면 위에 나타난 부분은 행동과 대처방식을 1차 수준으로, 수면 아래의 부분인 감정, 감정에 대한 감정, 지각, 기대, 열망으로 구성되는 2차 수준, 그 아래의 자기(self)의 3차 수준으로 인간의 심리 내적 경험을 구분하였다.

어떤 사건이 일어났을 때 그 사건에 대해 느끼는 첫째 감정과 그러한 감정을 가지고 있는 자신을 보면서 느끼는 2차 감정인 둘째 감정에 대한 감정이 있다. 그 다음에는 '상황에 대해 의미를 부여함으로써 감정을 불러일으키는 틀'인 지각체계가 있다. 여기에는 사고·가정·신념·사고방식·세상을 이해하는 관점들이 포함된다. 지각체계가 사람마다 다르기 때문에 동일한 상황에서도 다양한 감정과 반응이 나타난다.

그리고 기대가 있다. 기대는 나 자신에 대한 기대, 타인에 대한 기대, 그리고 타인이 나에 대해 가지는 기대가 있으며, 우리는 충족되지 못하거나 좌절된 기대를 가지고 있기 때문에 부적절한 말과 행동을 한다.

마지막으로 열망이 있다. 열망은 인간이라면 누구나 가지고 있는 보편적인 간절한 소망으로 사랑하고 싶고 사랑받고 싶고 인정받고 싶고 안전감을 느끼고 싶고 삶의 의미와 목적을 갖고 싶고 자유롭게 살고 싶고 옳다고 승인받고 싶어 하는 것을 의미한다. 열망을 충족시키기 위한 구체적인 방법이 바로 기대이며, 치료를 통해 열망 자체는 변하지 않지만 열망을 충족시키는 방식은 우리가 다양하게 선택을 할 수 있다는 것을 통찰한다.

예) 시가와의 갈등으로 남편에게 화를 내는 아내의 내면을 이해하기 위해 다음과 같은 질문으로 탐색한다(최규련, 2008).

① **행동**: 남편에게 화가 나는 상황에서 어떻게 행동합니까?

② **대처방식**: 반복되는 대처유형이 어떻게 나타납니까? 그 의도는 무엇인가요?

③ **감정**: 그 상황에서 느끼는 감정이 어떤 것인가요? 그와 관련되어 다른 감정도 느꼈나요?

④ **감정에 대한 감정**: 화가 나는 자신에 대한 느낌은 어떠한지요?

⑤ **지각**: 그 상황에 대해 어떻게 이해하고 판단되나요? 그때 어떤 생각이 드시나요?

⑥ **기대**: 그때 남편에 대한 기대는 무엇인가요? 남편의 당신에 대한 기대는 어떤 것입니까? 과거와 현재 충족되지 않은 기대는 무엇인가요?

⑦ **열망**: 부인의 기대 밑에 있는 간절한 소망은 어떤 것인가요?

⑧ **자기**: 자신의 생명력과 삶을 지탱하게 하는 본질이 무엇인가요?

빙산탐색 기법을 활용하는 과정에서 경우에 따라 내담자가 죄책감을 갖거나 상처를 받을 수 있고 저항을 보일 수도 있다. 치료자는 내담자의 감정을 진심으로 느끼고 공감하며 내담자가 성장에 방해가 되는 것을 과감히 버리고 긍정적 자원을 활용하도록 격려하고 따뜻하게 지지하는 것이 필요하다.

그림 6-4 빙산탐색에 활용되는 개인의 경험수준

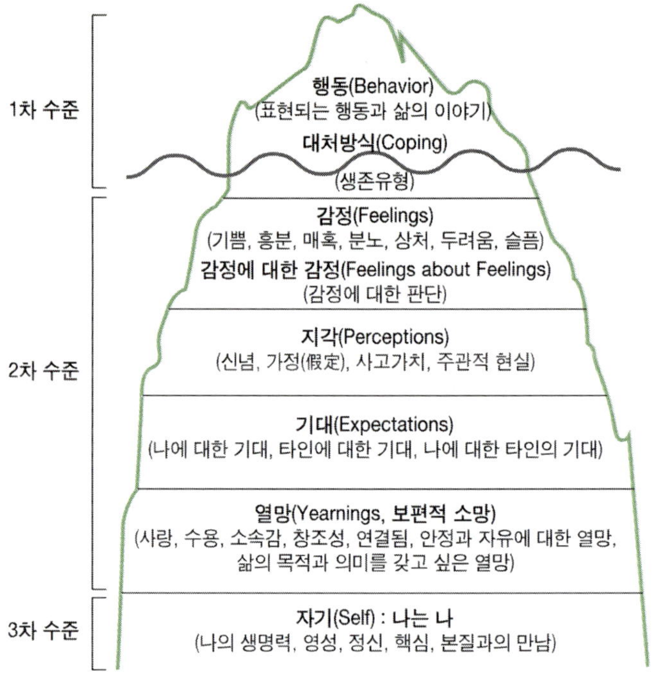

출처: 김유숙(2006). 가족상담. 학지사 p.249.

제10절 여성주의 가족치료모델

기존 가족치료의 틀에 여성주의 원리를 접목시킨 모델로서, 치료자와 클라이언트의 관계를 강조하며, 가족문제를 성차별적 사회구조와 정치구조의 사회화라는 측면에서 보기 때문에 이를 변화시키기 위한 강력한 영향력을 행사할 수 있는 지시적인 기법을 사용하였다.

치료자의 적극적인 개입 · 활용이 강조되어 모델링, 치료자의 준거 등의 기법이 사용되며, 성차별과 통제행동에 도전하도록 클라이언트의 인지구조를 바꾸기 위한 교육의 기법이 자주 사용되었다.

1. 여성주의 가족치료의 필요성

기존의 가족치료가 사회구조적인 남녀 불평등의 문제에 관심이 부족하고, 가족의 내적 구조와 역동성의 측면만을 강조함으로써 가족성원을 가부장적 자본주의의 사회구조에 적응시키고자 하기 때문에 오히려 사회구조의 모순을 정당화시켜 왔다. 이러한 문제점을 해결하기 위해 여성주의 가족치료의 필요성이 대두되었다.

2. 주요개념

1) 중립성의 문제

여성주의 가족치료들 간의 가장 큰 차이점은 치료자의 중립성을 거부한다는 점이다. 중립성을 지키는 것은 가정폭력을 설명하지 못하여 불평등을 감추게 하고, 인간관계 내에 있는 권력에 대한 고려를 하지 못하기 때문에 치료자들은 중립성이 가족치료를 받는 여성들에게 해가 된다고 주장한다. 좀 더 나아가 가족치료의 중립성은 남성의 지배를 강화하는 가부장적 관점, 남성중심적 관점이라고 지적되기도 한다.

2) 권력과 성

권력의 구조에서 부인의 행동은 자신이 경제력이 없고 남편과의 관계에서 다른 종류의 권력이 없기 때문에 부인이 남편과의 권력에서 뒤로 물러나 있다고 보고 있다. 또 성은 가족체계를 조직하는 기본적인 원칙이며, 사회에 존재하는 사회위계들 중 하나이고, 여성은 남성보다 권력을 덜 갖고 있는 것을 현실이라고 보며, 이러한 현실은 여성을 억압하는 사회·정치·종교적 체계의 직접적인 결과로 보고 있다.

3) 순환적 인과론 대 직선적 인과론

여성주의 가족치료자들은 인간관계를 설명하기 위해서는 순환적 인과론의 개념뿐만 아니라 직선적 인과론도 필요하다고 보았다. 직선적 인과론은 가족 역기능 형성 전 사건, 구조, 문화적 관습 등을 이해하도록 돕기 때문이다. 따라서 가족 내의 인간 상호작용의 복잡성을 충분히 설명하기 위해서는 개인발달·심리, 상호작용, 사회적·역사적 배경 등 세 가지 차원으로 설명할 필요가 있다.

4) 상보성의 문제

상보성이란 '이것 아니면 저것' 같은 강요된 선택이라고 할 수 있다. 치료자들은 강요된 선택 또는 '이것 아니면 저것'의 이분법은 선택의 자유를 제한하기 때문에 '이것과 저것' 또는 다양성이 존재해야 한다고 주장한다.

5) 사회적 배경

여성주의 이론에서는 사회배경이 인간의 행동을 결정하는 중요한 요인이라고 보며, 가족의 문제를 제대로 이해하려면, 가정에 영향을 주는 사회적 배경을 고려해야 한다고 주장한다.

3. 치료목표와 치료자의 역할

1) 치료목표

차별적 사회화의 결과로 가족에서 여성들이 겪게 되는 독특한 문제를 대상으로 하고, 여성이 불이익을 당하지 않도록 가족문제의 해결을 유도하는 것이다.

(1) 다양성을 존중하고 긍정하기

릴바에스핀과 메린 앤 가웰렉(Oliva Espin & Mary Ann Gawelek, 1992)이 열거한 핵심 가정에는 변형적이고 다문화적인 여성주의 실천이다. 중요한 특성은 다음과 같다.

① 모든 여성의 경험은 존중・검토・이해되어야 함
② 차이에 대한 이해와 평가는 여성의 삶에 대한 우리의 이해를 풍부하게 함
③ 평등주의 원리는 다양한 지위의 여성들이 자신을 위한 이론을 만들고 지식을 형성할 수 있다는 이해를 포함함
④ 다양한 환경, 문화, 사회적인 위치(인종, 계급, 성적 지향, 나이) 간의 복잡한 교차는 행동을 형성하는 그들의 권력을 위해 반드시 이해되어야 함
⑤ 적응이 아닌 변화를 위한 상담과 치료를 함

⑥ 평등주의

⑦ 독립적인 힘과 관계적인 힘의 균형 잡기

⑧ 역량강화와 사회적인 변화

⑨ 자기양육 등이다.

2) 치료자의 역할

첫째, 클라이언트와 치료자 간의 관계에 있어서 평등한 관계, 둘째, 치료자는 '숙련가'라고 하기보다는 촉매자의 역할, 셋째, 치료자는 자신들의 가치를 클라이언트에게 명백하게 밝힘, 넷째, 도구적(instrumental)인 행동과 표출적(expressive)인 행동 양자를 모델화하여 주며 성과 여성의 성역할 가치에 대해 명백하게 의사소통, 다섯째, 가족과 협력적인 역할을 맡으며 클라이언트가 자신의 변화와 성장을 스스로 평가하도록 격려하기 등이다.

4. 치료기법

내담자 행위의 전후 맥락을 변화시키고 그것에 도전하는 점이 중시된다. 성역할의 분석, 잘못 사회화된 내담자의 역할을 보완하여 주는데, 자기주장훈련, 의사소통기술의 구축, 성적 자기자극기법, 여성 내담자에게 힘을 부여하는 것 등이 있다.

제11절 이야기치료모델

1. 이야기치료모델의 이론적 배경과 정의

1) 이야기치료모델의 이론적 배경

이야기치료는 탈 근대주의적 영향을 받아들이고 사회구성주의적 접근을 적용하는 방법으로 등장하여 구성주의자 치료기법과 포스트모던 문화의 영향을 받아 발전하게 되었다(김규수, 2006; 박태영, 2001). 어떤 예상이나 선입관도 없이 사람이 사물 그 자체를 파악하는 것은 어렵다는 후기 구조주의시각과 관련이 있다. 어떤 것을 안다는 것은 한계가 있어서 그것은 다른 사람의 경험을 자신의 관점에서 나름대로 해석하는 것에 지나지 않으며, 자신의 경험과 상상력을 활용하여 다른 사람이 언어화한 경험을 자신이 해석해 보려는, 즉 경험에 의미를 부여하는 해석과정 자체에 초점을 두는 것이다. 삶을 억압하는 기존의 진리를 해체하는 방향으로 나아가야 한다고 보고, 프랑스 철학자였던 푸코(Foucault)의 영향을 받아 문제의 외재화라는 방법을 구상하게 되었다.

이야기치료의 주창자는 화이트와 엡스턴(Michael White & David Epston, 1990)이며, 이야기치료에서 화이트가 사용한 구성주의자로서의 자기 개념은 사회적 구성주의자들이 말하는 사회적으로 구성되는 현상으로서의 자기 시작으로부터 유래된 것이다(Nichols & Schwartz, 2001). 그래서 이야기는 삶을 조명하는 것이 아니라 삶을 구성한다고 보았다. 사람들은 그들이 얼마나 문제인가 혹은 누가 문제인가로 갈등을 겪지만 사실 개인이나 가족이 문제가 아니라 그들의 삶을 구성하고 있는 문제가 문제라는 것이다.

이야기치료는 (사회적으로 조성되거나 구성된) 자기에 대해 그리고 문제의 시작점(지배적 문화 담화)에 대해 전혀 새로운 은유를 제공한다. 이야기치료의 전략은 고통으로서의 문제를 원인보다 그 효과에 초점을 맞춤으로써 다시 고쳐 만드는 단계, 그 고통을 부분적으로 이겨냈던 예외적인·효과적인 사례를 찾는 단계, 그리고 마지막으로 지원그룹을 확보하는 단계로 변화를 지지하고 긍정적인 발전을 강화하고 사회적으로 지지되는 행동을 수행하게 되는 단계 등 3가지 치료 전략을 가진다(김영애 등 역, 2007).

문제를 드러내기 위해 고안된 대화에 가족을 관여시키며 여러 가지 질문을 통해 내담자 스스로 길을 선택할 수 있게 하여 현대사회의 추세인 내 목소리, 내가 선택하는 삶으로 나아가게 하는 시대의 흐름으로 긍정적으로 보는 시각이다. 치료자가 특정 개인, 가족구성원, 주변인들의 관점들과 내담자의 이야기에서 나온 주된 호소들을 재검토할 수 있도록 도와주며, 가족이 가지고 있는 이야기들에서 스스로 가족에 대한 지식과 경험을 촉진하는 질문을 하는 데 주력한다.

2) 이야기치료의 정의

어떤 것에 관한 이야기를 만들기 위해서 특별한 구상과 잘 맞는 특정 사건들에 집중하여 사건들을 골라내고 이러한 것들은 다른 것들에 비해 더 가치를 인정받는다. 삶이란 단순한 것이 아니라 여러 이야기로 엮어진다. 여러 가지 이야기가 동시에 생겨나고 같은 사건에 대해서도 다르게 말해 질 수 있다. 이야기를 다시 말하게 되면 지배적 구상에 맞는지의 여부에 따라 버려진 사건들은 언제나 있다. 특정한 이야기를 말하기 위해서 어떤 사건들은 현재와 과거로부터 선택적으로 그가 생각하는 의미에 맞추어 설명된다.

사건들에 대해 자신이 부여하는 의미들은 자신의 미래 삶에 영향을 미치고 또한 삶을 만들어 가는 것이다. 대안적 이야기에 관심을 갖는 데 대안적 이야기란 새로운 이야기가 아니라 내담자 자신이 그 이야기에 의해 살아가고 싶은 이야기를 말한다. 이야기는 문제의 영향력을 감소시키고 삶을 위한 새로운 가능성들을 창조해낼 수 있다.

2. 주요개념

1) 사회구성주의

내담자가 현실을 깨닫게 되는 것은 내담자를 둘러싸고 있는 문화적 힘의 역동에서 나오고 있음을 강조한다. 이야기치료의 목적은 인간 자신이 삶의 주인공이 되는 길을 함께 찾는 데 있다.

2) 이야기 모호성

시대적 사조와 흐름을 같이하는 포스트모더니즘의 특징은 전통과의 단절, 불확실성과 모호성, 중심을 거부한 주변성 강조, 행위 자체 중요시, 개방성과 가변성 등이다.

이야기치료의 기본 전제는 포스트모더니즘의 특징을 기반으로 인간 개인의 경험을 통해 나타나는 이야기의 세계가 근본적으로 모호성을 지니고 있다는 것이다.

3) 은유

이야기치료의 은유는 보는 것, 듣는 것, 느끼는 것이 미치는 영향을 재정의하는 것이다. 예를 들어 아동기의 두려움은 '괴물 길들이기', 유분증(encopresis)은 '살짝쿵 몰래 오는 대변 때려주기', 부부갈등은 '악의 순환에서 덕의 순환으로 가기' 등과 같은 문학적인 은유를 사용해 가족문제를 재정의하며 이렇게 재정의 한 것에 근거해 어떻게 해결해 나갈 것인지에 초점을 둔다. 은유를 사용하는 목적은 가족을 정형화하고 가족에게 꼬리표를 붙였던 사회체계로부터의 압박과 문제로부터의 압박으로부터 가족을 자유롭게 하는 것이다(Epston & White, 1992).

4) 외재화

외재화(externalization)는 기본적으로 '사람이 문제는 아니다'라는 신념에 근거한다. 처음부터 문제를 사람들과 분리된 것으로 혹은 그들에게 영향을 주는 것으로 보고 '문제에 대해' 내담자 들이 자신의 견해를 말하도록 하며 문제의 원인보다는 효과에 대해 질문한다. 또한 문제는 사람에게 소유된 것이 아니라 문제가 사람을 소유하고 압도한다는 것을 내담자가 알게 하며, 하나의 감정이나 신념 대신 상호작용 전체 패턴을 외재화한다. 문제는 언제나 의인화하며, 예를 들어 섭식문제를 가진 여자에게는 '어떻게 식욕부진증이 그녀를 굶어죽게 하려 설득하는지' 물어보고, 공포증 어린이는 '얼마나 자주 공포가 원하는 바를 그 아이가 하도록 만들 수 있는지'를 묻는다(Nichols & Schwartz, 2001).

3. 치료목표와 치료기법

1) 치료목표

담자가 지역사회에서 문화적 배경, 자신의 지식과 기술을 근거로 대화의 준거 틀을 새롭게 만드는 것을 돕는 것이다.

2) 치료기법

잊어버리고 있던 이야기를 끄집어내고 사람들을 지배하는 문제로부터 그들을 분리하여 힘을 부여하도록 고안되었다.

① 문제의 외재화
② 문제이야기와 상반되는 독특한 결과 찾아내기
③ 전체 이야기 다시 쓰기

④ 내담자 자신의 목소리 찾기
⑤ 새로운 이야기 강화
⑥ 재진술을 통한 이야기의 풍부화 등이다.

제12절 사례관리

1. 사례관리의 개념

사례관리란 생태체계적 관점을 기반으로 만성적이고, 복합적인 문제를 가진 개인 및 가족과 함께 일하면서 그들과 자원제공자들의 기능을 향상시켜 환경 속에서 자신들에게 필요한 서비스와 자원을 스스로 획득하여 사회적 기능을 원활히 수행할 수 있도록 돕는 통합적 접근방법이다. 가족복지실천방법으로서 사례관리란 생태체계적 관점을 토대로 역기능적인 가족과 함께 일하면서 그 가족과 자원제공자들의 기능을 향상시켜 가족과 가족구성원들의 욕구충족과 가족의 기능을 수행할 수 있도록 돕는 접근방법이다.

| 표 6-7 | 사례관리의 정의

학 자	정 의
목슬레이(Moxley, 1989)	사례관리는 복합적인 욕구를 가진 사람들의 기능을 향상시키고 복지를 위해 공식적·비공식적 자원과 활동의 관계망을 조직, 조정, 유지하는 것이다.
벨로, 밍크(Ballow & Mink, 1996)	사례관리는 한 번에 여러 원조자들로부터 원조(assistance)가 요구되는 많은 문제로 인해 그들의 생이 만족스럽거나 생산적이지 못한 사람들을 돕는 과정이다.
쿠머(Kumar, 2000)	사례관리는 사정, 계획, 조절, 전달과 모니터링을 통하고 적절하고 책임성 있는 서비스로의 접근을 용이하게 함으로써 클라이언트 중심의 서비스 통합을 달성하기 위한 과정과 전문적 서비스이다.
미국사회복지사협회(NASW, 1984, 1992)	사례관리는 서비스 전달체계 속의 요소들을 조정하고 연결하는 것으로, 개인의 욕구를 충족시키는 포괄적 프로그램이 확실히 이루어지게 하는 하나의 기제(mechanism)이며, 클라이언트와 서비스전달체계 사이의 연결고리이다.

미국정신지체인협회 (1994)	사례관리, 즉 서비스 조정은 클라이언트가 원하는 것과 욕우에 대한 사정, 계획, 지원할 수 있는 서비스를 찾는 활동과 확보하는 것을 모니터링하고 그것을 기반으로 활동하는 지속적인 과정이며, 이때 개인 혹은 가족과 서비스 조정과정이 사례관리의 전 과정을 결정하는 힘(defining force)이라고 주장하면서 클라이언트와 가족의 개입 그리고 조정의 중요성을 강조하고 있다.

2. 사례관리의 목적

목슬레이(Moxley, 1989)와 인탈그리아타(Intalgliata, 1982)의 사례관리 목적은 핀커스와 미나한(Pincus & Minahan)의 통합방법론에서 언급한 사회복지실천의 목표와 유사한 것을 발견할 수 있다. 이러한 관점에서 사례관리모델을 가족을 대상으로 하는 가족복지실천에 활용하는 것을 매우 의미 있는 일이라 할 수 있다.

| 표 6-8 | 사례관리의 목적

학 자	목 적
목슬레이 (Moxley, 1989)	① 환경의 도전에 맞서기 위해서 개개인의 잠재력을 극대화 ② 가족 및 1차 집단의 보호능력을 극대화 ③ 공식적인 보호체계와 1차적인 보호자원 통합 ④ 개개인 및 1차 집단의 욕구를 충족시키기 위해 공식적 보호체계 내 능력을 극대화한다.
인탈그리아타 (Intalgliata, 1982)	① 보호의 지속성을 강화하는 것 ② 포괄적이고, 조정되어지고, 계속적인 영역을 관통하는 서비스에 대한 접근성을 제공하는 것 ③ 행정적 장애를 극복하여 접근성을 높이는 것 ④ 체계의 전반적인 효과성을 보장하기 위해 한 곳에서 책임을 질 수 있는 사람으로서 사례관리자를 위촉하여 책임성을 강화하는 것 ⑤ 클라이언트가 적시에 적절한 서비스를 받을 수 있는 확률을 높임으로써 효율성을 강화(Hall & Carswell, 2002: 133)하는 것이다.

3. 사례관리실천의 원칙

1) 목슬레이(Moxley)의 실천원칙

클라이언트 수준에서 일한다. 체계적 관점을 유지하고 클라이언트가 자신의 개인 자원을 이용할 기회를 보장해 준다. 이때 두 가지 자원체계는 공식적 체계와 비공식적 체계를 의미한다. 사례관리자는 행정적 과정과 기술을 이용한다. 사례관리자는 임상적 과정과 기술을 이용한다. 사례관리자는 서비스전달의 통합을 달성하기 위해 노력한다.

2) 스테인버그(Stainberg)의 실천원칙

사례관리 용어를 사용하는 모든 프로그램에 기본적으로 포함되어야 할 내용으로 다음의 내용을 제시하였다. 첫째, 분명한 목표와 표적 집단은 서비스제공자의 기술과 기관능력의 수준에 적절해야 한다. 둘째, 사례발견과 클라이언트 스크리닝에 대한 체계적 과정이 있어야 한다. 셋째, 프로그램은 클라이언트가 필요로 하는 서비스와 다른 자원을 동원하는 데 있어서 노련함이 필요하다는 것을 인식해야 한다. 넷째, 프로그램은 클라이언트의 사회적·환경적·경제적 상태뿐만 아니라 신체적·정신적 건강에 대한 내용이 포함되어야 한다. 다섯째, 종합적 사정과정이 잘 정의되어 있어야 한다. 여섯째, 보호계획은 클라이언트의 독특한 욕구, 조건, 참여로부터 나와야 한다. 일곱째, 사례기록은 계획, 활동단계, 제공된 서비스가 잘 나타나야 한다.

클라이언트와 환경에 대한 사후관리, 지지적 관계, 재평가가 제공되어야 한다. 서비스제공자들에 대한 조직 간 연계에 주의를 기울여야 한다. 프로그램의 행정가와 사례관리자는 클라이언트 개인의 목표뿐 아니라 서비스제공체계에 대한 향상 목표를 위해서도 노력해야 한다.

3) 리빙스톤(Livingston)의 실천원칙

리빙스톤과 몇몇 학자들이 소개한 정신보건 영역에서 효과적인 사례관리원칙은 다음과 같다. 첫째, 사례관리자는 다른 많은 공식적 자원으로 의뢰하는 일보다 가능한 한 직접적인 서비스나 원조를 제공해야 한다. 둘째, 지역사회 내의 자연적 자원이 가장 우선되어야 한다. 셋째, 개입활동은 주어진 조건 속에서 그리고 사무실을 벗어난 활동영역에서 이루어진다. 넷째, 개인과 팀으로 이루어진 사례관리가 더 효과적이다. 다섯째, 사례관리자가 서비스에 대해 우선적인 책임을 진다. 여섯째, 사례관리자는 준전문가일 수 있다. 그러나 슈퍼바이저는 경험이 많고, 충분한 자격을 갖춘 사람이어야 한다. 일곱째, 사례의 양은 비교적 잦은 접촉이 가능할 정도로 적게 주어져야 한다.

4. 사례관리의 기능 및 사례관자의 역할

1) 사례관리의 기능

(1) 임상적 기능

사회복지사에게 인간관계 형성과 사정, 문제해결 등의 기술은 사회복지사가 클라이언트와 함께 일할 때 기초가 된다.

(2) 자원 발견, 연결 및 관리의 기능

필요시에는 조정 및 옹호의 기능도 수행해야 성공적인 사례관리를 해낼 수 있을 것이다(송정애 외, 2007).

2) 사례관리자의 역할

(1) 직접적 개입

위기 시 심리적 지지를 제공하는 이행자 역할, 교육자 역할, 안내자・협조자 역할, 클라이언트가 높은 수준의 자기지행을 행할 수 있을 때 가능한 진행자로서의 역할, 전문적인 정보를 많이 가지고 클라이언트에게 전달해 주는 정보전달자 역할, 클라이언트가 자기옹호를 할 수 있는 수준까지 도달한 경우 가능한 단순 지원자 역할 등

(2) 간접적 개입

중계자 역할, 연결자 역할, 조정가 역할, 옹호자 역할, 협동가 역할, 협의자 역할 등

5. 사례관리의 과정

사례관리는 전통적인 사회복지실천과정과 다르게 첫째, 사정이 두 단계로 나누어져 있고, 둘째, 조정의 단계가 들어 있는 것이 차이점이다. 전통적인 사회복지실천과정에서 사정의 내용은 클라이언트의 욕구를 기반으로 자신과 가족의 변화욕구나 문제중심의 내용을 확인하는 것에 반해 사례관리에서는 자원사정이 동시에 이루어진다.

사회복지실천 개입에서 자원 연결 후 조정의 실패로 그동안의 원조가 일시적인 변화로만 종결되는 사례를 볼 때 사례관리 과정에서의 조정은 매우 중요한 단계라고 할 수 있다.

사회복지사와 사례관리팀은 이론과 지식을 일관되게 유지하면서 클라이언트의 현실과 협력하여 책임성과 신뢰를 바탕으로 클라이언트를 위한 최선의 선택을 위해 원조관계를 유지하는 것이 중요하다.

| 표 6-9 | 사례관리의 과정

단 계	주 내용
관여 (engagement)	단계 및 주 내용: ① 클라이언트 수락・거부 ② 신뢰감 ③ 역할명료화 ④ 기대에 대한 협상
클라이언트 사정 (client assessment)	주 내용: ① 개인적 사정: 클라이언트 욕구 및 강점 사정 ② 자원이용의 장애물 찾기: 외부장애, 선천적 무능력, 내부장애
자원 사정 (resource assessment)	주 내용: ① 가계도, 생태도, 사회망 그리드 사정 ② 일반적 정보, 접촉일시(클라이언트와 부수적 인물), 욕구사정, 자원사정, 욕구・자원의 균형 사정, 장애물 사정 등
계획 (planning)	단계: ① 서비스 협상단계: 사정에 대한 요약 → 변화목적 수립 → 우선순위 정하기 → 과제 및 책임소재 명시 → 결과적 변화의 구체화 ② 계획단계: 목표의 명료화 → 목표의 구체화 → 행동계획 수립
개입 (intervention)	단계 및 주 내용: 내부자원 개발, 클라이언트의 자원 연결, 장애물 극복, 타협과 옹호
조정 (coordination)	주 내용: ① 원조노력 조직화 ② 공동목표에 대한 동의 획득 ③ 점검하기 ④ 원조노력의 지지
분리 (disengagement)	단계 및 주 내용: ① 결과 평가 ② 분리표시 확인 ③ 분리 연계 ④ 지속되는 책임소재에 대한 동의

사례관리실천의 몇 가지 제언은 다음과 같다(송정애 외, 2007). 첫째, 사례관리모델의 유형에 대한 가족복지계 및 지역사회의 합의된 의견을 바탕으로 한 우리의 가족문화에 걸맞는 모델의 개발이 필요하다. 둘째, 사례관리의 기반이 되는 클라이언트와 가족을 위한 보편적 사정 틀의 개발이 필요하다. 이는 여러 분야에서의 도전을 헤쳐 나가야 하는 가족

복지의 정체성 확보를 위해 필수적인 것이기 때문이다. 셋째, 사회복지 전문직 내에서의 가족복지전문 사례관리자의 교육과 자격에 관한 논의 및 합의 또한 이루어져야 한다. 넷째, 사례관리를 위한 기본교육과 훈련을 위한 매뉴얼 개발을 통해 사례관리의 기능과 역할에 대한 통일성이 이루어져야 한다. 다섯째, 기존 자원의 연계망 확충 및 자원 개발 등이 조속한 시일 내에 구체적으로 논의되고 실제로 적용될 수 있어야 한다.

제 7 장

아동복지와 가족

제1절 아동 및 아동복지의 개념

1. 아동의 개념

아동의 개념은 학자, 관련법규 및 국가에 따라 다양하게 규정되지만, 일반적으로 신체적으로나 정신적으로 미성숙한 단계에 있는 사람을 아동이라 할 수 있다. 대개의 경우 아동은 연령으로 구분하고 있는데, 유엔(UN)의 아동권리에 관한 국제협약에서 제정한 아동의 정의는 18세 미만인 모든 사람으로 규정하고 있다.

우리나라의 경우 「아동복지법」과 「입양특례법」에 따르면, 아동이라 함은 18세 미만의 사람을 가리킨다. 미국의 아동학대방지 · 치료법에 따르면, 아동은 18세에 이르지 못한 사람을 지칭한다. 미국의 전국사회사업가협회(NASW)가 간행한 사전에 따르면, 아동은 자신에 대해 책임지는 법정 나이나 부모 간섭으로부터 벗어나는 법정 나이보다 어린 성인을 가리킨다.

아동에 대한 생각은 시대마다 차이가 있는데, 고대 말부터 18세기까지는 아동을 단지 어른의 작은 형태로 보았으며, 19세기 초에는 아동을 소박하고 순진하며 감정이 풍부한 행복한 존재로 보았다. 19세기말에는 비합리성과 상반성을 지닌 작은 악마로 표현되기도 하였지만, 20세기 이후 아동은 자기변혁의 자유를 존중해 주어야 하고 목적의식적인 지도의 대상으로 인식되고 있다.

우리나라의 아동관련 법규에서는 아동에 대한 명칭을 소년, 미성년 등과 혼용하여 다양하게 규정하고 있으며, 연령은 구분이 중복되어 있을 뿐만 아니라 통일된 연령 규정이 없는 실정이다. 「민법」에서는 "19세 미만의 자를 미성년"이라고 하고, 「소년법」에서는 "19세 미만의 자를 소년"이라고 규정하고 있다. 「청소년보호법」과 「아동 · 청소년의 성보호에 관한 법률」에서는 청소년보호 대상은 19세 미만이며, 「청소년기본법」에서는 청소년을 9~24세 이하의 자로 규정하고 있다. 「한부모가족지원법」에서는 18세 미만을 아동으로 규정하고 있으나 취학 시와 같이 보호가 계속 필요한 경우 20세 미만까지 계속 서비스를 받을 수 있는 권리가 부여되기도 한다. 따라서 사회복지의 관점에서는 아동의 연령을 출생 후부터 18~20세까지에 해당되는 미성숙한 상태에 있는 모든 사람을 총칭하는 것으로 이해하면 될 것이다.

2. 아동복지의 개념

아동복지는 아동과 복지[1]의 합성어로, 이념적 개념과 프로그램 및 서비스의 실제적 활동까지 포함하는 실천적 개념을 포함하는 말로 이해된다.

아동복지 문헌에 나타난 아동복지에 대한 정의는 매우 다양하며, 각 정의는 강조점이 조금씩 다르다. 외국학자들의 정의를 보면 프리드랜더(Friedlander, 1980)는 "아동복지란 단지 빈곤, 방치, 유기, 질병, 결손 등을 지닌 아동 또는 환경에 적응하지 못하는 비행아동에게만 관심을 두는 것이 아니라, 모든 아동이 신체적 · 지적 · 정서적 발달에서 안정하고 행복할 수 있도록 위험으로부터 보호하기 위하여 공적 · 사적 제반 기관에서 실시하는 사회적 · 경제적 · 보건적인 모든 활동을 포함한다"라고 정의하고 있다.

카두신과 마틴(Kadushin & Martin, 1988)은 아동복지를 넓은 의미와 좁은 의미로 구분하여 정의하였는데, 넓은 의미란 모든 아동들의 행복을 위해서 그들의 신체적 · 사회적 · 심리적 발달을 보호하고 촉진하기 위한 모든 대책을 말하며, 좁은 의미는 특수한 욕구를 가진 아동과 가족을 대상으로 사회복지기관을 비롯한 특정 기관에서 제공하는 서비스를 말한다. 마이어(Meyer, 1985)는 "아동복지란 지속적인 사회체계의 하나로서 아동의 복지를 증진하기 위한 사회제도이며, 하나의 전문직으로서 사회복지의 한 분야이다"라고 정의하고 있다.

우리나라 사회복지사전에는 아동복지란 일반적으로 특수한 장애를 가진 아동은 물론 모든 아동들이 가족 및 사회의 일원으로서 육체적으로나 정신적으로 건전하게 성장 발달할 수 있도록 지역사회나 사회복지 분야에 있는 공 · 사 단체나 기관들이 협력하여 아동복지에 필요한 사업을 계획하며 실행에 옮기는 조직적인 활동을 의미한다고 규정하고 있다. 장인협과 오정수(1999)에 따르면 사회제도로서의 아동복지는 사회구성원으로서 아동의 기본적인 욕구를 충족시키고, 건전한 성장과 발달을 도모하기 위하여 여러 가지 활동을

1) 복지(welfare)는 '평안히 잘 지내는 상태'를 나타냄으로, 아동복지도 행복의 이념뿐 아니라 이를 향한 실천적 행동까지 내포하고 있다.

가능케 하는 공적인 방법과 절차라고 규정하며, 방법과 절차에는 아동과 관련된 법령, 공공과 민간기관의 조직, 사회복지 전문직과 같은 제도화된 실천방법을 다 포함하고 있다.

이상의 정의들을 종합하여 살펴보면, 아동복지란 협의의 개념과 광의의 개념으로 나눌 수 있음을 알 수 있다. 협의의 개념은 아동이 특별한 장애가 있거나 가족이 아동을 보호하고 양육하는 기능을 제대로 이행하지 못할 때 특수 욕구를 가진 아동과 가족을 위해서 전문기관이 행하는 조직적인 활동을 의미한다. 광의의 개념은 모든 아동이 건전하게 성장하고 발달할 수 있도록 아동과 관련된 경제, 교육, 보건, 노동 등의 여러 분야에 걸쳐 국가와 사회단체 및 개인이 행하는 입법, 프로그램, 서비스 등을 포함한 모든 노력을 의미한다.

제2절 아동복지의 전제조건과 원칙

1. 아동복지의 전제조건

아동복지가 실현되기 위해서는 아동의 건전한 성장과 발달에 필요한 욕구가 충족되어 아동이 지니고 있는 잠재능력을 최대한 발휘할 수 있도록 하는 기본 요소가 갖추어져야 한다. 아동복지의 실현을 위해서 필요한 기본 요소는 여러 학자들이 제시하기도 하였으며, 아동의 권리에 관한 선언이나 법에 따라서도 제시되고 있다(표 7-1).

| 표 7-1 | 아동복지전제조건

키(Key, 1909)	사회사업백과사전 (1965)	프레더릭슨(Fredericksen, 1972)	아동권리협약 (1989)	장인협, 오정수 (2001)
• 튼튼하게 태어날 권리 • 건전하게 양육받을 권리 • 정상적인 가정생활을 누릴 권리 • 도덕적 · 정신	• 가족생활 • 부모의 보호 • 적절한 가정경제와 주거 • 건강과 의료보호 • 교육 • 유희나 교우	• 부모역할이 준비된 부모 • 경제적 안정 • 보건 • 교육 • 종교 • 놀이	• 시민권과 자유권 • 가정환경 및 대리보호에 대한 권리 • 기초보건 및 복지에 대한 권리 • 교육, 여가, 문화활동에 대한 권리	• 안정된 가정생활 • 경제적 안정 • 보건 및 의료보호 • 교육 • 노동 • 오락 • 특수보호

적 훈련받을 권리 • 유희나 오락을 즐길 권리	• 윤리적 표준 • 이념과 가치 • 교육적 · 직업적 지도 • 법적보호 등	• 유해한 노동에서의 보호 • 특수욕구 아동에 대한 서비스	• 특별보호조치에 대한 권리	

이상에서 열거한 학자 중 프레더릭슨(Fredericksen)의 견해를 좀 더 자세히 살펴보면 다음과 같다. 첫째, 부모로서 자녀양육 책임에 대한 준비 및 이를 위한 상담과 지도프로그램이 모든 계층의 부모에게 제공되어야 함을 강조하고 있다. 부모교육은 아동발달의 원리, 자녀와의 대화기법, 부모의 역할, 가정환경의 중요성 등을 부모에게 주지시켜 자녀를 적응적인 인간[2]으로 키우도록 하는 데 그 목적이 있다.

둘째, 가정생활의 강화를 주요하게 지적하고 있다. 1차적인 인간관계인 부모-자녀관계는 애정관계일 뿐만 아니라 권위와 복종관계 또는 지도관계로 볼 수도 있다. 스테인저(Stanger)는 부모와 자녀와의 애정의 거리(affective distance)는 상을 주면 밀착되고 벌을 주면 소원해지는 경향으로, 지나치게 거리가 가까워지면 의존감이 생기고 자기통제(self control)가 어렵게 되며, 또 너무 멀어지면 퇴행적인 행위로서 주의를 끌려고 하는 행동(attention getting behavior)을 일으키거나 표리부동한 심리상태를 조장하게 된다고 하였다. 또한 성격형성은 가정에 있어서의 원만하게 움직여 가는 전체로서의 됨됨이(syntality)에 의하여 규정된다. 부모와 자녀의 관계는 부모의 육아 방식과도 밀접하다. 육아방식은 일반적으로 수용적 · 익애적 · 허용적 · 거부적 · 지배적 · 과잉보호적 유형으로 구분된다.

셋째, 심신건강 증진의 중요성을 강조하고 있다. 모체의 건강은 태아의 건강과 밀접한 관계를 가진다. 출생성비, 미숙아 및 저체중아, 예방접종 등이 일차적 관심이다. 아동의 신체적인 건강뿐 아니라 정신건강 및 사회적 안녕도 중요하며, 특히 아동의 정신건강을 위해서는 주위사람들이 '중요한 타자'로서 역할이 중요하다.

넷째, 경제적 안정의 필요성을 강조하고 있다. 경제적 안정을 통해 기본적 욕구인 의식주 문제를 해결함으로써 아동의 심신의 발달에 영향을 주기 때문에 필수적인 요소라 지적

2) 적응과정에는 크게 두 가지 면이 있는데, 그 하나는 사회적 욕구나 질서에 수동적으로 따라가는 소극적인 면이고, 다른 하나는 욕구의 만족뿐만 아니라, 행동의 수준을 높이고 보다 적극적으로 환경을 창조하고 개조해 나가는 면임.

하고 있다. 빈곤과 실업은 자본주의 사회에서 필연적으로 발생하는 사회악이고, 물질적·정신적 문제와 직결되어 있으며, 보건·교육·사회 분야 등의 문제의 원인이 된다. 코울터(Coulter)는 빈곤이 가족구성원의 역할 수행에 장애가 된다는 점에서 경제적 압박을 가정해체의 범주에 넣고 있다. 빈곤은 절대적 개념보다는 상대적 개념으로 파악된다.

다섯째, 아동복지를 위해서는 반드시 교육이 전제되어야 함을 강조하고 있다. 민주사회의 평등원리에 의하여 소외계층에게도 동일한 교육의 기회가 부여되어야 한다. 아동은 본능적으로 자기충족을 얻으며, 불안에서 벗어나기 위해 배우려 하고, 이러한 학습기회의 결여는 욕구좌절과 정서적 장애를 초래하기 때문이다. 영국은 플라우든 보고서(Plowden report)와 그에 따른 정부계획이 취약아동(disadvantaged children)이 많은 '교육 우선 지역(education priority area)'에 정부의 재정지원을 우선하도록 하고 있다. 미국도 저소득층을 위해 Head Start 프로그램, Sesame Street 프로그램 등이 있다.

한편 학교에서의 교육은 교육적 성취에 주는 영향, 즉 교육 효과의 질 문제와 동시에 학교가 학생·교사들과 함께 살고 있는 지역사회로 그들이 학교에 머무는 동안의 건강·행복 등도 함께 문제시해야 할 것이다.

여섯째, 놀이 및 오락이 어린이들의 발달에 매우 중요한 역할을 담당함을 강조하고 있다. 프로이드(Freud)는 "어린이는 실생활에서 인상 깊게 경험한 모든 일들을 놀이를 통해서 반복함으로써 억압된 감정을 해소시키고, 불쾌한 인상을 극복하고, 그 상황의 주인공이 될 수 있다"고 설명하였다. 에릭슨(Erikson)은 놀이의 가장 중요한 가치는 놀이를 통해 성취감을 맛보게 되는 것이라고 하였다. 피아제(Piaget)는 놀이는 사고발달의 필연적인 산물로서, 어린이들은 놀이를 통해 사물과 사상에 대한 원시적이고도 자기중심적인 그리고 현상적인 관점으로부터 객관적이고 합리적인 관점으로 발달되어 간다고 주장하였다.

일곱째, 모든 아동은 노동이나 유해한 환경으로부터 보호되어야 함을 강조하고 있다. 노동은 아동에게 신체의 발달을 저해하며, 건강을 위태롭게 하고, 지능발달과 장애를 초래하며, 인격발달에 나쁜 영향을 미치게 되기 때문이다.

여덟째는 특수보호로서, 아동복지가 모든 아동의 복리를 증진시키기 위한 것이라면 특수아동[3]을 위한 개별적인 특수보호도 마땅히 실시되어야 한다.

---

3) 정상적 부부 사이가 아닌 부모에게서 태어난 아동, 취업모 아동, 지체아, 정신 및 행동장애 아동, 소수민족아동,

2. 아동복지의 원칙

아동복지서비스를 전개할 때 고려할 원칙으로는 권리와 책임의 원칙, 보편성과 선별성의 원칙, 개발적 기능의 원칙, 포괄성의 원칙, 전문성의 원칙을 제시할 수 있다.

1) 권리와 책임의 원칙

권리와 책임의 원칙은 아동, 부모 및 사회·국가로 나누어 설명할 수 있다. 아동의 건전한 성장과 발달을 위해서는 이들 3자가 각기 계속적인 균형유지와 아울러 적절한 상호작용관계의 유지가 필요하다.

첫째로 아동의 권리는 의존성, 미성숙성 및 보호대상이라는 아동이 위치에서부터 비롯된다. 그러나 아동도 책임을 지닌다. 부모 등 성인의 기대를 충족시켜야 하며, 자발적 활동이나 계획 등에 참여하여 이를 스스로 발전의 기회로 삼아야 한다.

둘째로 아동의 보호육성을 위한 일차적인 권리와 책임은 부모가 지게 된다. 부모는 아동의 후견인(guardianship)으로서의 권리를 가지며, 재정적 지원, 신체적 보호, 정서적 지도, 기타 부모의 의무 등의 책임을 가진다. 부모의 권리와 이와 관련된 의무의 발휘 정도 및 방식은 매우 중요하기 때문에 부모가 책임을 적절히 수행할 수 있도록 부모교육 기회가 마련되어야 한다.

셋째로 아동에 대한 국가의 권리는 의무교육의 실시, 연소자에게 술·담배를 판매한 자에 대한 단속 등 통제력 행사의 권리이다. 한편 국가의 책임은 부모의 자녀양육에 개입하는 일이다. 부모의 보호가 법이 정한 수준 이하일 때, 또는 아동들이 비행이나 범죄에 빠지게 될 때, 즉 아동들이 자기의 본 가정에서 도저히 적응할 수 없을 때 이들로 하여금 위탁가정이나 시설보호를 받도록 한다. 또한 국가는 입법 권리와 책임을 가지며, 제반법·규정의 채택, 실제 정책 수립, 제반복지시설의 설립 및 운영을 위한 재정적 근거 마련 등 모든 책임을 지게 된다.

2) 보편성과 선별성의 원칙

보편성과 선별성의 원칙에서 선별주의(selectivity)란 도움을 필요로 하는 요보호 상태에

저소득층 아동 등이다.

있는 자가 도움을 요청하는 경우에 한하여 사회가 책임을 지고 문제를 적절히 대처해 나가는 것이다. 이는 시정적 · 종별적 열등처우의 원칙이 적용된다. 한편 보편주의(universalism)는 전체 아동을 대상으로 예방적 서비스를 목적으로 사회가 책임을 지고 제도적으로 설정해 나가는 것으로, 아동수당 · 가족수당 · 무상의무교육 등의 보편시여제도가 이에 해당되며, 입시 제도를 포함한 교육환경 개선이라든가 문화시설, 보건 · 건강 · 오락시설들의 확충 등도 여기에 해당된다.

3) 개발적 기능의 원칙

개발적 기능의 원칙이란 아동보호육성정책이 사후복지 지향적 아동복지 체계에서 나아가 개발지향적 체계를 적용해야 함을 의미한다. 향후의 아동복지사업은 대상 아동의 욕구를 발견하고 변화를 예측하며 사회구조나 경제조건에 바람직한 변화를 초래하는 접근을 모색함으로써 예방적 · 적극적 아동복지대책, 사회경제적 문제에 대한 적극적 개발기능[4]이 요청된다.

4) 포괄성의 원칙

포괄성의 원칙은 아동복지를 위한 프로그램의 계획과 제공 시 고려해야 할 원칙이다. 아동복지대책과 관련된 경제부문이나 교육, 의료, 주택, 노동, 오락부문의 포괄적 정책이 아동 관련제도, 정책, 프로그램과 서비스에 수반되어야 한다는 것이다. 아동은 하나의 정체성을 가진 인간으로서 그들과 관련된 모든 면들이 상호 보완되는 가운데서 건전한 성장과 발달을 도모할 수 있다. 그러므로 기본요소에 대한 프로그램 서비스가 포괄적으로 제공되어야 하고, 이를 위해서는 행정적인 측면에서도 관련된 소관부처 간에 유기적인 협조체계가 긴밀히 이루어져야 한다.

5) 전문성의 원칙

전문성의 원칙이란 아동들의 욕구나 사고 및 행동의 발달과 변화, 특성에 관한 전문적

---

4) 켄달(Kendall, 1973)은 개발적 기능은 목적에서 적극성을 띠고, 접근방법에서 포괄성을 가지며, 대상인구가 각 부문에 관련되며, 종전의 순수한 치료적 혹은 미시적 수준에서 지역사회적 · 국가적 · 거시적 수준으로까지의 제 복지기능에 관여하는 것이라고 하였다.

지식과 아동을 지도하기 위한 전문적 기술을 가진 전문적 인력이 필요함을 의미한다. 아동은 성인과 다른 방식으로 세계를 받아들이고 사고하며 지속적으로 변화하는 과정에 있다. 따라서 아동들의 건전한 발달을 위해서는 아동 및 인간발달을 이해하는 전문인력이 요청되며 아동관련 프로그램을 직접 기획하고 실천할 수 있는 역량을 가진 전문가가 절실하다.

제3절 사회환경과 아동복지

1. 사회변동과 아동복지

우리나라는 급속한 경제성장과 함께 사회제도의 빠른 변화를 이루었다. 급진적 공업화와 도시화의 결과로 핵가족화, 사회구조의 변화, 대중문화의 발달 등 사회문제들이 발생하였으며, 가족해체와 함께 출산율 저하, 여성의 경제활동 참여 증가, 다양한 가족형태가 등장하게 되었다. 그 각각의 내용을 자세히 살펴보면 다음과 같다.

첫째, 가족해체의 증가에 있어서 가족해체란 넓은 의미에서 가족단위의 정상적인 기능의 붕괴 등 가족결속의 파괴를 말하며, 좁은 의미에서는 별거, 이혼, 유기, 사망 등으로 혼인관계가 파괴되거나 또는 부부 중 한 사람의 장기 부재에 따라 결손가족이 되어 가족이 구조적으로 불안정한 상태를 말한다. 가장 대표적인 가족해체 현상은 이혼인데, 우리나라의 이혼율은 〈표 7-2〉와 같이 시간이 갈수록 크게 증가하는 추세이다. 이러한 가족해체의 빠른 증가와 이혼율의 급증은 여성의 경제적 자립능력의 증가와 전통적 가족관의 붕괴에서 기인한다고 볼 수 있으며, 이에 따라 한부모가정과 조손가정이 크게 늘어나고 있는 실정이다.

| 표 7-2 | 총 이혼건수 및 조이혼율

(단위: 명)

연도별	2004	2005	2006	2007	2008	2009	2010	2011	2012	2013	2014
총 이혼건수 (천 건)	138.9	128.0	124.5	124.1	116.5	124.0	116.9	114.3	114.3	115.3	115.5
증감(천 건)	-27.7	-10.9	-3.5	-0.5	-7.5	7.5	-7.1	-2.6	0.0	1.0	0.2
증감률(%)	-16.6	-7.8	-2.7	-0.4	-6.1	6.4	-5.8	-2.2	0.0	0.9	0.2

자료 : 통계청, 2015

둘째, 다음으로 출산율 저하를 살펴보면 1983년 합계 출산율5)이 인구대체수준6) 이하로 하락한 이래 20여 년간 저출산 현상이 지속되었는데, 특히 외환위기 이후인 2001년부터 우리나라는 초저출산사회7)에 진입하였다. 우리나라의 출산율을 보면 출생은 2010년 47만 명에서 감소하였고, 2030년 41만 명, 2060년 29만 명에 이를 전망이다.

그림 7-1 출생아수 및 사망자수, 2010-2060

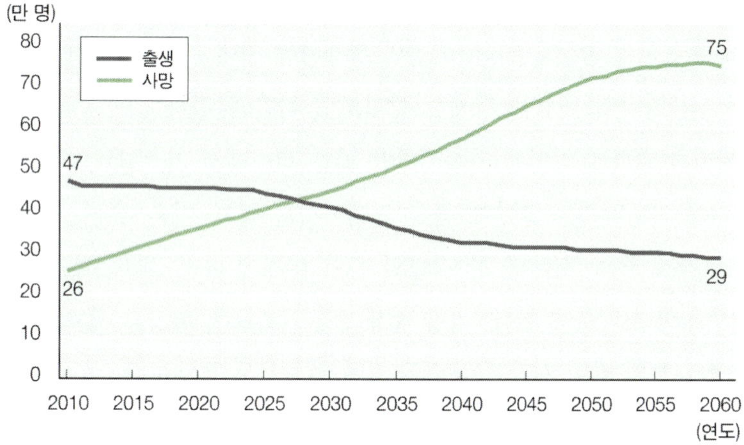

* 2005년생 전후 코호트(출생아수 1970년 이후 최저)가 핵심가임기(25~35세)에 도달하는 2030~2040년까지는 여자 인구 자체가 적어 출생아수가 급격히 감소한다.

5) 가임여성 한 명이 평생 출산하는 평균 자녀 수
6) 인구규모 유지에 필요로 하는 출산율 2.1명
7) 합계출산율 1.3명 이하

조출생률은 2010년 인구 1천 명당 9.4명, 2030년 7.8명, 2060년 6.5명으로 급속도로 출산율이 저하되는 양상을 보이고 있다. 이로 인해 인구성장률도 빠르게 감소하고 있으며 주 출산연령층인 여성인구(20~34세)의 감소에 따라 앞으로 출생아 수는 더욱 감소할 전망이다.

셋째, 우리나라 여성의 경제활동 참여율은 2006년 50.3%에서 2014년 51.3%를 유지하고 있다. 이렇게 여성의 경제활동 참여율이 사회변화와 함께 빠르게 증가하고 있으나 아동을 위한 보호와 양육지원은 여전히 부족한 실정이다. 여성의 활발한 경제활동에도 불구하고 아동양육은 여전히 여성의 몫으로 간주되는 현실을 고려해 보면, 아동양육문제는 가장 시급하게 해결해야 하는 현실 과제라고 볼 수 있다. 따라서 아동의 건전한 발달과 성장을 위한 보호와 양육 기능을 담당할 수 있는 보육지원의 필요성이 최우선 과제로 등장하였다.

| 표 7-3 | 여성 경제활동참여율 변화 추이

(단위: 천 명,%)

연도별	2006	2007	2008	2009	2010	2011	2012	2013	2014
15세이상 여성인구	19,899	20,086	20,273	20,496	20,741	20,976	21,254	21,513	21,718
여성경제활동인구	10,001	10,092	10,139	10,076	10,256	10,416	10,609	10,802	11,149
여성경제활동참가율	50.3	50.2	50	49.2	49.4	49.7	49.9	50.2	51.3

출처: 통계청(2015). 경제활동인구조사.

넷째, 급격한 사회변화와 함께 가족해체가 빠르게 진행되면서 가족구조가 다양화되는 등 다양한 형태의 가족이 등장하고 있다. 이혼율이 증가하면서 한부모가정이 등장하였으며 사회가치관의 변화에 따라 10대 미혼모도 증가 추세를 보이고 있다. 또한 국제결혼과 외국인 근로자 증가에 따라 다문화가정이 급증하고 있는 추세이다. 국제결혼가정 아동의 현황도 지속적으로 증가하고 있다. 이러한 증가 추세는 계속될 전망이다.

| 표 7-4 | 한부모가구 비율

(단위: 천 가구, %)

연도별	2009	2010	2012	2013	2014
전체가구	17,052	17,339	17,950	18,206	18,457
한부모가구[1] (전체가구 대비 비율)	1,551 (9.1)	1,594 (9.2)	1,677 (9.3)	1,714 (9.4)	1,749 (9.4)
저소득한부모가족[2] (한부모+국기초)	171 (11.0)	185 (11.6)	217 (13)	222 (13.0)	225 (12.9)
한부모가족[3] (「한부모가족지원법」)	94 (6.1)	107 (6.74)	130 (7.78)	140 (8.2)	142 (8.1)

출처: 통계청. 인구주택총조사 및 2005~2030 장래가구추계.
1) 한부모가구: 일반가구 중 한부(모)와 미혼자녀로 구성
2)와 3)은 전체 한부모가구 대비 비율

| 표 7-5 | 한부모가구 유형별 현황

(단위: 명)

연도별		2000	2005	2010	2012
한부모 가구	부자 가구	219,997	286,923	347,448	372,938
	모자 가구	903,857	1,083,020	1,246,690	1,304,477
조손가구		45,225	58,101	119,294	132,515

출처: 통계청. 인구주택총조사 및 2005~2030 장래가구추계.

| 표 7-6 | 발생유형별요보호아동현황

(단위: 명)

연도별	2006	2007	2008	2009	2010	2011	2012	2013	2014
발생유형 계	9,034	8,861	9,284	9,028	8,590	7,483	6,926	6,020	4,994
빈곤 · 실직 · 학대	4,925	5,354	5,876	4,994	4,613	3,928	3,944	3,668	2,965
비행 · 가출	802	748	706	707	772	741	708	512	508
미혼모	3,022	2,417	2,349	3,070	2,804	2,515	1,989	1,534	1,226
기아	230	305	202	222	191	218	235	285	282
미아	55	37	151	35	210	81	50	21	13

출처: 보건복지부. 「요보호아동현황보고」
* 1997~1999년 빈곤 · 실직 · 학대는 비행 · 가출을 포함

2. 생활환경과 아동복지

우리사회의 밝은 미래를 위해서는 아동에 대한 적극적인 사회적 투자가 필요하다. 그러므로 아동에 대한 적절한 투자를 위해서는 아동에 대한 전반적인 생활환경과 욕구를 파악하는 것이 선행되어야 하며, 그것이 아동의 복지를 실현하는 데 필수적이라고 본다.

아동종합실태조사는 「아동복지법」 제11조에 따라 5년마다 실시할 것을 의무화하고 있으며, 그에 따라 2013년 조사를 통해 의미 있는 결과를 중심으로 소개하고자 한다. 구체적으로 아동의 양육 및 생활환경, 학교생활 및 교육, 정서적·신체적 건강을 중심으로 살펴볼 것이다.

1) 아동의 양육 및 생활환경

(1) 주양육자의 성

우리나라의 만 18세 미만 아동이 있는 가구의 가구구성은 4인 가구가 46.2%로 가장 많으며, 아동의 주양육자는 30대와 40대인 경우가 대부분으로, 주로 어머니가 주양육자의 역할을 수행하고 있었다. 그런데 소득수준에 따른 주양육자가 남성인 경우는 기초수급가구의 경우 14.6%, 차상위가구 29.2%가 일반가구 7.1%에 비해 높게 나타나고 있고, 가족유형에 있어서도 한부모·조손가족의 주양육자가 남자인 경우가 16.6%로 양부모가족 6.5%에 비해 높게 나타나고 있다.

| 표 7-7 | 주양육자의 성

(단위: %, 명)

구 분		남	여	계
전 체		7.6	92.4	100
소득수준	기초수급	14.6	85.4	100
	차상위	29.2	70.8	100
	일반	7.1	92.9	100
가족유형	양부모	6.5	93.5	100
	한부모·조손가족	16.6	83.4	100

출처: 김미숙·전진아·하태경(2013). 한국아동종합실태조사. 한국보건사회연구원.

(2) 주양육자의 혼인상태

주양육자의 혼인상태를 보면, 전체적으로 유배우인 경우가 91.8%로 가장 많았다. 그러나 소득수준별로 살펴보면 가구별로 차이가 있는데, 기초수급가구의 경우 이혼인 경우가 49.7%로 가장 많았으며, 유배우와 사별이 그 뒤를 잇는다. 차상위가구도 이혼 상태인 경우가 51.9%로 가장 많아 일반가구가 유배우인 상태인 경우 94.2%로 압도적으로 높은 것과는 대비된다고 볼 수 있다.

| 표 7-8 | 주양육자의 혼인상태

(단위: %, 명)

구 분		유배우	사별	이혼	별거	미혼	계
전 체		91.8	1.7	5.5	0.7	0.2	100
소득수준	기초수급	28.2	16.5	49.7	3.7	1.9	100
	차상위	37.3	7.4	51.9	0.4	2.9	100
	일반	94.2	1.3	3.8	0.7	0.1	100
가족유형	양부모	99.8	0.1	0.1	0.1	0	100
	한부모 · 조손가족	19.6	16.7	54.9	7.0	1.9	100

출처: 김미숙 · 전진아 · 하태경(2013). 한국아동종합실태조사. 한국보건사회연구원.

이상의 결과는 빈곤가구의 아동이 경제적 결핍뿐만 아니라 가정해체와 같은 부정적 사건을 경험할 가능성이 높음을 알 수 있다. 따라서 빈곤가구에 대한 경제적 지원, 가정해체 감소, 돌봄공백 해소를 위한 정책적 노력이 필요할 것이다.

(3) 아동가구의 월평균 소득 및 지출

우리나라 아동가구의 월평균 소득은 약 343만 원으로 나타났으며, 월평균 생활비는 약 226만 원으로 나타났다. 특히, 소득계층에 따른 월평균 소득/생활비는 기초수급가구는 123만 원/110만 원, 차상위가구는 160만 원/129만 원, 일반가구는 351만 원/230만원으로 소득계층 간 월평균 소득 및 생활비 차이가 큰 것으로 나타났다.

이러한 결과는 아동이 있는 기초수급가구의 경제적 상태가 매우 열악하다는 것을 알 수 있다. 2012년 최저생계비가 3인 가구 기준으로 120만 원 정도이며 4인 가구의 경우 150만 원 선인 것을 감안하면 기초수급 아동가구는 월평균 생활비와 월평균 소득이 최저생계비보다 낮다고 볼 수 있기 때문이다. 따라서 아동이 있는 수급자 가구의 소득을 보장할 수 있도록 현금지원을 확대하고, 가구원의 소득활동을 지원할 수 있도록 취업지원과 보육서비스 지원을 강화하는 방안들이 필요하다고 볼 수 있다. 특히, 조손가족의 경우, 가구주가 노인이기 때문에 근로를 통한 지원보다 이들에 대한 현금지원을 확대할 필요성이 있다. 한부모가족의 경우에는 아동을 양육하는 부모에 대한 소득활동을 지원할 수 있도록 취업지원과 보육서비스 지원을 강화하는 방안들이 동시에 필요함을 시사한다.

| 표 7-9 | 월평균 총 소득 및 총 생활비

(단위: 만 원)

구 분		총 소득	총 생활비
전 체		343.31	226.06
소득수준	기초수급	122.97	110.65
	차상위	160.08	129.07
	일반	351.55	230.45

출처: 김미숙 · 전진아 · 하태경(2013). 한국아동종합실태조사. 한국보건사회연구원.

(4) 아동가구의 상대적 빈곤율

아동이 있는 가구 중에서 경상소득 기준으로 중위소득 50% 미만 가구 비율(상대적 빈곤율)은 2013년 통계청의 가계동향조사(빈곤통계연보)에서는 9.4%로 나타났으며, 2013년 아동종합실태조사에서는 1.2%p 낮은 8.25%로 나타났다.

특히, 2013년도 아동종합실태조사에서 가족형태별 상대적 빈곤율은 양부모가구의 경우, 3.9%로 나타났지만 한부모 · 조손가구의 경우 46.6%로 나타나 양부모가구보다 12배가량 높은 것으로 나타났다.

그림 7-2 가족형태별 아동가구의 상대적 빈곤율

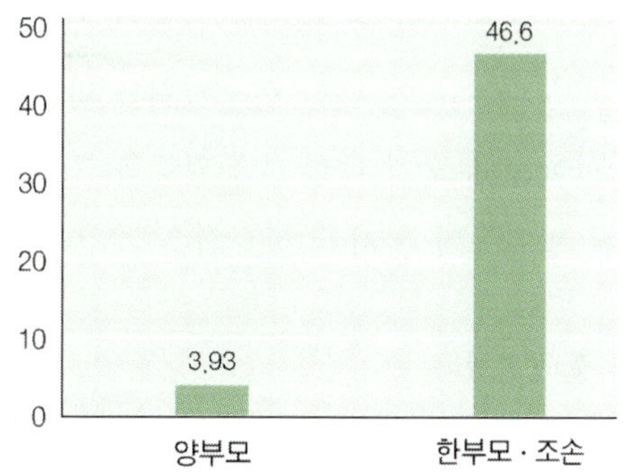

출처: 김미숙 · 전진아 · 하태경(2013). 한국아동종합실태조사. 한국보건사회연구원.

GDP 대비 아동가족복지지출 수준이 높은 국가일수록 아동빈곤율이 낮은 것은 알려진 사실이다. 특히 아동가족복지지출 항목 중 육아휴직급여지출비중과 보육가사서비스 지출비중은 아동빈곤율과 매우 높은 부적 상관관계를 지니고 있다(김미숙 외, 2012). 아동빈곤율이 낮은 아이슬란드, 핀란드, 노르웨이 및 덴마크의 경우에는 GDP 대비 아동가족복지지출 수준이 높고, 가구원의 근로를 지원하는 것과 관련이 있는 육아휴직급여지출비중과 보육가사서비스 지출비중이 매우 높은 대표적인 국가이다. 따라서 우리나라의 아동빈곤율을 낮추기 위해서는 빈곤가구의 가구원이 취업할 수 있도록 적극적으로 지원하고, 취업기간 동안 육아 및 가사지원을 받을 수 있도록 하고, 취업으로 인한 소득증가가 근로의욕을 낮추지 않도록 근로장려세제를 확대하는 노력이 필요함을 시사한다.

2) 학교생활 및 교육

(1) 주관적 학업성취도

주관적 학업성취도는 9~11세가 10점 만점 중 평균 6.9점으로 12~17세의 6.2점보다 높아 연령이 높아질수록 성취도가 낮아지는 특징을 보인다. 특히, 소득수준별 학업성취도의 차이는 연령이 높아질수록 차이가 커지고 있다. 9~11세의 일반과 빈곤의 학업성취도 차이는 0.81이었으나 12~17세에는 0.93으로 그 간격이 더 벌어졌다. 또한, 가족유형에서도 9~11

세 양부모와 한부모·조손가족의 학업성취도 차이는 0.29였는데, 12~17세에는 1.08로 4배 가까이 간격이 늘어났다. 따라서 소득계층 간 학업성취도 차이를 줄일 수 있는 방안이 필요하다.

| 표 7-10 | 연령별 아동의 주관적 학업성취도

(단위: 점수)

구분	전체	아동성별		소득수준		가족유형	
		남	여	빈곤	일반	양부모	한부모·조손
9~11세							
전체	6.91	6.72	7.11	6.12	6.93	6.93	6.64
국어	6.99	6.71	7.28	6.61	7.00	7.00	6.84
수학	6.89	6.80	6.98	5.83	6.92	6.92	6.62
영어	6.87	6.63	7.13	5.72	6.90	6.93	6.32
사회	6.81	6.65	6.99	6.15	6.83	6.82	6.73
과학	6.85	6.77	6.94	5.97	6.88	6.86	6.66
12~17세							
전체	6.25	6.28	6.21	5.37	6.30	6.41	5.33
국어	6.48	6.39	6.59	5.81	6.52	6.62	5.75
수학	5.92	6.08	5.74	4.84	5.99	6.06	5.15
영어	6.08	6.19	5.96	5.05	6.14	6.25	5.17
사회	6.33	6.30	6.37	5.67	6.37	6.46	5.66
과학	6.16	6.30	5.99	5.36	6.20	6.29	5.40

출처: 김미숙·전진아·하태경(2013). 한국아동종합실태조사. 한국보건사회연구원.

(2) 학업 중단 의사

전체 아동 중 0.6%가 학업 중단 의사를 밝혔으며, 남자아동이 0.7%로 여자아동 0.5%보다 약간 높게 나타났다. 또한, 연령이 높을수록 (9~11세 = 0.3% vs 12~17세 = 0.7%), 차상위가구 아동(1.5%)과 기초수급가구 아동(1.2%) 일수록, 대도시에 거주할수록 (1.2%), 한부모·조손가족 아동일수록(1.3%) 학업 중단 의사가 높게 나타났다. 그러므로 대도시에 거주하는 차상위 및 기초수급가구 아동을 대상으로 학업중단 예방 및 자립지원 프로그램들의 운영강화가 필요한 실정이다.

| 표 7-11 | 학업 중단 의사

(단위: %, 명)

구 분		현재 학생으로 졸업까지 계속 학교에 다닐 것이다	현재 학생이지만 조만간 학교를 그만둘 생각이다	계
전 체		99.4	0.6	100
아동성별	남자	99.3	0.7	100
	여자	99.5	0.5	100
연령	9-11세	99.7	0.3	100
	12-17세	99.3	0.7	100
소득수준	기초수급	98.8	1.2	100
	차상위	98.5	1.5	100
	일반	99.4	0.6	100
지역	대도시	98.8	1.2	100
	중소도시	99.8	0.2	100
	농어촌	100.0	0.0	100
가족유형	양부모	99.5	0.5	100
	한부모 · 조손	98.7	1.3	100

출처: 김미숙 · 전진아 · 하태경(2013). 한국아동종합실태조사. 한국보건사회연구원.

(3) 학교 폭력

학교폭력 피해는 전체 아동의 32.2%가 학교폭력 피해를 경험한 것으로 나타났으며, 남자일수록, 연령이 낮을수록, 차상위가구 아동일수록, 대도시에 거주하는 아동일수록 피해 경험율이 높게 나타났다.

또한, 학교폭력 가해는 전체 아동의 21.5%가 학교폭력 가해 경험이 있는 것으로 나타났으며, 남자일수록, 기초수급가구 아동일수록, 중소도시에 거주하는 아동일수록 가해 경험율이 높게 나타났다.

| 표 7-12 | 아동의 학교폭력 피해 및 가해 경험율

(단위: %, 명)

구 분		학교 폭력 피해 경험		학교 폭력 가해 경험		계
		없다	있다	없다	있다	
전 체		67.8	32.2	78.5	21.5	100
아동성별	남자	66.6	33.4	75.4	24.6	100
	여자	69.1	30.9	81.9	18.1	100
연령	9-11세	61.4	38.6	77.8	22.2	100
	12-17세	70.3	29.7	78.7	21.3	100
소득수준	기초수급	69.1	30.9	75.0	25.0	100
	차상위	63.5	36.5	83.3	16.7	100
	일반	67.8	32.2	78.5	21.5	100
지역	대도시	64.6	35.4	79.4	20.6	100
	중소도시	69.8	30.2	77.0	23.0	100
	농어촌	74.9	25.1	83.9	16.1	100
가족유형	양부모	68.9	31.1	78.6	21.4	100
	한부모 · 조손	60.9	39.1	76.5	23.5	100

출처: 김미숙 · 전진아 · 하태경(2013). 한국아동종합실태조사. 한국보건사회연구원.

3) 정서적 · 신체적 건강

(1) 삶의 만족도

WHO 기준 삶의 만족도는 10점을 만점으로 하는 국제사회에서 사용하는 척도로 우리나라 아동의 삶의 만족도 결과 평균 6.10으로 나타났다. 구체적으로 성별차이는 없었으나 고연령일수록 저소득층의 경우, 한부모 및 조손가구의 경우가 더 낮게 나타났다.

한편, 유니세프(UNICEF) 기준으로 삶의 만족도[8]를 분석한 결과, 우리나라의 비율은 60.3점으로 OECD 30개국 중 최하위를 차지하고 있어 우리나라 아동의 삶의 만족도를 향상할 수 있는 방안에 대한 연구가 필요하며, 특히 저소득층과 한부모 및 조손가구 아동의 삶의 질을 높일 수 있는 구체적인 방안을 세워야 한다.

8) UNICEF 기준 삶의 만족도: 11세, 13세, 15세 아동의 삶의 만족도를 10점을 기준으로 했을 때 6점 이상 응답한 비율을 말한다.

| 표 7-13 | 현재 삶의 수준: 삶의 만족도

(단위: 명)

구 분		10점 평균	SD	명
전 체		6.10	1.59	5,364,619
아동성별	남자	6.09	1.51	2,806,268
	여자	6.12	1.68	2,558,351
연령	9~11세	6.22	1.59	1,514,515
	12~17세	6.06	1.59	3,850,103
소득수준	빈곤	4.61	2.19	263,366
	일반	6.18	1.51	5,101,253
가족유형	양부모	6.25	1.46	4,546,400
	한부모 · 조손	5.24	2.02	765,568

출처: 김미숙 · 전진아 · 하태경(2013). 한국아동종합실태조사. 한국보건사회연구원.

(2) 아동의 신체 건강

전반적으로 아동의 건강지표들은 향상되고 있는 것으로 분석되었으나, 안경착용률, 과체중 및 비만율과 같은 주요 건강문제들이 빈곤층, 가구형태에 따라 차이를 나타내고 있다. 먼저 아동이 안경을 착용하는지에 대한 질문에서 안경을 착용한다는 응답이 전체 29.9%로 높게 나타났다. 6~8세부터 10%를 상회하는 경향을 보였고, 12~17세에서는 45.3%로 높은 비율로 나타났다. 또한, 차상위가구, 일반가구의 순으로 안경착용률이 높게 나타났다.

아동의 과체중 및 비만비율도 빈곤가구가 일반가구보다 훨씬 높은 수준을 나타내고 있다. 그러므로 이러한 문제를 해결하기 위해 만성질환과 같은 생활습관병이 증가하고 있기 때문에 비만예방 및 신체활동의 증가를 위한 정책적 노력이 필요하고, 맞벌이 가정, 한부모 및 조손 가정의 아동에 대한 건강관리 및 만성질환예방 대책이 강화되어야 한다.

(3) 자살시도 여부 및 원인

9~17세 아동의 자살시도 여부를 살펴보면 여자보다 남자, 일반가구보다 기초수급가구, 양부모가족보다 한부모 · 조손가족에서 자살시도가 높게 나타났다. 즉, 성별로 보았을 때 남자가 38.5%로 여자가 17.7%로 더 높게 나타났으며, 기초수급가구인 경우가 31.6%로 일

반가구 25.8%로 보다 높게 나타났다. 또한, 한부모 · 조손가족 30.3%로 양부모가족 25%로 보다 높음을 알 수 있다.

그림 7-3 아동의 비만 비율(소득수준별: 3~17세)

(단위: %)

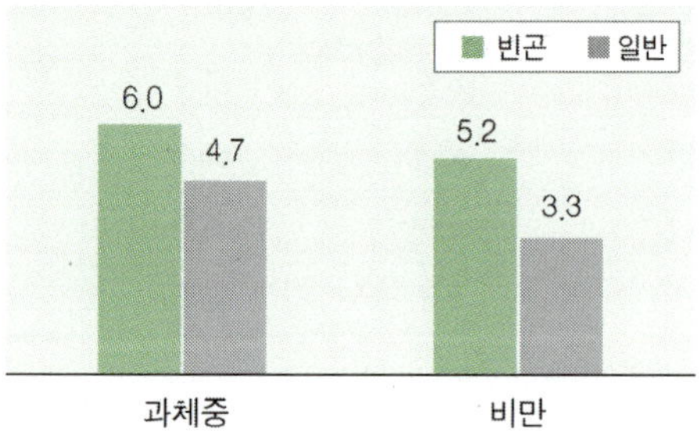

출처: 김미숙 · 전진아 · 하태경(2013). 한국아동종합실태조사. 한국보건사회연구원.

| 표 7-14 | 아동의 자살시도 여부

(단위: %)

구 분		자살시도 안함	자살시도 함	계
전 체		74.1	25.9	100
아동성별	남자	61.5	38.5	100
	여자	82.3	17.7	100
소득수준	기초수급	68.4	31.6	100
	차상위	100	0	100
	일반	74.2	25.8	100
가족유형	양부모	75.0	25.0	100
	한부모 조손	69.7	30.3	100

출처: 김미숙 · 전진아 · 하태경(2013). 한국아동종합실태조사. 한국보건사회연구원.

(4) 식품결핍과 영양섭취 부족

우리나라 아동의 약 8%가 먹을 것이 떨어졌는데도 더 살 돈이 없었던 경험을 하고 있는데, 특히 기초수급가구나 차상위가구는 식품빈곤 경험의 빈도가 더 심해서 각 약 45%와 36%의 아동이 그러한 경험을 하는 것으로 나타났다. 또한, 기초수급가구의 약 50%와 차상위가구의 약 40%가 식품빈곤으로 인해 영양섭취에 문제가 있었던 경험을 하였다. 식사의 양을 줄이거나 식사를 거른 적은 전체 1.6%인데 반해, 수급자의 경우는 12.1%, 그리고 차상위가구는 9.8%가 그런 적이 있는 것으로 드러났다.

| 표 7-15 | 경제적 어려움: 살 돈이 없음

(단위: %, 명)

구 분		자주 그렇다	가끔 그렇다	전혀 그렇지 않다	계	평균
전 체		1.2	6.7	92.1	100	2.91
소득수준	기초수급	8.7	36.4	54.9	100	2.46
	차상위	5.7	30.7	63.6	100	2.58
	일반	0.9	5.6	93.5	100	2.93

출처: 김미숙 · 전진아 · 하태경(2013). 한국아동종합실태조사. 한국보건사회연구원.

식사의 양을 줄이거나 식사를 거른 적은 전체 1.6%인데 반해, 수급자의 경우는 12.1%, 그리고 차상위가구는 9.8%가 그런 적이 있는 것으로 드러났다.

| 표 7-16 | 경제적 어려움: 식사를 거름

(단위: %, 명)

구 분		그렇다	아니다	계
전 체		1.6	98.4	100
소득수준	기초수급	12.1	87.9	100
	차상위	9.8	90.2	100
	일반	1.2	98.8	100

출처: 김미숙 · 전진아 · 하태경(2013). 한국아동종합실태조사. 한국보건사회연구원.

제4절 아동복지의 실천영역

아동복지의 실천영역으로는 보육아동 지원사업, 장애아동 지원사업, 학대아동 지원사업, 입양아동 지원사업, 가정위탁 지원사업, 시설보호사업 및 공동생활가정 보호사업, 소년소녀가정 지원사업, 조손가정 지원사업, 한부모가정 지원사업, 다문화가정 지원사업 등 지원이 필요한 아동의 분류에 따라 지원사업이 진행되고 있다.

이 절에서는 아동복지의 실천영역 중 학대아동 지원사업, 입양아동 지원사업, 가정위탁 지원사업을 중심으로 구체적으로 살펴볼 것이다.

1. 학대아동 보호사업

1) 아동학대의 이해

아동학대는 크게 협의의 의미와 광의의 의미로 구분하여 정의하고 있다. 협의의 정의는 학대의 범위를 신체적 학대로 제한하고 있으며, 광의의 정의에서는 학대와 방임을 구분하지 않고 광의의 아동학대에 방임을 포함하고 있다. 길(Gil, 1971)은 아동학대를 "아동의 평등한 권리와 자유를 박탈하거나 아동의 적절한 발달을 저해하는 행위나 방임상태, 그리고 개인이나 제도, 사회의 행위나 태만"으로 정의하고 있다.

이밖에 1999년 3월 제네바에서 열린 아동학대예방에 관한 회의에서 세계보건기구(WHO)는 아동학대를 "아동의 양육에 책임을 지고 있거나, 신뢰관계가 있거나, 권위를 가진 사람에 의한 모든 형태의 신체적·정서적으로 가혹한 처사, 성학대, 방임 또는 보호의 태만 및 상업적이거나 다른 형태의 착취로서 그 결과 아동의 건강, 생존, 발달 및 존엄성에 실제적인 해를 끼치거나 그러한 가능성을 초래한 것"으로 정의하고 있어, 아동에게 가해진 실제적인 해 이외에 잠재적인 해까지 포함하는 보다 포괄적인 정의를 표명하고 있다.

영훈이 남매 이야기

1998년 당시 경기 의왕시에 살던 영훈 남매의 친아버지와 새엄마는 딸을 굶겨 죽인 뒤 집 앞마당에 묻고, 5세인 영훈을 학대했다. 부부는 각각 자신의 아이 둘을 데리고 재혼했는데, 부인이 자신의 딸들은 제대로 키웠지만 남편이 데려온 아이들에게는 몹쓸 짓을 했던 것이다. 영훈의 발등에는 플라스틱 빗의 뾰족한 부분으로 찔러 총알이 통과한 것 같은 자국이 생겼고, 등에는 다리미로 지진 흔적도 있었다. 마당에서 발견한 여아 시체를 부검한 수사기관은 아이가 굶어서 죽었다고 발표했다. 결국 이 사건으로 부부는 15년형을 선고받았고, 새엄마는 교도소에서 아기를 출산했다.

출처 : 2013년 1월 14일 동아일보

(1) 아동학대의 유형

아동학대는 크게 방임, 신체적 학대, 성적 학대, 정서적 학대로 구분된다. 첫째, 방임은 부모나 기타 아동의 복지에 책임이 있는 사람이 고의적·반복적으로 아동양육 및 보호를 소홀히 함으로써 아동의 건강과 복지를 해치거나 정상적인 발달을 저해할 수 있는 모든 행위를 포함한다. 방임은 신체적 방임, 교육적 방임, 정서적 방임 및 유기로 구분할 수 있다. 둘째, 신체적 학대는 아동에게 고의로 신체적 손상을 입히는 모든 경우를 말한다. 구체적으로 구타나 폭력에 의한 멍, 화상, 찢김, 골절, 장기파열, 기능의 손상 등이 포함된다. 신체적 학대는 한 번의 사건으로 발생하거나 오랜 세월을 두고 지속적으로 발생할 수 있다. 셋째, 성적 학대는 부모나 성인의 성적 만족을 목적으로 아동에게 성인의 성적인 신체 부위를 접촉하거나 성관계를 맺도록 하거나 사회적 금기에 위배되는 성적 활동에 개입시키는 것을 포함한다. 넷째, 정서적 학대는 아동의 심리·정서에 폭력을 가하는 것을 말한다. 아동에게 협박을 가하고 언어적 공격을 일삼고, 경멸, 모독감, 수치심을 주거나 감금하는 등의 적대적이며 거부적인 처우 형태가 포함된다.

(2) 아동학대 발생 원인

아동학대의 원인은 학자들의 시각에 따라 차이가 있을 수 있으며 대체로 개인적 요인, 가족 내 요인, 사회적 및 문화적 요인으로 분류할 수 있다. 이러한 여러 관점을 포괄한 생태학적 접근이 아동학대의 복합적인 요인을 설명하는 데 유용하다. 첫째, 개인적 요인은 부모와 아동의 특성으로 학대의 원인을 설명하고자 한다. 부모 요인에는 부모의 나이가 어릴 경우, 아동발달에 대한 지식이 부족한 경우, 자녀에 대한 지나치게 높은 기대를 가진 경우, 부모 자신이 어릴 때 학대를 받고 자란 경우, 정신병, 우울, 약물중독 등의 경우에 아동학대의 가능성이 높다는 연구결과가 보고되고 있다. 아동의 경우에도 기질, 원하지 않은 출생과 성, 미숙아, 장애 및 발달지체 등의 요인이 있을 경우 학대를 유발하게 될 가능성이 높은 것으로 나타난다. 둘째, 아동학대를 유발시키는 가족 내 요인으로는 실직이나 빈곤과 같은 가족의 사회경제적 특성과 가족역동, 가족구조 등을 들 수 있다. 낮은 사회계층은 실직이나 빈곤 등을 더 많이 경험하고 이로 인한 스트레스와 좌절은 아동학대를 유발시킨다. 가족역동 중 아동학대와 관련된 요인으로는 가족 상호 간의 상호작용 부족, 높은 부부갈등이나 불화 및 부부논쟁의 해결을 위해 신체적이든 언어적이든 공격적 방법을 사용하는 것이 지적되어 왔다. 그 외에 가족구조적 요인으로 대가족이나 인구밀도가 높은 가정, 편부모의 가족에서 학대 비율이 높게 나타난다. 셋째, 사회문화적 요인으로는 체벌에 대한 허용성, 아동에 대한 태도, 가족의 사회적 고립 등을 들 수 있다. 특히 사회가 도시화, 산업화, 핵가족화되어 감에 따라 가족의 사회적 고립현상은 아동양육에 따른 스트레스를 증가시켰다. 공식적인 사회적 지원이나 친척이나 친구, 이웃 등 비공식적 지지체계로부터 소외된 경우 부모는 주위에서 아무런 도움을 받지 못하고 아동을 양육하게 때문에 아동학대의 가능성이 증가하게 된다. 넷째, 생태학적 관점은 앞서 제시한 여러 관점을 체계적으로 분석・통합한 것이다. 즉, 아동이나 부모의 개인적 특성과 가족 등 환경의 특성이 상호작용한 결과로 아동학대의 발생을 설명한다. 이러한 생태체계적 관점은 아동학대문제의 복합적 요인과 상호작용을 고려한 것으로 실제 우리사회에서의 아동학대 발생을 설명하는 데 가장 현실적인 것으로 여겨진다.

2) 아동학대 현황

아동학대의 효율적인 예방과 치료 및 대책 마련을 위해서는 아동학대의 실태를 정확히 파악하는 일이 무엇보다도 중요하다. 2006년 학대아동보호건수가 5,202건에서 2014년에는 10,027건으로 증가하고 있다. 이는 사회변동에 따른 여성의 사회경제활동 증가와 지속되고 있는 경제적 불황으로 인한 요인으로 관련지어 생각해 볼 수 있다.

| 표 7-17 | 학대피해아동보호건수

(단위: 건)

구분	2006	2007	2008	2009	2010	2011	2012	2013	2014
계	5,202	5,581	5,578	5,685	5,657	6,058	6,403	6,796	10,027
신체학대	439	473	422	338	348	466	461	753	1,453
정서학대	604	589	683	778	773	909	936	1,101	1,582
성학대	249	266	284	274	258	226	278	242	308
방임	2,035	2,107	2,237	2,025	1,870	1,783	1,713	1,778	1,870
유기	76	59	57	32	14	53	0	-	-
중복학대	1,799	2,087	1,895	2,238	2,394	2,621	3,015	2,922	4,814

※ 본 통계는 아동보호전문기관에 신고접수된 사례만 분석한 결과로 경찰서 등 타 기관을 통해 접수된 건은 미 반영되어 있어, 실제 우리나라 아동학대 실태와는 차이가 있을 수 있다. 2012년 유기는 방임에 포함하여 집계하였다.

출처: 보건복지부, 「전국아동학대현황보고서」.

아동학대의 유형은 크게 중복학대와 단일학대로 나눌 수 있는데, 중복학대가 학대유형 중 가장 큰 비중을 차지하고 있다. 그 외 단일학대에서는 방임, 정서학대, 신체학대, 성학대, 유기의 순으로 나타나고 있다.

| 표 7-18 | 아동학대 유형별 발생 현황

(단위: 건, %)

구 분	계	신체학대	정서학대	성학대	방 임	유 기	중복학대
2005	4,633	423(9.1)	512(11.1)	206(4.4)	1,635(35.3)	147(3.2)	1,710(36.9)
2006	5,202	439(8.4)	604(11.6)	249(4.8)	2,035(39.1)	76(1.5)	1,799(34.6)
2007	5,581	473(8.5)	589(10.6)	266(4.8)	2,107(37.7)	59(1.0)	2,087(37.4)
2008	5,578	422(7.6)	683(12.2)	284(5.1)	2,237(40.1)	57(1.0)	1,895(34.0)
2009	5,685	338(5.9)	778(13.7)	274(4.8)	2,025(35.6)	32(0.6)	2,238(39.4)
2010	5,657	348(6.1)	773(13.7)	258(4.6)	1,870(33.1)	14(0.2)	2,394(42.3)
2011	6,058	466(7.7)	909(15.0)	226(3.7)	1,783(29.4)	53(0.9)	2,621(43.3)
2012	6,403	461(7.2)	936(14.6)	278(4.3)	1,713(26.8)	-	3,015(47.1)
2013	6,796	753(11.1)	1,101(16.2)	242(3.6)	1,778(26.2)	-	2,922(43.0)
2014	10,027	1,453(14.5)	1,582(15.8)	308(3.1)	1,870(18.6)	-	4,814(48.0)

출처: 보건복지부(2015). 전국아동학대현황보고서.

피해아동의 성별차이는 없는 것으로 나타났으며, 연령대별로는 초등학교 연령에 해당하는 아동들이 학대에 가장 많이 노출되어 있는 것으로 나타났다.

| 표 7-19 | 아동학대 연령별 발생 현황

연령(만)	0~3세	4~6세	7~9세	10~12세	13~15세	16~17세	계
건수(비율)	1,207(12.0)	1,347(13.4)	1,865(18.6)	2,107(21.0)	2,309(23.0)	929(9.3)	10,027(100)

출처: 보건복지부(2015). 전국아동학대현황보고서.

학대받은 아동의 가족유형을 살펴보면 친부모가족 외 형태는 4,919건으로 전체의 49.1%로 가장 높은 수치를 보였고, 친부모가족은 4,458건으로 44.5%였으며, 대리양육 형태와 기타는 각각 271건(2.7%), 43건(0.4%)으로 나타났다.

세부적으로 살펴보면, 친부모가족 외 형태 중 한부모가족형태에 해당하는 부자가정과 모자가정 그리고 미혼부·모가정을 합하면 총 3,509건으로 전체 피해아동 가족의 35%를 차지한다. 한부모가족 실태조사에 따르면 한부모가족의 소득은 월 172만 원 수준으로 전체가구 평균 가구소득 353만 원의 절반에도 못 미치는 수준으로 경제적 어려움을 겪고 있으며, 부모의 역할을 혼자 수행해야 하기 때문에 양부모가족보다 자녀양육에 대한 부담이 크기 때문에 아동학대를 유발할 수 있는 위험한 요소가 될 수 있다. 그러므로 한부모가 자녀를 적절히 양육할 수 있도록 지속적인 관심과 정책적 대안이 마련되어야 할 것이다.

| 표 7-20 | 피해아동 가족유형

(단위: 건, %)

친부모 가족	친부모가족 외 형태								대리양육형태				기타	파악 안됨	계
	부자 가정	모자 가정	미혼 부·모 가정	재혼 가정	친인척 보호	동거 (사실혼 포함)	소년 소녀 가정	소계	가정 위탁	입양 가정	시설 보호	소계			
4,458 (44.5)	1,887 (18.8)	1,414 (14.1)	208 (2.1)	750 (7.5)	297 (3.0)	353 (3.5)	10 (0.1)	4,919 (49.1)	24 (0.2)	39 (0.4)	208 (2.1)	271 (2.7)	43 (0.4)	336 (3.4)	10,027 (100.0)

출처: 보건복지부(2015). 전국아동학대현황보고서.

학대행위자와 피해아동과의 관계를 살펴보면, 부모에 의해 발생한 경우가 81.8%에 해당하는 8,207건으로 압도적인 수치를 보여준다. 이중 부모에 의해 발생한 사례 중 친부에 의해 발생한 사례가 4,531건(45.2%), 친모는 3,211건(32.0%), 계모와 계부는 각각 242건(2.4%), 189건(1.9%) 순으로 높게 나타났다. 2014년 언론을 뜨겁게 달군 '울산계모사건', '칠곡계모사건' 등 각종 미디어 매체의 노출을 통해 계부·계모의 아동학대가 심각하게 드러나고 있지만, 실제로는 친모와 친부에 의한 학대가 약 18배 더 많이 일어나고 있다.

| 표 7-21 | 학대행위자와 피해아동과의 관계

(단위: 건, %)

관계	부모	친인척	대리양육자	타인	기타	파악 안 됨	계
소계	8,207 (81.8)	559 (5.6)	990 (9.9)	124 (1.2)	129 (1.3)	18 (0.2)	10,027 (100.0)

※ 대리양육자: 부모의 동거인, 유치원교육원, 초·중·고교 직원, 학원 및 교습소 종사자, 보육교직원, 아동복지시설 종사자, 기타시설 종사자, 위탁부, 위탁모, 베이비시터를 말함

※ 타인: 이웃, 낯선 사람

출처: 보건복지부(2015). 전국아동학대현황보고서.

아동학대 발생장소를 살펴보면 가정 내에서 발생한 사례가 전체 아동학대사례의 85.9%인 총 8,610건으로 가장 높게 나타났다. 어린이집, 학교, 유치원과 같은 아동을 돌보고 교육하는 기관에서는 각각 300건(3.0%), 171건(1.7%), 96건(1.0%)으로 전체 사례 중 5.7%에 해당하는 수치이고, 작년보다 약 1.2%가 높게 나타났다. 또한, 아동을 보호하는 복지시설에서는 아동복지시설 180건(1.8%), 기타복지시설 30건(0.3%)으로 전체 사례 중 2.1%에 해당한다. 아동을 보호하고, 교육하는 중요한 역할을 하고 있고, 위와 같은 기관들은 어떤 학대 발생 장소보다 예방할 수 있는 가능성이 높으므로 아동학대를 예방할 수 있는 체계적 대안이 필요하다.

| 표 7-22 | 아동학대 발생장소

(단위: 건, %)

구 분	건수(비율)		구 분	건수(비율)	
가정 내	8,610	(85.9)	학교	171	(1.7)
집근처 또는 길가	185	(1.8)	학원	96	(1.0)
친척집	79	(0.8)	병원	40	(0.4)
이웃집	9	(0.1)	복지시설	210	(2.1)
어린이집	300	(3.0)	기타	216	(2.2)
유치원	96	(1.0)	파악 안 됨	15	(0.1)
계				6,058	(100.0)

출처: 보건복지부(2015). 전국아동학대현황보고서.

학대 피해아동 중 사망아동의 현황은 2005년 16명에서 2006년 7명으로 2배 이상 줄어들었다가 2011년부터 13명으로 다시 증가하고 2012년 10명 2013년 22명까지 사망 아동의 수가 늘어났다. 그리고 2014년에는 17명으로 약간 감소한 상황이다.

| 표 7-23 | 학대피해아동 중 사망아동 현황

(단위: 건)

구 분	2005	2006	2007	2008	2009	2010	2011	2012	2013	2014
사망아동수	16	7	7	8	8	3	13	10	22	17

출처: 보건복지부(2015). 전국아동학대현황보고서.

2. 아동학대 관련법

「아동복지법」에 근거하여 2000년 10월부터 서울에 2곳을 비롯하여 전국 주요 도시에 아동학대 예방센터(현 아동보호전문기관)가 54개소 설치·운영되고 있고, 아동학대 긴급 신고전화(1391)가 개통되면서 아동학대에 대한 보호체계를 갖추게 되었다. 아동학대방지법안의 내용이 「아동복지법」 개정안에 포함되면서 아동학대 부분이 보강된 개정 「아동복지법」이 2008년 2월 29일에 국회를 통과하여 2008년 3월 3일부터 시행되었다. 2008년 개정된 「아동복지법」에는 그동안 법률적 뒷받침이 미약했던 아동학대 개념과 금지유형이 명확히 규정되었고, 아동학대와 관련된 여러 조항이 신설되어 법적·제도적 기틀을 다지고 아동학대에 대한 많은 변화를 수반하는 계기가 되었다.

이후 2014년 9월부터는 「아동학대범죄의 처벌 등에 관한 특례법」이 시행되어 아동학대치사, 아동학대 중상해, 상습범 및 아동학대 신고의무자의 아동학대범죄에 대한 가중처벌 규정이 신설되었다. 이에 따라 아동학대치사는 무기 또는 5년 이상의 징역, 아동학대중상해는 3년 이상의 징역, 상습범 및 신고의무자의 아동학대범죄는 정형의 2분의 1을 가중처벌하게 되었다.

기존에는 아동학대 현장출동 시 응급조치 및 긴급임시조치 등에 관한 규정이 충분하지 않았는데, 특례법에서는 현장출동 시 학대행위의 제지, 행위자의 격리, 피해아동의 보호시설 인도 등의 응급조치와 접근금지 등의 긴급임시조치를 다양하게 정하여 아동을 신속히 보호할 수 있고, 피해아동에 대해 응급조치를 한 경우 사법경찰관은 의무적으로 검사에게 임시조치를 신청하도록 하여 아동학대범죄에 대한 사법적 개입을 의무화하였다.

아울러 경미한 사건은 아동보호전문기관에서 자체 종결하는 경우가 많았는데, 특례법에서는 검사의 결정전 조사 후 아동학대행위자에 대하여 친권 제한·정지 또는 상담 등 보호처분을 하거나 치료·상담·수강 조건부 기소유예를 하여 원 가정을 회복할 수 있게 되었다.

이에 덧붙여 성폭력범죄 피해아동 등에게만 국선변호사와 진술조력인이 지원됐던 것을 특례법에서는 '아동학대범죄'에서도 국선변호사, 진술조력인 제도가 도입되어 아동이 법률전문가의 지원을 받을 수 있고, 피해아동의 수사·재판 절차에 진술조력인이 참여할 수 있게 되었다.

다음은 「아동학대범죄의 처벌 등에 관한 특례법」의 시행 전과 후를 비교한 구체적인 내용을 〈표 7-24〉에 제시하였다.

| 표 7-24 | 「아동학대범죄의 처벌 등에 관한 특례법」 시행 전후

〈 시행 전 〉	〈 시행 후 〉
「형법」상 '학대치사죄' 적용시, 3년 이상의 유기징역으로 처벌 (※ 집행유예 가능)	「아동학대범죄의 처벌 등에 관한 특례법」상 '아동학대치사' 죄가 적용, 무기 또는 5년 이상의 징역으로 처벌 (※ 별도 감경사유가 없는 이상 집행유예 불가)

〈 시행 전 〉	〈 시행 후 〉
아이돌보미가 아이를 돌보던 중, 아이의 몸에 멍이든 것을 발견, 부모에 의한 학대가 의심되는 경우에도, 아이돌보미에게는 신고의무가 없었고 미신고시 과태료도 미부과	아이돌보미에게도 신고의무가 부여되고, 의심이 있는 경우에도 미신고시 과태료 부과 (※ 300만원에서 500만 원 이하로 상향)

〈 시행 전 〉	〈 시행 후 〉
'울주 아동학대 사망사건'의 경우, 신고를 받고 아동보호전문기관이 출동했음에도, 피해아동에 대한 조사만 행해지고, 계모에 대한 제재조치가 결여, 아동 사망의 결과 초래	피해아동에 대한 응급조치결과서를 토대로 계모에 대한 격리, 접근금지, 친권행사 제한, 상담위탁 등 임시조치로 피해아동 보호 및 학대행위자 제재

〈 시행 전 〉	〈 시행 후 〉
아동보호전문기관이 아동을 보호하는 중에도 친권자가 친권을 행사, 아동을 데리고 가는 것을 막지 못하여, 추후 재범 우려	아동학대행위자에 대한 임시조치로서 최장 4개월까지 친권 행사를 제한하여 친권자인 학대행위자로부터 아동을 보호

'피해자 국선변호사'란?	'진술조력인'이란?
형사절차에서 피해자의 권익을 보호하기 위하여 검사가 선정한 피해자를 위한 변호사	형사절차에서 13세 미만의 아동 또는 장애인인 범죄피해자의 의사소통을 중개 · 보조해주는 전문가

〈 시행 전 〉	〈 시행 후 〉
친권자가 친권을 남용, 아동에 대한 수술에 동의하지 아니하여 아동이 필요한 의료적 조치를 받지 못하는 경우, 「민법」상 친권 '상실' 외 뚜렷한 해결책 미비	아동보호전문기관장 등이 가정법원에 피해아동보호명령을 청구, 법원은 피해아동보호명령 중 '친권자의 의사표시에 갈음하는 결정'으로 수술 동의 결정 가능

〈 시행 전 〉	〈 시행 후 〉
주소지 소재 학교에 취학함으로써 학대행위자에게 손쉽게 노출	주소지 이외의 보호시설 등 소재 학교에 취학함으로서 학대행위자의 접근 차단

〈 시행 전 〉	〈 시행 후 〉
아동학대범죄전력자의 아동관련기관 취업에 제한이 없음	• 아동관련기관은 직원 채용시 반드시 아동학대관련범죄 전력 확인 • 중앙행정기관 및 지방자치단체는 아동학대관련범죄전력자의 취업제한 기간 중 취업 여부를 확인 · 점검, 해임 요구

또한, 보건복지가족부를 중심으로 한 아동학대예방센터의 조직체계는 [그림 7-4]와 같으며 지방아동학대예방센터 아래 기관들은 아동학대사업을 추진하는 데 긴밀한 네트워크가 필요한 기관들이다.

그림 7-4 아동학대예방센터의 조직 및 업무체계도

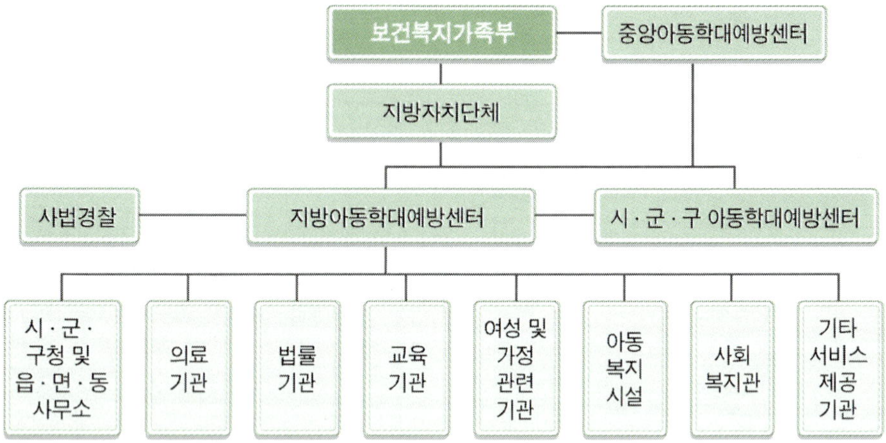

2006년도부터는 아동학대예방센터가 「아동복지법」상 명칭과 달리 표현하면서 행정상 혼란을 초래하고 있으므로, 법상 공식명칭인 '아동보호전문기관'으로 통일하였다. 또한 소규모 아동학대예방센터의 경우에는 피학대아동을 신속하게 보호하고자 지역 접근성을 고려하여 설치된 것이므로 '지역아동보호전문기관'이라는 용어를 사용한다.

신고의무자에 대해서는 개정 「아동복지법」 제26조(아동학대 신고의무와 절차) 제1항에서 '누구든지 아동학대를 알게 된 때에는 아동보호전문기관 또는 수사기관에 신고할 수 있다'고 규정하고 있으며, 제2항에서는 학교 교사 등 교육시설 종사자, 의사, 간호사 등 의료인, 아동복지시설, 장애인복지시설 등 사회복지시설의 종사자 및 아동복지지도원 등 사회복지전담공무원 등을 신고 의무자로 지정하고 있다. 2006년부터는 아동학대를 근절하기 위하여 제26조 제2항 각 호에 아동학대 신고의무자로 되어 있는 교원, 의료인, 아동복지시설 종사자 등의 자격 취득 교육과정에 관계 중앙행정기관의 장으로 하여금 아동학대 예방 및 신고와 관련된 교육내용을 포함시키도록 하였다.

그림 7-5 아동학대사례 업무진행도

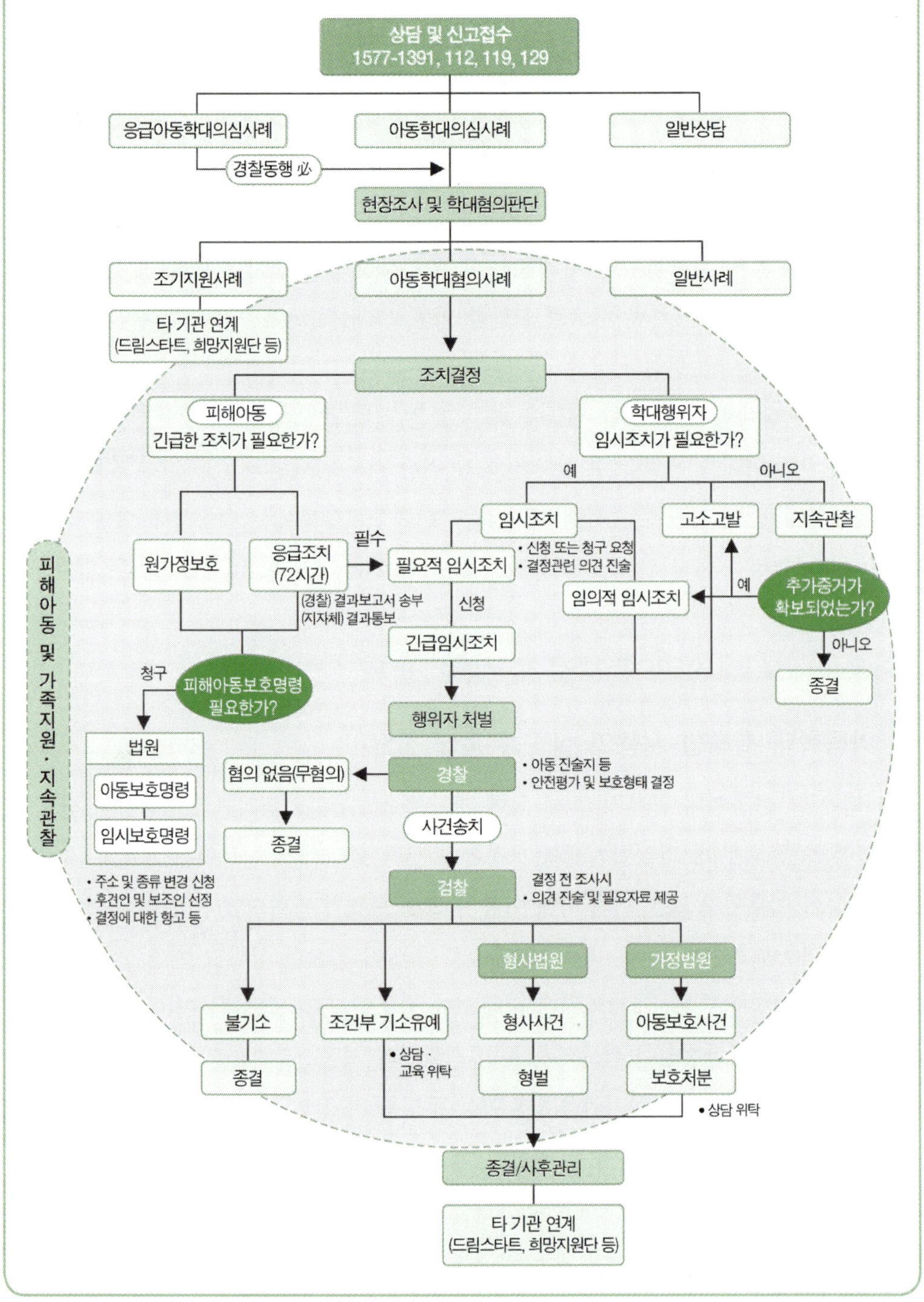

3. 아동보호서비스

아동보호서비스는 부모가 아동의 양육자로서의 역할을 수행할 수 없거나 수행하지 않거나 혹은 역할수행을 거부함으로 인하여 아동이 그 부모로부터 학대, 방임, 거부되고 결과적으로 아동의 권리가 침해되는 상황에서 이루어지는 서비스라고 할 수 있다.

개정된 「아동복지법」에 따르면 학대아동에 대한 아동보호서비스 전달과정은 아동학대 행위를 목격하거나 의심되는 피학대아동 발견 → 아동학대예방센터(1391), 경찰서 및 파출소(112)에 신고 → 사례접수 → 현장조사 및 위기사정 → 아동학대 판별 → 사례개입 계획 작성 → 사례개입(상담 및 치료를 포함한 아동보호서비스 제공) → 사례평가 → 종결 및 사후관리의 단계를 거친다.

아동학대가 발생한 후 적절한 개입을 하는 것은 매우 중요하다. 그러나 더욱 강조되어야 할 것은 아동학대를 근절할 수 있도록 하기 위한 적극적 예방사업일 것이다. 현재 우리나라 아동학대 관련 기관에서 시행되고 있는 예방 프로그램에는 아동학대 예방 캠페인, 예방을 위한 서명운동, 시민들의 '아동지킴이' 자원봉사 참여 확대 등을 들 수 있다.

4. 아동학대보호사업의 문제점 및 향후 과제

1) 아동학대 특례법 시행의 실효성 증대 필요

2014년 9월 「아동학대 범죄 및 처벌 등에 관한 특례법」이 시행되면서 아동학대 신고 시 경찰 동행 출동 의무화, 가정법원에서 가정학대 범죄 별도취급, 아동학대 가해자 처벌 기준 강화 등이 이루어져 많은 피해 학대 아동의 법적 보호가 강화되었다. 그러나 법 시행으로 필요한 아동보호전문기관은 최소 100개소로 증설이 필요한 상황인 반면, 정부 예산은 올해 185억원으로 작년예산 252억원에 비해 27% 감소하였고, 일반예산이 아닌 '범죄 피해자 보호기금'으로서 안전성이 확보되지 못한 상황이다(서울신문 2016. 4. 10). 개정법에는 지방자치단체가 아동보호전문기관을 1개 이상 두도록 하고 있는데, 이 시설을 1개 늘리고 그에 맞는 인력을 투입하는 데 많은 예산이 소요될 것으로 예상하고 있다. 그만큼 재원이 늘어나야 하지만 이에 대한 지원 내용은 빠져 있다는 것이다. 그러므로 본 내용을 특례법에 추가하고 아동학대사업을 중앙정부 사업으로 이관해야 할 것이다.

결국 아동학대 특례법의 시행결과 경찰 등 사업기능의 강화의 긍정적 효과는 있으나 예산부족으로 아동 보호 및 치료, 가해자 교육 및 상담 등에 필요한 기능은 부족할 것으로 예상된다.

2) 홍보 강화를 통한 대국민 인식 전환

많은 사람들이 아동학대의 심각성은 충분히 인식함에도 '자녀양육권에 대한 침해'나 '신고 후 부과될 책임 및 역할이 부담스러워서', '학대에 대한 기준이 모호'해서 학대가 의심되는 아동을 발견했을 때에도 신고하지 않는다. 따라서 대중매체를 이용한 공익광고를 통해 전국민을 대상으로 아동학대의 개념과 후유증의 심각성을 홍보하여 아동학대문제의 중요성을 일깨우고, 1391 신고전화에 대한 홍보를 강화하여야 한다.

3) 아동학대예방센터의 확충 및 상담원의 전문화

아동학대예방센터가 활동 중이기는 하나, 그 전문성이나 인력 면에서 아직은 미비한 상태다. 현재 중앙 센터를 포함하여 전국에 54개소가 있지만, 시, 도별로 일률적으로 1개소씩 운영되고 있어 적절한 서비스를 받기가 어렵다. 그러므로 아동학대예방센터를 관할 지역범위와 18세 미만 아동 수 등을 고려하여 증설할 필요가 있다. 또한 현장조사를 담당하는 상담자의 수를 늘리고, 피해아동과 가해자를 위한 전문적인 상담 및 치료 서비스를 제공할 수 있는 전문인력을 배치해야 한다.

아동학대예방센터에서 한 해 동안 피해아동, 학대행위자 및 가족 대상 서비스에 대한 업무량을 살펴보면 상담원 1인당 총 1,197.8회의 서비스가 제공되었다. 아동학대 예방을 위한 교육・홍보・협력사업의 경우 교육사업 46.5회, 홍보사업 4,786.6회, 협력사업 3.8회로 집계되었다.

미국의 경우 CPS (Child Protective Services)의 역할은 신고접수, 현장조사, 사례판정 등에 집중되어 있으며, 서비스제공은 지역사회 내 유관기관에서 담당한다. 반면 우리나라의 경우, 상담원들은 신고접수, 현장조사, 사례판정, 조치결정, 서비스 제공, 사례종결까지 모든 과정을 모두 담당하며, 기존의 누적된 사례관리와 사후관리, 교육 및 홍보사업까지 광범위한 아동학대예방사업을 동시에 진행하고 있는 것으로 나타났다.

이러한 과도한 업무량은 아동보호전문기관 수의 절대적인 부족과도 연관이 있다. 2013년 기준 추계아동인구가 9,331,894명인 반면 상담원의 수는 375명으로 우리나라는 상담원 1인당 약 24,885명의 아동을 담당하고 있는 셈이다.

4) 다양한 서비스의 개발 및 제공

지난 2014년 학대로 판정된 사례 6,796건 가운데 1,944건의 피해아동들이 보호자와 분리 보호되어 쉼터에 입소하였으며, 피해아동들의 평균 보호기간은 2.2개월이다. 또한, 2014년 학대피해아동에 제공된 서비스는 16만여 건에 달하지만 이 중 심리치료는 9,000여 건으로 6% 수준일 뿐이다. 그만큼 학대아동에게 필요한 심리치료는 매우 부족한 상태이다.

2015년 전국 모든 학대피해아동쉼터 57곳에 상근하고 있는 심리치료사는 1명씩 배치하고 쉼터에 방 하나를 늘려 별도의 심리치료실을 마련할 것을 의무화하고 있으나 심리치료사 채용 기준과 인력확보를 위한 제정의 불일로 전문성 있는 인력 지원의 어려움이 예상되고 있는 실정이다. 피학대아동은 정신적·육체적으로 특별한 보호와 치료가 필요하므로 아동학대 유형에 따른 적절한 보호체계 및 전문인력이 온전히 확보될 수 있도록 지원되어야 할 것이다.

5) 아동학대 예방 및 치료를 위한 가정지원서비스의 강화

결손가정이나 빈곤가정 등 위기나 스트레스를 겪고 있는 가정은 아동학대의 발생률이 현저히 높은 것으로 보고되고 있다. 그러므로 가정에서 발생하는 스트레스를 완화시키는 상담이나 아동발달의 지식과 자녀양육의 기술을 제공하는 부모교육프로그램, 아동양육의 부담을 덜어줄 수 있는 가족지원프로그램의 개발 및 시행이 필요하다.

6) 아동학대를 포함한 아동복지정책을 통합적으로 수행할 수 있는 조직과 전달체계 수립

아동학대예방센터는 학대로 신고 된 사례에 국한하여 조사와 보호, 치료 등이 이루어진다. 따라서 보호자가 없거나 이탈된 아동과 보호자가 양육하기에 부적당하거나 능력이 없는 경우의 아동에 대하여는 개입되지 않고 있어 예방적인 기능이 미비된 기형적 체계를 가지고 있는 실정이다. 아동학대와 관련된 기관과의 네트워크의 중요성이 강조되는 궁극적인 이유는 통합적인 지원을 통해 아동에게 가장 좋은 양육환경인 가정을 회복시켜 가정에서 보호하게 하는 데 있다고 볼 수 있다. 이에 따라 그 대상이 학대받는 아동만이 아닌 보호를 필요로 하는 모든 아동이 되어야 하며, 이를 위하여 현재의 조직체계가 변화되어야 한다.

제5절 가정입양 지원서비스

1. 입양의 개념 및 목적

입양은 위탁가정과 함께 대리가정서비스의 양대 지주로서, 생물학적인 과정이 아니라 아동과 그의 친부모가 아닌 사람이 부모-자녀의 친자관계를 맺게 하는 법적·사회적 과정이다. 입양은 첫째, 아동을 위한 비시설보호의 방법이고, 둘째, 가족관계를 창출하며, 셋째, 아동을 위한 항구적 가정을 제공하고, 넷째, 양부모와 양자의 인간적 욕구를 충족시키려는 노력이며, 다섯째, 일정한 법적 절차에 따라 이루어지고, 여섯째, 양부모는 양자 양육에 대하여 무제한적인 책임을 장기간 진다는 특성을 갖는다.

입양은 전통적인 불임부부에 의한 입양과 사회적·인본주의적 이유에 의한 입양으로 구분할 수 있다. 카두신(Kadushin)은 입양의 목적에 대하여 아동에게 입양이 아니면 얻을 수 없는 영구한 가정과 지속적인 건전한 가족을 갖게 하고, 불임부부에게 부모의 기회를 제공하고, 가문의 이름을 지속시키고, 유산을 물려주는 수단, 자녀출산을 원치 않는 부모를 위한 대체수단 및 자녀가 있는 사람이 아동을 더 양육하려는 욕구 만족의 수단으로 사용된다고 보고한 바 있다.

2. 입양사업의 역사 및 현황

1) 입양사업의 역사

입양은 기원전 2,800년경 함무라비 법전에서 법적 근거를 찾을 수 있고, 고대 로마법에서는 아들이 없는 남성만이 가계와 혈통 계승의 목적으로 입양을 할 수 있었다. 즉, 종족 보존 및 가계번영 수단 및 남성 권위를 강화시켜주는 수단으로 존재하였던 것이다.

1890년부터 1930년 사이에 외국 여러 나라에서 관련법이 제정되었으나, 1989년 유엔 아동권리협약 및 1993년 국가 간 입양과 관련하여 아동의 보호 및 협력에 관한 협정(헤이그 협정)이 입양에 있어서 가장 중요한 의미를 갖는다. 특히 헤이그 협정에 의하면 ① 8세 미만 아동을 대상으로 하며, ② 해외입양 국가에서는 국내입양도 이루어져야 하고, ③ 입양기관은 관련된 국가에서 모두 인가를 받아야 하고, ④ 인도 후 아동권익에 적절치 않다고 판단되면 입양국가 입양당국이 필요한 조치를 취하도록 되어 있다.

우리나라에서도 입양은 가계의 보존 목적으로 같은 성의 남아를 중심으로 일찍부터 발달되어 있었으나, 근대적 의미의 입양은 6.25 이후 전쟁고아에 대한 대책으로 시작되었다. 이때 실시된 입양은 주로 국외입양이었다. 그러나 국내에서 발생한 보호를 필요로 하는 아동을 우리가 보호하지 못하고 외국으로 내보내는 것은 국가 위신을 실추시키고 입양된 아동이 이질적인 문화와 관습의 외국가정에서 적응하는 데 어려움이 있는 등 부정적인 면이 계속 지적되었다. 이에 따라 국내입양을 활성화시키는 동시에 시설수용보호를 가정적인 분위기로 전환하기 위한 시설환경 개선이 실시되었다. 그러나 아직도 우리나라의 전통적 가치관과 맞물려 선진국과 같은 수준의 입양은 기대하지 못하는 실정이다.

2) 입양 관련법

입양과 관련된 법규로는 1961년 「고아입양특례법」, 1976년 「입양특례법」, 1998년 「입양촉진 및 절차에 관한 특례법」이 제정되었다. 이후 국내입양을 활성화하기 위해 지속적인 개정 작업을 거쳤으며, 2006년에는 보건복지부에서 국내입양을 활성화하기 위해 '국내입양 활성화 종합대책'을 마련하기도 하였다. 아울러 국내입양 활성화를 통해 국외입양 감소를 유도하기 위해 5개월간 국내입양을 우선적으로 추진한 후 국외입양을 추진하는 '국내입양 우선추진제'를 2007년 1월부터 도입하였으며, 입양대상아동 통합관리시스템을 2006년 5월부터 구축, 운영하여 입양희망부모에게 종합적인 입양대상아동 정보를 제공하고 있다. 2007년에는 「입양촉진 및 절차에 관한 특례법 시행규칙」에서 입양 자격 조건을 보다 완화하는 방향으로 일부를 개정하였다. 이후 2011년 「입양특례법」으로 명칭이 변경되어 2012년부터 본 법이 시행되었다. 2012년부터 시행된 「입양특례법」의 내용으로는 친부모 출생신고 및 가족관계 등록 의무화, 숙려제도 도입, 관할 시군구 신고제에서 가정법원 허가제 등이 있다.

입양에 관련된 국제협약은 '아동의 권리에 관한 국제협약'과 '국가 간 입양에 관한 아동보호와 협력에 관한 헤이그협약'이 있다. 여기에 제시된 입양관련조항에 따르면, 입양은 가정을 상실한 아동을 위한 최후의 대안이어야 하며, 아동에게 최선의 이익이 우선적으로 고려된 결정이어야 하고, 입양의 결정에 있어 아동의 동의와 의사표시권이 법적으로 보장되어야 한다. 무엇보다도 국외입양은 국내입양이 불가능하다고 판단될 경우에 취할 수 있는 최후의 수단이 되어야 하며, 부득이할 경우 해당 아동을 다시 출신 나라로 되돌려 받을 수 있어야 하고, 출신국은 아동과 아동의 친부모에 관련된 자료와 정보 보관의 의무화를 명시하고 있다.

3) 국내외 입양현황

최근의 입양 경향을 살펴보면 괄목할 만한 변화가 나타나고 있다. 대표적인 변화 가운데 하나가 전체 입양아동 중 국외입양 아동이 차지하는 비율이 감소하고 있는 반면 국내입양 아동이 차지하는 비율이 증가하고 있는 현상이다. 또한 국내입양의 경우 유자녀가정의 입양증가, 남아를 선호하는 경향이 높았던 과거의 추세와는 달리 여아를 선호하고 있다는 것, 그동안 전적으로 국외입양에 의존해 오던 장애아의 입양이 1993년을 기점으로 국내에서도 이루어지고 있다. 아울러 비밀입양이 줄어들고 공개입양이 점점 증가하는 경향을 나타내고 있다.

입양아동수 현황을 자세히 살펴보면 2005년부터 꾸준히 비슷한 수치를 유지해 오다가 2013년 686명으로 갑자기 1/2정도로 현저한 감소를 보이는데, 이것은 개정된 「입양특례법」의 효과로 보는 견해들이 지배적이다. 개정된 특례법에서는 친부모가 출생신고 및 가족관계 등록을 의무화하고 있고, 입양기관에 자녀를 입양 의뢰하고자 하여도 숙려제도를 도입함으로써 일정기간 입양을 숙고하도록 하고 있다. 그런데 입양을 원하는 부모의 대다수가 미혼모이기 때문에 자녀에 대한 출생신고가 쉽지 못하며 입양 숙려제도의 도입으로 입양에 대한 과정이 쉽지 않기 때문에 입양아동수가 그만큼 감소하게 된 것이다.

그러한 이유로 미혼모 자녀 중 출생신고를 꺼려하는 부모가 자신의 자녀를 입양이 아닌 유기로 선택하는 경우가 빈번히 증가하고 있는 것이다. 버려지는 아이들을 위해 베이비박스를 설치해 운영하고 있는 일부 교회에서는 일주일에 5~6명의 아이들이 꾸준히 유기되고 있음을 알리고 있다. 문제는 관련법에서 아이의 출신 지역이 아닌 버려진 지역의 자치단체가 아이들을 보살피도록 하고 있는데, 서울시의 경우 전국 각지에서 모인 베이비박스 유기 영아들로 인해 서울지역 32개 아동복지시설이 이미 포화상태에 이른 상태이다.

| 표 7-25 | 입양아동수

(단위: 명)

연도별	2005	2006	2007	2008	2009	2010	2011	2012	2013
국내	1,461	1,332	1,388	1,306	1,314	1,462	1,548	1,125	686
국외	2,101	1,899	1,264	1,250	1,125	1,013	916	755	236
계	3,562	3,231	2,652	2,556	2,439	2,475	2,464	1,880	922

출처: 보건복지부 내부자료.

| 표 7-26 | 입양아동비율

(단위: %)

연도별	2007	2008	2009	2010	2011	2012	2013
국내	52.3	51.1	53.9	59.1	62.8	59.8	74.4
국외	47.7	48.9	46.1	40.9	37.2	40.2	25.6
계	100	100	100	100	100	100	100

출처: 보건복지부 내부자료.

3. 입양의 요건

1) 양자될 자격(「입양특례법」 제9조)

보호자로부터 이탈된 자로서 시・도지사 또는 시장・군수・구청장이 「국민기초생활보장법」에 의한 보장시설에 보호 의뢰한 자, 부모(부모가 사망 또는 기타 사유로 동의할 수 없는 경우에는 다른 직계존속) 또는 후견인이 입양을 동의하여 보장시설 또는 입양기관에 보호 의뢰한 자, 법원에 의해 친권상실의 선고를 받은 자의 자로서 시·도지사 또는 시장·군수·구청장이 보장시설에 의뢰한 자, 기타 부양의무자를 알 수 없는 경우로서 시·도지사 또는 시·군·구청장이 보장시설에 보호의뢰 한 자 등이다.

2) 양친될 자격(「입양특례법」 제10조)

양친될 자격은 다음 요건을 모두 갖춘 자 이어야 한다. 첫째, 양자를 부양함에 충분한 재산이 있을 것, 둘째, 양자에 대하여 종교의 자유를 인정하고 사회의 일원으로서 그에 상응한 양육과 교육을 할 수 있을 것, 셋째, 가정이 화목하고 정신적·신체적으로 양자를 부양함에 현저한 장애가 없을 것, 넷째, 양친이 될 자가 대한민국 국민이 아닌 경우 본 국법에 의하여 양친이 될 수 있는 자격이 있을 것, 다섯째, 기타 양자로 될 자의 복지를 위하여 25세 이상으로서 양자될 자와의 연령차이가 60세 미만인 자(양친이 될 자가 대한민국 국민이 아닌 경우에는 25세 이상 45세 미만)의 요건을 갖춘 자 등이다.

4. 입양가정 지원서비스

1) 입양아동 양육수당 지원

(1) 지원대상

「입양특례법」상 허가를 받은 입양기관에 의해 동법의 요건과 절차를 갖춰 국내입양한 가정이다.

(2) 지원내용

양육수당은 월 15만 원/인을 만 15세가 될 때까지 지급한다.

2) 장애아동 양육보조금 및 의료비 지원

(1) 지급대상

「입양특례법」상 허가를 받은 입양기관에 의해, 동법의 요건과 절차를 갖춰 장애아동을 국내입양한 가정이다. 장애아동의 유형으로는 입양 당시 「장애인복지법」 제32조 제1항에 따라 장애인 등록을 한 아동, 분만 시 조산·체중미달·분만장애 또는 유전 등으로 입양 당시 질환을 앓고 있는 아동, 입양 후 선천적 요인으로 인한 장애가 발견되어 장애인 등록을 하거나 질환이 발생한 아동으로 정의한다.

(2) 지원내용

양육보조금은 중증 장애인의 경우 월 627천 원, 경증 장애인 등 그 외 지원대상에게 월 551천 원을 지급한다. 의료비 지원은 연간 260만 원 한도 내에서 본인이 부담한 진료·상담·재활 및 치료(심리치료 포함)에 소요되는 비용(급여 및 비 급여부분 포함)으로 「의료급여법」 제7조 제1항 및 제12조의 규정에 의한 의료급여 또는 요양비에 대한 본인부담금, 「국민건강보험법」 제39조 제1항 및 제44조의 규정에 의한 요양급여 또는 요양비에 대한 본인부담금 또는 「사회복지사업법」·「장애인복지법」·「정신보건법」 등 다른 법령에 의하여 제공되는 진료·상담·재활 및 치료에 소요되는 비용 중 본인부담금 등이다. 또한, 2013년 1월 1일부터 장애인보조기구에 대한 의료비 청구도 포함된다. 다만, 장애인 보조기구에 대한 의료비 지원액은 연간 의료비 지원 한도액의 50% 이내로 한다.

(3) 지급방법

양부모는 양육보조금의 경우 매년 1회(장애인등록이 된 아동의 경우 최초 1회로 계속지원), 의료비의 경우 매달 또는 분기별로 관련서류를 첨부하여 관할 시·군·구청장에게 신청하며, 신청 받은 시장·군수·구청장은 신청자의 통장계좌로 입금한다. 양육보조금은 만 18세가 될 때까지이며, 의료비의 경우 신청 받은 달 또는 익월에 신청자의 통장계좌로 입금한다.

(4) 구비서류

경우는 양육보조금 지급신청서(서식 2호), 장애인등록증(질환을 앓고 있는 아동의 경우는 의사소견서), 입양사실확인서(서식 1호), 통장사본이고 의료비의 경우는 본인부담 증빙자료(입금확인서 등)이다.

5. 입양의 구성요소 및 입양사업 전달체계

1) 입양의 구성요소

입양의 구성요소는 입양대상아동, 친부모, 양부모, 입양기관으로 이루어진다.

입양대상아동은 고아, 기아와 같이 입양이 아니면 영구히 가정을 가질 수 없는 아동, 혼외 자녀, 합법적으로 결혼한 부모가 경제, 부부문제 등으로 자발적으로 입양을 의뢰한 아동, 법적으로 친권을 상실한 부모의 아동 등이다.

친부모는 아동을 보호·양육할 의사는 있으나 능력이 없거나, 아동양육 능력은 있으나 의사가 없는 경우, 의사 및 능력이 모두 없는 경우 및 사망한 경우이다.

양부모의 자격조건은 매우 중요하다. 첫째, 나이는 35~45세가 가장 적절하며, 둘째, 신체적·정신적·정서적으로 건강하여야 한다. 셋째, 결혼생활 상태는 기혼자로서 결혼 후 3~5년 후로 안정된 결혼생활을 하고 있는 자가 바람직하며, 넷째, 가능하면 아동의 종교와 같은 종교를 가진 가정에 입양시켜야 하며, 다섯째, 아동을 충분히 양육하고 교육시킬 수 있는 경제적 능력이 있어야 하며, 여섯째, 부모로서의 능력이 있어야 한다. 일곱째, 자신들의 불임상태에 대하여 부정적인 생각이 없어야 하며, 여덟째, 불륜에 대한 태도, 아홉째, 가족과 이웃의 태도 등도 중요한 요소가 된다.

입양기관은 입양과정에서 여러 가지 변화를 경험하게 되는 아동, 친부모 및 양부모의 요구를 충족시키고 조사, 상담, 사후관리 등 전문 서비스를 제공한다.

2) 입양사업의 전달체계

입양의 종류는 단독 입양과 기관입양으로 구분된다.

단독입양은 친부모와 양부모가 직접 상의하여 아동을 입양하거나 친척·의사·변호사 등 제3자를 통한 입양(gray market), 그리고 이익을 목적으로 한 불법매매 형태의 암시장(black market)을 통한 입양이 있다. 단독입양은 아동의 요구보다는 입양부모의 요구에 기초한 입양이며, 입양아동이 문제의 가정에 배치될 수도 있고, 입양에 관한 일정한 기록의 보관이 어려우며, 친부모는 심리적·법적·정신적 상담을 받을 수 없고, 비용이 많이 들며, 비밀보장이 어려워 친부모와의 관계가 문제가 되기도 한다.

기관입양은 아동복지기관에서 친부모로 하여금 친권을 포기하게 하고 기관이 모든 법적 대리인이 되어서 입양절차를 밟아 이루어지는 입양이다. 기관입양은 입양전문가 및 특별한 문제를 가진 아동을 도와주는 전문가가 있어서 아동 개개인의 욕구를 충족시켜줄 수 있는 가정을 선정하며, 입양 후 사후관리가 가능하다는 장점이 있다.

입양은 친부모의 친권포기가 전제가 되며, 입양부모의 의사에 의해서 그리고 입양기관의 의뢰에 의해서 이루어진다. 입양 절차는 다음과 같다.

① 양부모의 입양신청 접수, ② 양친 가정조사, ③ 양친가정조사서 발급, ④ 결연, ⑤ 법원허가제, ⑥ 입양, ⑦ 사후관리 순서로 이루어진다. 특히 기관의 양친 가정조사는 부부개별면접, 부부공동면접 및 가정방문을 통하여 이루어지며, 예비양부모 교육 및 범죄경력조회 등이 이루어진다. 또한, 사후관리는 입양성립 후, 1년 동안 가정방문을 통하여 호적 및 입양의 성과를 분석한다.

해외입양 절차도 국내입양과 비슷하나, 해외입양기관은 복지부의 승인을 받은 기관에 한하며, 입양 아동은 이주 허가를 받아야 한다. 해외입양은 인종·문화·언어의 이질적인 환경에서 아동이 적응해야 하고 양부모도 아동에게 적응해야 하므로 사후관리에 더욱 유의해야 한다. 현재 입양 국가의 국적을 취득할 때까지 구체적인 사후관리를 하고 있다. 또한 14만여 명의 성인 해외입양아에 대해서는 1999년에 입양정보센터를 설립하여 정보를 제공하고 있다.

3) 입양사업에 대한 정부의 지원

현재 정부 차원에서 제공되고 있는 입양부모에 대한 지원은 첫째, 양육보조수당 및 의료비 지원, 둘째, 입양아동의 수업료 및 입학금 면제, 셋째, 장애 입양아동에 대한 의료 지원, 넷째, 주택분양 및 전세자금 지원, 다섯째, 입양가정에 입양수수료 및 입양아동 양육수당 지급 추진이 있다.

그림 7-6 내입양의 전달체계

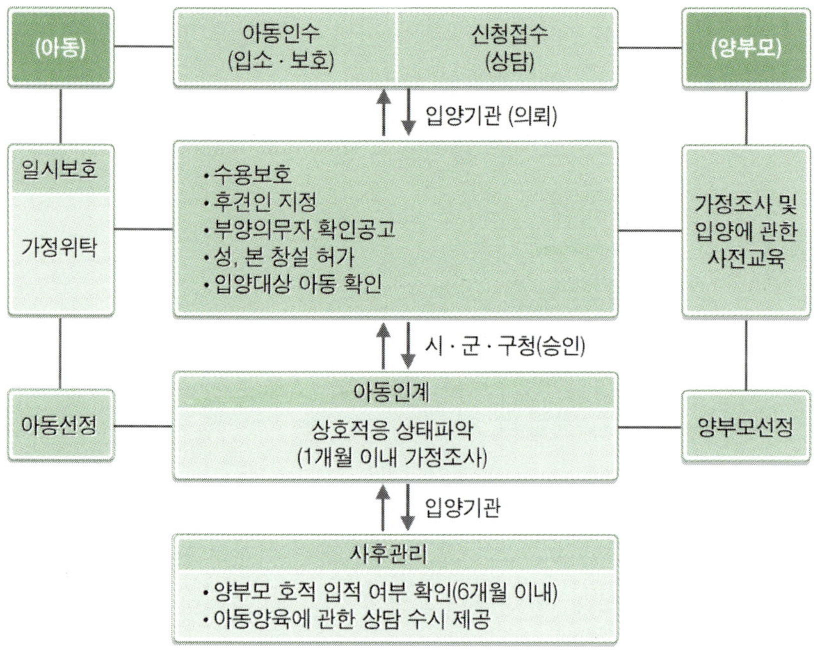

6. 우리나라 입양사업의 문제점 및 향후과제

국내입양이 활성화되지 못하는 이유로는 비밀입양, 입양지원제도의 미비 등을 들 수 있다. 따라서 이를 극복하기 위해서는 입양사업 실시에 앞서 입양대상 아동의 발생을 예방하는 사회적 노력이 우선적으로 필요할 것으로 보인다. 그러기 위해 적절한 위기가정 지원 및 성교육을 통한 가족문제 예방과 미혼모 발생을 방지할 수 있도록 지원하는 것과 미혼 한부모 및 입양가정에 대한 편견 방지를 위한 노력도 함께 있어야겠다. 그리고 국내입양사업의 활성화를 위해 입양가정에 대한 지원책으로 법과 제도의 개선과 입양가정을 가족 구성의 한 형태로 자연스럽게 받아들일 수 있도록 사회적 인식의 전환을 위한 홍보가 지속적으로 이루어져야 한다.

한편 혈연중심적인 가치가 쉽게 사라지지 않는 우리나라의 실정에서 입양의 사전단계로서 위탁양육프로그램을 활성화할 필요가 있으며, 예비입양부모에 대한 사전 교육프로그램과 입양 후 서비스의 제공과 같은 입양 사전·사후 비스의 강화도 이루어져야 한다.

그리고 입양을 가장한 경제적 착취 및 학대를 방지하기 위해 입양가정의 사전조사 및 사후관리의 정확성 및 법적 처벌을 강화해야 하며, 공개입양 및 비밀입양 특성에 맞는 사·전후 시스템을 개발하는 것도 필요할 것이다.

제6절 가정위탁보호사업

1. 가정위탁보호사업의 개념과 유형

가정위탁보호(foster family care)는 아동과 관련된 여러 가지 어려움, 즉 신체적 장애, 지적 장애, 사회적 일탈, 정서적 혼란 등과 부모와 관련된 어려움, 사망, 이혼, 별거, 신체적 및 정서적 질병, 유기, 학대, 빈곤 등의 문제가 있을 때 본래의 가정이 아닌 다른 가정에서 주어지는 보호로, 영구보호가 아니고 계획된 기간 동안의 보호로서, 사회기관에서 마련하는 보호이다.

아동은 자기가 태어난 가정에서 가족과 함께 성장 발달하여야 하지만, 이것이 불가능할 경우 대리가정으로 하여금 가정의 역할을 수행하도록 하는 것이 시설에 의한 양육보다는 아동의 성장 발달에 바람직하다. 특히 미국에서는 국제연합 보울비(Bowlby) 보고서의 영향으로 1960년대에 탈시설(Deinstitutionalization) 운동이 강력하게 대두되면서 그 대안으로 가정위탁보호가 제시되었고, 영국에서는 1948년 아동법 제정의 기초가 된 커티스 위원회(Curtis Committee) 보고서에서 가정위탁보호의 우월성이 제시되었다. 역사적으로는 구빈법에서는 이미 도제제도를 통해서 빈곤한 가정의 아동이 타 가정에서 노동을 하면서 보호받도록 하였고, 19세기초 뉴욕 아동구호협회에서 요보호아동을 농촌으로 보내 아동에게는 가정이라는 환경을 제공하고 위탁가정에서는 노동력을 확보하도록 하였다.

가정위탁서비스의 유형은 다음과 같다.

① 위탁받은 가정이 아동보호를 위해 보수를 받는 유료위탁(boarding homes)

② 보수를 받지 않는 무료위탁(free homes)
③ 아동이 숙식비나 추가적인 비용을 벌기 위해 어느 정도의 일을 하는 고용위탁(work or wage homes)
④ 4~12명의 아동을 한 가정에서 보호하도록 하는 작은 시설인 소집단가정(group homes)
⑤ 입양수속 중인 아동을 위한 입양위탁(adoptive homes),
⑥ 심신장애아를 위한 전문적 위탁(specialized homes) 등이 있다.

소집단가정의 보호유형 및 사회기관의 통제 성격은 시설과 유사하고, 자율성은 위탁가정과 유사하며, 사회에 흡수되기 쉬운 정도는 시설과 가정의 중간이다.

2. 가정위탁보호사업의 기본원리

1) 가정위탁보호의 조건

우리나라 「아동복지법」에서는 가정위탁보호 대상 아동으로 만 18세 미만 아동(만 18세 이상인 경우에도 고등학교 재학 중인 아동은 포함)으로서 보호자가 없거나 보호자로부터 이탈된 아동, 아동을 학대하는 경우 등 그 보호자가 아동을 양육하기에 적당하지 아니하거나 능력이 없는 경우의 아동으로 규정하고 있다.

2) 위탁가정의 자격

가정위탁보호는 무엇보다도 위탁가정에 대한 선정이 중요하다. 적어도 가정 내의 정서적인 힘, 양육동기 및 가정 내 상호작용 등에 대하여 적절한 조사가 필요하며, 이를 통한 신중한 결정과정이 요구된다.

양친의 자격에 대하여 첫째, 확고한 인생관과 도덕적·윤리적·가치평가적 기준을 갖고 있어야 하고, 둘째, 아동의 정서적 결함을 보충해 줄 정도의 민감성과 이해력을 갖고 있어야 하며, 셋째, 아동을 아동의 수준에 맞게 다룰 줄 알아야 하며, 넷째, 아동의 요구와 문제를 도와주기 위해 기관의 협조체계를 잘 받아들여야 한다고 일반적으로 지적한다.

「아동복지법 시행규칙」 제2조에 제시된 위탁가정의 자격은 다음과 같다. 첫째, 위탁아동을 양육하기에 적합한 수준의 소득이 있을 것, 둘째, 위탁아동에 대하여 종교의 자유를 인정하고 건전한 사회 구성원으로 자랄 수 있도록 양육과 교육을 할 수 있을 것, 셋째, 위탁부모의 나이가 25세 이상(부부의 경우 부부 모두 해당)으로서 위탁아동과의 나이 차이가 60세 미만일 것, 넷째, 자녀가 없거나 자녀의 수가 위탁아동을 포함하여 4명 이내일 것(18세 이상 자녀제외), 다섯째, 가정에 성범죄, 가정폭력, 아동학대, 정신질환 등의 전력이 있는 사람이 없을 것 등으로 규정하고 있다.

아동의 위탁은 부모의 신청에 의하거나 아동이 학대받고 소홀히 여겨지고 있어서 다른 사람의 도움이 필요할 때 위탁받도록 기관에 위임할 수 있다. 아동은 이 과정에서 분리—과도기—결합의 과정을 거치게 된다. 아동은 친부모와의 분리에서 오는 감정문제, 양부모와의 관계에서 비롯되는 감정문제, 새로운 부모와의 이별에 대처하는 문제, 그들과의 친밀감의 위험을 극복하는 미래의 문제들에 잘 적응해야 하는 어려움이 있다.

가정위탁보호의 문제점으로는 적절한 가정을 찾아내는 일이 쉽지 않고, 또한 가정위탁이 '일시적 보호'를 위하여 고려되었기 때문에 위탁을 받은 가정에서 확실한 조치 없이 막연히 아동을 방치할 가능성이 있다는 점이 지적되고 있다. 위탁가정의 빈번한 변경도 부적응 증상, 일체감의 혼돈, 불신 및 생활의 단절 등의 문제로 지적된다. 계속적인 애정과 신뢰 속에서 성장해야 할 아동생활의 연속성 단절은 큰 영향을 미칠 수 있다.

3) 위탁가정의 유형

위탁가정의 유형은 대리양육 가정위탁, 친・인척 가정위탁, 일반 가정위탁 등으로 분류된다. 대리양육 가정위탁은 친조부모, 외조부모에 의한 양육을 의미하고, 친・인척 가정위탁은 친조부모, 외조부모를 제외한 친・인척, 즉 「민법」에 의한 8촌 이내의 혈족에 의한 양육을 의미한다. 또한, 일반 가정위탁은 일반인에 의한 가정위탁을 의미한다.

4) 가정위탁보호의 절차

가정위탁사업을 책임지고 있는 기관은 각 시도의 가정위탁업무를 위임받은 지역가정위탁지원센터이다. 가정위탁보호의 절차는 위탁보호 신청 → 아동 및 위탁가정환경 조사 → 가정위탁보호 결정・통보 → 사례관리 → 가정위탁보호 종결의 단계를 거친다.

다음은 〈표 7-27〉과 〈표 7-28〉은 대리 양육・친・인척 가정위탁과 일반 가정위탁 절차에 대한 설명이다.

| 표 7-27 | 대리 양육 · 친 · 인척 가정위탁 절차

신 청	아동 및 위탁가정환경 조사	가정위탁보호 결정 · 통보	사례관리	가정위탁보호 종결
보호필요아동 의뢰 (신청) 친권자, 후견인, 아동을 보호 · 양육 · 교육하거나 그러한 의무가 있는 자 또는 업무 · 고용 등의 관계로 사실상 아동을 보호 · 감독하는 자가 관할 아동거주지 읍 · 면 · 동에 신청	**① 읍 · 면 · 동** (조사 · 상담) 아동과 위탁보호 희망자(조부모, 친 · 인척 등) (서식작성) • 가정위탁보호(대리양육) 신청서(시행규칙 별지 1호) • 가정위탁보호(대리양육) 신청인 가정조사서(시행규칙 별지 2호) • 보호대상아동 조사서(시행규칙 별지 3호) • 아동카드(시행규칙 별지 4호)를 작성 (서식제출) 시 · 군 · 구에 제출	**시 · 군 · 구** (위탁보호 결정) 조사결과를 토대로 결정 (결정 통보 및 관련서류 발송) 관할 가정위탁지원센터 통보 관할 센터에 관련서류(시행규칙 별지 1~4호) 7일 이내 발송	**읍 · 면 · 동 & 시 · 군 · 구 & 가정위탁지원센터** (아동카드 관리) 아동카드 기재 · 관리 (상담 및 관리) 위탁아동, 위탁가정, 친가정 상담 (업무지원) 복지서비스제공 등 업무지원 (교육) 공무원, 종사자, 위탁부모교육	**시 · 군 · 구 & 가정위탁지원센터** (서식작성) 시 · 군 · 구에 아동 귀가 신청서(시행규칙 별지 5호) 제출 (종결 또는 연장) 시 · 군 · 구는 종결 또는 보호기간 연장 (통보) 가정위탁지원센터에 통보 (사후관리)
위탁보호 희망자 (신청) 관할 아동거주지 읍 · 면 · 동에 신청	**② 시 · 군 · 구** (위탁부모 범죄경력 조회) 위탁부모 거주 소재지 관할 경찰관서의 장에게 범죄경력 조회 (서식작성) • 범죄경력 조회 요청서(시행규칙 별지 8호) • 범죄경력 조회 동의서(시행규칙 별지 9호) • 범죄경력 조회 회신서(시행규칙 별지 10호)			

| 표 7-28 | 일반 가정위탁 절차

신 청	아동 및 위탁가정환경 조사	가정위탁보호 결정 · 통보	사례관리	가정위탁보호 종결
보호필요아동 의뢰 (신청) 친권자, 후견인, 아동을 보호 · 양육 · 교육하거나 그러한 의무가 있는 자 또는 업무 · 고용 등의 관계로 사실상 아동을 보호 · 감독하는 자가 관할 아동거주지 시·군·구 또는 읍·면·동에 신청	**① 읍 · 면 · 동** (조사 · 상담) 의뢰된 아동 (서식작성) • 보호대상아동 조사서(시행규칙 별지 3호) • 아동카드(시행규칙 별지 4호) • 가족관계부 첨부 (서식제출) 시 · 군 · 구에 제출 **② 시 · 군 · 구** (위탁부모 의뢰) 센터에 관계서류 첨부하여 의뢰			
위탁보호 희망자 (신청) 관할 이동 거주지 시 · 군 · 구, 읍 · 면 · 동 또는 가정위탁지원센터에 신청	**① 가정위탁지원센터** (위탁부모 선정) 시 · 군 · 구에서 의뢰된 아동에 맞는 위탁부모를 찾아 선정 (서식작성) • 가정위탁보호(대리양육) 신청서(시행규칙 별지 1호) • 가정위탁보호(대리양육) 신청인 가정조사서(시행규칙 별지 2호) • 일반위탁부모 추천서(지침서식 1호) (서식제출) 시 · 군 · 구에 제출 **② 시 · 군 · 구** (위탁부모 범죄경력 조회) 위탁부모 거주 소재지 관할 경찰관서의 장에게 범죄경력 조회 (서식작성) • 범죄경력 조회 요청서(시행규칙 별지 8호) • 범죄경력 조회 동의서(시행규칙 별지 9호) • 범죄경력 조회 회신서(시행규칙 별지 10호)	**시 · 군 · 구** (위탁보호 결정) 조사결과를 토대로 결정 (결정 통보 및 관련서류 발송) • 관할 가정위탁지원센터 및 위탁가정 소재 시 · 군 · 구(또는 시 · 도) 통보 • 관할 센터에 아동카드 등 관련 서류(시행규칙 별지 3,4호) 7일 이내 발송	**읍 · 면 · 동 & 시 · 군 · 구 & 가정위탁지원센터** (아동카드 관리) 아동카드 기재 · 관리 (상담 및 관리) 위탁아동, 위탁가정, 친가정 상담 (업무지원) 복지서비스제공 등 업무지원 (교육) 공무원, 종사자, 위탁부모교육	**시 · 군 · 구 & 가정위탁지원센터** (서식작성) 시 · 군 · 구에 아동 귀가 신청서(시행규칙 별지 5호) 제출 (종결 또는 연장) 시 · 군 · 구는 종결 또는 보호기간 연장 (통보) 가정위탁지원센터에 통보 (사후관리)

3. 가정위탁 현황

가정위탁아동은 대리양육 위탁아동이 가장 많고, 친인척 위탁아동, 일반 위탁아동의 순으로 위탁이 이루어지고 있다. 대리양육 위탁아동의 경우 2003년부터 꾸준히 증가해 2012년 9,731명이 위탁되어 있으며, 친인척 위탁아동과 일반 위탁아동은 비슷한 수준으로 유지되고 있다.

그림 7-7 연도별 위탁아동

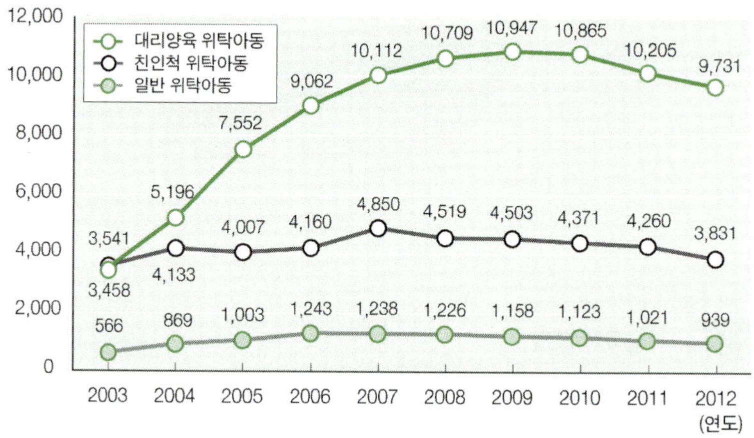

가정위탁 보호사유로는 부모의 이혼이 30.7%로 가장 크며, 부모의 별거 및 가출이 29.3%, 부나 모의 사망이 25.5%의 순서로 나타나고 있다. 이외에 부모 모두 사망, 부모 수감, 미혼모(부) 및 혼외출생, 부모의 실직과 빈곤, 부모 질병, 학대 및 방임, 시설의뢰, 부모장애, 기타 등으로 늘어났다.

가정위탁 종결사유로는 가정위탁아동이 만 18세 이상으로 지원시기의 만료로 인한 사유가 71.5%로 가장 많았고, 이외 친가정 복귀, 위탁가정의 환경변화, 아동과 위탁가정의 부적응, 아동의 문제행동, 입양, 위탁가정과 친가정의 갈등, 기타 등의 사유로 인한 것이었다.

그림 7-8 가정위탁 보호사유

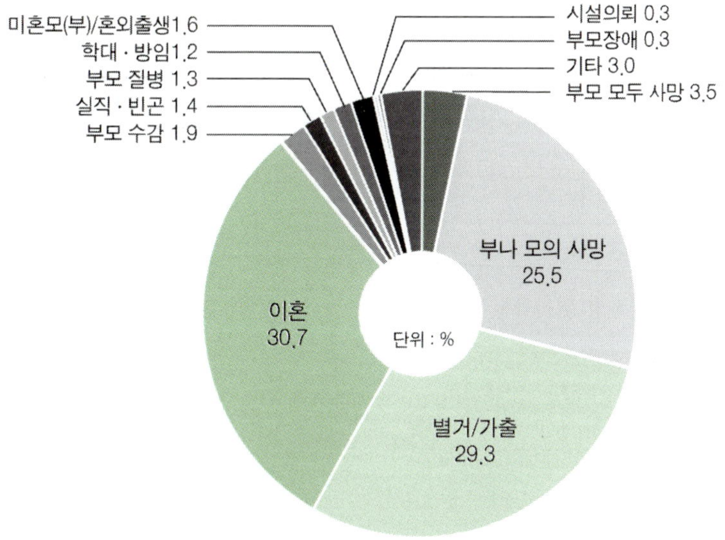

그림 7-9 가정위탁 종결사유

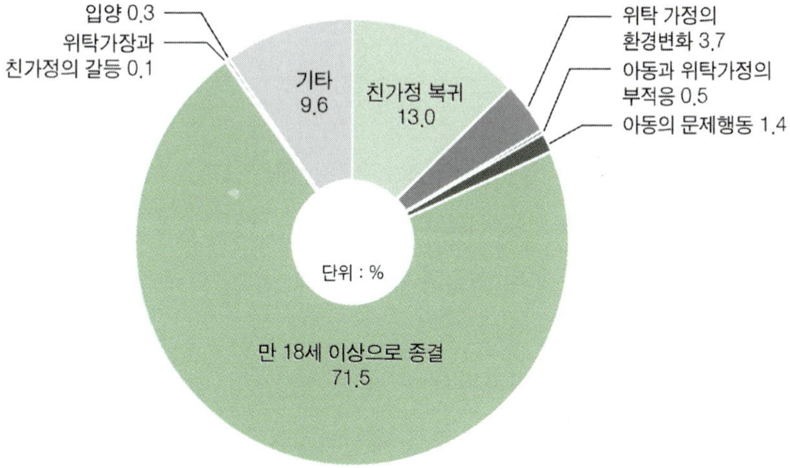

4. 주요사업

1) 양육보조금 및 「국민기초생활보장법」에 의한 생계비 등 지원

양육보조금 지원: 아동 1인당 월 15만 원 이상 권고(지방이양), 국민기초생활수급자 책정 · 지원

2) 가정위탁아동에 대한 자립지원정착금 지원

① 지원대상: 만 18세 이상의 가정위탁보호 종결아동

② 지원금액: 자립지원정착금(지방이양) 아동 1인당 3,000천원 이상 지급

3) 가정위탁아동에 대한 대학진학자금 등 지원 권고

대학등록금: 아동 1인당 3,000천 원 이상 지급 권고

4) 가정위탁아동 상해보험료 지원

① 보험담보: 위탁아동 후유장해, 입원 · 통원 의료비 등 지원,

② 보험료: 1인당 연 65천원 이내

5) 입양 · 가정위탁 심리치료 지원

① 지원내역: 심리정서치료비, 검사비, 교통비,

② 지원금액: 심리정서치료비 월 20만원 이내, 심리검사비 20만원(1회), 교통비 월 2만원이내

6) 대리양육 · 친인척 위탁가정 전세자금 지원(국토교통부)

① 대출대상 주택: 임차전용면적 85㎡ 이하인 주택, 일반주택 전세자금 및 공공임대주택 임대보증금 지원

② 지원대상: 가구당 월평균소득이 '15년도 도시근로자 가구당 월평균이하로서 무주택

인 대리양육, 친·인척 위탁가정 등이다.

5. 가정위탁보호사업의 문제점 및 개선 방향

최근 가정위탁보호를 받고 있는 아동이 많이 증가하였다. 그동안 소년소녀가정세대로 보호받던 아동들이 대리양육이나 친인척위탁보호로 전환된 것이 가정위탁보호 증가의 가장 큰 이유가 될 것이다. 이러한 흐름과 함께 가정위탁보호사업을 활성화하고 정착시키기 위해서는 다음과 같은 방향으로 추진되어야 할 것이다.

1) 가정위탁보호 성격의 재정립

현재 가정위탁사유로 빈곤과 실직, 이혼과 별거 등이 아동의 친가정 분리의 사유로 인정될 수 있으나 가정위탁보호제도가 친부모의 아동양육권 포기나 책임감 저하로 이어져 부모의 편의를 위한 제도가 되어서는 곤란할 것이다. 사실상 빈곤과 실직의 문제는 국민생활기초보장제도와 고용보험을 비롯한 다양한 소득보장정책을 통해 18세 미만 아동 가정에 지원할 수 있다. 또한, 이혼과 별거는 미성년자녀의 양육권과 양육비 지급의무 등에 대해 친부모의 양육의지를 강화하고 이를 지원할 수 있는 한부모가족지원정책의 수준과 내용을 강화함으로써 가능하다. 그러므로 가정위탁보호는 다양한 아동복지서비스 중 소수 아동을 위한 대리적 성격의 일시보호 성격을 회복되어야 할 것이다.

2) 타 법과의 연계 결과에 대한 효과성 점검

가정위탁 사업은 부모의 학대, 수감, 질병 등에 의한 '일시적인 보호' 목적에도 불구하고 대부분의 아동들에게는 영구적인 보호가 되고 있다. 대리양육이나 친인척위탁가정으로 영구보호되고 있는 시점에 보다 장기적이고 통합적인 서비스지원체계가 필요하다고 본다.

또한, 현재 가정위탁보호의 일시보호기능이 취약한 점이 개선되어야 할 것이다. 특히, 유기된 영유아의 경우 개정된 「입양특례법」에 의해 전수 아동양육시설로 배치되는 것은 영유아의 발달단계 특성상 보호자와 1:1의 밀접한 관계를 통한 가정보호가 우선해야 한다는 원칙에 위배되기 때문이다.

3) 대리양육가정에 대한 서비스 향상과 통합적 사례관리

대리양육가정의 경우 다양한 위탁 환경에 대한 점검을 통해 지원체계를 구축할 필요가 있다. 대리양육가정은 조부모가 모두 생존한 경우, 한 분인 경우, 조부모의 연령, 건강상태, 조부모의 성인자녀와의 관계, 손자녀의 연령이나 건강상태 등 다양한 유형의 조부모위탁가정이 존재한다. 또한, 대리양육가정을 위한 타 기관과의 지속적인 연계를 통해 지원체계를 구축할 필요가 있다. 가정위탁지원센터를 통한 서비스 이외에 조손가족통합지원프로그램이나 조손가족 희망사다리 사업, 건강가정지원센터 조손가족프로그램 등과 연계할 수 있다.

그리고 소외되어 있는 위탁아동에게 지역사회 인적자원과의 멘토링 서비스 연결을 통해 지지하고 지지망이 열악한 조손가족 자조모임을 운영하는 것도 방안이 될 수 있다.

4) 위탁아동의 심리사회적 적응과 학교생활 지원

아동의 위탁보호진입 시기 및 보호과정 동안 발달단계에 맞는 모니터링과 상담이 체계화되어야 한다. 위탁아동은 친가정에서 겪은 여러 가지 부정적 경험과 친부모 분리와 새로운 가정에 적응이라는 외상적 경험을 겪고, 친가족 복귀의 경우에도 충성심 갈등과 친가정에 재적응해야 하는 다양한 문제를 갖고 있다. 그러므로 위탁아동의 심리검사 등을 통해 아동의 상태를 정확히 판단하는 것이 필요하며, 센터의 임상심리치료사 인력의 확보를 통해 정기적인 상담과 점검이 요구된다.

5) 아동학대 예방교육과 모니터링

그동안 매스미디어에 보도된 아동학대와 방임 사건들은 성폭력, 아동의 사망과 유기, 신체훼손 등 극단적인 경우가 많아 위탁부모 자신의 학대 행위를 인식하지 못하는 경우가 많이 있다. 따라서 예비위탁부모 교육, 위탁부모선정 교육, 보수교육 내용에 아동학대에 대한 내용을 넣고 지역의 아동보호전문기관과 연계해 아동학대 전문 강사를 통해 이루어져야 할 것이다.

제8장

장애인 복지와 가족

제1절 장애의 개념

1. 장애의 정의

한 나라의 장애인에 대한 정의는 정치적 · 경제적 · 사회적 · 문화적 여건과 수준에 따라 다르므로 간단하게 정의할 수 있는 것이 아니며, 학자들마다 장애를 규정하는 개념에도 차이가 있다. 장애에 대한 정의는 세계보건기구(WHO)에서 발표하는데, 시대의 변화와 사회 환경의 변화에 따라 각 시대에 맞게 장애에 대한 정의를 발표하고 있다. 일반적으로 장애를 규정하는 개념은 첫째, 해부학적 · 신체구조학적 · 지능적 및 심리적인 이상성이나 상실의 개념, 둘째, 신체구조적 또는 심리적 과정에 의해서 야기되는 만성적인 질환으로의 개념, 셋째, 기능적인 개념, 넷째, 행동규범의 개념 등이 있다.

장애기준의 변화를 보면, 과거에는 장애인의 기준을 주로 신체적 또는 지적 결함의 정도에 두어야 한다는 것이 일반적인 견해였으나, 근래에 와서는 오히려 일을 할 수 있는 능력과 가정생활 및 사회생활의 불편 정도 등으로 장애인을 판정하고 구분하는 것이 타당한 것으로 받아들여지고 있다.

장애의 정의에 따라 인식도 변화되어 '장애인도 비장애인과 같이 동등한 시민으로의 삶을 영위할 수 있어야 한다'로 점차 바뀌어가고 있다. 따라서 현재는 장애인을 '장애를 가진 사람(people with disability)'으로 보고 있으며, 장애인은 '불편한 것을 하나 또는 그 이상 지니고 있는 사람'으로 보고 있다.

장애를 정의하려는 시도는 그 사회가 어느 정도의 범위에 속하는 사람들에게 사회정책에 의하여 어떤 내용의 서비스를 제공할 것인가에 대한 주관적인 사회적 합의에 기반을 둘 수밖에 없다. 사회적 약자에 대한 적극적인 옹호와 보호를 강조하는 사회에서는 광범위한 영역을 장애로 인정한 것이고, 반대로 소극적인 옹호와 보호를 할 경우에는 최소한의 정책 수단들을 강구하게 될 것이다. 결국 장애개념에 대한 정의는 그 나라의 사회적 합의가 장애를 어느 정도로 인식하고 받아들이는가에 달려 있다.

우리나라 「장애인복지법」 제2조에서는 "장애인은 신체적 · 정신적 상태로 인하여 장기간에 걸쳐 일상생활 또는 사회생활에 상당한 제약을 받는 자로서 대통령이 정하는 장애의 종류 및 기준에 해당하는 자"로 정의하고 있다. 따라서 장애의 정의에는 신체적 또는 정신적 장애라는 의학적 원인이 존재하며, 이러한 원인에 의하여 일상생활이나 사회생활에 상당한 제약을 받고 있는 상태라는 두 가지의 조건에 의하여 규정된다고 할 수 있다.

또한 유엔의 장애인의 권리선언 제1조에서는 "장애인은 선천적이든 아니든 신체적 또는 정신적 능력의 결함으로 인하여 일상의 개인 또는 사회생활에 필요한 것의 확보를 스스로는 완전히 혹은 부분적으로 행할 수 없는 사람"이라고 말하고 있다. 그리고 국제노동기구(International Labor Organization, ILO)의 신체장애인의 직업복귀에 관한 권고 제99조에서는 "장애인은 신체적 또는 정신적 결함의 결과로 적당한 직업을 확보, 유지해 나갈 전망이 없는 상당한 손상을 받은 사람"이라고 규정하여 장애를 정의하고 있다.

2. 장애분류

세계보건기구(WHO)에서는 1980년에 장애분류모델(International Classification of Impairments, Disabilities, and Handicaps, ICIDH)을 발표하여 앞으로 이러한 분류기준에 의하여 장애를 분류할 것을 권장하였다.

이 분류기준에 의하면 장애는 세 가지 차원으로 설명할 수 있다. 손상으로 야기된 기능장애, 이로 인하여 파생된 능력장애, 그리고 기능장애나 능력장애로 야기된 것으로 사회문화적 요인에 따른 정상적인 역할을 수행하는 데 제약 또는 방해로 개인에 대한 불이익을 의미하는 사회적 불리를 포함하고 있다.

첫째, 기능장애(impairments)는 심리적 · 생리적 · 해부학적 구조나 기능의 손실 또는 비정상을 의미하는데, 이는 손실을 포함한다는 의미에서 질병에 비해 더 포괄적인 개념이다. 기능장애는 일시적 또는 영구적 손실이나 비정상이 특징이며 사지, 기관, 피부 또는 정신적 기능체계를 포함한 신체의 구조적 비정상, 결손 또는 손실의 발생이나 존재를 포함하는 것으로 병리적 상태가 외재화된 것을 의미한다.

둘째, 능력장애(disability)는 기능장애에서 야기된 것으로서 인간에게 정상적인 것으로 간주되는 범위 내에서 또는 그러한 방식으로써 활동을 수행하는 능력의 제약이나 결여를 뜻한다. 능력장애는 기능장애의 직접적 결과로서 또는 신체적 · 감각적 또는 기타 기능장애에 대한 개인적 반응으로서 일어날 수 있다. 이는 기능장애가 객관화된 것을 의미하며, 예로서 신변처리, 일상생활의 활동수행에서의 장애를 포함한다.

셋째, 사회적 불리(handicap)는 기능장애나 능력장애에서 야기되는 것으로서 연령, 성, 사회문화적 요인에 따른 정상적인 역할의 수행을 제약 또는 방해하는 개인에 대한 불이익을 의미한다. 사회적 불리는 가치가 규범에서 분리될 때 한 개인의 상황 또는 경험에 부여된 가치와 연관된 것이다. 이는 기능장애나 능력장애가 사회화된 것을 의미하여, 이로 인하여 야기된 개인에 대한 사회적 · 문화적 · 경제적 · 환경적 결과들을 반영한다. 따라서 사회적 불리는 생존역할이라고 규정될 수 있는 것들을 유지하는 능력에 방해가 있을 때 발생한다. 사회적 불리의 분류는 동일한 연령의 다른 사람들에 비해 장애를 가진 사람을 상대적으로 불이익에 처하게 하는 상황들의 분류라고 할 수 있다.

| 표 8-1 | 장애의 개념구분과 의미

구 분		의 미
질병	질병(disorder/disease)	특정 부위(구조)가 정상에서 벗어난 상태
장애	기능장애(impairment)	특정 부위의 기능의 제한
	능력장애(disability)	특정한 일을 수행하는 데 있어서의 능력 제한
	사회적 불리(handicap)	사회적 기능의 제한

출처: Duckworth. D. The Classification and Measurement of Disablement, HMSO.

이와 같이 장애인이라 함은 신체적 · 정신적 기능의 손상으로 인하여 일상 활동에 제약을 받고 있는 사람으로 규정할 수 있으며, 1차적 기능장애, 2차적 능력장애, 3차적 사회적 장애로 구분함에 따라 행동지침도 예방, 재활, 기회의 균등화를 정책적 대안으로 제시하고 있다.

한편 WHO에서는 1997년 장애(disablement)의 새로운 개념과 분류기준을 마련하여 ICIDH-2를 발표하였다. 이 분류안에 따르면 장애는 기본적으로 환경과 개인이라는 상황적 요인을 포함한 장애개념을 채택하고 있으며, 개인이 접하게 되는 장애를 손상(impairment), 활동(activities), 참여(participation)로 구분하고 있다. 이 분류의 주요한 특징은 장애를 규정함에 있어 구분류(ICIDH)와 같이 질병이나 손상만을 전제로 하여 기능장애나 사회적 불리가 발생하는 것이 아니라, 장애의 개념이 기본적으로 확대되어 환경에 의한 장애가 포함되어 있다는 점으로 사회적 낙인 등에 의해 참여에 제한을 받는 경우에도 장애로 포함시키고 있다. 다시 말해 장애는 환경과의 상호적인 관계성 속에서 발생한다고 정의하여 보다 포괄적인 장애규정을 하고 있다는 것이다.

3. 장애발생 원인

심신장애 발생의 원인은 매우 다양하나 대체로 선천적 장애와 후천적 장애로 구분하여 다음과 같이 살펴볼 수 있다.

1) 선천적 장애

선천적 장애의 원인으로 멘델(Gregor Mendel, 1822~1884)의 유전병에 의한 것, 염색체 이상증후군, 태아증, 원인불명의 증후군 등으로 본다.

2) 후천적 장애

후천적 장애의 발생 원인은 다양하나 방사선, 의약품, 화학물질 등에 의한 장애는 명백한 사실이며, 공장의 오염 및 폐수 등에 의한 대기, 수자원 파괴 등의 오염도 호흡기 질환 등의 장애요인이 되고 있다. 그러나 오늘날 산업화·정보화의 급속한 발달로 인해 교통 및 산재사고 등도 급격히 증가하는 추세이다.

3) 생물학적 고찰

사람을 포함한 모든 생물은 돌연변이에 의하여 유리한 형질을 만들어 감으로써 급변하는 환경변화에 대응하여 생존하고 진화하여 왔다. 이처럼 염색체의 돌연변이는 생물 생존의 필수조건이나 돌연변이는 새로운 유전병이나 선천성 이상이라고 하는 불리한 형질을 갖게 할 수도 있다. 이는 어떤 의미에서 불가피한 현상이며, 인류와 기타 생물의 진화가 대가로 지불하는 것으로 생각되며 개인에게 그 책임을 귀속시킬 수는 없는 것이다.

| 표 8-2 | 장애유형별 장애원인

구분		지체	뇌병변	시각	청각	언어	지적장애	발달	정신	신장	심장	호흡기	간	안면	장루요루	간질	계
선천적 원인		1.6	2.2	5.4	3.7	22.8	23.2	13.2	0.9	1.9	10.1	-	-	19.3	-	8.8	4.0
출산 시 원인		0.1	2.3	0.3	0.3	-	3.9	7.3	-	-	-	-	-	-	-	-	0.7
후천적 원인	질환	38.3	82.1	50.0	68.2	52.8	20.8	12.3	82.4	92.5	88.1	93.0	100.0	9.6	100.0	33.6	52.4
	사고	58.8	11.5	36.3	18.1	10.1	12.5	1.7	7.3	3.8	0.9	4.1	-	63.9	-	23.7	36.6
미상		1.2	1.9	8.0	9.7	14.3	39.6	65.5	9.4	1.7	0.9	2.9	-	7.2	-	33.9	6.3
계		100	100	100	100	100	100	100	100	100	100	100	100	100	100	100	100

출처: 통계청(2011).

제2절 장애의 범주

장애에 대한 범주는 그 나라의 장애인복지정책과 관련법 그리고 경제적 상황과 국민의 인식에 따라 차이가 있다. 대개 서구의 사회보장이 발달한 나라에서는 장애를 포괄적으로 규정하고 있지만 아시아 여러 나라에서는 협의의 소극적 규정을 하는 경향이 있다. 그러나 최근 우리나라는 선진국의 장애개념은 수용하는 방향으로 장애인복지정책을 전환하고 있다.

우리나라의 「장애인복지법」을 통한 장애의 범주를 살펴보면 다음과 같다.

1981년 법제정 당시에는 지체장애, 시각장애, 청각장애, 언어장애, 정신지체장애(지적장애)의 다섯 가지 유형만을 법적인 측면에서 장애인으로 인정했었으나 제1차 '장애인복지발전 5개년 계획'의 일환으로 1999년 개정된(2000년 시행) 「장애인복지법」에서 기존의 다섯 가지 장애범주에 뇌병변장애, 발달장애(자폐성장애), 정신장애, 신장장애, 심장장애의 5개 범주가 추가되어 총 10개로 확대(1차 장애범주 확대)되었다. 그 동안 뇌병변장애는 지체장애판정을 받아왔으나 지체장애와는 다른 병변으로 인한 인지, 판단, 운동, 언어 등의 복합적 장애로 인한 어려움이 있어 지체장애와 구별하여 등록하게 되었다. 이후 2003년

7월 2차로 장애범주가 확대되었는데, 이는 세계보건기구의 장애개념의 변경승인과 인구의 노령화, 급격한 산업화에 따른 산업재해, 교통사고를 비롯한 각종사고, 완치가 어렵고 치료를 통한 기능의 회복이 곤란한 질병의 상대적 증가, 수술 후 여러 장애를 남기는 각종 병의 발생증가 등 후천적 장애가 늘어나는 상황을 고려한 것이다.

2003년 2차로 확대된 장애범주는 장애의 중증도, 생활수준, 사회적 편견 및 불편, 객관적인 판정기준의 개발 가능성 및 사회의 요구 들을 종합적으로 검토하여 만성·중증의 호흡기장애, 간장애, 안면장애, 장루·요루장애, 간질장애의 5개 범주이다. 2007년 10월 12일 「장애인복지법」 일부가 개정되면서 정신지체는 지적장애로 발달장애는 자폐성장애로 장애명이 변경되었다.

이상과 같은 15개 범주 외에도 향후 확대가 예상되는 범주로 신체내부(기관)장애의 소화기장애, 비뇨기장애, 만성통증, 기타 암 등과 정신적 장애인 만성알코올, 약물중독, 기질성뇌증후군, 기타 정신발달장애, 치매 등이 있다.

제3절 외국의 장애범주

평균적으로 OECD 회원국의 근로연령대인구(20~64세) 7명 중 1명은(14.3%)은 일상생활에 어려움을 초래하는 만성질환이나 장애를 갖고 있는 것으로 파악되고 있다.

우리나라는 27개 회원국 중 가장 낮은 6%정도의 장애 출현율을 보이고 있다. 이는 우리나라의 경우 등록 장애인 인구를 통해 장애 출현율을 파악하였기 때문이다.

유럽이나 미국 등 서구 선진국의 경우에는 일반적으로 장애인의 범위가 개발도상국가들에 비하여 매우 포괄적인 것이 특징이다. 예를 들어, 한국이나 일본의 경우 장애인의 범위를 주로 의학적 모델에 입각하여 주로 신체구조 및 기능상의 장애로 판정하는 것에 비하여 유럽 등 서구 선진국에서는 신체, 정신의 기능적인 장애에 추가하여 특정한 일을 어느 정도 수행할 수 있는지의 여부에 의한 과업수행(노동)능력, 개인적 요인뿐만 아니라 환경적 요인에 의해 불이익을 받는 조건까지 포함하는 사회적인 의미의 장애 등 포괄적인 장애범위를 채택하고 있다. 스웨덴에서는 의사소통이 어려운 이민자도 장애인에 포함하고 있다. 일본의 장애범주는 우리나라의 장애범주와 가장 유사하게 한정되어 있으며, 장애인구 비율도 비슷하다.

| 표 8-3 | 장애범주의 국제비교

국 가	장애 인구비율	장애인 범주
한 국	5.62% (2011)	• 외부신체장애: 지체, 뇌병변, 시각, 청각, 언어, 안면장애 • 내부기관장애: 신장, 심장, 간, 호흡기, 간질, 장루·요루장애 • 정신적 장애: 지적, 자폐성, 정신장애
일 본	4.70% (2000)	• 지체장애, 시각장애, 청각장애, 언어장애 • 정신지체, 정신장애 • 내부장애: 심장, 호흡기, 신장, 방광 및 직장, 소장기능장애
미 국	19.30% (2000)	• 신체장애(지체, 시각, 청각, 언어) • 외형적 추형, 신경계, 근골격계, 감각기관 장애 • 정신질환, 발달장애, 정서장애, 학습장애, 알코올중독 • 내부장애: 생식기, 소화기, 비뇨기, 피부, 혈액·내분비계, 암, AIDS
스웨덴	20.60% (2000)	• 신체장애(지체, 시각, 청각, 언어) • 정신지체, 학습장애, 정신장애, 정서장애, 약물·알코올중독 • 내부장애: 폐질환, 심장질환, 알레르기, 당뇨 • 사회적 장애: 의사소통이 어려운 외국 이민자, 타인의존자
호 주	12.80% (1998)	• 신체장애(지체, 시각, 청각, 언어, 안면기형) • 정신지체, 정신장애, 정서장애, 알코올중독, 약물중독 • 내부장애: 심장, 신장, 호흡기, 당뇨, 암, AIDS 등
독 일	10.20% (2003)	• 신체장애(지체, 시각, 청각, 언어, 추형) • 정신지체, 정신질환, 정서장애 • 내부장애: 호흡기, 심장·순환기, 소화기, 비뇨기, 신장, 생식기, 신진대사, 혈관, 피부

출처: 1) 미국: U.S Census, Bureau, Disability ,Status : 2000, 2003.
2) 일본: Cabinet Office df Government df Japan, "White Paper on Persons with Disabilities," 2003
3) 독일: http://www.destatis.de/presse/englisch/pm2004/p5140085.htm
4) 한국: 보건복지부 통계자료

제4절 장애가족의 특성 및 현황

1. 장애 인구 현황

1) 장애인 추정 수

우리나라에서는 1988년 11월부터 장애인 등록 제도를 실시해 왔으며, 2014년 실시된 장애인 실태조사 결과 재가장애인과 시설장애인을 포함 총계 2,726,910명으로 나타나 우리나라 장애인 출현율은 5.59%로 추정된다. 이를 2005년 실태조사 결과와 비교해 보면, 장애인은 약 578,224명이 증가하였으며, 장애인 출현율은 1.0%p 증가한 수치이다. 이처럼 장애인 수와 장애 출현율이 증가한 것은 「장애인복지법」의 개정으로 장애범주[9]가 확대되었고, 동일 범주라 할지라도 장애기준이 완화되었기 때문이다. 전체 등록장애인은 장애인 등록제도 도입 후 급증하였으나, 장애유형별로 특별히 급증한 사례가 나타나지 않고 있다. 장애인 등록률은 등록장애인에 대한 서비스의 지속적인 확대, 등록제도에 대한 인식개선 및 IMF 이후 경제여건의 악화로 인해 복지서비스 지원을 필요로 하는 대상이 늘어남에 따라 1997년 이후 크게 높아지고 있다. 등록장애인에 대한 복지서비스 확대로 장애인 등록제도에 대한 인식개선, 복지서비스 수요 증대 및 장애범주 확대로 장애등록률이 급증한 것으로 추정된다.

또한 1900년도에는 24만 명 정도였던 등록장애인이, 1995년도 37만 명, 2000년 102만 명, 2005년 178만 명, 2007년 210만 명, 2008년 224만 명, 2009년 243만 명, 2010년 252만 명으로 꾸준히 증가하고 있다. 10년 만에 4.2배, 18년 만에 8.5배로 증가하여 2007년 말부터 200만 장애인 시대를 맞이하고 있다. 이는 우리사회에서 장애인에 대한 배려, 차별 및 인식 등의 개선에 따른 효과로 성숙한 사회로 진일보한 것이라고 볼 수 있다.

---

9) 1차 장애범주 확대(2000. 1): 뇌병변장애, 발달장애, 정신장애, 신장장애, 심장장애 포함
2차 장애범주 확대(2003. 7): 호흡기장애, 간장애, 안면장애, 장루.요루장애, 간질장애 포함[※ 발달장애는 자폐성장애, 정신지체는 지적장애로 명칭 변경(2007.4)]
현재 장애유형은 지체, 뇌병변, 시각, 청각, 언어, 지적, 정신, 자폐성, 신장, 심장, 호흡기, 간, 안면, 장루・요루, 간질의 15가지 유형

이처럼 우리나라에 장애인은 210만 명을 넘어섰고 장애 출현율도 약 5.61%이며, 장애인 가구는 전체 가구의 13.9%를 차지하고 있다. 그럼에도 불구하고, 장애인의 생활만족도는 매우 낮으며, 대다수가 사회적 차별을 경험하였고, 비장애인의 장애인에 대한 인식이 부정적인 편이라고 볼 수 있다.

| 표 8-4 | 등록장애인 수–전국 연도별, 장애유형별

구분	가상특성항목분류	1995	2000	2005	2011	2014
계	등록장애인수	-	907,571	1,669,329	2,517,312	2,501,112
	추정수	1,053,468	1,449,496	2,148,686	2,683,477	2,726,910
	등록율	-	62.6	77.7	93.8	91.7
지체 장애	등록장애인수	-	584,984	923,183	1,337,722	1,309,285
	추정수	704,087	605,127	1,005,618	1,338,554	1,353,753
	등록율	-	96.7	91.8	99.9	96.7
뇌병변 장애	등록장애인수	-	24,394	154,614	261,746	253,493
	추정수	-	223,246	270,853	333,798	308,100
	등록율	-	10.9	57.1	78.4	82.3
시각 장애	등록장애인수	-	83,391	180,526	249,259	253,095
	추정수	74,825	181,881	221,166	259,986	278,173
	등록율	-	45.8	81.6	95.9	91.0
청각 장애	등록장애인수	-	82,906	151,184	260,403	255,399
	추정수	155,631	148,707	229,159	281,878	281,984
	등록율	-	47.2	66	92.4	90.6
언어 장애	등록장애인수	-	-	13,874	17,207	17,830
	추정수	37,416	26,871	20,947	21,277	21,700
	등록율	-	-	66.2	80.9	82.2
지적 장애	등록장애인수	-	84,425	123,868	161,249	178,866
	추정수	81,509	108,678	125,563	176,110	207,704
	등록율	-	77.7	98.7	91.6	86.1

자폐성 장애	등록장애인수	-	1,190	8,754	14,888	18,133
	추정수	-	13,481	23,478	16,916	19,868
	등록율	-	8.8	37.3	88	91.3
정신 장애	등록장애인수	-	19,795	59,223	95,821	95,675
	추정수	-	71,797	91,253	115,151	117,428
	등록율	-	27.6	64.9	83.2	81.5
신장 장애	등록장애인수	-	22,184	40,288	57,142	66,551
	추정수	-	25,284	40,355	58,702	72,132
	등록율	-	87.7	99.8	97.3	92.3
심장 장애	등록장애인수	-	4,302	12,226	12,864	6,928
	추정수	-	44,424	42,007	18,573	8,498
	등록율	-	9.7	29.1	69.3	81.5
호흡기 장애	등록장애인수	-	-	10,815	15,551	13,150
	추정수	-	-	30,186	19,316	16,054
	등록율	-	-	35.8	80.5	81.9
간장애	등록장애인수	-	-	4,583	7,920	9,194
	추정수	-	-	13,443	9,292	11,841
	등록율	-	-	34.1	85.2	77.6
안면 장애	등록장애인수	-	-	1,311	2,696	2,696
	추정수	-	-	4,394	2,434	3,018
	등록율	-	-	29.8	110.8	89.3
장루·요루 장애	등록장애인수	-	-	8,848	13,072	13,546
	추정수	-	-	15,508	16,790	16,814
	등록율	-	-	57.1	77.9	80.6
간질 장애	등록장애인수	-	-	6,032	9,772	7,271
	추정수	-	-	14,756	14,701	9,842
	등록율	-	-	40.9	66.5	73.9

출처: 통계청(2014).

2. 장애인 실태조사

「장애인복지법」에 보건복지부 주관으로 5년마다 장애 인구와 생활실태를 파악하기 위한 실태조사를 실시하도록 되어 있다(2008년 「장애인복지법」 개정으로 3년마다 실태조사 실시). 우리나라에서 전국 규모의 장애인 실태조사를 실시한 것은 1960년대이다. 1980년 이래 총 6차례에 걸쳐 조사가 이루어졌다. 1990년도에는 24만 명 정도였던 등록장애인이, 1995년도 37만 명, 2000년 102만 명, 2005년 178만 명, 2007년 210만 명, 2008년 224만 명, 2009년 243만 명, 2010년 251만 명, 2013년 272만 명으로 꾸준히 증가하였다.

이는 1990년부터 2013년까지 11배 증가한 수치로 우리사회에서 장애인에 대한 배려, 차별 및 인식 등의 개선에 따른 효과로 볼 수 있다.

또한, 단일장애의 경우 지체장애가 1,309,285명으로 가장 많으며, 다음이 청각장애인으로서 255,399명, 뇌병변장애인은 253,493명, 시각장애 253,095명의 순으로 나타났다.

| 표 8-5 | 장애유형별 등록장애인 수 및 등록률

구분	가상특성항목분류	2014
계	등록장애인수	2,501,112
	추정수	2,726,910
	등록율	91.7
지체장애	등록장애인수	1,309,285
	추정수	1,353,753
	등록율	96.7
뇌병변장애	등록장애인수	253,493
	추정수	308,100
	등록율	82.3
시각장애	등록장애인수	253,095
	추정수	278,173
	등록율	91.0

청각장애	등록장애인수	255,399
	추정수	281,984
	등록율	90.6
언어장애	등록장애인수	17,830
	추정수	21,700
	등록율	82.2
지적장애	등록장애인수	178,866
	추정수	207,704
	등록율	86.1
자폐성장애	등록장애인수	18,133
	추정수	19,868
	등록율	91.3
정신장애	등록장애인수	95,675
	추정수	117,428
	등록율	81.5
신장장애	등록장애인수	66,551
	추정수	72,132
	등록율	92.3
심장장애	등록장애인수	6,928
	추정수	8,498
	등록율	81.5
호흡기장애	등록장애인수	13,150
	추정수	16,054
	등록율	81.9
간장애	등록장애인수	9,194
	추정수	11,841
	등록율	77.6
안면장애	등록장애인수	2,696
	추정수	3,018
	등록율	89.3

장루·요루장애	등록장애인수	13,546
	추정수	16,814
	등록율	80.6
간질장애	등록장애인수	7,271
	추정수	9,842
	등록율	73.9

출처: 통계청(2014).

3. 장애인의 성별 · 연령별 특성

2014년 장애인 실태조사 결과 장애인의 성별 분포는 남자 57.7%, 여자 42.3%로 남자가 여자에 비해 15.4%p 높았다. 또한, 모든 장애 유형에서도 남자가 여자보다 장애 분포 비율이 높은 것으로 나타났다. 우리나라 사회복지시설에는 최소한 80.8천 명의 장애인이 생활하고 있는 것으로 나타났다.

전체적으로는 연령이 높아짐에 따라 장애 비율이 증가하고 있으며, 대체로 40대 후반 이후부터 출현율이 급격히 증가하고 있다. 특히 65세 이상 노인계층에서는 장애분포가 43.3%로 가장 높고, 50~64세가 30.7%로 다음으로 높게 나타나고 있다. 이러한 결과는 우리 사회에 노인 인구가 증가함에 따라 그에 따른 장애노인이 증가하고 있고 이로 인한 장애인이 지속적으로 증가하는 경향을 보여주고 있기 때문으로 볼 수 있다. 2011년과 비교하면, 장애인 중 만 65세 이상 연령이 차지하는 비율이 38.8%로 2014년에 약 4.5%p 증가하였다.

4. 장애인의 생활실태와 복지욕구

1) 장애인의 소득

2011년 장애인 실태조사에서 장애인의 경제활동분야(직무)는 단순노무종사자 30.1%, 기능종사자 12.5%, 장치기계 조작조립 12.4%, 농림 · 어업종사자 12.2%, 판매종사자 8.2%로 주로 단순 업종에 편중[10]되어 있다. 또한, 2014년 장애인 실태조사에서 취업 장애인(임금근로자 기준)의 임금 수준은 153만 원으로 이는 우리나라 전체근로자 평균임금 329만 원(고용노동부, 「사업체 노동력조사」 2014. 6, 5인 이상 사업체 기준)의 46.3%에 불과한 수준이다. 월 평균수입은 심장장애가 327만 원으로 가장 많았고, 다음이 간장애(190만 원), 신장장애(183만 원), 지체장애(167만 원), 안면장애(160만 원), 시각장애(156만 원) 등의 순서로 나타났다. 반면, 자폐성장애(45만 원), 정신장애(56만 원), 지적장애(57만 원)는 임금수준이 낮게 나타났다.

| 표 8-6 | 취업장애인(임금근로자)의 임금 수준

(단위: 만 원)

구분	지체 장애	뇌병변 장애	시각 장애	청각 장애	언어 장애	지적 장애	자폐성 장애	정신 장애	신장 장애	심장 장애	호흡기 장애	간 장애	안면 장애	장루 요루 장애	간질 장애	전체
2014	167	112	156	120	130	57	45	56	183	327	110	190	160	78	-	153
2011	155	118	136	125	141	54	38	53	189	100	99	196	70	86	117	142
2008	121	104	136	88	92	41	23	23	147	97	86	235	124	84	66	115

출처: 보건복지부·한국보건사회연구원(2014). 「2014 장애인 실태조사」.

2) 장애인들의 경제활동상태

통계청에서 사용하는 국제노동기구(ILO) 기준을 적용하였을 경우, 15세 이상 장애인의 경제활동 참가율은 39.0%로 2011년의 38.5%에 비해 0.5%p 증가한 수준으로 나타났다. 성별로 보면, 남성장애인의 인구대비 취업자 비율은 46.93%이고, 여성장애인은 22.50%로 남성장애인의 취업자 비율이 여성장애인에 비해 높은 수준이다. 실업률은 6.3%로 전체 실업률(2014. 6) 3.5%에 비해 1.8배 이상 높은 수준을 보이고 있으나, 2011년(7.8%)에 비해서 감소한 수준이다. 만 15세 이상 장애인 중 실업자는 63천 명으로 추정된다.

실업 및 비경제활동 장애인의 현재 일하지 않는 주된 이유는 '장애로 인해 업무를 제대로 수행할 수 없을 것 같아서'가 38.1%로 가장 높았고, '장애 이외의 질병이나 건강문제'(18.1%), '일하고 싶지 않아서, 일할 필요가 없어서'(12.9%)의 순으로 나타났다.

10) 『경제활동인구조사』 (2011.5)의 직업별 취업자분포를 보면, 관리자·전문가(21.4%), 서비스·판매종사자(21.8%), 기능·기계조작 종사자(20.4%), 사무종사자(16.1%), 단순노무종사자(13.8%), 농림·어업종사자(6.6%)의 비율을 보인다.

| 표 8-7 | 장애인의 성별 취업 인구 및 취업률

(단위: 명, %)

구분	15세 이상 인구	경제활동인구			비경제 활동 인구	경제 활동 참가율	취업률	실업률	인구대비 취업자비율
		계	취업	실업					
남자	1,497,448	752,642	702,720	49,922	744,806	50.26	93.37	6.63	46.93
여자	1,102,442	261,561	248,052	13,509	840,881	23.73	94.84	5.16	22.50
계	2,599,890	1,014,203	950,772	63,431	1,585,687	39.01	93.75	6.25	36.57

출처: 보건복지부·한국보건사회연구원(2011). 「2011년도 장애인 실태조사」.

장애인들에 있어 보장구는 재활을 위해 필수적인 요소로서 매우 중요한 기능을 담당하고 있다. 지체장애 및 뇌병변장애인용 장애인보조기구의 경우에는 척추보조기(7.7%), 상하지 운동기구(5.8%), 하지보조기(4.4%)의 순으로 나타났으며, 전체 장애인에 대한 보조기구는 지팡이에 대한 수요가 18.5%로 가장 높게 나타났다. 이어서 보행기(7.8%), 수동휠체어(6.8%), 전동휠체어(6.5%)의 순으로 나타났다. 이는 2011년도 조사 결과와 거의 유사한 것으로서 지체 및 뇌병변장애인들의 원활한 이동에 대한 욕구가 여전히 크다는 사실을 보여주는 결과라고 할 수 있다.

필요한 장애인보조기구를 구입하지 않는 주된 이유로 '구입비용 때문에'가 전체의 61.8%로 가장 높았으며, 그 밖의 이유로는 '적합한 장애인보조기구가 무엇인지 몰라서' 17.6%, '별 효과가 없을 것 같아서' 4.6%, '미관상 흉해서' 4.5%, '구입처를 몰라서' 4.2%, '사용이 불편해서' 3.6% 등의 순으로 나타났다. 지난 조사 결과와 비교해 보면 여전히 경제적 어려움이 필요한 장애인보조기구를 구입하지 못하게 하는 주된 요인임을 알 수 있으며, 적합한 장애인보조기구의 부재 및 효과성의 결여 등 장애인보조기구 공급 및 품질관리 등 전달체계와 관련된 불만도 여전히 해결되지 않고 있음을 보여주고 있다.

장애인이 사회나 국가에 대한 요구사항으로 소득보장이 38.5%, 의료보장이 32.8%, 고용보장 8.5%, 주거보장 6.4%, 인권보장 2.7%, 인식개선 2.2%, 이동권보장 1.8%의 순서로 나타났다. 이러한 결과는 지난 조사와 비교해 보면, 여전히 소득보장과 의료보장에 대한 욕구가 다른 복지욕구를 압도하고 있음을 알 수 있다.

| 표 8-8 | 사회 및 국가에 대한 요구사항(1순위)

(단위: %)

희망하는 복지서비스	소득 보장	의료 보장	고용 보장	주거 보장	인권 보장	인식 개선	이동권 보장	계
비 율	38.5	32.8	8.5	6.4	2.7	2.2	1.8	100.0

출처: 보건복지부·한국보건사회연구원(2014), 「2014년도 장애인 실태조사」.

제5절 장애와 고령화

1. 장애와 고령화

우리나라는 2000년 전체인구 대비 65세 이상 노인인구 비율이 7%를 넘는 고령화사회로 진입하였다. 또한, 장애 인구 중 65세 이상 노인의 비율이 2000년 30.3%에서 2014년 43.3%로 무려 13.0%나 증가하였으며, 전체 장애인가구 중 장애인 1인 가구 비율 역시 24.3%로 10년 전에 비해 2배로 높아진 것으로 나타났다.

| 표 8-9 | 장애와 고령화

비고	2000년	2005년	2008년	2011년	2014년
전체인구 대비(%)	7.2	9.1	10.3	11.4	12.7
장애 인구 대비(%)	30.3	32.5	36.1	38.8	43.3

출처: 통계청(2014). 장애인 실태조사.

2. 장애노인의 특성

전체 장애 인구 중 65세 이상 노인 인구는 43.3%로 장애 인구 중 노인의 비중이 상당히 높은 편이다. 그리고 경제적인 면에서 장애노인의 월평균 개인소득은 50만 원으로 매우 열악한 상태에 있다. 더구나 연령이 증가하면서 신장, 심장, 호흡기, 간, 장루・요루, 간질 장애 등의 내부 장애가 증가하는 비중이 높아지며, 장애노인의 88.5%가 만성질환에 시달리고 있어 신체적인 건강까지 위협 받고 있는 실정이다.

이렇게 장애노인은 신체적 노화와 장애로 인한 곤란함 그리고 경제적 빈곤으로 가족 및 사회의 도움이 절대적으로 필요한 상태에 놓여 있다.

그림 8-1 장애노인의 특성

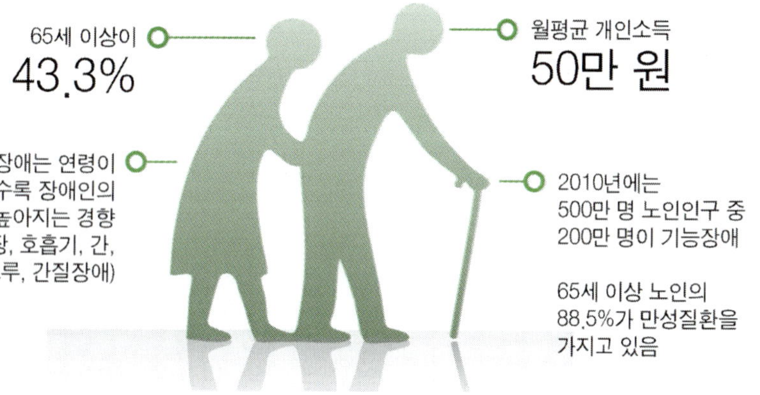

출처: 통계청(2014). 장애인 실태조사.

3. 장애노인 발생 시기 및 장애기간에 따른 장애유형

장애노인의 발생 시기 및 장애기간에 따른 장애유형을 살펴보면 다음과 같다. 먼저 지적장애의 경우 장애발생시기가 발달기에 확인되기 때문에 장애기간에 있어서도 20년 이상인 84.0%로 장기적인 경우가 많다. 또한, 정신장애의 경우도 타 장애유형에 비해 청장년기에 발현하는 경우가 많기 때문에 20년 이상 장애기간이 66.7%로 긴 편이다. 반면 지체장애, 뇌병변장애, 시각장애, 청각장애, 언어장애의 경우는 연령이 증가함에 따라 장애발생률이 높아지는데, 특히 고령기에 장애가 발생하는 경우가 가장 높게 나타났다.

| 표 8-10 | 장애노인 발생시기 및 장애기간에 따른 장애유형

(단위: %)

구분	장애기간		장애발생시기		
	20년 미만 (N=2,910)	20년 이상 (N=1,381)	발달기 (N=550)	청장년기 (N=1,308)	고령기 (N=2,433)
지체	67.8	32.2	12.1	34.0	54.0
뇌병변	88.2	11.8	2.0	21.3	76.7
시각	50.4	49.6	24.3	29.4	46.3
청각	64.5	35.5	15.7	21.7	62.6
언어	65.2	34.8	21.7	30.4	47.8
지적	16.0	84.0	80.0	10.0	10.0
정신	33.3	66.7	4.3	82.6	13.0

출처: 통계청(2014). 장애인 실태조사.

4. 장애노인의 연령에 따른 도움 주는 사람 여부

장애노인의 연령에 따라 도움을 주는 사람이 있는지 여부를 살펴보면 모든 연령대에서 있다고 응답한 비율이 훨씬 높으나 '없음'이라고 응답한 비율이 50~64세 19.5%, 65~79세 17.7%, 80세 이상 11.8%나 되기 때문에 장애가 있음에도 불구하고 적절한 도움을 받지 못하는 노인이 상당수 있음을 알 수 있다.

| 표 8-11 | 장애노인의 연령에 따른 도움 주는 사람 여부

(단위: %)

도와주는 사람 여부	연 령			계
	50~64세	65~79세	80세 이상	
있음	85.5	82.3	88.2	82.8
없음	19.5	17.7	11.8	17.2
계	100.0	100.0	100.0	100.0

출처: 통계청(2014). 장애인 실태조사.

5. 장애노인의 연령에 따른 국가에 대한 요구사항

장애노인의 국가에 대한 요구사항으로는 소득보장이 38.2%로 가장 높게 희망하고 있고, 다음으로 의료보장(36.4%)에 대한 요구가 가장 높았다. 결국 노화와 장애로 인해 소득보장과 의료보장 대한 지원이 절실함을 알 수 있다. 이외에 주거보장(7.3%), 고용보장(6.9%), 이동권보장(2.3%) 등의 순으로 국가의 지원을 필요로 하고 있다. 연령별로 보았을 때는 소득보장의 경우 가계지출이 높은 50~64세가 39.9%로 가장 높게 나타났고, 의료보장의 경우 연령이 증가함에 따라 노화와 장애, 만성질환 등이 심각해지므로 연령이 증가할수록 의료보장에 대한 요구도가 높았다.

| 표 8-12 | 장애노인의 연령에 따른 국가에 대한 요구사항(1순위)

(단위: %)

구 분	연 령			계
	50~64세	65~79세	80세 이상	
소득보장	39.9	37.8	33.1	38.2
의료보장	29.9	40.3	45.7	36.4
고용보장	10.2	4.8	2.7	6.9
주거보장	7.7	6.9	7.1	7.3
이동권보장	1.7	2.4	4.3	2.3
보육 · 교육보장	0.9	0.5	0.5	0.7
문화여가 · 체육활동보장	1.7	1.2	1.1	1.4
장애인인권보장	3.8	2.0	1.8	2.7
장애인식개선	1.4	1.0	1.4	1.2
장애예방	1.4	0.8	0.7	1.0
기타	0.2	0.3	0.7	0.3
없음	1.1	2.0	0.9	1.5
계	100.0	100.0	100.0	100.0

출처: 통계청(2014). 장애인 실태조사.

이상과 같이 장애노인은 일반 노인보다 훨씬 열악한 경제적인 수준에 놓여 있고, 장애와 만성질환으로 인한 건강의 문제 그리고 적절한 도움을 줄 수 있는 사람의 부족 등 다양한 어려움을 겪고 있다. 그러므로 장애노인에게는 생계보장을 위한 경제적 지원 강화와 장애노인을 보살피고 있는 부양자에 대한 혜택과 지원 강화, 의료지원, 장애유형별로 특화된 서비스 제공 등이 필요하다.

제6절 장애와 아동

1. 장애아동의 현황

보건복지부 등록 장애인 현황자료를 기초로 장애유형별 특성에 따른 장애아동의 현황을 살펴보면 다음과 같다. 전국 등록 장애인은 현재 250만 명을 넘어섰으며, 이중 0~17세 장애아동의 수는 78,186명으로 전체 등록 장애인의 3.1%를 차지하고 있다. 전체 장애아동 중에서 지적장애아동이 46.2%(36,099명), 뇌병변장애아동 16.8%(13,099명), 자폐성장애아동 13.8%(10,783명) 등의 순으로 나타났다. 이는 전체 장애인 중 지체장애인이 52.9%(1,333,429명), 청각장애인 10.4%(261,718명), 뇌 병변장애인 10.3%(260,718명)순 비교했을 때 장애유형에 따른 분포율에 많은 차이가 있는 것을 알 수 있다. 이는 장애발생의 생애주기별 특성으로 인하여 전체 장애인중 아동의 경우 지적장애, 자폐성장애 등 발달장애의 점유율이 높은 반면, 성인장애인의 경우 지체장애 내부기관장애 등과 같은 후천성 장애의 발생이 높은 것에 기인한다고 할 수 있다.

| 표 8-13 | 전국 등록 장애인 대비 장애아동 분포현황

(단위: 명, %)

장애유형	인구현황				
	장애아동		전체 정애인		전체 장애아동 분포율(%)
지체	6,369	(8.1)	1,333,429	(52.9)	0.3
뇌병변	13,099	(16.8)	260,718	(10.3)	0.5
시각	3,423	(4.4)	251,258	(10.0)	0.1
청각	4,878	(6.2)	261,067	(10.4)	0.2
언어	1,681	(2.2)	17,463	(0.7)	0.1
지적	36,099	(46.2)	167,479	(6.6)	1.4
자폐성	10,783	(13.8)	15,857	(0.6)	0.4
정신	172	(0.2)	94,739	(3.8)	0.0
신장	255	(0.3)	60,110	(2.4)	0.0
심장	651	(0.8)	9,542	(0.4)	0.0
호흡기	65	(0.1)	14,671	(0.6)	0.0
간	341	(0.4)	8,145	(0.3)	0.0
안면	107	(0.1)	2,715	(0.1)	0.0
장루·요루	68	(0.1)	13,098	(0.5)	0.0
간질	195	(0.2)	8,950	(0.4)	0.0
전체	78,186	(100.0)	2,514,241	(100.0)	3.1

출처: 보건복지부(2012). 2012년 장애인등록현황.

0~19세 연령대의 장애아동의 성별 분포현황을 살펴보면 남자가 63.6% 차지하여 여자 36.4%에 비해 훨씬 많은 비중을 차지하고 있는 것으로 나타났다. 연령별로는 전체적으로 10~19세가 0~9세보다 많았으며, 10~14세가 약 40.0%를 차지하여 가장 많은 것으로 나타났다(2011년도 장애인 실태조사).

학령기 특수교육 대상 장애아동의 현황을 살펴보면 〈표 8-14〉와 같다. 2013년도 특수교육통계(교육과학기술부, 2013)에 따르면 현재 특수교육대상 총 학생 수는 86,633명으로 이 가운데 지적장애(정신지체) 학생이 47,120명(54.4%)으로 가장 많고, 다음으로 지체장애 학생이 11,233명(13.0%), 자폐성장애 학생이 8,722명(10.1%)으로 나타났다. 그 밖에 학습장애 학생이 4,060명(4.7%), 청각장애 학생이 3,666명(4.2%), 정서・행동장애 학생이 2,754명(3.2%), 발달지체 학생이 2,748명(3.2%), 시각장애 학생이 2,220명(2.6%), 건강장애 학생이 2,157명(2.5%), 의사소통장애 학생이 1,953명(2.3%)이 있는 것으로 나타났다.

| 표 8-14 | 학령기 특수교육 대상학생 현황

(단위: 명)

배치별			특수학교	일반학교		특수교육 지원센터	계
				특수학급	일반학교 (전일제 통합학급)		
특수교육 대상학생			25,138	45,181	15,930	384	86,633
학생수	장애영역별	계	25,138	45,181	15,930	384	86,633
		시각장애	1,468	311	436	5	2,220
		청각장애	1,053	821	1,774	18	3,666
		정신지체	15,172	27,901	4,000	47	47,120
		지체장애	3,584	4,214	3,324	110	11,233
		정서・행동장애	279	1,760	715	-	2,754
		자폐성장애	3,191	4,840	688	3	8,722
		의사소통장애	113	907	925	8	1,953
		학습장애	38	2,831	1,191	-	4,000
		건강장애	33	335	1,788	1	2,157
		발달지체	207	1,261	1,088	192	2,748
	과정별	계	25,138	45,181	15,930	384	86,633
		장애영아	194	-	-	384	578
		유치원	869	1,394	1,927	-	4,190
		초등학교	6,633	21,087	5,798	-	33,518
		중학교	6,293	12,023	3,925	-	22,241
		고등학교	7,555	10,631	4,280	-	22,466
		전공과	3,594	46	-	-	3,640

출처: 교육부(2013). 「2013 특수교육통계」.

또한, 과정별 특수교육 대상 장애아동의 현황을 살펴보면 장애영아는 578명(0.6%), 유치원 학생은 4,190명(4.8%), 초등학교 학생은 33,518명(38.7%), 중학교 학생은 22,241명(25.7%), 고등학교 학생은 22,466명(25.9%), 전공과 학생은 3,640명(4.2%)이 있는 것으로 나타나 특수교육 대상 장애아동 가운데 초등학교 재학생이 가장 많으며, 다음으로 고등학교 학생과 중학교 학생의 비율이 높은 것으로 나타났다.

2. 장애아동 · 청소년의 주관적 건강평가 및 만성질환 유무

장애아동 · 청소년의 장애유형별 주관적 건강을 평가해 보면 '매우 좋음'이나 '좋음'으로 응답한 비율이 신체적 장애(69.0%), 정신적 장애(73.4%)로 나타나고 있으나 '나쁨'으로 평가하는 비율이 신체적 장애(25.0%), 정신적 장애(26.6%)로 꽤 높게 지각하고 있었다. 더구나 어린 연령임에도 불구하고 만성질환이 있는 경우가 신체적 장애의 경우 42.9%, 정신적 장애는 27.4%로 높게 나타나고 있다.

| 표 8-15 | 장애아동 · 청소년의 장애유형별 주관적 건강평가

(단위: %, 명)

구 분	신체적 장애	정신적 장애	전체
매우 좋은	11.9	12.1	12.0
좋은	57.1	61.3	59.6
나쁨	25.0	26.6	26.0
매우 나쁨	6.0	0.0	2.4
계(n)	100.0(84)	100.0(124)	100.0(208)

주: x2 = 7.577, df = 3, p = .056
출처: 통계청(2011). 장애인 실태조사.

| 표 8-16 | 장애아동 · 청소년의 장애유형별 만성질환 유무

(단위: %, 명)

구 분	신체적 장애	정신적 장애	전체
있음	42.9	27.4	33.7
없음	57.1	72.6	66.3
계(n)	100.0(84)	100.0(124)	100.0(208)

주: x2 = 5.345, df = 1, p = .021
출처: 통계청(2011). 장애인 실태조사.

그런데 장애아동·청소년의 장애유형별 현재 정기적 진료를 받지 못하는 이유가 '진료받을 필요가 없어서'로 응답한 비율이 신체적 장애 68.8%, 정신적 장애 50.0%로 꽤 높게 나타나고 있으나 '돈이 없어서'라고 응답한 비율이 신체적 장애 6.2%, 정신적 장애 27.8%로 치료를 원하나 경제적 어려움으로 적절한 도움을 받지 못하는 장애 아동이 많이 있음을 알 수 있다. 특히, 정신적 장애의 경우 치료기간이 지속적이며 장기적으로 필요한 경우들이 많아 경제적 어려움의 원인이 정기적 진료를 받지 못하는 데 영향을 미칠 수 있다고 본다. 이밖에 '방문하기 불편해서'라는 이유로 신체적 장애가 6.2%, 정신적 장애가 8.3%로 정기적 진료를 받지 못하고 있어 이들의 이동권에 대한 대책이 필요함을 알 수 있다.

| 표 8-17 | 장애아동·청소년의 장애유형별 현재 정기적 진료 받지 못하는 주된 이유 (단위: %, 명)

구 분	신체적 장애	정신적 장애	전체
진료받을 필요 없어서	68.8	50.0	55.8
방문하기 불편해서	6.2	8.3	7.7
돈이 없어서	6.2	27.8	21.2
진료받기 싫어서	0.0	5.6	3.8
시간 없어서	6.2	0.0	1.9
다음 진료예약 안 잡아서	12.5	8.2	9.6
계(n)	100.0(16)	100.0(36)	100.0(52)

출처: 통계청(2011). 장애인 실태조사.

3. 장애아동·청소년의 재활치료서비스 및 향후 필요한 의료서비스

장애아동·청소년의 재활치료서비스에 필요한 월평균 본인부담 비용은 물리치료 14만8천 원, 작업치료 12만 원, 언어치료 13만7천 원, 음악치료 10만3천 원, 놀이치료 8만7천 원, 미술치료 8만7천 원, 심리행동치료 15만4천 원으로 꽤 높은 치료비용을 부담해야 하는 상황이다.

| 표 8-18 | 장애아동 · 청소년의 재활치료서비스 월평균 비용(본인부담)

(단위: 만 원)

구 분	월평균 비용	최소	최대	표준편차
물리치료	14.75	1	40	13.57
작업치료	12.00	1	40	11.50
언어치료	13.68	1	50	13.83
음악치료	10.39	2	32	8.35
놀이치료	8.67	1	24	6.38
미술치료	8.66	1	30	7.81
심리행동치료	15.36	1	36	15.15
기타 치료	17.45	2	65	15.59

출처: 통계청(2011). 장애인 실태조사.

더구나 장애아동 · 청소년의 월평균 추가적으로 발생되는 비용까지 파악해 보면 월 지출액은 더 필요한 실정이다. 구체적으로 월평균 추가비용은 교통비 95천 원, 의료비 157천 원, 보육 · 교육비 255천 원, 보호 · 간병비 101천 원, 재활기관이용료 123천 원, 통신비 21천 원, 보조기구 구입 · 유지비 355천 원, 부모사후대비 128천 원, 기타 180만 원으로 총 455천 원 정도가 소요되고 있다.

장애아동을 둔 가족의 월평균 가구 소득은 200~299만 원이 26%, 100~199만 원이 25.5%가 주를 이루며, 100만 원 미만도 5.3%이다(장애인종합실태조사, 2011). 이것은 2014년 도시근로자 가구당 월평균소득 3인 이하 4,734,603원, 4인 이하 5,224,645원보다 현저히 낮은 수준으로 장애아동에 대한 돌봄에 있어 경제적으로 어려움이 많은 상황임을 알 수 있다.

| 표 8-19 | 장애아동 · 청소년의 월평균 추가비용

(단위: 명, 천 원)

구 분	n	평균	최솟값	최댓값	표준편차
교통비	145	94.77	2	450	89.01
의료비	98	157.40	1	1,417	218.65
보육 · 교육비	109	255.14	7	2,356	327.08
보호 · 간병비	22	100.68	20	1,000	202.32

재활기관이용료	27	122.56	4	440	121.60
통신비	145	20.90	1	72	11.96
보조기구 구입·유지비	33	355.12	4	2,020	580.51
부모사후대비	66	127.95	4	840	145.05
기타	19	179.68	28	700	176.17
월평균 비용	196	454.63	4	2,776	500.17

출처: 통계청(2011). 장애인 실태조사.

향후 장애아동·청소년에게 필요해 강화해야 하는 의료서비스는 장애인특화서비스(33.7%)가 신체적 장애, 정신적 장애 모두에서 가장 높게 선호하였으며, 다음으로 재활전문병원(22.1%), 종합병원 재활의학과(21.2%)의 순으로 나타났다. 또한, 신체적 장애의 경우 종합병원 재활의학과와 재활전문병원을 통한 의료서비스를 더 선호하였으며 정신적 장애의 경우 신체적 장애보다 장애인특화서비스를 더욱 선호하는 것으로 나타났다.

| 표 8-20 | 장애아동·청소년의 장애유형별 향후 강화가 필요한 의료서비스(1순위)

(단위: %, 명)

구 분	신체적 장애	정신적 장애	전체
종합병원 재활의학과	25.0	18.5	21.2
재활전문병원	26.2	19.4	22.1
요양병원	1.2	1.6	1.4
낮병원 또는 외래재활치료	1.2	1.6	1.4
방문재활치료	13.1	9.7	11.1
장애인특화서비스	22.6	41.1	33.7
주치의제도	10.7	8.1	9.1
계(n)	100.0(84)	100.0(124)	100.0(208)

출처: 통계청(2011). 장애인 실태조사.

4. 장애아동 학교생활 적응 및 문제점

학교생활(보육시설/유치원 포함) 적응정도는 '잘 적응하는 편'이 64.8%로 가장 비율이 높고 다음은 '잘 적응 못하는 편'(21.5%), '매우 잘 적응'(11.3%), '전혀 적응 못함'(2.3%) 순으로 조사되었다. '전혀 적응 못하는' 경우를 장애유형별로 살펴보면, 정신장애의 부적응 정도가 가장 높고(22.4%), 자폐성장애(5.1%)와 지적장애(2.2%)도 일부 포함되어 있음을 알 수 있다.

| 표 8-21 | 학교생활(보육시설/유치원 포함) 적응정도

(단위: %, 명)

구 분	지체장애	뇌병변장애	시각장애	청각장애	언어장애	지적장애	자폐성장애	정신장애	신장장애	심장장애	호흡기장애	간장애	안면장애	장루요루장애	뇌정증장애	전체
전혀 적응 못함	0.0	0.0	0.0	0.0	0.0	2.2	5.1	22.4	-	-	-	-	0.0	-	0.0	2.3
잘 적응 못하는 편	15.2	7.1	28.2	0.0	19.6	19.6	34.6	43.7	-	-	-	-	86.1	-	50.5	21.5
잘 적응하는 편	65.1	83.1	51.7	100.0	67.0	67.0	48.1	33.9	-	-	-	-	0.0	-	49.5	64.8
매우 잘 적응	19.6	9.8	20.1	0.0	11.2	11.2	12.3		-	-	-	-	13.9	-	0.0	11.3
계	100.0	100.0	100.0	100.0	100.0	100.0	100.0	100.0	-	-	-	-	100.0	-	100.0	100.0
전국 추정수	3,162	11,592	3,839	3,600	1,194	38,962	11,750	1,210	-	-	-	-	452	-	1,298	77,059

주: 무응답 제외
출처: 통계청(2014). 장애인 실태조사.

보육시설·유치원·학교생활의 문제점(1순위)은 '수업내용의 이해(진도 따라가기)'가 26.3%로 응답비율이 가장 많고 '친구들의 이해 부족, 놀림'(20.9%), '특수교사의 부족'(10.8%), '특수교육 보조원 미 배치'(7.3%) 등이 그 뒤를 잇고 있다. 주요 문제점들을 장애유형별로 보면 안면장애의 경우 '친구들의 이해 부족, 놀림' 응답비율이 86.1%로 절대적으로 높고 정신장애도 그 비율이 77.6%로 매우 높은 것으로 조사되었다. '수업내용의 이해(진도 따라가기)'가 주요 문제점이라는 응답비율은 언어장애(43.5%), 지적장애(35.4%), 자폐성장애(31.0%) 등에서 비교적 높게 나타났다.

| 표 8-22 | 보육시설 · 유치원 · 학교생활의 문제점(1순위)

(단위: %, 명)

구 분	지체 장애	뇌병변 장애	시각 장애	청각 장애	언어 장애	지적 장애	자폐성 장애	정신 장애	신장 장애	심장 장애	호흡기 장애	간 장애	안면 장애	장루 요루 장애	뇌전증 장애	전체
친구들의 이해부족, 놀림	8.0	10.2	13.5	37.7	12.8	24.1	17.0	77.6	-	-	-	-	86.1	-	0.0	20.9
선생님의 이해부족, 편견	0.0	10.4	0.0	0.0	0.0	2.2	1.5	0.0	-	-	-	-	0.0	-	0.0	2.9
선생님의 지나친 배려	-	-	-	-	-	-	-	-	-	-	-	-	-	-	-	-
수업내용의 이해(진도 따라가기)	12.9	3.8	14.4	4.4	43.5	35.4	31.0	0.0	-	-	-	-	0.0	-	70.5	26.3
교육도구나 기자재 사용 시 불편	0.0	0.0	13.1	0.0	0.0	1.5	6.8	0.0	-	-	-	-	0.0	-	0.0	2.5
교육내용의 부적합	0.0	11.7	0.0	0.0	0.0	3.4	8.4	0.0	-	-	-	-	0.0	-	0.0	4.8
청소나 학교행사 참여	-	-	-	-	-	-	-	-	-	-	-	-	-	-	-	-
특수교사의 부족	0.0	11.6	8.5	19.1	0.0	10.8	12.7	22.4	-	-	-	-	0.0	-	0.0	10.8
특수교육 보조원 미배치	19.7	15.1	11.5	7.1	7.2	4.6	5.3	0.0	-	-	-	-	0.0	-	0.0	7.3
학교 내 편의시설 부족	5.6	3.6	5.4	8.9	0.0	2.3	3.6	0.0	-	-	-	-	0.0	-	0.0	3.2
등하교 불편	24.2	11.4	10.5	0.0	0.0	4.8	0.0	0.0	-	-	-	-	0.0	-	0.0	5.8
문제 없음	29.5	22.4	23.0	22.9	36.4	7.4	11.4	0.0	-	-	-	-	13.9	-	29.5	13.6
기타	0.0	0.0	0.0	0.0	0.0	3.3	2.1	0.0	-	-	-	-	0.0	-	0.0	2.0
계	100.0	100.0	100.0	100.0	100.0	100.0	100.0	100.0	-	-	-	-	100.0	-	100.0	100.0
전국 추정수	3,494	12,335	4,339	3,728	1,287	40,190	11,748	1,210	-	-	-	-	452	-	1,298	80,081

주: 무응답 제외
출처: 통계청(2014). 장애인 실태조사.

5. 장애아동 관련 지원정책 이용 현황

장애아동 관련 지원정책 이용 현황을 살펴보면 장애아동수당은 전체 장애아동의 30.7%(24,000명), 장애인자녀 교육비 지원은 1.5%(1,193명), 장애인활동지원사업은 17.1%(13,345명), 장애아가족양육지원사업은 4.25%(3,259명), 장애영유아 보육지원은 19.2%(15,000명), 장애인의료비지원은 19.2%(15,000명), 발달재활서비스는 50.6%(39.582명)로 장애아동수당과 발달재활서비스를 제외하면 나머지 서비스들은 이용률이 매우 저조

함을 알 수 있다. 따라서 서비스 총량의 확대와 더불어 그 대상자 선정에 있어서 점차 보편성을 확보해 나아가야 할 것이다.

| 표 8-23 | 주요 장애아동 관련 지원정책 이용 현황

(단위: 명, %)

구 분	장애아동 수	이용자 수	이용자 비율
장아애동수당	78,186	24,000	30.7
장애인자녀 교육비 지원*	80,875	1,193	1.5
장애인활동지원	78,186	13,345	17.1
장애아가족양육지원	78,186	3,259	4.2
장애영유아보육지원	78,186	15,000	19.2
장애인의료비지원(아동)	78,186	6,596	8.4
발달재활서비스(장애아동재활치료사업)	78,186	39,582	50.6

* 2011년 기준 집계된 현황

제7절 장애와 여성

1. 여성장애인의 현황 및 특성

우리나라 전체 장애인은 249만 명으로 이중 여성장애인은 104만 명(41.9%)으로 추정되고 있다(2014년 장애인 실태조사). 여성장애인은 학력 및 경제활동참가율은 매우 낮은 것으로 보고되고 있다. 구체적으로 여성장애인 중졸 이상 학력은 42.1%로 남성장애인 68.1%의 30.5%p 차이가 나고, 일반여성 중졸 이상 학력 77.7%에 비해서는 35.6% 차이가 나타나고 있다.

| 표 8-24 | 장애인 교육수준

(단위: %)

교육수준	장애인*		일반전체※	
	여성	남성	여성	남성
무학 · 초등학교 졸업 이하	57.8	27.7	22.3	10.1
중학교 졸업	14.2	17.7	10.9	9.3
고등학교 졸업	19.3	34.5	33.9	34.3
대학교 졸업	8.6	20.2	32.9	46.3

출처: * 통계청(2014). 장애인 실태조사 / ※ 2010년 인구주택총조사

또한, 여성장애인 경제활동참가율은 23.90% ('11년)로 남성장애인 49.14%의 절반 수준이고, 여성장애인의 인구대비 취업자 비율은 22.7%로, 남성장애인 44.8%의 1/2수준밖에 되지 않는다. 그리고 취업 남성장애인은 월평균 수입이 167만 원인데 반하여, 여성장애인은 81만 원으로 남성장애인의 48.5%에 불과('11년 장애인 실태조사)하여 더욱 열악한 경제 상태에 놓여 있음을 알 수 있다.

| 표 8-25 | 15세 이상 재가장애인 경제활동참가율 및 취업률

(단위: 명, %)

구분	15세 이상 인구	경제활동인구			비경제 활동인구	경제활동 참가율	취업율	실업율	인구대비 취업자비율
		계	취업	실업					
남자	1,497,448	752,642	702,720	49,922	744,806	50.26	93.37	6.63	46.93
여자	1,102,442	261,561	248,052	13,509	840,881	23.73	94.84	5.16	22.50
계	2,599,890	1,014,203	950,772	63,431	1,585,687	39.01	93.75	6.25	36.57

출처: 통계청(2014). 장애인 실태조사.

2. 결혼생활과 여성장애인

2014년 장애인 실태조사에 의하면 장애인은 비장애인 배우자와 대부분 결혼하며 (97.3%), 2.7%의 장애인만이 결혼 당시 배우자가 장애인인 것으로 나타났다. 이는 우리 사회에서 장애인은 장애인들과 결혼하는 비율이 높을 것이라는 장애인에 대한 선입견이 어

느 정도 존재하고 있었으나, 장애인이 비장애인 배우자와 대다수 혼인한 경우가 많다는 것을 알 수 있다.

결혼 당시 배우자의 장애유형에 대해서는 지체장애(38.3%), 청각장애(29.1%), 지적장애(15.5%), 시각장애(8.7%), 정신장애(3.8%), 뇌병변장애(2.2%), 언어장애(1.7%) 등으로 나타났고, 이밖에도 뇌전증(간질)장애(0.5%), 신장장애(0.2%) 등의 순으로 나타났다.

장애유형별로 살펴보면 지체장애인은 지체장애인 배우자(73.0%), 뇌병변장애인은 지체장애인 배우자(79.3%)와 결혼한 비율이 높았고, 이와 더불어 청각장애인의 경우에는 청각장애인 배우자(87.3%), 지적장애인은 지적장애인 배우자(62.7%)와 결혼하는 것으로 나타났다. 이처럼 장애인은 자신과 같은 유형의 장애인과 결혼하는 비율이 높음을 알 수 있다.

그러므로 향후 같은 장애유형끼리 결혼을 하고 그들만의 문화를 구축하고 생활방식을 만들어 나갈 가능성, 예컨대, 청각장애인 공동체의 수화와 같은 공식 언어의 활용으로 인한 주류 사회와의 차별화 가능성 등, 이밖에도 지적장애인 가정에서의 스스로 해결할 수 없는 가정생활지원 및 자녀양육 시스템의 구축 등에 대해서 사회적 관심이 요구되는 점이라 하겠다.

3. 여성장애인과 성희롱 · 성추행 · 성폭력

여성장애인과 성폭력 실태에 대한 내용으로 2014년 장애인 실태조사 결과를 살펴보면 성희롱, 성추행, 성폭력 경험 여부는 '없다'는 응답이 98.6%로 거의 대부분을 차지하는 것으로 나타났다. 그러나 여러 장애유형 중 정신장애(10.7%), 언어장애(5.5%) 및 지적장애(4.9%)는 성희롱, 성추행, 성폭력 경험 비율이 다른 장애유형에 비해 상당히 높아 이에 대한 대책마련도 절실하다. 성희롱, 성추행, 성폭력 주가해자는 '모르는 사람'(39.6%), '이웃'(19.8%), '기타'(12.5%), '근친(가족)'(10.2%), '남자친구'(8.8%) 등의 순서로 드러나 '모르는 사람'이나 '이웃'처럼 상대적 비중이 높은 가해자에 대해 장애인들은 평소에 특별히 조심하고 각급 학교, 경찰서, 관공서 등도 사전예방에 만전을 기할 필요가 있다. 장애인의 성희롱, 성추행, 성폭력 대처방법은 '참는다'라는 응답이 51.5%로 가장 많고 다음은 '그 자리에서 항의'(16.9%), '몰라서 그냥 넘어감'(14.9%), '진정 · 고발 등의 조치를 취한다'(10.3%) 등의 순으로 나타났다. 여러 대처방법 중 '몰라서 그냥 넘어가는' 경우를 장애 유형별로 보면 시각장애가 68.1%로 상당히 많고, 지적장애와 뇌병변장애도 그 비율이 각각 22.8%와 19.9%로 드러났다. 향후 성희롱, 성추행, 성폭력 대처방법에 대한 내실 있는 교육과 훈련 꼭 필요한 것으로 보인다. 가정폭력 및 성폭력 관련 상담자 또는 시설필요 여부에 대해서는 장애인의 64.0%가 '매우필요'하다고 응답하였다. 그리고 '약간 필요'도 31.6%로 가정폭력 및 성폭력 관련 상담자 또는 시설이 필요하다는 비율이 전체 응답자의 대부분인 95.6%나 차지해 관련 상담자나 시설 확보가 시급함을 알 수 있다.

4. 여성장애인에게 필요한 서비스와 어려운 점

2014년 장애인 실태조사에 의하면 만 49세 이하 여성장애인을 대상으로 여성장애인으로서 가장 필요한 서비스(1순위)가 무엇입니까? 라는 질문에 대해 가사도우미(12.8%), 자녀양육지원(11.7%), 출산비용(11.7%), 활동보조인(9.9%) 그리고 임신·출산 관련 정보(9.3%) 등의 순으로 나타났다. 이밖에도 건강관리프로그램(7.6%), 상담서비스(심리, 정서)(7.2%), 산후조리 서비스(6.7%), 여성장애인 임신출산 전문병원(6.4%), 자녀교육도우미(5.5%), 임신·출산육아 관련 핫라인 서비스(4.2%), 학교교육 이외의 학습 및 재능교육 지원(4.0%), 자조집단(멘토)(2.9%), 육아용품대여(0.1%)의 순으로 여성장애인이 필요로 하는 서비스 1순위에 해당되는 것으로 나타났다.

이에 더불어, 장애인의 욕구 순위 2순위와 3순위에 대해서는 알아보았다. 만 49세 이하 여성장애인을 대상으로 여성장애인으로서 가장 필요한 서비스(2순위)가 무엇입니까? 라는 질문에 대해 자녀양육지원 서비스(14.5%), 산후조리 서비스(11.0%), 가사도우미(10.8%), 상담서비스(심리, 정서)(10.7%), 자녀교육도우미(10.3%), 활동보조인(8.6%), 건강관리프로그램(7.4%), 여성장애인 임신 출산 전문병원(6.5%), 이밖에도 학교교육 이외의 학습 및 재능교육지원(5.9%), 출산비용지원(5.8%), 임신출산 육아관련 핫라인 서비스(3.6%), 자조집단(멘토)(2.1%), 임신이나 출산관련 정보제공(1.5%) 그리고 육아용품 대여(1.3%) 등의 서비스들이 2순위에 해당되는 것으로 나타났다.

만 49세 이하 여성장애인을 대상으로 여성장애인으로서 가장 필요한 서비스(3순위)가 무엇입니까? 라는 질문에 대해 자녀양육지원 서비스(14.1%) 상담서비스(심리, 정서)(12.5%), 자녀교육도우미(11.1%), 학교교육 이외의 학습 및 재능교육지원(11.0%), 가사도우미(10.3%), 활동보조인(7.5%), 자조집단(멘토)(6.8%), 건강관리프로그램(6.7%) 등의 순으로 나타났다. 이밖에 출산비용지원(5.7%), 산후조리 서비스(5.1%), 여성장애인 임신출산 전문병원(4.6%), 임신출산 육아관련 핫라인 서비스(2.0%), 임신이나 출산관련 정보제공(1.2%), 육아용품 대여(1.1%) 등 이 여성장애인이 필요한 세 번째 순위에 해당되는 서비스로 나타났다.

여성장애인으로서 특히 어려웠던 점은 무엇인지에 대하여, 가장 많은 여성장애인 취업 등 경제적 자립의 어려움(28.8%)을 지적하였고, 다음으로 자녀양육의 어려움(13.2%), 친구 등 동료교제의 어려움(11.3%), 사회의 편견과 무시, 이중차별(11.3%), 사회화 기회의 부족(10.5%), 전문프로그램 부족 등 여가생활 활용의 어려움(6.2%), 교육기회 부족(5.1%) 등 의 순으로 지적하였다. 이밖에도 임신, 출산의 어려움(3.1%), 결혼 후 시댁식구들의 학대 차별(2.8%), 성추행, 성폭행, 강간 등 문제(2.9%), 성장과정 중 가족으로부터의 따돌림(1.7%) 등을 어려움으로 지적하였다.

제8절 장애인복지정책의 현황과 문제점

1. 장애인정책의 이해

1976년 UN이 1981년을 '세계장애인의 해'로 정한 이후 전 세계적으로 장애인에 대한 관심이 증대되었다. 우리나라 역시 그 이전에는 전쟁으로 인한 장애아동들에 대한 수용구호 중심으로 정책이 추진되었으나 1980년대부터 본격적으로 장애인복지에 대한 연구 및 정책을 수립·추진하였다. 1981년 「심신장애자복지법」을 제정, 1986년 국립재활원 개원, 1987년 장애인등록 시범사업을 시작하여 1988년 전국으로 확대하였고, 1988년 제8회 서울장애인올림픽을 개최하게 되었다.

1) 1990년대: 장애인의 권리보장을 위한 기틀 마련

저소득 장애인에 대한 생계비 지원 등 기본적 복지서비스 확충 및 장애인에 대한 의료, 직업, 교육, 재활의 기초를 마련하여 장애인의 인권과 인간다운 삶을 보장하는 원칙과 기준을 제시하였다. 1989년 「심신장애자복지법」을 「장애인복지법」으로 전면개정, 1990년 저소득 중증·중복장애인 생계보조수당 지급 및 의료비 지원, 장애인고용촉진 등에 관한법률 제정, 1992년 저소득 장애인가구 자녀(중학생) 교육비 지원 및 자립자금 대여, 재가장애인 순회재활서비스 설치·운영, 1994년 「특수교육진흥법」 전면개정, 1997년 「장애인·노인·임산부 등의 편의증진 보장에 관한 법률」 제정, 1998년 "장애인인권헌장"을 제정·공포하였다.

2) 2000년대: 장애인정책의 확대발전

장애인 편의시설 설치 확대, 장애수당 도입, 「장애인차별금지 및 권리구제 등에 관한 법률」 제정, 활동보조지원사업 실시 등 장애인의 생활영역 전반으로 정책의 범위 확대·발전하였다. 또한 장애인관련 국가종합계획을 수립하여 정부 각 부처별로 시행 중이던 장애인복지사업을 총망라한 '장애인복지발전 5개년 계획'[11]을 수립·추진하였다. 또한 장애인 편의시설 설치를 확대하기 위한 '편의시설확충[12] 국가종합 5개년 계획'을 수립·시행하여 생활 및 주거환경개선, 교통 환경 및 사회 환경 개선사업을 추진하고 있다. 그리고 장애인정범위를 지체, 시각, 청각, 언어, 지적장애에 국한하였던 장애범주를 15개 유형[13]으로 확대하였다.

최근에는 「장애인차별금지 및 권리구제 등에 관한 법률」 제정 및 시행, 장애인 활동보조지원사업 실시와 장애인연금제도 도입 실시 및 장애인활동지원에 관한 법률을 제정하여 기존 장애인활동보조서비스를 제도화하였다. 또한, 복지사각지대에 있는 장애인들을 위해 「장애아동복지지원법」 제정 및 공포, 여성장애인 출산비용 지원사업 실시, 외국인 및 재외동포 장애인 등록제도 시행, 발달장애인법 제정 등을 통해 해소하고자 노력하고 있다.

---

11) 1차 : 1998~'2002, 2차 : 2003~2007, 3차 : 2008~2012, 4차 : 2013~2017년
12) 장애인 편의시설 평균 설치율 : 67.9% ('13 장애인 편의시설 실태조사)
13) 1차(2000) : 뇌 병변, 자폐, 정신, 신장, 심장 등 5종추가, 2차(2003) : 안면변형, 장루, 간, 간질, 호흡기장애 등 5종추가

현재 추진되고 있는 제4차 장애인종합지원계획의 비전 및 정책목표는 다음과 같다. 먼저 비전은 "장애인과 비장애인이 더불어 행복한 사회"로 하고 있으며, 정책과제로서 4대 분야 19대 중점과제 71개 세부과제로 2013년에서 2017년까지 추진될 계획이다.

그림 8-2 **제4차 장애인종합지원계획안**

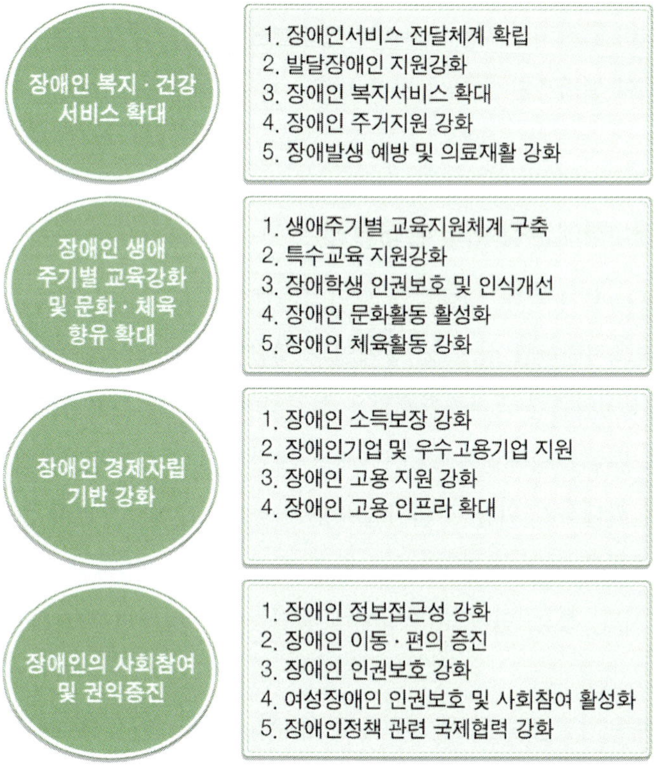

출처: 보건복지부(2011). 제4차 장애인종합지원계획안 2013~2017.

2. 소득부문

1) 장애인연금

장애인연금제도는 장애로 인하여 근로상실로 생활이 어려운 중증장애인에게 매월 일정 금액을 연금으로 지급하여 생활안정을 지원하는 사회보장제도이다.

① **지원대상**: 만 18세 이상 등록한 중증장애인(1급, 2급, 3급 중복장애)

② **선정기준**: 본인과 배우자의 소득인정액이 선정기준액 이하인 자

- 소득인정액 = 월 소득평가액 + 재산의 소득 환산액
- 2015년도 선정기준액: 단독가구(930,000원), 부부가구(1,488,000원)

③ **지원내용**: 연금 = 기초급여 + 부가급여

(매월, 단위 : 원)

구 분		계	기초	부가
기초	18~64세	280,000	200,000	80.000
	65세 이상	280,000		280,000
차상위	18~64세	270,000	200,000	70,000
	65세 이상	70,000		70,000
차상위 초과	18~64세	220,000	200,000	20,000
	65세 이상	40,000		40,000

2) 경증 장애수당

① **지원대상**: 「국민기초생활보장법」에 의한 수급자 및 차상위 계층(120% 이하)의 만 18세 이상 등록 장애인 중 장애등급이 3~6급인 자

② **지원내용**: 기초 및 차상위(1인당 월 4만 원), 보장시설 수급자(1인당 월 2만 원)

3) 장애아동수당

① **지원대상**: 「국민기초생활보장법」에 의한 수급자 및 차상위 계층(120% 이하)의 만 18세 미만 장애아동

② **지원내용**: 기초중증(1인당 월 20만 원), 차상위중증(1인당 월 15만 원), 기초 및 차

상위 경증(1인당 월 10만 원), 보장시설 중증(1인당 월 7만 원), 보장시설 경증(1인당 월 2만 원)

「장애인복지법」에 장애인을 보호하는 보호자에게 그의 경제적 수준과 장애인의 장애 정도를 고려하여 장애로 인한 추가적 비용을 보전하게 하기 위하여 보호수당을 지급할 수 있도록 규정하고 있으나 현재 실시되지 않고 있다.

또한, 장애인연금제도 도입으로 종전의 소득보장 사각지대 해소에는 기여하였으나 실질적인 효과 제고를 위해서는 지급대상자 및 지급액의 지속적인 확대가 필요하다.

4) 기타 소득보장제도

(1) 사회보험제도

사회보험제도에는 국민연금제도, 공무원연금제도, 사립학교 교원연금제도, 군인연금제도, 산업재해보상보험 등이 있다. 그러나 대부분 사업장 근로자를 대상으로 하고 있어서 선천적 장애인이거나 경제활동 이전에 장애를 입어 취업하지 못하는 경우에는 보험의 혜택을 받을 수 없다. 따라서 사회보험이나 공공부조 대상자가 되지 못하고 사각지대에 놓여 있는 장애인이 상당수이다.

(2) 장애인 자립자금 대여

소득기준으로 가구의 소득인정액이 최저생계비 300% 이하이며, 금융기관의 여신규정상 결격사유가 없는 자로서 만 19세 이상의 등록 장애인을 지원대상으로 자립자금 대출을 해주고 있다. 대여한도를 무보증대출은 가구당 1,200만 원 이내, 보증대출은 가구당 2,000만 원 이내, 담보대출은 5,000만 원 이하를 두고 있고, 대여이자는 3% 고정금리이다. 또한, 상환방법은 5년 거치 5년 분할상환으로 대여하고 있다. 「국민기초생활보장법」상의 수급자 및 차상위 계층은 생업자금을 대여함으로 대상에서 제외되고 있고 자금자원뿐 아니라 교육훈련, 직종알선, 경영지도 등 지원체계의 종합적 연계가 필요하다.

(3) 간접적 소득지원: 각종 이용료 및 세금감면

특히 교통이나 통신수단 이용요금의 감면제도가 장애인들의 실생활에 많은 도움을 주고 있다. 차량관련 감면혜택의 경우 차량이 대부분 장애인의 이동 및 생계수단이 될 수 있으며, 운전기사로 취업이 가능해지는 효과도 있다.

이용료나 조세감면 시책은 소득을 지원할 뿐 아니라 장애인들의 사회참여를 촉진시키는 데도 중요한 기능을 담당하고 있다.

(4) 2015년 추가 지원 사항

장애인 거주 시설 운영지원이 신설되었으며, 이밖에 장애인 통합복지카드 신설, 장애인 심사지원서비스 지원대상 및 금액 확대, 장애인연금 선정기준액 상향조정 및 공제액 확대 그리고 기초급여 및 부과급여 인상, 장애수당 지원단가 인상, 장애인활동지원사업에서 활동보조 급여단가 인상, 장애인활동지원 급여비용 등에 관한 고시 개정사항 반영, 부정수급 방지를 위해 ARS 결제 삭제, 장애인보조 기구 교부 품목 변경, 여성장애인 출산비용 지원 대상 확대, 장애인 일자리지원 최저임금 인상에 따른 인건비 및 운영비 인상 등이 있다.

| 표 8-26 | 장애인을 위한 이용료 및 세금감면 주요시책 1 (2015)

주 요 시 책	지 원 대 상	지 원 내 용	비고
철도 · 도시철도 요금 감면	• 등록장애인	• 등록장애인 중 중증장애인(1～3급)과 동행하는 보호자 1인 KTX, 새마을호, 무궁화, 통근열차: 50% 할인 • 등록장애인 중 4～6급 - KTX, 새마을호 : 30% 할인(토 · 일, 공휴일을 제외한 주중에 한하여) - 무궁화, 통근열차 : 50% 할인 • 도시철도(지하철, 전철): 100%	장애인등록증 (복지카드)제시
차량 구입 시 도시 철도채권 구입 면제	• 장애인명의 또는 장애인과 주민등록상 같이 거주하는 보호자 1인과 공동명의로 등록한 보철용의 아래 차량 중 1대 - 비사업용 승용자동차 - 15인승 이하 승합차 - 소형화물차(2.5톤 미만)	• 도시철도채권 구입의무 면제(지하철 공사가 진행되고 있는 특별시와 광역시에 해당)	관할 시 · 군 · 구청 차량등록 기관에 신청(자동차판매사 영업사원에게 문의)

고궁, 능원, 국·공립박물관 및 미술관, 국·공립공원, 국·공립공연장, 공공체육시설 요금 감면	• 등록장애인 및 1~3급 장애인과 동행하는 보호자 1인 - 국·공립 공연장 중 대관공연은 할인에서 제외	입장요금 무료 * 국·공립 공연장(대관공연 제외) 및 공공체육시설 요금은 50% 할인 * 공공체육시설: 생활체육관, 수영장, 테니스장, 스키장 등	장애인등록증(복지카드)제시
공영주차장 주차요금 감면	• 등록장애인 - 장애인 자가 운전차량 - 장애인이 승차한 차량	지방자치단체의 조례에 의거 할인 혜택 부여 * 대부분 50% 할인혜택이 부여되나 각 자치단체별로 상이	장애인등록증(복지카드)제시
항공료 할인	• 등록장애인	• 대한항공(1~4급), 아시아나항공 국내선 요금 50% 할인(1~3급 장애인은 동행하는 보호자 1인 포함) • 대한항공(5~6급 장애인) 국내선 30% 할인 ※ 대한항공은 2006년부터 사전예약제(Booking Class 관리 시스템) 실시로 주말, 성수기, 명절연휴 등 고객 선호도가 높은 항공편(제주노선부터 실시)의 경우 사전예약이 안 되면 항공 요금 감면 등 구입이 안 될 수 있으므로 동 시기에는 사전예약 요망	장애인등록증(복지카드)제시
유선통신 요금 감면	• 등록장애인 • 장애인 복지시설, 장애인 복지단체, 특수학교, 아동 복지시설	• 시내전화: 월 통화료 50% 감면 • 시외전화: 월 통화료 50% 감면 (월 3만원 한도) • 인터넷전화 : 월 통화료 50% 감면 * 이동전화에 거는 요금: 월 1만 원 사용한도 이내에서 30% 감면 • 114 안내요금 면제 • 초고속인터넷 월 이용료 30% 감면 * 단체의 경우 2회선 감면(청각장애인 단체 등은 FAX용 1회선 추가 제공), 시·내 전화, 인터넷전화 중복 감면 없음	해당통신회사에 신청

이동통신요금 할인	• 등록장애인 • 장애인 복지시설, 장애인 복지단체, 특수학교, 아동 복지시설 • 「장애인복지법」에 따른 장애수당, 장애아동수당 수급자, 「장애인연금법」에 따른 장애인연금수급자 중 「국민기초생활보장법」에 따라 차상위 계층으로 지정된 자	• 가입비 면제 • 기본료 및 통화료(음성 및 데이터 한함) 35% 할인 * 차상위계층은 가구당 4인 한도 감면 가능, 월 최대감면액은 10,500원 * 단, 이동전화재판매사업자(MVNO)는 감면 미실시	해당통신회사에 신청
연안여객선 여객운임 할인	• 등록장애인	• 연안여객선 여객운임 50% 할인(1~3급 장애인 및 1급 장애인 보호자 1인) • 연안여객선 여객운임 20% 할인(4~6급 장애인) * 선사별, 개별운송약관에 의해 구체적 할인율이 상이할 수 있음	장애인 등록증(복지카드)제시
고속도로 통행료 50% 할인	• 장애인 또는 장애인과 주민등록표상 같이 기재되어 있는 보호자(배우자・직계 존속・직계비속・직계비속의 배우자・형제・자매)의 명의로 등록한 아래 차량 중 1대(장애인자동차표지 부착)에 승차한 등록장애인 - 배기량 2,000 cc 이하의 승용자동차 - 승차정원 7~10인승 승용자동차(배기량 제한 없음) - 승차정원 12인승 이하 승합차 - 최대적재량 1톤 이하 화물 자동차	• 고속도로 통행료 50% 할인 - 일반차로: 요금 정산소에서 통행권과 할인카드 또는 장애인 통합복지카드를 함께 제시하면 요금 할인 - 하이패스 차로: 출발 전 하이패스 감면단말기에 연결된 지문인식기에 지문을 인증한 후 고속도로(하이패스 차로)출구를 통과할 때 통행료 할인	장애인통합복지카드 발급 신청: 주소지 읍・면・동 사무소 감면단말기 지문정보 입력: 전국 읍・면・동 사무소, 한국도로공사 지역본부

전기요금 할인	• 중증장애인(1급~3급)	• 전기요금 정액 감액(월 8천 원 한도)	한국전력 관할지사 · 지점에 신청(방문, 전화)관할 읍 · 면 · 동 주민센터
도시가스 요금 할인	• 중증장애인(1급~3급)	• 주택용(취사용 및 개별난방용에 한함) 도시가스 할인	지역별 도시가스 지사 · 지점에 신청(방문, 전화) 관할 읍 · 면 · 동 주민센터
장애인 자동차 검사수수료 할인	• 「장애인복지법」 제32조에 의한 등록 장애인 본인 또는 세대별 주민등록표상 같이 기재되어 있는 보호자(배우자, 직계존비속, 직계비속의 배우자, 형제, 자매)의 명의로 등록된 아래의 비사업용 자동차 1대 - 승용차, 12인승 이하 승합차, 적재량 1톤 이하 화물차	• 정기검사 및 종합검사 수수료의 50~30% - 중증장애인(1~3급): 50% - 경증장애인(4~6급): 30% • 대상자동차 확인 방법 - 장애인차량표지(부착) 확인 후 장애인복지카드, 장애인증명서 등 • 장소: 교통안전공단 자동차검사소	교통안전공단

출처: 보건복지부(2015). 「2015년 장애인복지 사업안내」.

| 표 8-27 | 장애인을 위한 이용료 및 세금감면 주요시책 2 (2015)

주 요 시 책	지 원 대 상	지 원 내 용	비고
의료비 공제	• 등록장애인	• 당해년도 의료비 전액 - 의료비 지출액 전액의 15% 공제	연말정산 또는 종합소득 신고 시 공제신청 126 문의
장애인 특수교육비 소득공제	• 등록장애인	• 사회복지시설이나 보건복지부장관으로부터 장애인재활교육시설로 인정받은 비영리법인에 지급하는 특수교육비 전액의 15% 공제	
장애인 보험료 공제	• 등록장애인	• 장애인전용보장성보험의 보험료 공제 - 연 100만 원 한도, 15% 공제율 적용	
승용자동차에 대한 개별소비세 면제	• 1~3급 장애인 본인 명의 또는 장애인과 주민등록표상 생계를 같이 하는 배우자 · 직계존속 · 직계비속 · 직계비속의 배우자 · 형제 · 자매 중 1인과 공동명의로 등록한 승용자동차 1대	• 개별소비세 500만원 한도로 면제 (교육세는 개별소비세의 30% 한도)	자동차 판매인에게 상담 국세청소관 관할세무서
소득세 공제	• 등록장애인	• 소득금액에서 장애인 1인당 연 200만 원 추가 공제 • 부양가족(직계존 · 비속, 형제 · 자매 등) 공제 시 장애인인 경우 연령제한 미적용	연말정산 또는 종합소득신고 시 공제신청 국세청 126
장애인용 차량에 대한 취득세(종전 등록세 포함)자동차세 면제	• 차량 명의를 1~3급(시각 4급은 자치단체 감면조례에 의함)의 장애인 본인이나 그 배우자 또는 주민등록표상 장애인과 함께 거주하는 직계존 · 비속(재혼포함), 직계비속의 배우자(외국인 포함), 형제, 자매 중 1인과 공동명의 - 배기량 2,000 cc 이하 승용차 - 승차정원 7인승 이상 10인승 이하인 승용자동차, 승차정원 15인승 이하 승합차, 적재정량 1톤 이하인 화물차, 이륜자동차 중 1대	• 취득세(종전 등록세 포함) · 자동차세 면세	시 · 군 · 구청 세무과에 신청

승용자동차 LPG 연료 사용 허용	• 장애인 또는 장애인과 주민등록표상 거주를 같이 하는 보호자(배우자, 직계존비속, 직계존비속의 배우자, 배우자의 직계존비속, 형제·자매) 1인과 공동명의 또는 보호자 단독명의로 하는 경우의 등록한 승용자동차 1대	• LPG 연료사용 허용(LPG 연료 사용 차량을 구입하여 등록 또는 휘발유 사용 차량을 구입하여 구조변경)	시·군·구 차량등록 기관에 신청 산업통상자원부 소관
차량 구입시 지역개발 공채 구입 면제	• 지방자치단체별 조례에서 규정하는 장애인용 차량	• 지방자치단체별 조례에 의거 장애인 차량에 대한 지역개발공채 구입의무 면제	시·군·구청 차량등록 기관에 신청 (자동차판매사 영업사원에 문의)
증여세 과세액불 산입	• 등록장애인 - 친족으로부터 재산(부동산, 금전, 유가증권)을 증여받고 다음의 요건을 모두 갖춘 경우 • 증여받은 재산 전부를 신탁업자에게 신탁하였을 것 • 그 장애인이 신탁의 이익 전부를 받는 수익자일 것 • 신탁기간이 그 장애인이 사망할 때까지로 되어있을 것	• 장애인이 생존기간 동안 증여받은 재산 가액의 합계액에 대하여 최고 5억원까지 증여세과세가액에 불산입 ※ 증여세 부과사유가 발생하면 즉시 부과 • 신탁을 해지하거나, 연장하지 아니한 경우 • 수익자를 변경하거나 증여재산가액이 감소한 경우 • 신탁의 이익 전부 또는 일부가 그 장애인이 아닌 자에게 귀속되는 것으로 확인되는 경우	관할 세무서에 신청
장애인 보장구 부가가치세 영세율 적용	• 등록장애인	• 부가가치세 감면	별도신청 없음 *텔레비전 자막수신기
장애인용 수입물품 관세 감면	• 등록장애인	• 장애인용 물품으로 관세법시행규칙 별표2에서 정한 101종의 수입물품에 대하여 관세 면제 • 재활병원 등에서 사용하는 지체·시각 등 장애인 진료용구에 대하여 관세면제	통관지 세관에서 수입신고시에 관세면제 신청

특허출원료 또는 기술 평가 청구료 등의 감면	• 등록장애인	• 특허 출원 시 출원료, 심사청구료, 1~3년차 등록표, 기술평가 청구료 면제 • 특허 · 실용신안원 또는 의장권에 대한 적극적인 권리범위 확인심판 시 그 심판 청구료의 70% 할인	출원, 심사청구, 기술평가청구, 심판청구시 또는 등록 시 특허청에 감면 신청

출처: 보건복지부(2015). 「2015년 장애인복지 사업안내」.

제9절 의료 및 재활 부문

장애인들 자신의 평소 건강상태에 대한 평가로 건강이 '나쁘다'라고 응답한 장애인이 전체의 53.4%로 '좋다'고 생각하는 경우(15.9%)보다 많아 이전의 실태조사 결과와 비교해 큰 변화는 없었다. 장애유형별로는 공통적으로 신체 내부장애인들이 자신의 건강이 '나쁘다'고 인식하고 있는 비율이 다른 장애유형에 비해 더 높았는데, 특히 호흡기, 심장, 신장장애인과 함께 뇌병변장애인의 경우 70% 이상이 평소 건강이 나쁘다고 인식하고 있었다(장애인 실태조사, 2014).

또한, 현재 3개월 이상 계속되는 만성질환 유무에 있어서 질환을 앓고 있다고 응답한 비율이 75.8%로 나타나(장애인 실태조사, 2014), 장애와 관련이 있거나 장애 외의 다양한 만성질환을 앓고 있는 것으로 나타나 장애인들의 질환에 대한 치료와 재활이 절실한 상태임을 알 수 있다.

그런데 재활치료서비스를 받지 않는 이유에 대해서 '다닐 필요가 없어서'라고 응답한 사람이 70.1%로 가장 많았으나 신장장애, 심장장애, 호흡기장애 등과 같이 발달재활치료 서비스의 필요도가 낮은 장애의 경우가 다른 장애보다 높다는 의견을 보였다. 반면, 자폐성장애의 경우 적절한 '치료시설이 부족해서'가 많고, 뇌병변장애, 언어장애, 정신장애의 순으로 '비용부담 때문에'의 비율이 높았다(장애인 실태조사, 2014).

향후 장애인의 건강 및 재활을 위해 필요한 의료기관 또는 서비스에 대한 결과는 전체 장애인의 30.7%가 재활전문병원을 지적하였고, 다음으로 종합병원 재활의학과는 17.4%, 방문재활치료가 16.5%의 순으로 나타나 2011년 조사에 비해 재활전문병원의 응답이 두드러지게 늘어났다. 이와 같은 결과는 전문병원이나 방문재활치료에 대한 장애인의 인식이 높아진 것으로 볼 수 있다. 그 밖에는 장애인 특화서비스기관, 보건소, 병원(외래) 등도 희망하고 있었으나 요양병원이나 주치의에 대한 욕구는 높지 않았다. 장애유형별로는 지체장애와 언어장애, 심장장애 등의 경우 재활전문병원에 대한 욕구가 가장 높았으며, 장애인 특화서비스기관에 대해서는 지적장애, 자폐성장애, 정신장애와 안면장애의 욕구가 높았고, 방문재활치료는 뇌병변장애와 뇌전증장애가, 요양병원은 호흡기장애와 뇌전증장애의 욕구가 상대적으로 높은 것으로 나타나 차이를 보이고 있다. 이러한 결과는 장애의 다양한 특성을 고려하여 적절한 의료기관과 서비스에 대한 욕구를 반영해야 한다는 결과라고 할 수 있다(장애인 실태조사, 2014).

이러한 장애인들의 욕구에도 불구하고 우리의 경우 장애인이 충분한 재활의료 서비스를 받을 기회가 제한되어 있다. 지속적인 재활치료를 위해서는 기본적으로 재활병의원이나 재활의학과의 설치가 필요하나 현재 300병상 이상의 종합병원에 재활의학과가 설치된 경우는 56%(74개소)에 불과하고 대도시에 집중되어 있으며, 언어치료나 심리치료 등 재활에 필수요소인 진료과목이 설치되어 있지 않은 경우가 많아 장애인의 재활이 효과적으로 이루어지기 어렵다. 이들 종합병원 이외도 사회복지법인이 운영하는 재활병의원이 14개소가 있으나 이용자가 주로 수용시설에 입소해 있는 장애인이나 생활보호 대상 장애인에 한정되어 있어 대부분의 재가장애인들이 적절한 재활치료서비스를 받지 못하고 있는 실정이다. 따라서 장애인들에 대한 최소한의 의료보장 차원에서 300병상 이상의 종합병원에는 재활의학과를 의무적으로 설치토록 하여야 한다.

이와 함께 장애인의 재활에 있어 필수불가결한 보장구의 경우 우리나라는 2008년 현재 20종 77개 품목에 대해 보험급여가 적용되고 있으며, 「장애인복지법」에 의하여 등록된 장애인 가입자 및 피부양자가 보장구를 구입할 경우 구입금액 일부를 국민건강보험공단에서 보험급여비로 지급하는 제도로서, 동일 보장구는 유형별 내구 연한 내 1인당 1회 지급을 원칙으로 하며, 구입금액이 유형별 기준액 이내인 경우는 실구입가의 80%를 지급하고,

유형별 기준 액을 초과한 경우에는 기준 액의 80%를 지급한다.

2014년도 장애인 실태조사에 의하면 보장구를 필요로 하지만 경제적 이유로 인해 구입하지 못하는 장애인이 61.8%에 이르고 있는 것으로 나타나고 있다.

따라서 장애인의 재활과 사회통합을 위해서는 일상생활용구를 포함하여 보장구의 보급이 폭넓게 이루어져야만 하며, 이를 위해서는 장애인의 소득수준에 따라 생활보호대상 장애인에게는 무료로 지원하고, 그 밖의 계층에 대해서는 의료보험의 적용품목과 수가를 확대하여 본인부담을 최소화할 수 있도록 하여야 한다.

| 표 8-28 | 의료 및 재활지원사업

주요사업	지원대상	지원내용
장애인 의료비 지원	• 「의료급여법」에 의한 의료급여 2종 수급권자인 등록장애인 • 건강보험의 차상위 본인부담 경감 대상자인 등록장애인 (만성질환 및 18세 미만 장애인)	• 의료기관 이용 시 발생하는 급여항목 본인부담금의 일부 또는 전액 지원(비급여 제외) - 1차 의료기관 외래진료 본인부담금 750원 일괄지원 • 2차, 3차 의료기관 진료 - 의료(요양)급여수가적용 본인부담 진료비 15%(차상위 14%, 암환자 5%, 입원 10% 등) 전액을 지원하되 본인 부담금 식대 20%는 지원하지 않음 • 의료(요양)급여 적용 보장구 구입 시 상한액 범위 내에서 본인부담금(15%) 전액
장애검사비 지원	• 기존 등록장애인 중 장애인연금, 활동 지원 및 중증장애아동수당 신청 및 의무 재판정 등으로 재진단을 받아야 하는 기초생활수급자 및 차상위계층인 자 • 행정청 직권으로 재진단을 받는 자	• 기초생활수급자 - 소요비용이 5만 원 이상 초과금액 중 최대 10만 원 범위 내에서 지원 • 차상위계층 - 소요비용이 10만 원 이상 초과금액 중 최대 10만 원 범위 내에서 지원 • 직권 재진단 대상 - 소요비용과 관계없이 10만 원 이하의 범위 내에서 지원
발달재활 서비스	• 연령기준: 만 18세 미만 장애아동 • 장애유형: 뇌병변, 지적, 자폐성, 언어, 청각, 시각 장애아동	• 매월 14만 원~22만 원의 발달재활 서비스 바우처 지원 • 언어·청능, 미술·음악, 행동·놀이·심리, 감

	• 소득기준: 전국가구평균소득 150% 이하 • 기타요건 - 「장애인복지법」상 등록장애아동 - 다만, 등록이 안 된 만 6세 미만 아동은 의사 진단서(검사자료 포함)로 대체 가능	각·운동 등 발달재활서비스 선택하여 이용
언어발달 지원	• 연령기준: 만 10세 미만 비장애아동 (한쪽 부모가 시각·청각·언어·지적·뇌병변·자폐성 등록장애인) • 소득기준: 전국가구평균소득 100% 이하	• 매월 16만 원~22만 원의 언어재활 등 바우처 지원 • 언어발달진단서비스, 언어·청능 등 언어 재활서비스, 독서지도, 수화지도
장애인 보조기구 교부	• 등록장애인 중 「국민기초생활보장법」상의 수급자 및 차상위계층	• 품목 - 욕창방지용 방석 및 커버, 와상용 욕창 예방 보조기구, 목욕의자 : 1~2급 지체·뇌병변·심장장애인 - 음성유도장치, 음성시계, 영상확대 비디오(독서확대기), 문자판독기, 녹음 및 재생 장치: 시각장애인 - 시각신호표시기, 진동시계, 헤드폰(청취 증폭기): 청각장애인 - 양팔 조작형 보행용 보조기구, 기립 훈련기, 음식 및 음료 섭취용 보조기구 5종 뇌병변장애인, 근육병 등 지체 장애인 1, 2급
여성장애인 출산비용 지원	• 장애등급 1~6급으로 등록한 여성 장애인 중 출산한 여성장애인(2015년 1월 1일 이후 출산한 경우, 임신기간 4개월 이상 태아 유산·사산의 경우 포함)	• 출산(유산, 사산포함) 태아 1인 기준 1백만 원 지급
보장구 건강보험 급여 (의료급여) 적용	• 등록장애인	• 건강보험대상자: 적용대상 품목의 기준액 범위내에서 구입비용의 80%를 공단에서 부담 * 전동휠체어·전동스쿠터·자세보조 용구는 기준액·고시액·실구입가액 중 낮은 금액의 80%를 공단이 부담 • 의료급여수급권자: 적용 대상 품목의 기준액 범위 내에서 전부(1종) 또는 85% (2종)를 기금에서 부담

출처: 보건복지부(2015). 「2015년 장애인복지 사업안내」.

제10절 교육부문

아동 및 청소년기(5~17세)에 있는 장애아의 교육은 장애정도에 따라 다르나 일반적으로 장애로 인해 대부분 특별한 교육적 배려가 필요하다. UN에서 채택한 "장애인에 관한 세계행동계획"에서는 기회의 균등화 차원에서 교육의 중요성을 강조하고 있다. 즉 국가는 장애인에게 다른 사람과 똑같은 교육의 기회를 부여하는 정책을 채택하여야 하며, 장애인의 교육은 가능한 일반학교 제도 내에서 실행할 것을 권고하고 있다(UN, 1983). 또한 의무교육은 중증장애인을 포함한 모든 장애인을 대상으로 하도록 하고 있다.

특수학교 수 및 특수학급수의 변화 추이를 살펴보면 2015년 특수학교 1개교가 신설되었으며, 특수학급은 251학급이 증설되는 등 최근 5년간 연평균 415학급이 증가하였다. 특수학급의 경우 2014년 9,617학급에서 2015년 9,868학급으로 251학급이 증설되었다. 일반학교에서 통합교육을 받는 특수교육대상자가 증가함에 따라 특수학교의 학생은 장애정도가 심한 중도·중복장애학생이 많아지는 경향을 보이고 있다.

장애학생 수 변화 추이에 있어서는 2015년 특수교육대상자가 88,067명으로 2014년보다 789명이 증가하였으며, 최근 특수교육대상자의 교육기회 확대 및 지원 서비스 강화로 특수교육대상자로 선정되는 학생 수가 지속적으로 증가하는 추세이다.

2015년 특수교육 담당교원 1인당 학생 수는 4.8명이다. 이것은 2011년 5.2:1, 2012년 5.1:1, 2013년 5.0:1, 2014년 4.9:1, 2015년 4.8:1로 변화해 오고 있으며, 「장애인 등에 대한 특수교육법」에서 특수학교 및 특수학급 교사 배치 기준을 학생 4명당 1명으로 규정하고 있어 여전히 법적 기준의 담당교원이 부족한 상황이다.

| 표 8-29 | 특수교육 현황

배치별		특수학교	일반학교		특수교육 지원센터	계
			특수학급	일반학급 (전일제 통합학급)		
특수교육대상자수		25,531	46,351	15,622	563	88,067
학생 수	장애영아	179	-	-	563	742
	유치원	883	2,039	1,822	-	4,744
	초등학교	6,472	20,991	6,128	-	33,591
	중학교	6,142	11,312	3,654	-	21,108
	고등학교	7,581	11,823	4,018	-	23,422
	전공과	4,274	186	-	-	4,460
	계	25,531	46,351	15,622	563	88,067
학교 및 센터수		167	7,397	6,972	196	10,908
			10,528			
학급수		4,454	9,868	(14,580)	61	28,963
특수학교(급)교원 수		7,863	10,185	-	291	18,339
특수교육 보조인력 수		3,386	6,483	471	-	10,340

* 기준일: 2015. 4. 1.

출처: 교육부(2015). 특수교육연차보고서 2015.

2015년도 4월 현재 가정・시설・병원・학교 등에 순회 또는 파견 형태로 실시하는 순회교육은 556학급 1,370명의 교사가 모두 5,241명의 특수교육대상학생을 대상으로 실시하고 있으며, 특수학교에서 897명, 특수학급에서 1,507명, 특수교육지원센터에서 2,837명을 대상으로 순회교육을 실시하고 있다.

| 표 8-30 | 순회교육 현황

구분	학생 수					학급수	교사수
	가정	시설	병원	일반학교	계		
특수학교에서 순회 · 파견	484	400	13	-	897	241	243
특수학급에서 순회 · 파견 · 겸임	479	817	20	191	1,507	315	457
특수교육지원센터	380	104	55	2,298	2,837	-	670
계	1,343	1,321	88	2,489	5,241	556	1,370

* 기준일: 2015. 4. 1.
출처: 교육부(2015). 특수교육연차보고서(특수교육지원센터 순회 강사 348명 포함).

2015년 고등학교 및 전공과 졸업 특수교육대상자 진로현황을 살펴보면 고등학교 전체 졸업자수 7,111명 중 진학은 3,345명(47%)이고, 취업은 1,051명(27.9%)로 나타났고, 비진학 및 미취업자 수는 2,715명으로 조사되었다. 또한, 전공과의 졸업자수는 1,868명으로 진학률은 13명인 0.7%이고 취업자 수는 659명인 35.5%로 나타났다. 비진학 및 미취업자 수는 1,196명이다.

| 표 8-31 | 고등학교 및 전공과 졸업 특수교육대상자 진로현황

(단위: 명, %)

구분		졸업자 수	진학				취업		비진학 · 미취업자 수
			전공과	대학(전문대 포함)	소계	진학률(%)	취업자 수	취업률(%)	
고등학교	특수학교	2,385	1,250	122	1,372	57.5	185	18.3	828
	특수학급	3,673	914	477	1,391	37.9	767	33.6	1,515
	일반학급	1,053	48	534	582	55.3	99	21.0	372
	계	7,111	2,212	1,133	3,345	47.0	1,051	27.9	2,715
전공과		1,868		13	13	0.7	659	35.5	1,196
전체		8,979	2,212	1,146	3,358	37.4	1,710	30.4	3,911

출처: 교육부(2015). 특수교육연차보고서.

장애인의 교육여건의 어려움은 장애인과 일반인의 취학 · 진학율 비교에서 더욱 두드러지게 나타나는데, 대체로 학력이 높아질수록 장애인의 진학률이 크게 떨어지고 있음을 알 수 있다. 이러한 비교에서 볼 수 있듯이 장애인의 교육여건이 일반인에 비해 상당히 열악한 것을 나타나고 있다.

장애아동의 교육은 성인이 되어 취업이나 기타 사회생활과 직결되는 재활영역이기 때문에 다른 어떤 분야보다 중요하다. 따라서 장애인의 교육기회 확충을 위한 교육시설의 확충과 함께 장애아들이 사회적 편견 없이 교육을 받을 수 있는 여건의 개선이 필요하다. 따라서 기본적으로는 장애아에 대한 공교육 기회의 확충이 필요하고, 장애아의 연령과 장애정도와 무관하게 특수한 요구가 있는 모든 대상에게 포괄적 교육이 제공될 수 있어야 한다. 즉, 장애유아에 대한 공립 특수유치원이나 특수학교에 유치부 과정을 설치하여 운영토록 하여야 한다.

장애인 교육의 기본방향은 장애유무에 관계없이 이루어지는 통합교육을 지향하는 것이라 하겠다. 다만 중증장애와 같이 특별한 욕구가 있는 경우에는 일정기간 특수시설이나 가정에서 교육을 받을 수 있도록 하되 점진적으로 주류교육으로의 통합이 필요하다 할 것이다.

2015년 보육교육부문 주요 장애인 사업은 다음과 같다.

| 표 8-32 | 교육사업

주요사업	지원대상	지원내용
• 장애아 보육료 지원	• 만 0세~만12세 장애아동 - 장애소견이 있는 의사진단서(만 5세 이하만 해당) 제출자 - 특수교육대상자 진단·평가 결과 통지서 제출자(만 3세~만8 세까지만 해당)	• 지원단가 - 종일반: 40만6천 원/월 - 방과후: 20만3천 원/월 - 만 3~5세 누리장애아보육: 42만 원/월 ※ 가구소득수준과 무관
• 장애인 자녀 교육비 지원 (1~3급)	• 소득인정액 최저생계비 130% 이하인 가구의 1~3급 초·중·고등학생 장애인 본인 및 1~3급 장애인의 초·중·고등학생 자녀	고등학생의 입학금 및 수업료 전액 • 고등학생의 교과서대 129,500원(연 1회) • 초·중학생의 부교재비 38,700원(연 1회) • 중학생, 고등학생의 학용품비 52,600원 (1학기 26,300원, 2학기 26,300원으로 연 2회)
• 여성장애인 교육지원	• 「장애인복지법」 제32조(장애인등록)에 의한 등록 여성장애인	• 여성장애인에 대한 교육지원 - 기초학습, 인문, 사회 및 체험, 보건 및 가족 등

출처: 보건복지부(2015). 2015년 장애인복지사업안내.

제11절 고용부문

장애인의 직업재활은 장애인 개인의 직업적 · 사회적 · 심리적 욕구충족을 이루는 중요한 수단이 된다. 특히 노동연령기에 이른 사람이 직업을 구하지 못하거나 직업생활의 유지에 장애가 있는 경우 그 사람의 소득보장뿐만 아니라 사회적 지위까지 위협을 받게 된다. 그러나 아직까지 장애인은 경제활동 참여기회의 부족으로 인하여 생산과 납세의 주체가 아닌 보호와 면세의 객체로 머물러 왔으며, 오래 전부터 장애인 고용문제가 중요한 사회문제로 인식되어 왔음에도 불구하고 장애인에 대한 구체적인 직업생활의 참여기회를 보장하는 제도적 대책이 미비하였다.

장애인의 취업실태에 있어서는 장애인의 실업률은 1990년 32.6%, 1995년 27.4%, 2000년 28.4%, 2005년도는 34.1%로서 같은 기간 동안의 2.4%, 2.0%, 4.6%, 3.7%에 비해 매우 높은 실정이다. 또한 경제활동 참가율도 전체 참가율 수준에 비해 매우 낮은 편이다.

장애인 취업자의 직업별 분포를 보면 단순노무직 27.6%, 농 · 어업 19.0%, 기계 · 장치 조작 등의 일을 수행하는 기능직이 12.3%, 판매종사자 8.9%, 서비스직이 7.2%, 사무종사 6.3%, 기술공 5.4%, 전문가 2.6%, 기타 13.3%로 나타나고 있어서 장애인이 노동시장에 진입조차 용이하지 않다는 점을 보여주는 결과라 할 수 있을 것이다.

장애인 고용은 경증장애인 중심의 일반고용과 중증장애인을 대상으로 한 보호고용으로 구분되나 일반고용이나 보호고용 모두 활성화되어 있지 못하다.

1. 장애인 고용의 형태

1) 일반고용: 경증장애인 중심

현재 「장애인 고용촉진 및 직업재활법」에 따라 50인 이상 사업체는 2% 이상의 장애인을 고용하도록 하고 있으며, 장애인을 고용하지 않는 경우 부담금을 내도록 하고 있다. 고용부담금은 사업주가 의무고용률에 따라 고용하여야 할 장애인 총수에서 매월 상시 고용하고 있는 장애인 수를 뺀 수에 부담기초액(해당 연도 최저임금액의 100분의 60 이상)

을 곱한 금액의 연간 합계액으로 한다. 2008년 기준 장애인고용부담금은 약 45만 원 정도이다.

장애인고용의무업체의 장애인 고용률은 1997년 0.54%, 2000년 0.82%, 2005년 1.55%, 2007년 1.54%로 약간씩 상승하고 있다.

2007년 현재 이 법에 따른 대상사업주는 20,462개소(정부부문 87개소, 민간부문 20,375개소)이며, 여기에 취업하고 있는 장애인은 약 89,546명으로 고용률은 1.54% 이다. 2007년 12월 정부부처 공무원 중 장애인공무원의 비율은 1.60%인 13.142명이며, 민간부문 장애인 고용현황은 1.53%인 76,404명이다. 정부부처일수록 장애인 고용의무를 지키지 않는 것으로 나타나고 있다. 51개 중앙행정기관과 4개 헌법기관 중 입법부, 사법부, 교육과학기술부, 국방부, 법제처, 감사원, 경찰청 등이 장애인 고용률을 지키지 않는 것으로 나타나고 있다. 이와 함께 지방자치단체에서도 대부분의 교육청이 장애인 고용의무 규정을 지키지 않고 있는 것으로 나타나고 있다(노동부, 2007).

정부출연기관의 장애인고용률은 1.32%이지만, 정부투자기관은 2.04%로 의무고용률을 초과하고 있는 유일한 부문이다.

| 표 8-33 | 장애인 의무고용

(단위: %, 명)

구 분	공무원('07)	공기업('07)	준정부기관('07)	기타공공기관('07)	민간기업('07)
대상사업주	-	24	76	150	20,125
적용대상근로자	822,590	96,821	75,930	115,580	4,696,744
고용의무인원	16,497	1,936	1,518	2,311	84,872
장애인근로자수	13,142	2,148	1,855	1,617	70,754
고용률	1.60	2.22	2.48	1.40	1.51

출처: 한국장애인고용촉진공단(2007).

2) 보호고용: 중증장애인 대상

장애인을 위한 보호고용시설(직업재활시설)에는 보호작업시설 189개소/5,238명, 장애인 근로작업시설 29개소/1,344명, 작업활동시설 109개소/3,074명, 직업훈련시설 12개소/403명으로 전체 1339개소/10,059명(2007)이며, 장애인생산품판매시설은 전국에 16개소(각 시 ·

도 1개소)이다.

사업주가 중증장애인을 고용하는 경우의 고용부담금은 내야 할 부담금 총액의 2분의 1 이내의 범위에서 중증장애인의 수에 부담기초액의 2분의 1을 곱한 금액을 뺄 수 있다. 일부 시설 외에는 장애인근로자에게 최저임금을 지급하지 못하고 있으며, 따라서 생계유지의 수단이 되지 못하고 있다. 운영 면에서 장애인근로자의 생산성이 떨어질 뿐 아니라 시설관리자의 경영능력이 부족하여 이윤 창출이 어려운 실정이다. 장애인 직업재활시설의 시설관리자는 생산품목을 결정할 때도 상황의 변화에 빠르게 대처하지 못하고 있다. 또한 새로운 생산품목을 생산하고자 해도 시설설비비를 구할 수 없어서 투자를 할 수 없는 경우도 빈번하게 발생하고 있다. 따라서 장애인 직업재활시설의 문제를 개선하기 위해 정부의 체계적인 지원이 필요하다. 직업재활 전문인력이 부족하기 때문에 인건비를 지원하여 전문적인 서비스를 제공해야 하며, 생산품목의 선정, 인사관리 등 경영자문 지원과 함께 중소기업에 준하는 금융지원을 실시해야 한다. 그리고 중증장애인은 생산성이 낮아 노동시장의 진입이 어렵기 때문에 사회적 일자리를 창출하는 방안을 고려해야 한다.

| 표 8-34 | 고용부문 사업

주요사업	지원대상	지원내용
• 장애인 고용서비스	• 등록장애인	• 장애인 취업지원서비스 제공 - 장애인 직업상담과 직업능력평가를 통한 집중 취업 알선 - 취업지원프로그램 등 구직역량 강화 지원 - 장애인 직업훈련 실시 및 훈련비 지원 - 보조공학기기 및 근로지원인 서비스 지원 • 의무고용사업주(상시 50인 이상)에 대한 장애인 의무고용 이행지원 강화* * 정부, 공공기관 : 3%, 민간기업 : 2.7% →2.3%('10~'11), 2.5%('11~'12), 2.7%('13~'14) - 의무고용률 미준수 사업주에게 장애인고용 부담금 부과(상시 100인 이상 사업체) - 장애인 의무고용률를 초과 고용한 사업주에게 장애인고용장려금 지급
• 장애인 일자리지원	• 만 18세 이상 등록장애인 및 미취업 시각장애인 안마사	• 급여 및 주요내용

구 분	내 용	근로 시간	급여
장애인 복지일자리	공공기관, 복지관 등에 배치되어 공공형(주차단속, 환경도우미, 보육도우미 등) 업무를 수행하는 일자리	월 56시간	월 보수 313천 원/월 14천 원
일반형 일자리	자치단체, 행정기관 등 공공기관에 배치되여 행정보조, 복지서비스 업무를 수행하는 일자리	주5일 40시간	월 보수 1,167천 원/월 사업주 보험료 115천 원
시각장애인 안마사 파견	일정시설 여건을 갖춘 노인복지관, 경로당 등에 배치되어 안마서비스를 제공하는 일자리	주5일 25시간	월 보수 1,000천 원/월 운영비 113천 원
발달장애인요양보호사보조	요양보호사가 배치된 노인 복지시설 및 노인전문병원 등에 배치되어 노인요양 보호사가 수행하는 업무를 보조하는 일자리	주5일 25시간	월 보수 731천 원/월 운영비 110천 원

출처: 보건복지부(2015). 2015년 장애인복지사업안내.

제12절 시설보호부문

1. 시설보호의 필요성

시설보호에서 지역사회 재활로 전화되어 가고 있지만 시설보호가 불가피하다. 장애인은 특성상 시설보호에 대한 욕구가 높다. 2005년도 장애인 실태조사 결과 시설에 입소하기를 희망하는 재가장애인은 장애인생활시설 16.4%, 중증장애인요양시설 18.5%, 주・단기 보호시설 11.9%, 그룹 홈이 6.4%를 차지하고 있다. 재가복지 서비스가 충분하지 못하고 그룹 홈과 같은 지역사회 시설이 부족한 현실을 감안할 때, 일정기간 시설보호를 바탕으로 지역사회 복귀가 가능하다.

2. 장애인 시설의 실태

1) 직업재활시설

직업재활시설은 보호작업장과 근로사업장으로 구분되며 2006년부터 꾸준히 증가하여 2006년 319개소에서 2014년 541개소에 이르고 있다.

| 표 8-35 | 장애인 직업재활시설 현황

(단위 : 개소, 명)

구 분	2006	2007	2008	2009	2010	2011	2012	2013	2014
시설수	319	339	364	386	417	456	478	511	541

출처: 통계청(2015). 보건복지통계연보.

2) 지역사회 재활시설

지역사회 재활시설은 2002년 336개소에서 2005년 1,049개를 거쳐 2007년 1,286개, 2014년 1,213개로 증가하고 있다. 지역사회 재활시설은 장애인복지관 223개소, 의료재활시설 592개소, 주간보호시설 29개소, 점자도서관 19개소, 점자 및 출판시설 1개소, 장애인체육관 29개소, 심부름센터 156개소, 수화통역센터 193개소 등 1,213개소가 운영되고 있다.

| 표 8-36 | 장애인 지역사회 재활시설 현황

(단위: 개소)

구 분	계	복지관	의료 재활 시설	주간 보호 시설	점자 도서관	점자 및 출판 시설	체육관	심부름 센터	수화 통역 센터
개소수	1,213	223	592	29	19	1	29	156	193

출처: 통계청(2015). 보건복지통계연보.

3) 장애인 거주시설

2015년 현재 지적장애인 시설 309개, 중증장애인요양시설 223개, 단기거주시설 137개, 공동생활가정 713개소로 장애인 거주시설의 대다수를 차지하고 있다. 장애인 거주시설 수는 해마다 증가하여 2008년 347개소에서 2015년 1,457개소 증가하였다.

| 표 8-37 | 장애인 거주시설 유형별 입소현황

(단위: 개소, 명)

구 분	계	지체 장애인 시설	시각 장애인 시설	청각 장애인 시설	지적 장애인 시설	중증 장애인 요양시설	장애 영유아 시설	단기 거주시설	공동 생활 가정
시설수	1,457	44	15	7	309	223	9	137	713
입소인원	31,406	2,208	632	270	12,136	11,344	466	1,495	2,855

출처: 통계청(2015). 보건복지통계연보.

4) 장애인시설의 문제점

우리나라 장애인 생활시설은 수요에 비해 공급이 크게 제한되어 있다. 시설서비스의 질적인 측면에 있어서 대부분의 선진국에서는 이용자의 시설선택에 의한 수요자 서비스 중심의 운영이 이루어지고 있으나, 우리나라는 기초생활보장대상 장애인에게 공급자 위주의 서비스가 제공되고 있다.

장애인생활시설은 일부 후원금을 제외하고 상당 부분 정부의 지원에 의존하고 있으며, 인력에 대한 지원이 부족하다. 따라서 생활시설에서는 전문인력이 부족하여 전문적인 재활서비스를 제공하는 데 어려움이 있다. 가장 문제가 심각한 시설은 정부의 인가를 받지 않은 비인가시설로, 이들 시설이 폐쇄적으로 운영되면서 정부의 감독을 받지 않아 시설입소 장애인의 인권 침해, 강제노역, 운영비리 등의 사례로 인해 사회문제화 되는 경우가 있다.

최근 거주시설에서도 일차적인 의식주 문제를 해결하는 단순수용보호에서 벗어나 재활을 위한 전문적인 서비스를 제공하는 사례가 증가하고 있다. 또한 「사회복지사업법」의 개정에 따른 정부의 사회복지시설평가제도의 시행으로 인해 시설의 환경 및 서비스의 질이 지속적으로 향상될 것으로 판단된다.

또한, 장애인 이용시설의 양적 부족, 시설의 위치로 인한 장애인의 접근도 저하, 전문인력과 설비부족 등이 지적되고 있다. 장애인종합복지관은 대부분이 시・도에 소재해 있으나 종별복지관은 서울에 집중되어 있다. 따라서 지방의 복지관은 사업대상 지역이 넓지만 인근지역에 거주하는 재가장애인에게만 서비스를 제공하고 있다. 최근에는 장애아 특수교육에 대한 수요가 많아지면서 이용자들이 조기교육 프로그램에 편중되고 언어치료 등을 받기 위해서 장기간 대기해야한다. 반면 일부 프로그램의 이용률은 낮다.

일반 사회복지관에서도 장애인 프로그램이 운영되고 있으나 장애인의 주된 욕구는 의료비나 보장구 지원, 기술습득, 생계지원 등이다. 실제로 제공하는 서비스는 상담, 알선 및 이송 서비스에 불과하다. 따라서 주간 및 단기보호서비스의 확대가 필요하고 장애인복지관뿐만 아니라 생활시설에서 재가복지사업을 확대하여야 한다. 시설의 서비스제공은 시설의 개방을 위해서도 도움이 되며, 입소정원에 미달한 시설은 단기입소 프로그램 등을 실시하여 재가장애인에게 필요한 재활과 사회적응훈련을 실시할 필요가 있다.

제13절 생활환경부문

1. 환경정비

장애인복지의 기본 이념인 완전한 사회통합이 이루어지기 위해서는 그 전제로서 사회적・물리적 장벽이 제거되어야 한다. 장애인이 사회생활에서 불이익을 받는 것은 장애 자체 때문이 아니라 장애인을 둘러싸고 있는 제약적인 환경(사회적・물리적 장벽) 때문이다. 따라서 국가, 사회는 최소한 장애인이 어느 제도나 서비스, 시설에 자유롭게 접근할 수 있도록 환경을 개선하여야 한다. 선진국 가운데서도 가장 강력한 접근권을 규정한 미국의 장애인법(ADA, 1990)에서는 공공교통, 공공시설, 통신 등의 서비스에서 접근권을 보장하고 있으며, 독립적인 행정기구[14]를 통해 최저기준(minimum standard)을 정하고 있다. 이 법에서는 장애인의 접근을 어렵게 하는 환경적 장벽을 장애인에 대한 차별로 간주하고 있다.

14) 이 법의 시행규칙에서 건축 및 교통위원회(Architectural and Transportation Barriers Compliance Board)를 두고 최저기준을 작성하여 따르도록 하고 있다.

2. 편의시설의 설치

1997년 「장애인 · 노인 · 임산부 등의 편의증진 보장에 관한 법률」이 제정되어, 법률에서는 접근권을 규정하고 최소한의 설치기준을 정하고 있다(1998년 4월 11일 시행).

편의시설을 설치해야 하는 대상시설에는 공원, 공공건물 및 공중이용시설(제1종 근린생활시설, 제2종 근린생활시설, 문화 및 집회시설, 종교시설, 판매시설), 의료시설(병원, 장례식장), 교육연구시설(학교, 교육원, 도서관), 노유자시설(아동관련시설, 노인복지시설, 기타 사회복지시설), 수련시설, 운동시설(체육관, 운동장), 업무시설, 숙박시설, 공장, 자동차관련시설(주차장, 운전학원), 교정시설, 방송통신시설, 묘지관련시설, 관광휴게시설, 공동주택(아파트, 연립주택, 다세대주택, 기숙사), 통신시설(공중전화, 우체통)등이 있다.

의무적으로 설치해야 하는 편의시설의 종류에는 주출입구 높이차이 제거(전체 시설), 점자블록(노인복지시설을 제외한 전체 시설), 주출입구 접근로, 출입구, 장애인전용주차구역, 복도, 계단 또는 승강설비(횡단보도와 공중화장실을 제외한 전체시설) 등이 있다.

편의시설 대상 시설의 제한, 이동상의 연계미비 등으로 실제로는 편의시설이 매우 부족하며, 특히 교통수단이나 교육시설 등에 있어서 장애인의 편의를 고려한 설비가 제대로 갖추어져 있지 않은 실정이다. 따라서 편의시설의 미비로 기본권인 투표권조차 포기하는 경우가 많다. 2000년 총선에서 투표소가 2층에 설치되어 투표를 하지 못한 장애인이 중앙선거관리위원회를 상대로 소송을 제기한 사례가 있다.

편의시설은 장애인의 이동을 자유롭게 함으로써 사회생활을 가능하게 하며 자립의 기반이 되어야 한다. 국가는 법에서 정하고 있는 기준에 따라 공공건물에 대해 기본적으로 장애인의 접근을 가로막는 요인들을 개선하는 조치를 강구하여야 한다.

또한 장애인의 접근성을 높이기 위한 인력의 배치 등 대인적 서비스가 제공되어야 한다. 공공기관 등을 중심으로 전담직원이나 도우미를 배치하여 장애인 방문 시 ONE-STOP 서비스를 제공하고 장애인이 가장 중요한 대중교통인 시내버스를 이용할 수 있도록 편의 시설을 갖춘 저상버스의 도입이 필요하다. 이는 막대한 예산이 소요되고 장기간 걸릴 것으로 예상되는 만큼 당분간 장애인승합차나 택시의 도입을 확대하여야 한다.

3. 행정효율화

장애인복지와 관련한 소관 부처는 복지서비스는 보건복지부, 장애인고용은 노동부, 특수교육은 교육과학기술부, 편의시설 및 차량 관련은 여성부 및 국토해양부, 정보통신 관련 업무는 지식경제부 등이 관련이 있다. 부처 간의 협조연계와 조정체계의 미흡으로 장애인 복지시책이 효율적으로 추진되지 못하고 있다. 따라서 부처 간 상호 긴밀한 조정을 위한 기구의 설치가 요구되고 있다.

4. 사회적 인식의 개선

기본적인 생계보장과 교육, 의료재활은 복지제도를 통해 지원할 수 있지만 사회적인 인식의 개선은 법이나 제도만으로는 가능하지 않다. 장애인을 비롯하여 모든 구성원이 함께 사는 사회를 만들어가기 위해서는 보이지 않는 장벽, 즉 그릇된 편견이 불식되고 인식의 변화가 필요하다.

5. 정보접근

의사소통이나 감각기능에 장애가 있는 경우 정보접근이 중요하다. 시각 및 청각장애인이 보거나 듣지 못해서 정보접근을 제한받게 되면 기본적인 권리마저 제약받게 되며, 이는 또 다른 차별이다. 청각장애인이 수화통역 서비스를 받지 못해서 범죄자로 부당하게 구금되어 인권이 침해되는 사례도 있다.

UN의 행동계획은 공공기관에서 제공되는 정보는 장애인을 포함하여 모든 사람들에게 적절한 방법으로 전달될 수 있도록 조치를 취할 책임을 강조하고 있다.

장애인이 이용할 수 있는 권리와 이용 가능한 서비스가 무엇인지 구체적으로 알려주어야 하고, 일상적인 의사전달수단으로 쉽게 의사를 전달할 수 없는 사람들을 위한 특수자료(점자, 수화 등)의 마련을 권고하였다.

"장애인 정보화"란 장애인으로 하여금 정보통신을 활용하여 사회 환경에 적응하게 하는 한편, 환경체계의 정보통신기술과 서비스를 장애인에게 적응시키며, 나아가서 양 체계 및 공유영역에서 행해지는 복지서비스를 정보통신을 활용하여 개선, 발전시키려는 노력이다.

여기에는 정보통신기기와 서비스를 장애인도 접근·이용할 수 있게 만들고, 장애인에게 정보통신기기와 특수한 하드웨어, 소프트웨어를 개발, 보급, 교육하며 비용을 보조해 주는 노력이 포함된다.

또한, 장애인복지 종합정보시스템은 클라이언트를 위한 ONE-STOP 통합 민원창구, 복지서비스 제공자들의 네트워크, 복지활동 참여를 위한 시민들의 네트워크 등으로 역할을 수행할 수 있다. 정보화사회에서 모든 장애인이 장애와 상관없이 기본적인 정보통신서비스에 접근할 수 있도록 보장해 주어야 한다. 특히 행정서비스를 제공하는 공공기관은 시각장애인에게 점자안내서나 음성서비스, 청각장애인에게 수화통역이나 자막방송을 제공하여야 한다.

정부기관이나 공공성이 있는 행정서비스에 대해서는 장애인용 사용지침을 반드시 제작하도록 규정하여야 한다. 편의시설이 갖추어지기 전까지 최소한 대인적 서비스를 통해 편의를 보장하는 체계가 마련되어야 한다.

제14절 장애발생 예방부문

장애인 정책에 있어 가장 기본적이면서 중요한 사항은 장애예방 대책이다. UN에서는 '예방'을 정신, 신체 혹은 감각기관의 손상(1차 예방)을 방지하고, 손상이 일단 발생했을 때는 신체적·심리적·사회적으로 부정적 자세를 가짐으로써 발생되는 손상을 방지하기 위한 대책(2차 예방)으로 정의한다. 이에 따라 모든 국가는 주기적인 건강진단, 임산부와 영유아에 대한 정기검진을 통하여 장애를 조기에 발견하고 예방할 수 있는 제도를 수립할 것을 권고하고 있다.

즉, 장애예방을 통해서 개인의 고통은 물론 사회적 비용(교통사고로 인한 사회적 비용, 연간 10조 원)을 줄일 수 있기 때문에 가장 효과적으로 수행되어야 할 시책이다. 우리나라 장애발생의 원인 중 후천적 원인이 89.4%로 대부분을 차지하고 있으며, 이 후천적 원인

가운데 질병에 의한 장애발생이 가장 많고, 퇴행성 장애, 교통사고, 산업재해 등의 순으로 나타나고 있다. 따라서 예방이 가능한 각종 사고와 질병을 최소화하는 방안이 마련되어 있어야 한다.

우리의 경우 현행 장애예방을 위한 대책으로는 신생아에 대한 선천성대사 이상검사를 무료로 받을 수 있도록 하고 있으나 검사가 의무화되어 있지 않아 검사율이 낮고, 또한 검사종목도 2종에 그치고 있다. 따라서 선천성 장애 예방을 위해서는 기본적으로 6개 종류(호모시틴뇨증, 단풍당뇨증, 갈락토오스혈증, 선천성 부신과형성증)의 검사가 필요하므로 이를 검사종목에 포함시킬 필요가 있다.

이와 함께 고위험 신생아(조산아, 미숙아, 두부손상아 등)를 위한 집중치료실이 일부 대학병원에만 설치되어 있어 효과적인 장애발생 대책이 되지 못하고 있는 실정이다. 따라서 최소한 3차 의료기관에는 신생아 집중치료실을 의무적으로 설치하도록 하여야 한다. 그리고 선천성 또는 후천성 장애의 원인이 되는 것으로 알려져 있는 풍진 등에 의한 장애를 예방하기 위한 접종을 의무화할 필요가 있으며, 저소득 가정의 영·유아에 대해서는 무료로 접종하여야 할 것이다.

| 표 8-38 | 장애발생 원인

(단위: %, 명)

계	선천적 원인	출산 시 원인	후천적 원인		원인불명
			질 환	사 고	
100	10.27	2.34	40.21	40.79	6.39

출처: 한국보건사회연구원(2014). 한국복지패널조사.

장애의 원인은 크게 선천적 원인, 출생 시 원인, 후천적 원인(질환 및 사고)으로 구분할 수 있는데, 주된 법정장애의 장애 유형별 원인을 보면 〈표 8-38〉과 같다.

전체적으로는 질환 및 사고 등 후천적 원인이 가장 많아 81.0%였고, 원인불명이6.39%, 선천적 원인이 10.27%, 출산 시 원인이 2.34%로 나타나 과거 조사와 대체로 비슷한 결과를 보이고 있다. 이와 같이 후천적 원인이 높게 나온 것은 선진국과 마찬가지로 우리나라도 지속적으로 질환 및 사고로 인해 후천적으로 발생하는 장애가 증가하고 있다는 결과를 나타내주는 것이라고 할 수 있다.

특히 후천적 원인을 질환 및 사고로 분류하여 그 원인을 구체적으로 파악하였는데, 질환이 40.21%로 가장 많았고, 사고가 40.79%를 차지하였다. 이와 같이 장애 원인 중에 질환과 사고가 많다는 것은 장애가 어느 정도 예방이 가능하다는 것을 보여주고 있는 결과이다. 대부분의 장애유형에서는 질환의 비율이 더 높지만 지체장애와 안면장애의 경우에는 사고의 비율이 상대적으로 높은데, 이는 원인이 주로 교통사고, 화상 등 기타 사고 및 외상에 의해 발생하는 것으로 보인다.

현재 장애예방을 위해서는 영유아-아동-성인-노년기와 같이 생애주기에 따르는 질병관리와 교통사고·산업재해 등의 사고를 예방함으로써 장애발생을 최소화할 수 있으나 이를 위한 관리체계가 미비한 실정이다. 더욱이 의료재활 서비스의 미비로 인하여 장애발생 후 지속적이고 적절한 의료재활서비스를 통해 장애의 심화를 방지함으로써 재활효과를 제고하여야 하나 이를 위한 의료재활서비스 체계가 미비한 형편이다.

따라서 질병에 의한 장애에 대해서는 기본적으로 학교보건 교육의 강화, 조기검진과 예방접종, 성인병이나 노인성 질환의 관리가 필요한 바, 학교보건사업이 체계적으로 이루어지지 못하고 있으며, 장애아 발견과 조기 대응이 가능한 선천성대사이상 검사나 시각이나 청각장애를 발생시키는 풍진 예방접종 등이 제대로 실시되고 있지 않은 실정이다.

우리나라의 경우 세계적으로 손꼽히는 교통사고 다발국으로서 사고를 줄이는 일 또한 장애예방의 지름길이 된다. 특히 각종 사고에 의한 응급환자의 신속한 처치를 통해 장애를 상당부분 예방하거나 완화할 수 있는 반면, 응급의료센터나 응급구호조사 등 전문인력의 양성이 체계화되어 있지 못한 실정으로 응급의료체계의 확립이 요구된다.

제15절 장애인 복지증진을 위한 과제

장애인복지의 기본적인 정책방향은 더불어 생활하는 기반을 조성하여 사회활동을 할 수 있는 여건을 마련해 주는 것이어야 한다. 이를 위해서는 생활이 어려운 장애인에 대해서는 기초적인 생활보장이 필요하고, 자립이 가능한 장애인에게는 의료나 직업재활 서비스가 확충되어야 한다. 또한 장애인뿐만 아니라 노인이나 아동에게도 편리한 편의시설을 설치, 교육받을 기회를 넓히는 일은 사회적인 의식의 개선과 더불어 반드시 이루어야 할 과제이다.

특히, 거동이 불편한 장애인의 특성을 고려하고 정보화사회의 발전에 따라 장애인들의 사회참여를 촉진시킬 수 있는 정보통신 및 재활보조기기의 개발과 보급은 앞으로 지속적으로 관심을 가지고 노력을 기울여야 할 분야이다.

나아가 모든 장애인이 염원하고 있으며, 현재 장애인단체에서 적극적으로 추진 중에 있는 장애인 장기요양보장제도와 장애인 연금제도는 조속히 준비·시행되어야 할 것이다.

1. 장애인 장기요양 보장제도

우리나라의 장애 인구는 장애범주의 확대, 인구의 노령화, 산업재해, 교통사고 외 각종 사고, 약물 남용 등 다양한 장애원인의 증가에 따라 지속적인 증가추세를 보이고 있다. 실제 장애인 실태조사 결과에 의하면, 장애 인구는 2000년 약 1,449,496명이던 것이 2005년에는 2,148,686명으로 증가하였고, 2011년에는 2,683,477명으로 증가하여 지난 10년간 1,233,981명이 증가하였다. 2005년에 비해서는 534,791명이 증가하여 전체 24.9%의 증가율을 나타내었다.

이러한 장애인은 교육, 경제적·사회적 측면 등 다양한 영역에서 비장애인에 비해 상대적으로 낮은 처우를 받아왔고, 주로 가족이나 지역을 통해 보호가 이루어져 왔다.

그러나 최근 장애 인구의 증가와 더불어 장애인의 정책적 욕구가 다양해지면서 장애인에 대한 문제는 개인이나 가정에서 해결해야 할 일부 계층의 문제가 아니라 사회 문제로 보고 장애인 자신이 정책에 직접 참여하는 것을 권리로서 인정하는 시각으로 변화되고 있으며, 이와 동시에 장애인들의 정책적 욕구가 다양해지면서, 다양한 영역에서의 장애인의 사회권적 기본권을 확보하고자 하는 노력이 이어지고 있다.

이는 장애인복지 패러다임의 변화를 요구하는 것으로 나타나고 있는데, 구체적으로 장애의 개념이 의료적 모델에서 사회적 모델로 변화되고, 개입의 패러다임 또한 재활패러다임에서 자립생활패러다임으로 변화되는 등 복지환경의 변화가 일어나고 있기 때문이다.

이처럼 최근 30년간 장애인복지의 패러다임은 분리와 보호, 재활 패러다임으로부터 사회통합을 지향하는 방향으로 발전해 오고 있다. 따라서 장애인 장기요양보장제도를 시행하여 장애인복지 패러다임의 변화에 부응하는 방향으로 정책이 결정되어야 할 것으로 판단된다.

이러한 측면에서 보면, 장애인 장기요양제도의 도입은 시설보호보다는 지역사회가 중심이 되어야 하며, 장애인의 선택권과 자립생활을 지원하는 사회통합적인 방향으로 제도가 설계되어야 할 것이다.

서구 선진국의 경우 재활패러다임에 의한 장기요양제도가 먼저 도입되고 이에 대한 반응으로 자립생활 패러다임에 의한 활동보조서비스가 도입된 데 비해, 우리나라에서는 자립생활 패러다임이 먼저 도입되고 난 후 장기요양제도의 도입이 검토되고 있는 실정이다. 또한 서구 선진국에서도 장기요양제도가 수요자의 선택권을 강화하는 방향으로 개편되고 있으므로, 우리나라의 장기요양제도 도입 시에도 이러한 방향이 강조되어야 할 것이다.

2007년 '장애인 장기요양보장을 위한 정책 연구'를 수행한 결과 해외사례, 현행 장애인 복지서비스, 노인장기요양보험제도와의 비교 검토 등을 통해 장애인 장기요양제도 도입방안을 도출했는데, 그 내용은 (제1안) 활동보조 서비스 등 현행 장애인 복지서비스 확대시행으로 장기요양욕구 충족, (제2안) 별도의 장애인장기요양보장제도 도입, (제3안) 노인장기요양보험과 통합 실시 등이다.

향후 다양한 의견수렴과 공청회 등을 거쳐 요양보호가 필요한 장애인에게 방문요양, 주야간보호, 방문목욕, 방문간호 등 체계적 서비스를 제공하기 위하여 장애인 장기요양보장제도 도입 검토최종안을 결정하여, 2009년 장애인 특성에 적합한 요양제도에 관한 조사·연구, 2009~2010년 실시모형 개발 및 모의적용을 실시하여(시범사업) 제도화할 예정이다.

2. 장애연금 제도

장애인의 대다수는 노동시장으로부터 철저히 배제되어 기본적인 생존의 권리를 항상적으로 위협받아 왔다. 공식적인 정부 통계로도 노동가능 연령 장애인 중 1/3인 34.1%만이 취업해 있는 것으로 나타나고 있으며, 장애인의 실업률은 전체 국민의 7배에 이르고 있다.

또한 장애인 가구의 월평균 소득은 223.5만 원으로 전국 월평균 가구소득(2014년 6월 기준 415.2만원)의 53.8%에 불과하다(장애인 실태조사, 2014). 이와 같은 지표들은 장애인이 처한 삶의 현실을 다소 간략하지만 잘 드러내 준다고 할 수 있다.

사회보장의 큰 축인 국민연금에서 장애인들은 사각지대에 있다. 그것은 국민연금의 경우, 기여를 전제로 하고 있으며 일정기간 보험료를 적립하지 않으면 연금이 지급되지 않는 적립방식을 취하고 있기 때문이다. 이러한 이유로 선천적 혹은 20세 이전에 입은 장애로 인하여 취업하지 못하거나 소득이 없는 장애인들은 철저히 소외되고 있다.

국민연금에서 장애연금은 국민연금 가입자가 가입기간 중에 장애를 입었을 때만 지급하기 때문에 국민연금 가입자가 되기 이전에 장애를 입었거나 국민연금에 가입하지 못한 사람이 장애를 입었다면 지급대상이 되지 않는다. 즉 업무상의 재해 또는 사고로 인하여 장애를 입는 중도장애인을 위한 소득보장은 가능하지만 장애로 인하여 취업을 할 수 없거나 경제활동을 하지 않는 장애인은 우리나라 「국민연금법」상의 가입대상이 될 수 없어, 사회적으로 보호가 가장 필요한 이들은 사회적 보장을 받지 못하고 있다.

2015년 18세 이상 장애인 중 국민연금에 가입한 사람은 34.1%로, 2014년 전체 국민연금 가입률 68.9%의 절반에 못 미치는 수치이다. 또한, 장애인 중 개인연금 가입자는 3.8%로 그쳤으며, '장애연금' 수급자는 전체 장애인의 1.7%로 매우 낮은 수준이다(한국보건사회연구원 '보건복지보험' 8월호, 2015).

사실상 기초생활보장 대상에서 마저 제외되어 있는 장애인은 국가로부터 아무런 지원을 받지 못한 채 생존권의 위협을 받고 있다. 현재 우리나라의 사회보장제도는 불안한 계층인 장애인들을 사회보장망으로부터 제외시키고 있는 결과가 되고 있어, 장애인 연금제도의 필요성이 크게 대두되었다.

장애인연금은 최근 몇 년간 장애인 단체 등을 중심으로 새로운 장애급여로서 장애인연금 도입을 주장하는 요구가 복지권 확보 운동 차원에서 활발히 전개되어 오다가, 2010년 4월에 생활이 어려운 중증장애인에게 장애연금을 지급함으로써 중증장애인의 생활안정 지원과 복지 증진 및 사회통합을 도모하기 위하여 제정되었으며, 2010년 7월 1일부터 시행되고 있다. 하지만 장애인연금의 제도 개선은 매우 시급하다고 할 수 있으며, 특히 수급 요건으로서 장애 기준을 현재와 같은 의학적 손상 중심의 장애 등급 체계가 아닌 장애가 개인의 노동시장 경쟁력에 미치는 영향의 정도를 의미하는 근로능력(소득활동능력) 중심의 장애등급 체계로 개편하는 노력과 함께 장애인연금의 평균임금소득대비 비중이 10%까지 단계적으로 확대하는 방안에 관한 정책적 노력이 있어야 할 것이다.

3. 재활의료서비스 및 장애예방 강화

장애인의 재활의료 서비스 측면에서는 전문재활병원이나 사회적응과 복귀를 돕기 위한 중간치료시설의 확대가 필요하며, 종합병원에는 재활의학과를 의무적으로 설치하도록 하여야 한다. 이와 함께 신체적으로 손상된 기능을 보완해 줄 수 있는 보장구 무료지급대상과 품목의 확대가 필요하다. 한편 장애발생 예방을 위해서는 교통사고 관련부처인 국토해양부, 행정안전부, 경찰청, 보건복지가족부 등이 참여하여 교통안전 종합대책을 수립하고, 장애의 예방 및 사후 재활을 효율적으로 수행하기 위해 사고 빈발지역에 교통사고 전문 의료기관의 확충, 의료기관의 전문화 등 기능보강사업을 추진하여야 한다.

한편 지역사회 내 재가장애인의 재활의료서비스 부족을 해소하기 위해 장애인 의료재활센터를 설치운영하고 평가결과를 바탕으로 단계적으로 확대설치하며, 재활의료 관련 지역재활사업(CBR)의 전국 확대를 위해 재활요원 교육 자료를 개발하고 보급할 필요가 있다.

4. 직업재활의 촉진

장애인들의 직업재활은 경제적 목적뿐만 아니라 생산적인 구성원으로서 동등하게 사회참여를 꾀할 수 있는 최종적인 재활단계이다. 따라서 장애인 취업이 매우 어려운 여건임을 감안할 때, 장애인 고용을 증진하기 위해 부담금 납부가 아니라 실질적으로 장애인이 일할 수 있도록 제도적 보완이 필요하다. 예를 들면 대상사업체가 아니라도 장애인을 고용하고 있는 업체(장애인 취업률이 높은 중소업체)에 대해서는 장려금과 지원금을 확대함으로써 기업의 장애인 채용을 유도하고 장애인 적합 직종의 개발과 배치를 통해 장애인 고용증진을 도모하여야 한다.

경증장애인에 비해 중증장애인은 취업이 더욱 어렵다는 점, 기존의 고용촉진정책보다는 직업재활정책 차원에서 직업능력이 50% 이상 상실된 중증장애인에 대해서는 고용을 법제화하고 특정직종에 대해서는 장애인에 한정해 고용토록 하는 지정고용제, 고용촉진기금을 직업재활기금으로 활용, 자영업 창업에도 지원할 수 있도록 한다. 그동안 지체장애인으로 한정되었던 부분을 지적장애인이나 시각장애인 등 중증장애인의 직업재활에도 역점을 두도록 한다.

현행 제도에 의해서는 많은 수를 차지하는 자영업 장애인을 위한 대책이 전무한 실정이다. 자립자금융자도 저소득 계층을 대상으로 하고 있으므로, 기준에 해당하지 않으면 지원을 받을 수 없다. 일반 기업체 취업이 어려운 여건에서 장애인이 자영업을 희망하는 비율이 높게 나타나고 있으므로 이들에 대한 지원을 제도적으로 보장해줄 방안이 필요하다.

공공부문의 경우 2010년 의무고용률이 3% 조정되었고, 민간기업 장애인의 의무 고용률은 연차적으로 상향되어 2010년 2.3%, 2012년 2.5%, 2014년 2.7%에 이르게 되며, 중장증애인 2배수 인정제가 도입됨에 따라 이에 대한 이행지도를 강화해야 한다. 그리고 특정직종은 장애인만을 고용토록 하는 지정고용제를 실시하도록 하여야 한다. 또한 장애인을 고용하고 있는 민간사업체에 대한 인센티브 강화를 통해 장애인 고용을 지속적으로 유도해 나가야 한다.

5. 편의증진 여건의 조성

장애인의 사회활동을 도모하기 위해서는 편의시설의 설치를 확대하여야 한다. 우선 신축하는 공공건물에는 의무적으로 편의시설을 설치토록 하며, 기존의 건물에는 빠른 시일내에 개보수를 통해 시설을 설치해야 한다. 특히 건물에의 설치뿐만 아니라 이동상의 불편을 경감하기 위한 서비스, 예컨대 전용버스나 지상버스의 도입을 확대하고, 모든 도로와 건물에 당장 시설을 설치할 수는 없고 또한 장애인들의 인적 서비스에 대한 욕구도 높으므로 우선적으로는 공공기관 등을 중심으로 전담직원이나 도우미를 배치하여 장애인 방문 시 ONE-STOP 서비스를 제공하는 방안도 고려해 볼 수 있다.

6. 재가복지서비스 및 가족에 대한 지원강화

장애인의 시설입소를 지양하고 지역사회를 기반으로 한 재활과 사회통합을 위해서는 장애인을 부양하는 가족의 부담을 덜어주기 위한 지원책 확대가 요구된다. 특히 장애를 가진 노인인구가 늘어남에 따라 장애인, 노인부양 문제가 가족의 부담이 되고 있으므로 「장애인복지법」 제50조 제2항에 명시된 보호수당(국가와 지방자치단체는 장애인을 보호하는 보호자에게 그의 경제적 수준과 장애인의 장애 정도를 고려하여 장애로 인한 추가적 비용을 보전하게 하기 위하여 보호수당을 지급할 수 있다)을 지급하고, 주·단기보호 서비스 등 재가서비스의 확대를 통해 시설입소를 지양하고 가족과 지역사회 보호기능을 강화하도록 해야 할 것이다.

7. 장애인 정보접근 기회의 확대

정보화사회에 접어들면서 장애인들의 정보에 대한 요구가 크게 증가되고 있으며, 장애인의 정보접근 중요성이 커지고 있는데 반하여, 이에 대한 정보통신기기의 개발은 제대로 이루어지지 않고 있다. 장애인에 있어 정보통신기술의 발달은 이동기능장애인뿐만 아니라 감각기능장애인의 의사전달과 기능보완이라는 측면에서 매우 중요하다. 장애인에 유용한 기기와 소프트웨어 개발은 민간기업의 참여가 필수적이므로 이의 개발을 촉진하도록 하기 위한 각종 세제감면 등의 혜택을 통해 지원하여야 하고 장애인이 구입 시 비용의 일부를 지원해 주는 방안이 필요하다. 장애인을 위한 정보통신 정책의 수립이 관련부처를 중심으로 새롭게 체계화되어야 할 필요가 있다.

8. 행정효율화와 인식의 개선

우리나라의 장애인복지시책은 장애인의 복지욕구 증가에 따라 지난 5년간 양적으로는 꾸준히 증가되어 왔으나 질적으로는 법적·제도적 미비, 사회적 인식의 문제 등 장애인복지증진을 가로막는 요인들이 잠재되어 있다. 최근 사회문제가 대두되고 있는 특수학교나 장애인시설 설치를 반대하는 지역이기주의는 우리나라의 장애인복지 현실을 잘 보여주는 사례이다.

앞에서도 살펴보았듯이 장애인복지와 관련한 소관 부처는 복지서비스는 보건복지부, 장애인고용은 노동부, 특수교육은 교육과학기술부, 편의시설 및 차량 관련 업무는 국토해양부, 정보통신 관련 업무는 정보통신부 등이 담당하고 있다. 하지만 부처 간의 협조연계와 조정체계의 미흡으로 장애인복지시책이 효율적으로 추진되지 못하는 경우가 발생되고 있다. 따라서 부처 간 상호 긴밀한 조정을 위한 기구의 설치가 요구된다.

장애인복지의 개선을 위해서는 복지예산의 증액, 법적·제도적 개선도 필요하지만 기본적으로는 장애인이 사회활동을 할 수 있는 여건을 마련해 주는 것이 중요하다.

기본적인 생계보장과 교육, 의료재활은 여러 가지 복지제도를 통해 지원해 줄 수 있지만 사회적인 인식의 개선은 법이나 제도만으로 가능하지 않다. 장애인도 동등한 사회구성원으로서 납세의 의무를 가지며 교육받을 권리, 일할 권리를 가진다. 따라서 장애인을 비롯하여 모든 구성원이 더불어 사는 사회를 만들어가기 위해서는 보이지 않는 장벽, 즉 그릇된 편견이 불식되고 인식의 변화가 필요하다.

9. 수요자 중심의 서비스 계획과 전달

장애인은 더 이상 구호와 동정의 대상일 수만은 없다. 장애인은 다른 사람들과 더불어 살아가는 존재이며, 몸과 마음이 불편하다는 이유만으로 가정은 물론, 사회로부터 차별받거나 소외되어서는 안 된다. 장애인은 비장애인에 대해 보다 특별한 대우를 요구하는 것은 아니다. 다만 장애인이 생활해나가기가 불리한 사회구조나 환경을 개선하자는 것이다. 산업사회에서는 누구나 장애인이 될 수 있으며, 따라서 장애와 장애인의 문제를 단순히 일부 한정된 계층의 남의 일로만 볼 수는 없는 것이다.

지금까지 우리나라 장애인복지 정책은 공급자 위주로 추진되어 왔고, 장애에 대한 객관적 의식이 결여된 상태에서 이루어져 왔다고 해도 과언이 아니다. 사회정책은 그 사회구성원의 가치관과 이념을 바탕으로 사회적 관계를 형성하는 여러 가지 법, 제도 등이 제대로 연계되어야 바람직한 방향으로 발전할 수 있다. 그렇다면 지금까지는 어떤 형태로 이러한 정책들이 수립되고 추진되어 왔는지 검토해 볼 필요가 있다.

장애인복지정책이 전근대적 구호차원의 정책에 머물러 있을 것인가, 아니면 진정한 의미의 사회통합과 연대의식 속에서 이루어질 것인가 하는 근본적인 질문에 현실에 대한 객관적이고 냉철한 분석을 바탕으로 정책이 수립되어야 할 것이다. 과거에는 복지수혜자는 주로 정부의 일방적인 지원을 받는 대상으로서 자신의 권리와 욕구에 관계없이 서비스를 받는 대상이었다. 하지만 산업사회 진전에 따라 이들도 정당한 권리를 지키려는 목소리가 높아지게 되었다. 1970년대 이후 등장한 복지소비자의 권리주장은 다른 사람들과 마찬가지로 동일한 또는 부가적인 욕구를 지닌 존재로서 서비스 선택권이 있음을 의미한다. 따라서 복지서비스의 소비자로서 장애인들의 욕구에 부응할 수 있는 내용으로 서비스가 제공되어야 한다. 이를 위해서는 근본적으로 소비자인 장애인의 요구(목소리)에 귀 기울여야 할 것이다.

제 9 장

노인복지와 가족

제1절 노인의 정의와 특성

1. 노인의 정의

노인복지를 이해하기 위해서는 노인복지의 주 대상자인 노인[15]의 개념을 명확하게 이해하는 것이 필요하다. 한국 노인복지에서는 일반적으로 국제노년학회와 브린(Breen)의 정의를 주로 인용하고 있다.

우선 1951년 제2회 국제노년학회에서는 노인이란 생리적·행동적·심리적·사회적으로 노화과정의 변화가 복합적으로 작용하는 사람이라고 규정하고 있으며, 노인을 다음과 같이 다섯 가지 특징을 가진 사람으로 정의하고 있다. 첫째, 환경의 변화에 적절히 적응할 수 있는 조직기능이 감퇴되고 있는 사람, 둘째, 생체의 자체 통합능력이 감퇴되고 있는 사람, 셋째, 인체의 기관, 조직, 기능에 쇠퇴현상이 일어나는 시기에 있는 사람, 넷째, 생체의 적응이 제대로 되지 않는 사람, 다섯째, 조직의 예비능력이 감퇴되어 환경변화에 적응이 제대로 되지 않는 사람이다.

브린(1960)은 노인을 첫째, 생리적 및 생물학적인 면에서 퇴화기에 있는 사람, 둘째, 심리적인 면에서 정신기능과 성격이 변화되고 있는 사람, 셋째, 사회적인 면에서 지위와 역할이 상실되어 가는 사람으로 보고 있다.

노인은 생리적 및 신체적 기능의 퇴화와 더불어 심리적 변화가 일어나서 개인의 자기유지 기능과 사회적 역할 기능이 약화되고 있는 사람이라고 정의할 수 있다.

한편 실제로 사회과학적 조사연구상의 편의, 행정적·정책적 편의를 위해 조작적으로 규정한 노인의 개념을 보면, 개인의 자각에 의한 노인, 사회적 역할상실에 의한 노인, 역연령에 의한 노인, 기능적 연령에 의한 노인으로 정의하나 입법적·행정적인 면의 편의성 때문에 역연령에 의한 정의가 가장 보편적으로 이용되고 있다.

한국의 노인 관련 법규를 보면, 「고용상 연령차별금지 및 고령자고용촉진에 관한 법률」에서는 55세 이상을 고령자로 규정하고 있으며, 「국민연금법」에서는 노령연금수급기준을

15) 영어로는 old persons, the aged, the elderly, the third age, senior citizens 등으로 표기한다.

60세로, 「노인복지법」에서는 65세를 노인으로 규정하며, 노인복지관 이용자 연령도 60세 이상으로 정하고 있다. 역연령에 대한 정의가 가장 보편으로 사용되고 있으나, 노화의 개인 차이에 대해서는 고려되지 않은 정의로 노화에 대한 신체적·심리적·사회적 특성에 대한 이해가 반영되어야 한다.

생물학적 연령(biological age), 신체기관과 구조, 기능의 시간경과에 따른 노인연령(육체연령)으로 40대 초로(初老), 50대 중로(中老), 60대 기로(耆老)가 그 예이다. 심리적 연령(psychological age) 노인은 주·객관적으로 인식하는 감각, 지각, 자아, 행동 등 시간적 변화 정도로 구분한다(정신, 성격, 심리성숙도). 끝으로 기능적 연령(functional age)은 한 개인의 특수한 신체적·심리적 영역에서 기능 정도를 유지하는가이다(심리, 신체, 사회적 영역). 즉 '노인은 축구선수가 될 수 있을까?'가 그 예이다. 마지막으로 자각연령으로 개인의 주관적 판단을 내리는 연령을 규정한 것이다.

2. 노인의 특징

1) 신체적 특징

노인은 연령이 증가함에 따라 신체를 구성하고 있는 세포조직의 재생능력이 퇴화되어 기능이 저하된다. 이는 여러 가지 질병의 원인이 되기도 한다. 골·근육의 위축으로 신장이 줄어들고 등이 굽어지며 피하지방이 감소하여 전신이 마르고 체중도 줄어들며 주름이 많아진다. 신경계에서는 자극에 대한 반응이 늦어지면서 스트레스와 외상을 받기도 쉬워진다. 내장도 면역력이 저하되어 질병감염도가 높고 소화기의 기능도 저하되어 영양의 섭취상황이 악화되며 감염과 합병증의 발병에 박차를 가한다. 예비력도 떨어지기 때문에 질병이 발생하여 급격하게 상태가 악화되거나 사망의 위기를 맞는 경우가 있다. 청력과 시력도 저하되어 일상생활에서도 지장을 느낀다. 관절염, 고혈압, 당뇨병, 심장질환, 폐질환 등 만성적 질환을 가진 노인은 다른 합병증을 가지게 되어 사소한 원인으로 중증상태에 빠지기도 한다.

2) 정서적 특징

정신면에서의 노화는 감각, 지각, 기억, 지능 등 정신신경기능의 저하와 정서불안, 감정의 흥분성과 탄력성 등의 성격과 정서의 변화를 의미한다. 지식력은 고령이 될수록 노화로 인하여 인상의 선택방법이 주관적으로 변하며, 기억력은 뇌세포의 노화로 인해 최근 것에 대한 기억능력이 현저히 떨어지며, 기계적 암기보다는 논리적 암기에 의한 정보를 더 잘 유입하고 인출할 수 있다. 독창성이 결여되며 사고능력과 문제해결능력이 떨어진다. 지능의 쇠퇴 정도는 개인에 따라 다르나 50세부터 점진적으로 상실되어 노인은 지금까지의 태도와 행동양식, 습관을 고집하기 때문에 문제가 제기된다.

3) 심리적 특징

에릭슨(Erikson, 1959)은 노년기의 심리·사회적 위기를 통합 대 절망으로 표현하였는데, 통합이란 현실의 자신과 자신이 지금까지 맞이했던 모든 사건과 상황들이 자신의 삶이라는 것, 그리고 그것이 바로 현재의 자신이라는 것으로 긍정하며, 죽음도 이런 사건의 일부로 인식함으로써 자신의 과거와 현재의 상황을 자기 내부로 통합할 수 있는 긍정적 능력과 상태를 말한다. 절망이란 통합의 반대되는 개념으로 지나온 삶과 현재의 자신을 부정적으로 인식하며, 수정될 수 없는 자신의 과거에 절망하고 다가오는 죽음 앞에서 좌절하는 심리상태를 의미한다.

노인의 심리적 특성은 개인의 신체적 건강상태와 심리적 특성, 사회와의 관계에 따라 영향을 주고받으며 발달하는데, 윤진(1985)은 노인의 심리성격에 대하여 다음과 같이 정리하였다.

첫째, 우울증 경향이 증가한다. 둘째, 내향성 및 수동성이 증가한다. 셋째, 경직성의 증가이다. 넷째, 조심성의 증가이다. 다섯째, 의존성의 증가이다. 여섯째, 친근한 사물에 대한 애착심이다. 일곱째, 유산을 남기려는 경향이다. 끝으로 양성성 증가로 남성은 유친성, 양육동기, 동정심 등에서 성적 특성이 증가를 보이는 반면, 여성은 공격성 자아중심적 경향, 그리고 권위주의적 동기 등 남성의 특성이 증가를 보인다. 노인의 심리로 최근 건강불안증과 의존성 증가도 심리적 특성으로 유형화하기도 한다.

4) 욕구적 특징

노인은 젊은이보다 배고픔을 오래 참고 식욕이 약한 편이므로 조금씩 자주 식사를 하도록 유도하고 소화가 잘되는 음식을 권해야 한다. 성욕은 남녀 불문하고 연령의 증가에 따라 약화되는 것이 사실이지만 없어지는 것은 아니다. 그러므로 나이가 들어서도 이성과 어울리기를 좋아한다. 활동을 하고 싶은 욕구는 연령의 증가에 따라 다소 줄어드는 경향이 있으나 연령증가의 요인보다 신체의 에너지가 저하되므로 어떤 활동을 즉각적으로 하지 못하고 많이 망설이게 되나 한두 번 경험 후에는 활동하고 싶은 욕구를 느껴 자발적으로 참여한다.

3. 노인문제에 대한 이론적 관점

1) 생물학적 노화이론

생물학적 노화는 신체적 노화에 중점을 두는 것으로, 노화가 자연적이고 본래적인 현상임을 강조한다. 생물학적 노화와 관련된 대표적 이론은 다음과 같다.

① **자연발생적 관점**: 마모이론, 유전이론, DNA변화이론 등이 있다.
② **신체조직적 관점**: 면역이론, 노폐물축적이론, 교차이론 등이 있다.
③ **조건발생적 관점**: 스트레스이론, 생활대사율이론, 유해산소원인이론 등이 있다.

2) 심리적 노화이론

노화의 심리적 측면에서는 노년기의 행동변화에 관심을 갖는다. 심리적 노화 영역은 감각기능, 지각기능, 심리운동수행능력, 정서 및 정신기능으로 나누어 볼 수 있다.

에릭슨(Erickson) 성장발달이론, 해비거스트(Havighurst) 성장발달이론, 펙(Peck) 성장발달이론 등이 있다.

3) 사회적 노화이론

사회적 노화는 사회문화적 이론에 바탕을 이룬다. 사회문화적 이론의 가정은 첫째, 연령구조는 권력을 배분하고 책임을 규정하며, 규칙과 기대를 관리해야 하는 사회조직에 필수적이다. 둘째, 생물학적 모델은 사회적 차원을 고려하지 않으므로 노화를 설명하기는 부적합하다. 셋째, 사회적 기대는 전 생애에 걸쳐 계속 부과되고 변화한다. 넷째, 새로운 사회적 기대와 행위들이 부과될 때 정체성은 변화한다.

사회유리이론, 활동이론, 속성이론, 사회교환이론, 노령문화이론, 현대화 이론, 사회와해이론 등이 있다.

제2절 현대사회와 노인문제

현대산업사회의 특징이라고 할 수 있는 도시화, 핵가족화 및 인구고령화에 따른 노인문제는 우리 사회에서도 심각한 사회문제로 대두되고 있다. 1960년 이후 급격한 산업화, 도시화로 인한 사회변동과 가치관의 변화는 전통사회에서 가정의 실권자였던 노인의 가부장적 지위를 약화시켰을 뿐 아니라, 어떤 의미에서는 소외계층으로 전락시켰다. 오늘날 선진 외국은 65세 이상의 노인인구가 10%를 훨씬 상회하여 20%에 이르는 고령화사회로 진입하고 있으며, 그에 따른 여러 노인문제를 안고 있다. 고령인구가 급증하면서 노화와 노인에 관한 문제들이 많이 제기됨에 따라 문제해결이 개인과 가족의 차원을 넘어 사회 내지 국가 차원에서 이루어져야 하는 사회문제로 등장하였다.

고령사회 · 장수사회의 도래로 개인적 · 사회적으로 예상할 수 없는 파급효과를 가져올 것이다. 경제적 측면에서 새로운 산업구조와 직업구조를 요구할 것이며, 국가의 노인복지 재정의 팽창과 함께 각종 노후보장을 위한 고령친화산업이 민간부문에서 활발하게 이뤄질 것이다. 은퇴자를 위한 소득, 의료, 주거, 건강, 레저 프로그램을 위시해서 일상생활 전반에 대한 변화가 초래되고, 가히 인류문명에 전환을 가져올 만한 영향을 미칠 것으로 전망된다. 또한 퇴직예정자의 새로운 귀농, 귀촌 활성화에 대한 범정부 차원의 지원정책도 새로운 대안으로 주목받고 있다.

1. 고령인구의 현황

1) 평균수명과 노년기의 연장

20세기 초(1905~1910)에는 평균수명이 불과 24세 정도였다. 그러나 20세기 후반에 들어와 산업사회로 발전하면서 소득수준이 높아지고 위생환경이 개선되면서 평균수명이 연장되기 시작하여 1960년에는 평균수명이 52.4세가 되었고, 2000년에는 75.9세로 늘어났다. 2010년 기대수명은 81.2세로 인생 80년 시대에 진입하였다.

2010년 현재 기대수명은 남자 77.6세, 여자 84.5세로 여자가 남자보다 7.9년 더 오래 사는 것으로 나타났다. 10년 전에 비해서는 남자는 5.4년, 여자는 4.8년이 증가한 것이다. 이는 사회·경제발전, 보건의료수준 향상, 개인의 건강관심 증대 등에 기인한 것으로 보인다.

평균수명이 늘면서 노년기가 연장되고 있다. 2010년 생명표에 의하면 우리 국민의 평균수명은 80세가 넘었다. 2010년 65세 이상 남성 노인의 기대여명은 21.6년으로 81세까지 살게 되고, 여성 노인의 기대여명은 26년으로 90세 이상 살 수 있게 되었다. 현재 한국 근로자 대부분이 55세 전후에 퇴직하고 있는데, 은퇴 후 24~30년 동안의 기나긴 노년기에 필요한 소득보장, 보건의료, 주거 및 여가생활, 장기요양서비스 등의 문제를 어떻게 해결하는가의 과제가 노인복지의 커다란 문제가 되고 있다.

한국사회는 국민소득의 증대, 교육수준의 향상, 건강보험 등 사회보장제도의 확충, 사회복지서비스의 확대, 보건의료서비스의 질적 향상 및 양적 증대, 건강에 대한 국민의 관심 증대 등 사회·경제 분야 전반에 걸쳐 현저한 발전을 이룩하였으며, 이러한 결과는 출산율과 사망률 감소로 이루어졌다.

이와 같은 현상으로 인하여 식자(識者)들은 '늙어가는 사회', '광속(光速)의 고령화', '고령화 쇼크', '고령화 시한폭탄', '고령화 재앙', '시니어 붐(boom)' 등 다양한 수식어로 인구고령화의 위력을 예고하고 있다. 인구고령화는 우리사회에 미치는 충격이 클 것이며, 이에 대비하지 않으면 지속발전이 불투명할 뿐만 아니라 한국사회의 존폐 여부가 불확실해질 우려가 높다.

2) 노인인구의 수와 비율의 증가

국민의 평균수명이 연장됨에 따라 노인인구가 급증하고 있다. 1960년 65세 이상의 노인인구는 불과 72만 6천 명(전체인구의 2.9%)이었는데, 2000년에는 339만 명(7.2%)으로 고령화사회에 진입하였다. 앞으로 2019년이면 766만 명(14.4%)이 넘어 고령사회에 들어갈 것이며, 2026년이면 노인인구 1천만 명(20.0%)이 넘는 초고령사회가 될 전망이다. 우리 국민의 고령화 속도는 세계적으로 가장 빨라 현재 당면한 노인문제해결은 물론 앞으로 고령사회에 대비한 장기적이고 종합적이며 구체적인 노인복지정책방안이 요구되고 있다.

고령인구의 수와 비율이 급증함에 따라 노인부양지수가 증가하고 있다. 1960년에는 생산인구(15~64세) 20명이 노인 1명을 부양할 수 있었으나, 2000년에는 생산인구 10명이 노인 1명을 부양하게 되었다. 2019년에는 생산인구 5명이 1명을 부양해야 하고 2026년에는 생산인구 3명이 노인인구 1명을 부양해야 한다.

노령화지수 또한 변하고 있다. 1960년에는 연소인구(0~4세)와 노인인구(65세 이상) 비율이 14.5:1로 연소인구가 노인인구보다 14배 이상 많았는데, 2000년에는 그 비율이 3:1로 줄었고, 앞으로 2026년에 가면 노인인구가 더 많아져 그 비율이 0.6:1로 될 것이며, 2050년에는 노인인구가 연소인구의 3배 이상으로 증가할 전망이다.

그림 9-1 노령화지수 전망

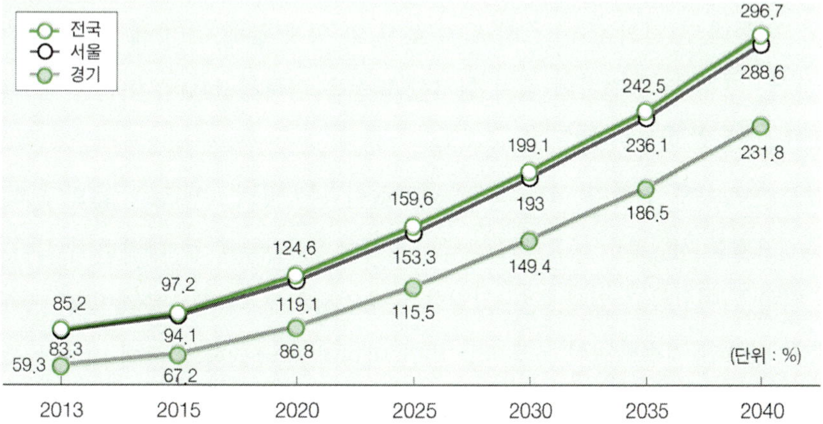

노령화지수는 15세 미만 인구 대비 65세 이상 인구 비율

그림 9-2 65세 이상 인구비율 전망

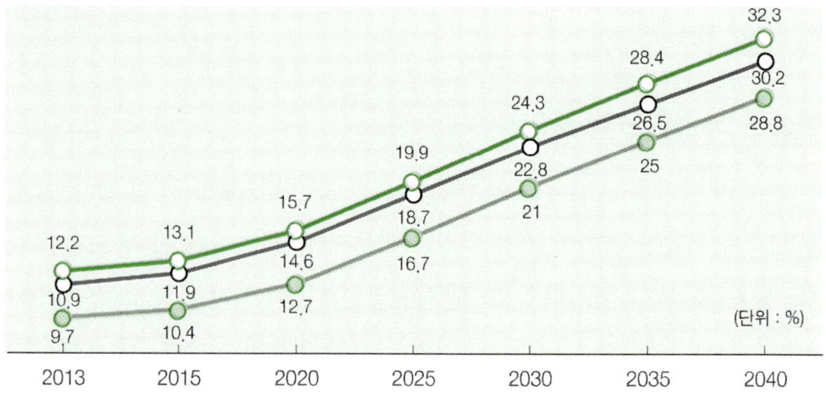

전체인구 중 65세 이상 고령자 비율이 7%를 넘으면 '고령화 사회', 14% 이상이면 '고령사회', 20% 이상이면 '초고령사회'로 분류. 자료 : 통계청

연소인구의 감소와 고령인구의 증가로 한국의 연령별 구조는 크게 변화되고 있어 선진국의 인구구조와 비슷한 양상으로 바뀌고 있다. 1960년대의 인구구조는 각 연령집단이 고른 분포를 나타냈고(피라미드형), 1970년대는 연소인구가 감소하면서 생산인구와 고령인구가 증가하였으며, 2000년대에는 이러한 현상이 더욱 뚜렷해져 선진국과 비슷한 종형의 인구구조로 변화하고 있다.

3) 기능장애 노인인구의 증가

한국 노인인구의 87.6%가 하나 이상 만성퇴행성 질환을 가지고 있다. 그중 36.5%는 세 가지 이상의 만성질환을 가지고 있으며, 나이가 많을수록 만성질환 유병률도 높아지고 있다(한국보건사회연구원, 2010). 사람이 나이가 들면, 심신기능이 허약해지고 결과적으로 일상생활수행능력(activities of daily living, ADL)이나 수단적 일상생활수행능력(instrumental activity of daily living, IADL)의 제한을 가진 기능장애노인이 되기 쉽다. 2010년 현재 65세 이상 노인 중에서 치매나 중풍 등 기능장애를 가지고 있어 요양보호가 필요한 노인은 110만 명(전체 노인의 25.6%)이 넘고, 2020년에는 159만 명으로 증가할 것으로 예측하고 있다(보건복지부, 2010). 이들을 위한 의료 및 간병대책이 심각한 사회문제로 대두되고 있다.

2012년 장기요양 신청자는 전국적으로 총 641,008명이다. 이 중 판정 완료자는 590,742명인데 등급 인정자는 336,528명, 불인정자가 154,174명, 각하가 100,040명이다(국민건강보험공단, 2012. 9. 30.).

4) 만성질환 노인인구의 증가

만성질환 노인의 증가로 노인의료 이용량, 의료비, 간병비, 보장구, 약 값 등이 급증하고 있다. 특히 의료비 부담은 노인이 가장 걱정하는 문제 중 하나이다. 현재 노인들은 의료보험이 있어도 병원진료비나 입원비의 20~50%가 본인부담이기 때문에 고액의 의료비 부담이 노인의 커다란 재정문제가 되고 있다. 일반 국민의 의료비는 1985~2003년까지 18년 동안 32.2배가 상승하였다. 노인의 경우에는 132.2배가 올라 일반인 의료비보다 4배 이상 상승하였다. 2010년 건강보험혜택을 받는 사람 중 65세 이상 인구(10.1%)가 사상 처음으로 10%를 넘어섰으며, 1년 사이 고령인구가 10만 4,000여 명이 늘어나고, 노인 1인당 월평균 진료비 지출도 2만1천 원 넘게 올라갔다(21만 3,163원→23만 4,198원). 이에 따라 2010년 상반기 전체 건강보험진료비(21조 4,800억 원)는 작년 같은 기간보다 12.8% 증가하여 심각한 노인문제로 대두되고 있다. 고혈압, 당뇨, 심장질환 등 11개 만성질환에 대한 진료비 총액은 2010년 15조 2,382억 원에 달했다. 또 2010년 전체 진료비 총액의 35%에 이르러 건강보험재정의 주요 압박요인으로 작용하고 있다.

2. 노인문제의 발생 원인

오늘날 노인문제의 원인을 포괄적으로 잘 뒷받침하는 이론은 카우길과 홀름스(Cowgill & Holms)의 현대화이론이다. 한 사회의 현대화 정도가 높으면 높을수록 노인의 지위는 더욱 낮아진다는 것이다. 카우길에 의하면 현대화란 한 사회가 생물적 동력, 제한된 기술, 비교적 미분화된 제도, 가부장적이고 전통적인 전망과 가치관에 바탕을 둔 비교적 전원적인 생활양식에서 고도로 분화된 제도, 효율성과 발전을 중시하고 거시적 전망에 바탕을 둔 도시적 생활양식에로의 변천이라고 보고 현대화 현상을 나타내는 핵심요소로 건강기술의 발전, 도시화, 교육의 대중화를 들고 있다.

1) 노인의 가족구조와 거주형태 변화

산업화, 도시화, 핵가족화가 계속되면서 가족구성원 수와 주거형태가 변화하고 있다. 1975년 평균 가족원수가 5명이었는데, 2000년에는 3.1명이 되었고, 현재와 같은 출산율 감소와 핵가족화가 계속된다면 2020년경에는 한국 가정의 평균 가족원이 2.7명 정도로 줄어들 것이라고 예상하고 있다.

이러한 가족구조의 변화에 따라 노인의 거주형태가 변화하고 있다. 지난 1980년대 초에는 노인 혼자서 혹은 노부부만 따로 사는 경우는 전체 노인의 20%였던 것이, 1990년 25.5%, 2000년 44.9%, 2004년에는 51.2%에 달하였으며, 2014년 67.5%에 이를 것으로 예상되고 있다. 세대 간의 별거현상은 노인이 만성질환이나 기능장애로 가족이나 간병인으로부터 도움이 필요할 때 누가, 어디서, 어떻게 수발할 것인지가 커다란 사회문제로 제기되고 있다. 단독세대가 늘어나는 현상은 가족 내에서 노인역할의 재조정, 노인 간호, 경제적 부양 등의 문제를 유발시키며 사회적 서비스의 필요성을 증가시킨다.

2) 노후 생활환경의 변화

1960년대부터 산업화, 도시화, 핵가족화가 시작되면서 노후 생활에 많은 영향을 주고 있다. 산업화가 시작되기 전, 즉 1955년에는 1차 산업(농업, 어업, 수산업)이 주종을 이루고 근로자의 대부분(78.6%)이 1차 산업에 종사하였으나, 2006년에 와서는 1차 산업 근로자는 30.0%로 줄어들고, 2차 산업의 제조업 근로자는 9.0%이며, 나머지 대다수 근로자(60.8%)들은 서비스나 사무직의 3차 산업에 종사하는 것으로 나타났다(통계청, 2006). 산업구조의 변화는 인구의 수평적 이동을 가져와 결과적으로 인구의 도시집중과 세대 간의 별거로 인한 노인 단독가구를 증가시켰다.

1966년도 한국 도시 인구는 전체 인구의 33.5%에 불과했으나, 2000년에는 79.7%로 증가하였다. 이와 같은 도시인구의 급증은 자연인구의 증가보다는 젊은 층의 인구의 도시집중현상으로 결과적으로 농촌지역에는 노인인구의 비율이 높아 일부지역은 이미 고령사회가 되었거나 초고령사회로 진입하고 있다. 결과적으로 자녀를 도시로 떠나보낸 농촌노인의 소외와 부양문제가 커다란 사회문제로 대두되고 있다.

3) 지식정보화사회의 생활환경변화

현 세대 노인은 농경기 시대에 태어나서 산업화, 도시화, 핵가족화 시대를 거치면서 지금은 국제화, 정보화 시대의 급속한 사회적 변화 속에 살고 있다. 이와 같이 가속화되는 생활환경의 변화는 오래 전 학교교육을 마쳤거나 오래전 직장에서 퇴직한 노인의 생활적응을 어렵게 만들고 있다.

2007년 한국정보문화센터 통계에 의하면 65세 이상 노인층의 인터넷 이용률은 전체 노인 17.6%에 불과하며, 앞으로 정보기술의 발전은 가속화될 것으로 예상되기 때문에 노인층의 정보격차(digital divide)는 곧 경제격차와 삶의 질 격차로 이어질 가능성이 크다.

4) 노인 간호 인력의 부족

노인 간호를 주로 며느리나 딸이 담당해왔으나 지금은 많은 여성이 경제활동에 참여하고 있다. 2004년에는 여성의 49.8%가 경제활동에 참여하였고 2005년에는 50.1%로 상승하였으며, 최근 보건복지부의 자료에 따르면 요양보호대상 노인 중에서 74% 가량의 노인은 가족(50.9%)이나 타인(23.1%)으로부터 간호를 받고 있으나 26% 노인은 필요한 간호를 제대로 받지 못하는 것으로 알려졌다. 노인을 간호할 수 있는 자녀 중 맞벌이부부가 늘어나고, 중증이나 초 중증질환 노인의 간호가 너무나 힘들고 또한 만성질환 노인의 요양보호기간이 장기화되고 있기 때문에 노인 간호가 더욱 어려운 실정이다.

3. 고령사회의 노인문제

1) 인구 · 사회학적 측면

(1) 저출산·인구고령화의 심화

현재의 출산수준(합계출산율 1.17)이 지속될 경우 한국의 총인구는 2017년 4,925만 명으로 절정에 이른 후 지속적으로 감소하여 2100년에는 1,621만 명으로 축소되고, 생산 가능인구(15~64세)도 2010년대를 정점으로 지속적 감소추세가 진행되어 사회 전체적 조기조로현상이 발생할 우려가 제기되고 있다. 그래서 인구구조의 단절현상으로 인한 사회·경제적 어려움을 방지하고, 지속적 성장 동력을 유지하기 위해서는 출산율을 장기간에 걸쳐 단계적으로 대체출산력(합계출산율 2.1) 수준에 접근시키는 방안을 마련하여야 한다는 주장이 설득력을 얻고 있다.

저출산 · 고령화의 원인은 다양하다. 저출산의 원인으로서 결혼가치관의 변화, 초혼연령 상승 및 미혼인구의 증가, 자녀양육 및 가사노동 부담의 증가, 여성의 자아실현욕구와 사회활동참여증가, 자녀관의 변화, 가족불안정의 증대 등이 거론되고 있다.

(2) 노후보장을 둘러싼 세대갈등 첨예화

2005년 생산 가능인구 7.9명당 노인 1명 부양, 2030년에는 2.7명당 노인 1명 부양, 그리고 2050년에는 1.4명당 노인 1명을 부양하게 되어 노인부양부담이 급속히 가중될 것으로 예상된다.

생산가능인구의 감소 및 노인인구 증가로 인한 한국의 부양부담은 OECD 국가 가운데 가장 빠른 속도로 증가할 것으로 전망되는데, 향후 경제성장의 결과를 분배하고 재분배하면서 경쟁과 갈등을 심화시킬 요인으로 작용할 가능성이 매우 크다.

급속한 고령화는 정치 · 경제 · 사회 전 분야에서 노인의 욕구표출을 가속화시킬 것이며, 이른바 '고령시민파워(senior citizen)' 또는 '회색파워(gray power)'를 출현시킬 것으로 예상된다. 일반적으로 노인의 투표참가도가 높은데다가 전체 유권자 중 고령자의 비율이 높아짐으로써 노인이 사회 전반에 많은 영향력을 행사할 것으로 보이기 때문이다. 이제 고령화의 진전은 단순한 세대차(generation gap)를 넘어서 실질적인 정치적 파워를 바탕으로 혜택을 더 받으려고 하는 노인과 그 부양의무를 져야 하는 생산연령층 간에 갈등을 고조시킬 가능성이 높다고 하겠다.

(3) 취약계층과 홀로 사는 노인 증가

인구고령화는 여성 빈곤노인, 노인가구와 독거노인, 농어촌지역 노인에 대한 정책을 배려를 요구하고 있다.

2010년 연령대별 독거노인을 보면, 65~69세가 27만 9,845가구, 70~74세가 34만 1,579가구, 75~79세가 24만 5,1가구, 80~84세가 11만 8,294가구, 85세 이상이 5만 8,500가구였다. 즉 독거노인은 70대 초 · 중반이 가장 많은 셈이다. 70~74세 독거노인의 경우 2009년과 비교해 1만 9,077가구나 더 늘었으며, 75~79세도 1만 9,209가구나 증가하여 70대 독거노인이 급증하였다. 보건복지부(2012) 통계에 따르면, 우리나라 독거노인은 2000년 54만여 명에서 2012년에 119만여 명으로 2.2배가량 늘어났다.

독거노인 특성상 별다른 노후보장책이 없는 경우가 많고 자녀 때문에 기초생활보장 수급자로도 선정되지 못하는 사례도 적지 않아 빈곤의 사각지대로 몰릴 가능성이 크다. 이에 따라 정부는 독거노인을 위해 만 65세 이상 노인 중 가구소득, 건강상태를 고려해 노인돌봄서비스를 제공하고 있으며 향후 확대하는 방안도 검토 중이다.

(4) 이혼인구 증가

2009년 이혼건수는 12만 4,000건으로 2008년의 11만 6,500건에 비해 7,500건(6.4%) 증가하여 2007년과 비슷한 수준을 보이고 있다. 2008년 6월 이혼숙려제도 도입에 따른 신고공백으로 2008년 이혼건수가 감소하였으나, 다시 증가하는 추세이다. 과거에 비해 이혼이 계속 늘어나는 것은 자기중심적인 삶의 지향 등 가치관의 변화와 부부 간의 성격차이 등에 의한 것으로 풀이된다.

미성년 자녀가 없는 이혼의 경우 꾸준히 증가하고 있으며, 이는 동거기간이 20년 이상인 부부의 이혼증가에 기인한 것으로 본다(통계청, 2009).

특히, 이혼인구 중 혼인기간이 0~4년과 5~9년인 비율은 1990년 대비 2011년에 각각 12.6%p, 10.1%p 감소한 반면, 20년 이상의 비율은 같은 기간 19.6%p 증가하여 황혼이혼은 지속적으로 증가하는 것으로 보인다(통계청, 2013).

(5) 고령화에 따른 치매노인 증가

보건복지부(2012. 10. 31)에 따르면 우리나라 치매 환자 수는 2012년 10월 기준 53만여 명이다. 최근 4년 사이 10만 명이 늘었고, 2025년이면 100만 명을 넘어설 것으로 예상하고 있다. 53만 명 중 국가가 지원하는 요양시설과 간병인 도움을 받는 사람은 14만 900명이고, 나머지는 가정에서 각각 알아서 치매환자를 돌보고 있다.

| 표 9-1 | 치매노인의 수

(단위: 천 명)

구 분	2008	2009	2010	2020
65세 이상 인구 수	5,016	5,193	5,357	7,701
65세 이상 치매노인 수	421	445	469	750
치매 유병률(%)	8.4	8.6	8.8	9.7

출처: 치매관리 mapping 개발 연구(한국보건사회연구원, '97)의 치매유병률을 토대로, 「장래인구 추계」의 노인인구 수(통계청, '06)를 활용하여 재추계.

2) 보건 · 복지적 측면

(1) 노인의료비 및 요양서비스 수요증대

노인인구의 증가는 만성질환 치료수요와 높은 증가로 이어져 노인의료비의 증가는 노인인구 수의 증가, 수진율 증가, 1인당 의료비 증가 등 제 요인이 복합적으로 작용하고 있는 것을 분석된다.

급속한 고령화로 치매, 중풍 등 장기요양서비스가 필요한 노인이 급격히 증가하여 요양보호노인을 65세 이상 노인의 12.1%로 보았을 때는 2005년 53만 명, 2007년 58만 명, 2010년 65만 명 및 2020년 95만 명으로 추계되고 있으며, 요양보호노인을 65세 이상 노인의 14,8%로 잡았을 때는 2005년 65만 명, 2007년 72만 명, 2010년 79만 명, 2020년 116만 명으로 예측하고 있다.

고령화와 더불어 기능적 건강상태 외에도 정신적 건강상태에도 문제가 있는 노인이 크게 증가하고 있는데, 연령이 증가할수록 전반적으로 정신장애가 증가한다는 증거는 없지만 2005년 65세 이상 노인 중 26만 4,000명(8.3%)이 치매증상을 지니고 있으며, 65세 이상 치매노인 추이(출연율)는 2010년 8.6%, 2015년 9.0%, 2020년 9.0%에 이를 것으로 예상되는 등 치매노인 수도 지속적으로 급증할 것으로 전망된다(선우덕 외, 2004).

노인장기요양기관의 인프라를 살펴보면 입소서비스를 제공하는 요양시설의 경우 2008년 6월 1,271개소(정원 5만 6,000여 명)에서 2009년 9월 2,385개소(정원 8만3,000명)로 성장하여, 전국적으로 증가하고 있으나 요양시설의 지역 간 수급불균형 문제는 심화되고 있다. 입소시설은 대도시지역 중심으로 부족현상이 나타나고, 재가시설의 경우 농어촌지역은 부족하지만, 도시지역은 지나치게 난립하고 있어 지역적 균형을 갖춘 시설인프라 구축과 공공시설의 확충방안이 요구된다.

2013년말 장기요양기관은 15,704개소를 운영하고 있으며 재가기관은 11,056개소로 70.4%, 시설기관은 4,648개소로 29.6%를 점유하였다.

| 표 9-2 | 연도별 지역 재가 · 시설 장기요양기관

(단위: 개)

구분	2009		2010		2011		2012		2013	
	재가	시설	재가	시설	재가	시설	재가	시설	재가	시설
계	11,928	2,628	11,228	3,751	10,857	4,061	10,730	4,326	11,056	4,648
서 울	1,741	272	1,809	425	1,828	439	1,809	476	1,913	521
부 산	914	106	829	158	748	143	728	145	712	134
대 구	644	68	601	135	569	177	576	203	601	251
인 천	591	131	545	206	552	229	561	247	609	282
광 주	430	58	462	91	434	95	416	96	418	100
대 전	459	61	439	88	405	94	395	104	421	102
울 산	211	30	162	42	161	42	161	40	156	40
세 종	-	-	-	-	-	-	27	12	23	11
경 기	2,455	781	2,321	1,078	2,253	1,172	2,210	1,254	2,245	1,366
강 원	392	152	328	185	338	208	345	222	364	238
충 북	320	155	315	213	312	224	300	237	298	243
충 남	543	139	567	209	546	238	515	238	519	251
전 북	704	162	619	190	573	203	571	214	597	221
전 남	766	175	635	245	593	259	567	271	596	284
경 북	833	159	715	244	689	277	718	298	749	321
경 남	802	144	758	194	728	213	709	215	704	221
제 주	123	35	123	48	128	48	122	54	131	62

주) 각 연도말 기준, 지정 운영되고 있는 기관 수

2013년말 기준 65세 이상 노인 619만 명 중 11.1%인 68만 6천여 명이 장기요양신청을 하였고, 이 중 54만여 명의 판정을 진행하여 37만 8천 명이 등급 내 인정(1~3등급)을 받았다. 노인인구대비 인정률이 2009년 5.4%에서 2013년 6.1%로 늘어났는데, 이는 후기노령인구의 증가와 인정기준 완화정책(인정점수 53점→51점) 등의 요인으로 분석된다.

| 표 9-3 | 연도별 장기요양신청자 수

(단위: 명)

구 분	2009	2010	2011	2012	2013
노인인구 (65세 이상)	5,286,383	5,448,984	5,644,758	5,921,977	6,192,762
신청자	522,293	622,346	617,081	643,409	685,852
판정자 (등급내 + 등급외)	390,530	465,777	478,446	495,445	535,328
인정자 (판정 대비 인정률)	286,907 (73.5%)	315,994 (67.8%)	324,412 (67.8%)	341,788 (69.0%)	378,493 (70.7%)
노인인구 대비 인정률	5.4%	5.8%	5.7%	5.8%	6.1%

주 1) 연도말기준[사망자(누적): ('09)73,942명, ('10)136,993명, ('11)266,819명, ('12)364,801명, ('13)467,668명 제외]
주 2) 신청자, 판정자, 인정자는 누적기준

(2) 요보호노인케어를 위한 사회비용증가

평균수명의 연장에 따라 가족주기가 변화하여 고령자의 독립생활기간이 증대하고, 노인부부끼리 생활하는 기간과 배우자 사별 후 여성 노인이 혼자 생활하는 기간이 길어지며, 이에 따라 요보호노인에 대한 수발서비스를 제공하기 위한 사회비용이 크게 늘어날 것이다.

한국보건사회연구원의 요양보호비용(잠재) 추계에 의하면, 2001년 6조 8억 원이 소요되는 것으로 추계하였고, 2005년 8주 3천억 원, 2010년 10조 1천억 원, 2020년 14조 6천억 원 등 장기요양보호를 필요로 하는 노인 수의 증가에 따라서 비용도 기하급수적으로 증가하고 있다.

요양비용을 정확하게 산출하기 위해서는 의료비와 마찬가지로 요양비용도 공적 및 사적 비용을 합해야 한다. 사적 요양비의 경우는 데이트가 없는 나라가 대부분이며, 다만 요양시설 및 재가복지만을 대상으로 한 2003년도에 정부가 지출한 공적 노인요양비용은 약 1,568억 원으로 이는 선진국에 비해 아주 낮은 편이다.

2013년 공단부담금 3조 830억 원 중 재가급여는 1조 4,864억 원으로 전체대비 점유율이 48.2%였고, 시설급여는 1조 5,966억 원이었다. 세부유형별로 나누어 보면, 재가급여는 방문요양이 79.0%를 점유하여 가장 높았고, 시설급여는 노인요양시설이 85.6%를 점유하였다.

| 표 9-4 | 연도별 장기요양 공단부담금

(단위: 억 원, %)

구 분	2009		2010		2011		2012		2013	
	급여비	비율	급여비	비율	급여비	비율	급여비	비율	급여비	비율
장기요양 공단부담금 계	17,369	-	24,023	-	25,882	-	27,177	-	30,830	-
재가급여	9,856	100.0	13,740	100.0	13,704	100.0	13,303	100.0	14,864	100.0
- 방문요양	7,334	74.4	11,296	82.2	11,415	83.3	10,724	80.6	11,736	79.0
- 방문목욕	406	4.1	691	5.0	712	5.2	707	5.3	736	4.9
- 방문간호	62	0.6	62	0.4	58	0.4	70	0.5	73	0.5
- 주야간보호	618	6.3	731	5.3	837	6.1	958	7.2	1,279	8.6
- 단기보호	843	8.6	323	2.3	67	0.5	89	0.7	150	1
- 복지용구	592	6.0	637	4.6	614	4.5	756	5.7	891	6
시설급여	7,513	100.0	10,283	100.0	12,178	100.0	13,874	100.0	15,966	100.0
- 노인요양시설(현행법)	2,118	28.2	3,883	37.8	5,646	46.4	7,571	54.6	12,626	79.1
- 노인요양시설(구법)	1,569	20.9	1,373	13.4	1,139	9.3	913	6.6	225	1.4
- 노인전문요양시설(구법)	3,403	45.3	3,383	32.9	3,111	25.5	2,864	20.6	811	5.1
- 노인요양공동생활가정	424	5.6	875	8.5	1,268	10.4	1,571	11.3	2,057	12.9
- 노인요양시설(단기보호전환)	-	-	768	7.5	1,014	8.3	955	6.9	246	1.5

(3) 자녀양육 및 노인부담의 책임문제 대두

고령화가 진행됨에 따라 개인주의적 가치관의 확산, 핵가족화, 여성의 사회참여증가 등으로 자녀양육 및 노인부양에 있어서 가족 자체의 부양기능이 약화되고 있다. 앞서 언급한 바와 같이, 자녀양육 및 가사노동 부담의 증가는 주목할 만한 저출산의 원인으로 간주되고 있다. 뿐만 아니라 고령자의 부양을 가정 외부에서 해결하려는 신규수요도 끊임없이 새롭게 창출되고 있다. 고령사회에서는 자녀 출산 및 양육, 노인부양의 문제가 사회와 국가의 공동책임으로 전환된다고 할 수 있다.

3) 경제 · 산업적 측면

(1) 경제성장의 둔화

노동공급의 감소, 노동생산성 저하, 고령인구 증가에 따른 저축률 하락, 소비위축, 투자 감소, 재정수지의 악화 등을 초래할 것으로 예상한바 있다. 저출산 · 인구고령화 자체가 경제성장을 둔화시키기보다는 연금 · 의료제도, 복지서비스 및 노동시장구조 등 기존의 제도가 저출산 · 고령화 시대에 따라가지 못함으로써 경제성장이 저해되는 측면이 더 클 것이라는 견해도 제시된 바 있다. 저출산 · 고령화가 경제성장에 미치는 효과는 제도개선 노력 및 정책의지에 따라 달라질 수 있다. 이와 같이 고령화 진전으로 노인빈곤 및 소외, 노동력 부족, 의료비 및 연금재정 고갈 등 각족 사회 · 경제적 문제가 파생되는데, 이러한 문제를 완화하기 위한 방안마련으로 고령사회의 '최대 이슈'이다.

(2) 노동시장의 변화

노동력 규모의 감소와 구성의 고령화를 초래하여 노동력의 양적 · 질적 변화를 유발시킬 것이다. 고령자 노동공급은 증가하고 청년인구는 감소되어 환경변화에 대한 적응력 및 경제의 활력이 저하된다. 따라서 산업인력이 고령화는 획기적 생산성의 향상이 이루어지지 않는 한 우리 경제의 성장주력 산업의 고령화를 초래하여 성장잠재력을 저하시키고, 특히 과학 · 공학 분야의 고령화는 젊은 층의 이공계 대학기피 현상과 맞물려 첨단기술 인력분야에 있어서도 공백상태가 우려된다.

노동력 부족 문제를 해결하기 위해서는 여성 및 고령자고용확대의 필요성이 더욱 중요하게 대두될 전망이다. 이미 '남성-일(직장), 여성-가정'이라는 전통적 성역할의 분리는 퇴색된 지 오래이며, 여성의 경제활동참여가 늘어나면서 일과 가정에서의 양성평등욕구가 증대되고 있다.

(3) 재정 · 금융 및 산업구조의 변화

국민연금수급률(수급자/가입자)이 급증하고 현행 저부담 · 고급여 체제가 유지된다면 2047년에는 기금이 완전히 소진되는 등 연금재정이 불안정하여 심각한 연금재정위기에 직면할 우려가 제기되고 있다. 고령화가 진전되면 경제활동인구가 감소하기 때문에 보험료를 내는 수가 감소되고, 평균수명연장에 다라 수급자의 증가가 초래되어 연금재정의 지출은 증가할 것으로 전망된다.

군인·공무원 및 사립학교교직원 등 공적연금의 적자 규모가 기하급수적으로 늘어나 국가재정에 과중한 부담을 지울 전망이다. 세대 간의 공평한 부담을 위해 보험료 및 급여 수준의 조정 등 구조개편이 시급하게 이루어져야 한다는 의견이 제시되고 있다. 인구고령화로 인해 국가의 재정수지는 장기적으로 악화될 것이다. 저출산에 따른 근로인구의 감소는 조세수입 및 사회보장기여금 등의 수입을 지속적으로 감소시키는 반면, 노인인구의 증가는 연금수급자의 증가 및 노인의료 및 복지비용 등 재정지출 급증으로 이어져 재정수지에 악영향을 미칠 것이기 때문이다.

공공부문과 민간부문의 역할을 분담함으로써, 저소득층 노인은 공공부문에서 사회안전망에 의한 기초욕구를 충족하고 경제력이 있는 중산층 노인은 고령친화산업 등을 통해 다양화, 개인화된 부가적 욕구를 충족하여야 한다. 고령친화산업은 노인 및 노후준비 계층의 생활안정·편의 및 건강유지 등에 필요한 서비스를 시장원리에 따라 공급하는 산업을 말한다.

가족부양기능의 약화, 경제력 있는 노인 소비자의 증가, 고령화에 따른 의료수요의 증가, 노인생활욕구의 다양화 등에 따라 고령친화산업의 필요성이 부각되고 있다.

(4) 세입기반의 약화

생산인구의 감소로 인하여 세입기반의 약화가 초래되고 고령자에 대한 국가 및 사회의 지출과 부담이 갈수록 증대되고 있다.

4) 노인 개인적 측면

노인문제는 일반적으로 빈곤, 질병, 고독, 무위의 4고로 나뉜다. 즉 노년기는 노인이 조기정년을 맞아 퇴직하거나, 노후소득보장제도 및 일거리 마련의 미비 등으로 소득원이 상실되어 은퇴 후 빈곤문제가 야기되고 있으며, 신체적 약화나 노화로 질병이나 건강상의 문제가 발생하고 있다. 그리고 핵가족화 및 대화의 부족, 가족결속도 감소 등으로 인해 고독과 소외감의 문제 등이 생겨나고 있으며, 아울러 가정과 직장에서의 역할상실로 인해 할 일이 없는 무위의 문제가 대두되고 있는 것이다. 이런 노인의 문제는 한 가지씩 따로 오는 것이 아니라 두 가지 이상이 겹쳐서 진행되므로 노인의 고통은 더욱 가중되고 있다고 볼 수 있다. 현재, 우리 사회는 과거의 어느 시기보다 노인을 위한 자리를 마련하지 못하고 있다. 또한 노인인구의 증가는 노인문제에 대한 보다 질적인 접근과 다각적 측면에서 노인문제에 대한 이해를 필요로 하고 있다.

수입 감소, 긴 여가시간, 역할 상실, 건강악화와 보호, 부양 및 보호, 사회적·심리적 고립과 소외 등이다.

제3절 노인가족 지원정책 및 사업현황

노인가족 지원정책 및 사업현황으로 노인소득보장정책, 노인의료보장정책, 노인주거보장정책 등을 중심으로 살펴보도록 하겠다.

1. 노인소득보장정책

소득보장에 관련된 정책은 1998년 경로연금으로 시작되었으며, 정부지원 노인일자리 사업이 2004년 시작되어 현재까지 계속되고 있다. 한편 경로연금은 2007년 4월 「기초노령연금법」이 제정되어 2008년 시행되며 기초노령연금에 흡수되었다. 사회보험원리에 따라 노후 소득보장을 사회적으로 해결하기 위한 국민연금은 1988년 시행 후 20년이 경과하여 65세 이상 노인의 경우 연금을 납부한 경우 수혜대상이 되고 있다.

보건복지부에서 전국 11,542명을 대상으로 실시한 "2011년 노인실태조사" 결과에 따르면, 조사대상자의 83.7%가 노인의 연령기준을 "70세 이상"으로 생각하고 있으며, 개인 소득 중 사적이전소득이 가장 많이 차지하고 있으나, 2008년 대비 사적이전소득은 감소(46.5→39.8%)하고 기초노령연금 및 국민연금 수급자 증가 등으로 공적이전소득은 증가(28.2→32.5%)하였다. 가구소득은 독거가구가 연 841만 원, 노인부부가구 1,798만 원, 자녀동거가구 3,763만 원으로 나타났다.

현재 시행 중인 노인들의 소득원으로 중요한 위치를 차지하는 국민연금, 공공부조, 기초노령연금, 노인일자리 사업 및 퇴직연금 등 노인소득보장정책에 대하여 살펴보고자 한다.

1) 연금보험(국민연금)

국민연금제도는 소득활동을 하는 사람이 소득활동기에 보험료를 납부하였다가 나이가 들거나 갑작스런 사고나 질병으로 사망 또는 장애를 입어 소득활동이 중단된 경우, 본인이나 유족에게 연금을 지급함으로써 안정된 생활을 할 수 있도록 해 주는 소득보장제도이다. 국민연금제도는 사회보험원리에 따라 가입이 강제되고 보험료율과 연급지금에 대한 내용이 법률로 정해지며 국가의 책임으로 운영된다는 점에서 민간보험과는 구분된다.

1988년 도입 시 상시 10인 이상의 근로자를 사용하는 사업장에 대하여 실시한 후 1992년 1월부터는 5인 이상으로 확대되었고, 1995년 7월부터는 농어촌지역 주민에게까지 확대하였으며, 1999년 4월부터는 도시지역 주민에게까지 확대함으로써 전국민 연금시대가 개막되었다.

2003년 7월부터는 지역가입자 등 5인 미만 사업장의 가입자와 비정규직 근로자를 사업장가입자로 단계적으로 편입하였고, 2006년 1월부터는 당연적용사업장을 근로자 1인 이상 사업장으로 확대하여 적용하고 있다.

(1) 가입대상

국민연금의 가입대상자는 국내에 거주하는 18세 이상 60세 미만의 국민으로 하되, 특수한 직역에 종사하여 별도의 연금에 가입하고 있는 공무원, 군인, 사립학교 교직원 등은 제외된다. 국민연금 가입자는 사업장가입자와 지역가입자, 임의가입자 및 임의계속가입자로 구분된다.

(2) 연금보험료 부과

국민연금보험료는 가입자 자격취득 시의 소득신고 또는 정기결정에 의하여 결정되는 기준소득월액에 현재 보험료율인 9%를 곱하여 산정하되, 사업장가입자의 경우 국민연금보험료는 본인과 사업장의 사용자가 각각 절반씩(4.5%) 부담하며 사업장가입자를 제외한 가입자는 본인이 전액 부담한다.

(3) 국민연금 급여내용

국민연금 급여는 지급방법에 따라 매월 정기적으로 지급하는 연금급여와 일시금 급여로 분류되며 연금급여에는 노령연금, 장애연금 및 유족연금이 있고, 일시금급여에는 반환

일시금, 사망일시금이 있으며, 장애등급 4급에 해당하는 자에게는 연금이 아닌 일시보상금을 지급한다.

노령연금은 20년 이상 가입하고 60세에 달한 때부터 받게 되는 완전노령연금을 필두로 가입기간, 소득유무 및 수급 연령에 따라 감액 · 재직자 · 조기노령연금 및 제도 도입 초기 한시적으로 적용되었던 특례노령연금으로 구분된다.

2) 공공부조

「사회보장기본법」 제3조에 의하면 "공공부조(公共扶助)란 국가와 지방자치단체의 책임하에 생활 유지 능력이 없거나 생활이 어려운 국민의 최저생활을 보장하고 자립을 지원하는 제도를 말한다."라고 정의하며 공공부조와 관련해서 현재 실시되고 있는 '국민기초생활보장제도'에 대하여 알아보고자 한다.

국민기초생활보장제도는 가족이나 스스로의 힘으로 생계를 유지할 능력이 없는 최저생계비 이하의 절대 빈곤층 국민에게 생계, 교육, 의료, 주거 등의 급여를 통해 기본적 생활을 국가가 보장해주고, 근로능력이 있는 자에게는 체계적인 자활지원서비스를 제공하여 자활 · 자립을 지원해 주는 제도이다.

(1) 수급자 선정기준

국민기초생활보장 수급자로서 급여를 받기 위해서는 부양의무자가 없거나 부양의무자가 있어도 부양능력이 없거나 부양을 받을 수 없는 자로서, 개별가구의 소득인정액이 최저생계비 이하에 해당되어야 한다.

(2) 급여의 산정기준

급여의 내용은 수급자에게 의복 · 음식물 및 연료비, 기타 일상생활에 기본적으로 필요한 금품을 지급하는 것으로 주거급여액을 제외한 금액을 생계급여로 지급한다.

3) 기초연금

(1) 도입배경 및 필요성

노년기에 경험하게 되는 가장 큰 어려움 중의 하나가 빈곤으로, 우리사회처럼 실질적으로 은퇴하는 연령과 연금수급연령을 의미하는 공식적인 은퇴 연령 간의 시차가 있는 사회에서는 노년기가 빈곤의 위험에 대비한 제도 마련이 보다 절실히 요구된다. 그러나 우리 사회는 아직 공적인 노후소득보장제도가 충분히 정립되어 있지 못한 것이 사실이다. 공적인 노후소득보장제도의 실효성이 낮아, 미래 세대뿐만 아니라 현세대의 노인들 대부분이 공적인 노후소득보장제도의 사각지대에 놓여 있으며, 그들 중 상당수가 빈곤상태에 놓여 있다. 문제의식 하에 국민연금과 관련된 논의가 제도적 사각지대를 해소하는 방법으로 진행되면서 기초노령연금제도의 도입논의가 등장하기 시작하였다.

(2) 기초연금제도 개요

2007년 4월, 생활이 어려운 노인의 생활안정을 지원하여 복지를 증진하기 위한 기초노령연금제도 도입을 내용으로 하는 기초노령연금법이 2007년 4월에 통과되었다. 이러한 기초노령연금제도는 2008년 1월부터 70세 이상 노인 중 소득인정액 하위 60%에 해당하는 노인을 대상으로 시행되었으며, 2008년 7월부터는 65세 이상으로, 2009년 1월부터는 65세 이상 노인 중 소득인정액 하위 70%로 지급대상을 지속적으로 확대하였다. 2008년에는 12월 말 기준 약 290만 명에 이르렀으며, 공적노후 소득보장률은 2007년 35.2%에서 2009년 82.5%로 증가하여 노인들의 빈곤율 개선에 기여하였다. 2010년도에는 373만 명의 노인이 기초노령연금을 수급하였다.

2014년 7월 1일부터 기초연금제도로 개편되어 만 65세 이상 노인의 소득 및 재산기준 70% 이하 대상자를 선정하여 최대 20만 원에서 최저 2만 원의 기초연금을 지급하고 있다.

(3) 지급결정 및 통지

읍·면·동에 지출한 기초노령연금신청서는 시·군·구의 통합조사관리팀에서 '행복e음'을 통해 조사하면 특별자치도지사·시장·군수·구청장은 해당 내용을 검토하여 연금 지급 여부 및 연금액을 결정, 대상자에게 통지한다.

연금지급 방식은 신청일이 속하는 달부터 지급하되, 사전신청의 경우 만 65세 생일이 속한 달부터 결정 금액을 수급자 본인 명의의 금융계좌에 시장·군수·구청장이 매월 25일에 직접 개별입금 지급한다.

소득이나 재산이 전혀 없이 생활하시는 등 경제사정이 어려운 어르신들이 많고, 어르신들을 부양하는 자녀들의 경제적 부담도 큰 편이다. 이와 같은 점들을 고려하여 생활이 어려운 어르신들에게 매월 기초노령연금을 지급함으로써 노인의 생활안전을 지원하고 복지를 증진함을 기초노령연금의 목적으로 한다.

4) 노인일자리 사업

노인일자리 사업은 일하기를 희망하는 노인에게 맞춤형 일자리를 공급하여 노인에게 소득창출 및 사회참여의 기회를 제공하기 위한 직접적인 이유와 노인의 일을 통한 적극적 사회참여, 소득보충 및 건강증진 등으로 노인문제 예방 및 사회적 비용 절감과 더불어 노인인력 활용에 대한 사회적 인식개선 및 민간참여를 도모함을 목적으로 한다.

"2011년 노인실태조사"는 현재 노인의 34.0%가 현재 취업 중이며, 이들의 52.9%가 농림어업에 종사하고 있고, 26.1%는 단순노무직에 종사하고 있었다. 일을 하는 주요 이유는 생계비 마련(79.4%)이 가장 많고, 용돈마련(6.8%), 건강유지(5.6%) 등의 순서이며, 현재 일을 하지 않고 있는 노인의 미취업 이유는 건강이 좋지 않아서가 32.8%, 더 이상 일을 하고 싶지 않아서가 29.1%, 나이가 많아서 받아주는 곳이 없어서가 18.4%의 순이었다.

노인일자리 사업에 대하여 68.8%가 인지하고 있으며, 4.1%가 현재 참여 중이며 일자리 참여경험이 있는 노인은 전체 노인의 6.8%에 달하고 있었다. 노인일자리 사업에 참여 경험 노인의 만족도는 매우 높아 74.8%가 만족한다는 의견을 표명하고 있으며, 노인의 18.0%가 노인일자리 사업참여를 희망하고, 향후 참여욕구를 가진 노인의 경우 77.8%가 공익형, 10.2%가 복지형, 5.9%가 인력파견형, 4.7%가 교육형, 1.4%가 시장형을 희망한다고 응답하였다(보건복지부, 2011).

5) 퇴직연금

2005년 12월 1일부터 시행된 우리나라의 퇴직연금제도는 기업이 사내에 적립하던 퇴직금제도를 대체하여, 금융기관에 매년 퇴직금 해당금액을 적립하여 근로자가 퇴직할 때 연금 또는 일시금으로 지급받아 노후설계가 가능하도록 한 선진제도이다. 기존 퇴직금제도 하에서는 기업이 도산해버리면 퇴직금을 떼이는 경우가 많았다. 그러나 퇴직연금제도에서는 믿을 만한 금융기관을 선정하여 퇴직금을 맡겨 놓기 때문에 사업장이 도산해도 떼일 염려가 없다.

| 표 9-5 | 사회참여(고용) 분야 과제현황

구 분	정책과제	세부 정책과제
다양한 고용기회 제공	고령자 고용연장	임금피크제 활성화, 고령자고용촉진장려금 개편 등
	전직 및 취업지원서비스	전직지원, 장려금제도 개편, 고령자 특화형 직업훈련 · 취업지원, 준고령층 취업성공 패키지 운영 등
	준고령자 적합 일자리 창출 및 창업지원	준고령자 적합형 사회서비스 일자리 내실화, 준고령자 유아교육 인력풀 구축, 시니어 창업지원 등
	준고령 인력 전문성 활용 제고	과학 · 연구분야 퇴직인력 활용도 제공, 준고령자 활용한 취업상담 서비스 제공, 대기업 퇴직 전문인력 활용 등
	고용상 연령차별 금지제도 조기정착	연령차별금지 관행 정착 캠페인 실시, 지속적 연령차별 모니터링 실시
일자리사업 내실화	노인일자리 양적 확충 및 질적 고도화	노인일자리 단계적 확대 및 질적 고도화
	일자리 사업 체계화	일자리 지원체계 기능조정 및 역할 강화

퇴직급여제도라 함은 「근로자퇴직급여보장법」(05. 1. 27 제정, 05. 12. 1 시행)상의 퇴직금제 · 확정급여행 퇴직연금제(DB)확정기여형, 퇴직연금제(DC)를 총칭하며, 5인 이상 근로자를 사용하는 사용자는 위 퇴직급여제도 중 하나 이상을 설정해야 한다. 4인 이하의 근로자를 사용하는 사업은 2008년 이후부터 2010년 사이에 동법을 적용받게 된다.

퇴직급여제도를 설정 · 변경하기 위해서는 근로자 대표의 동의를 얻어야 한다. 근로자 대표의 동의를 얻지 못한 경우에는 원칙적으로 퇴직금제도가 적용된다. 동일 사업 내에서 일부 근로자에 대해서는 퇴직금제도를 설정하고 다른 일부에 대해서는 확정급여형을, 또 다른 근로자에 대해서는 확정기여형을 설정할 수 있다. 퇴직연금제도의 유형 및 운용구조는 아래와 같다.

6) 노인의 소득분야 과제현황

| 표 9-6 | 소득분야 과제현황

세부전략	정책과제	세부 정책과제
다층소득 보장체계	국민연금 장기기속 가능성 개선	지속가능성 제고('13년 재정계산), 홍보 등 신뢰제고
	국민연금 사각지대 해소	특수고용관계근로자, 기초수급자 사업장가입자 확대, 국민연금 사각지대 해소, 농어업인 연금보험료 지원
	사적 소득보장제도 확충	퇴직연금 활성화(세제개선), 개인연금 활성화
노인빈곤 예방	연금제도 내실화	기초노령연금 내실화, 주택연금 활성화
	국민연금 급여 근로유인성 제고	재직자 노령연금 개선, 연기연금 활성화
	농어촌 고령자 소득보장	농지연금 도입, 경영이양 직접 지불제

2. 노인의료보장정책

1) 의료보장의 이해

의료보장은 질병을 개인적 위험이 아닌 사회적 위험으로 인식하는 것에서 출발한다. 의료보장은 사회적 위험으로서의 질병으로 인한 경제적 부담에 대하여 사회공동체가 공동으로 책임을 지는 정책이며 제도이다.

의료보장은 역사적으로 의식주를 위한 최소한의 생활보장과 함께 일찍이 현대복지국가의 핵심적인 사회보장프로그램으로 제도화되었으며, 각국의 사회적·경제적 발전 정도에 따라 보장의 수준과 방식에는 차이가 있지만 대부분의 국가들은 의료보장체계를 갖추고 있다. 국가가 국민의 의료보장을 책임지는 것은 국민의 생존권보장과 직결되는 가장 중요한 국가의 의무이며, 의료보장은 노인을 포함한 국민의 권리로 인정되어야 한다.

의료보장제도를 비교하여 특징을 갖추어보면 의료보장의 형태를 크게 사회보험방식, 조세방식, 그리고 민간보험방식으로 나눌 수 있다.

노년기에는 신체적·정신적 기능저하의 노인성 질병 방생으로 다른 연령층에 비하여 유병률이 높을 뿐 아니라 질병 자체가 만성적·합병적인 경우가 많아 장기적인 치료와 요양을 요하기 때문에 높은 의료비가 드는 것이 일반적이다. 2011년 건강보험 진료비 통계자료에 의하면 2011년 12월말 기준으로 건강보험을 적용받는 노인인구 수는 518만 명으로 건강보험 전체 적용인구의 10.5%이지만, 노인의료비는 15조 3,768억 원으로 전국민 건강보험 진료비의 33.3%를 차지하여 노인의료비 비중이 높음을 알 수 있다. 노년기에는 경제활동 중단으로 인하여 소득기반이 취약하게 되는데, 이런 현상이 의료비 증가와 함께 나타나므로 노인인구의 경제적 부담과 고통은 가중되어 특별한 의료보장 대책이 요구된다.

2) 노인의료보장정책의 현황

노인의료보장정책은 국민건강보험, 의료급여, 노인건강집단과 치매예방·관리, 노인장기요양보험제도로 나누어 살펴볼 수 있다.

(1) 국민건강보험

국민건강보험은 국민의 질병·부상에 대한 예방·진단·치료·재활과 출산·사망 및 건강증진에 대하여 보험급여를 실시함으로써 국민보건을 향상시키고 사회보장을 증진함을 목적으로 하는 사회보험제도이다(「국민건강보험법」 제1조).

사회보험으로서 건강보험은 첫째, 법률에 의하여 보험이 강제되고, 둘째, 전국민을 대상으로 하며, 셋째, 보험료는 경제적 능력에 따라 차등 부담하고, 급여는 필요에 따라 균등하게 받을 수 있게 함으로써 소득재분배를 이루며, 넷째, 장기보험인 국민연금과는 달리 회계연도가 1년 단위인 단기보험인 특성을 갖는다.

우리나라는 1963년에 최초로 의료보험법이 제정되었는데, 임의적용방식이어서 일부 시범사업만 실시되었을 뿐 유명무실하였다. 이는 사회적 상황과 경제적 여건이 갖추어지지 않은 상태에서 당시 군사정권의 정당성 확보차원에서 의료보험법 등 사회보장법을 제정하였다고 평가할 수 있다. 1970년에 와서 강제적용방식을 의료보험법으로 개정하였으나 그 시행령조차 마련하지 못하였다.

급격한 산업화에 힘입어 1976년 의료보험법이 전면 개정되었고, 1997년 7월 1일부터 500인 이상 사업장을 대상으로 강제적용방식의 의료보험이 실시되었다. 적용대상은 국내에서 거주하는 국민으로서 「의료급여법」에 따라 의료급여를 받는 자, 「독립유공자예우에 관한 법률」 및 「국가유공자 등 예우 및 지원에 관한 법률」에 의하여 의료보호를 받는 자를 제외한 자는 건강보험의 가입자 및 피부양자가 된다.

국민건강보험의 가입자의 종류는 직장가입자와 지역가입자로 구분한다. 모든 사업장의 근로자 및 사용자와 공무원 및 교직원은 직장가입자가 된다. 지역가입자는 가입자 중 직장가입자와 그 피부양자를 제외한 자를 말한다. 직장가입자와 피부양자는 직장가입자의 배우자, 직계존속(배우자의 직계존속 포함), 직계비속(배우자의 직계비속 포함) 및 그 배우자, 형제・자매와 같이 직장가입자에 의해 주로 생계를 유지하는 자로서 보수 또는 소득이 없는 자를 말한다.

건강보험의 급여종류에는 의료 그 자체를 보장하는 현물급여와 의료비의 상환제도와 현금급여 두 가지 형태가 있으며, 우리나라는 현물급여를 원칙으로 하고 있다.

급여는 법적 규정에 의하여 일정한 보험사고에 대하여 지급되는 법정급여와 재정상황에 따라 탄력적으로 그 시행여부 등을 조정할 수 있는 부가급여로 구분된다.

가입자 또는 피부양자가 요양급여를 받는 때에는 그 진료비용의 일부를 본인이 부담하여야 하며, 그 내용은 입원의 경우 진료비 총액의 20%를, 외래의 경우에는 요양기관 종별에 따라 30~60%를 차등 적용하고 있다. 입원는 20%, 외래 (종합전문요양기관)는 진찰료 총액 + 나머지 요양급여비용 총액의 60%, 장제비는 2008년 1월 1일 이후 사망 건부터 지급 중지하고, 65세 이상 노인진료비는 1990년에 2,403억 원에서 2011년에 154조 원으로 급증하였고, 전체 진료비 중 노인진료비 비율이 1990년에 8.2%였으나, 2011년에는 33.3%를 점유하였다. 동기간 대비 중 노인인구 비율이 5.6%로 증가한 반면, 노인진료비 비율은 25.1%로 증가하였다.

노인은 건강보험의 적용대상자와 마찬가지의 보험급여를 받는다. 다만, 요양급여에서 65세 이상 노인의 경우에 입원하는 경우 특별한 혜택은 없으나, 외래의 경우에는 의원급 의료기관과 처방전에 의한 약국 조제의 경우에 할인혜택이 주어지고 있다. 또한 2012년 7월 1일부터 만 75세 이상의 상악 또는 하악의 완전 무치악 노인틀니에 대한 보험적용을 실시하고 있다.

국민건강보험은 보건복지부, 국민건강보험공단, 건강보험심사평가원에 의하여 관리, 운영되고 있다. 보건복지부는 건강보험사업의 관장자로서 건강보험관련 정책을 결정하고 건강보험 업무의 전반을 총괄하고 있다. 국민건강보험공단은 건강보험의 보험자로서 「국민건강보험법」 및 동법 시행령에 의하여 가입자 및 피부양자의 자격관리, 보험료의 부과・징수, 보험급여비용의 지급 및 사후관리, 건강증진 및 예방사업 등의 사업을 수행하고 있다.

국민건강보험의 재원은 보험료와 국고 및 건강증진기금 등 정부지원금으로 충당한다. 보험료는 직장가입자와 지역가입자의 보험료 부과방식이 다른데, 임금근로자가 대상인 직장가입자의 경우에는 소득비례정률제가 적용되고 있으며, 농·어민과 도시자영자 등 지역가입자의 경우에는 대상범위가 광범위할 뿐 아니라, 소득의 형태가 다양하고 정확한 소득 파악에 어려움이 있어 소득비례정률제 대신 보험료부과점수(소득, 재산, 생활수준 등의 등급별 점수의 합)에 점수당 단가를 곱하여 산정한 금액을 적용한다. 직장가입자의 경우에는 가입자와 사용자가 각각 1/2씩 부담하며, 지역가입자의 경우에는 세대단위로 부과한다.

그림 9-3 생애주기별 건강관련 서비스

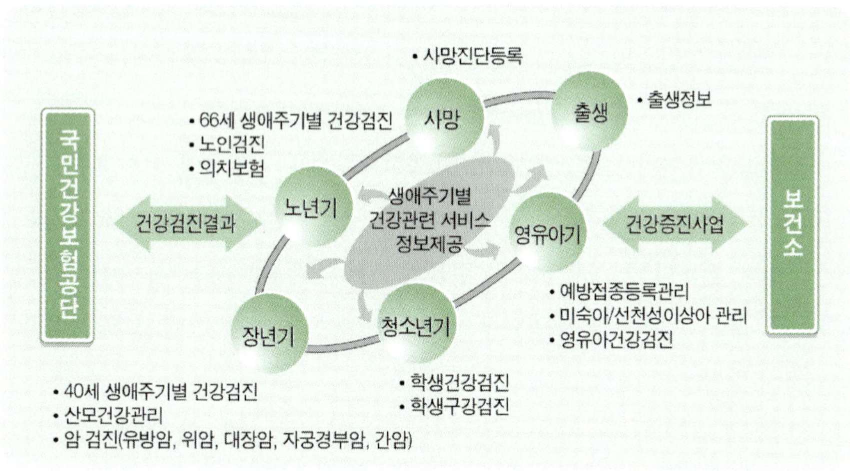

그림 9-4 연도별 일반(건강보험대상자) 적용인구 추이

그림 9-5 연도별 의료급여 및 기초수급 적용인구 추이

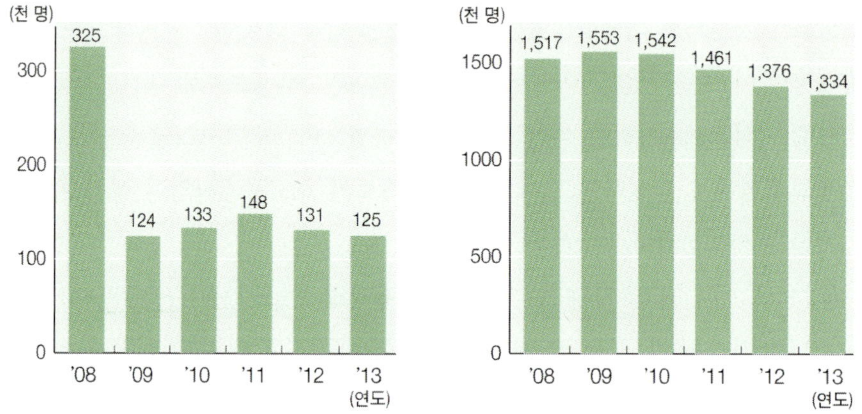

그림 9-6 연도별 65세 이상 의료보장 적용인구 추이

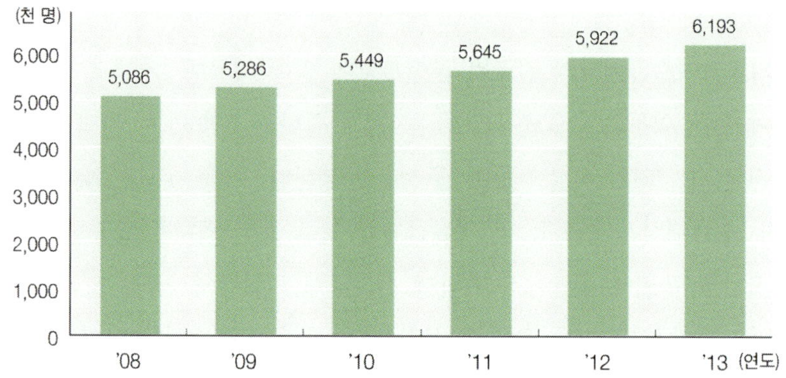

(2) 의료급여

생활유지 능력이 없거나 생활이 어려워 저소득층을 대상으로 그들의 자력으로 의료문제를 해결할 수 없는 경우에 국가가 재정으로 의료혜택을 주는 공공부조제도로서 건강보험과 함께 우리나라 국민의료보장 정책의 중요한 수단이 된다. 의료급여는 「의료급여법」에 의하여 제공되는데, 「의료급여법」은 제1조에 동법의 목적을 "생활이 어려운 자에게 의료급여를 실시함으로써 국민보건의 향상과 사회복지의 증진에 이바지함을 목적으로 한다"

라고 규정하고 있다.

의료급여제도는 1961년 생활보호법이 제정되어 동법에 의료보호에 관한 규정을 둠으로써 의료보호가 처음으로 법제화되었다. 1976년 9월 전국 의료보장 기반확립을 위한 "의료시혜 확대방안"이 마련되었다. 이어서 1977년 1월 4일 「의료보호에 관한 규칙」의 제정을 통하여 비로소 의료보호사업이 본격화되기 시작하였으며, 1977년 12월 31일에는 의료보호법이 생활보호법에서 독립하여 별도로 제정됨으로써 의료보호사업이 공공부조제도로서 정착할 기틀을 마련하였다.

적용대상으로 1종 수급권자는 ① 국민기초생활보장 수급자 중 근로무능력가구, 107개 희귀난치성질환자가 속한 가구, 시설수급자, ② 행려환자, ③ 타법 적용자 중 이재민, 의상자 및 의사자의 유족, 입양아동(18세 미만), 국가 유공자, 중요무형문화재 보유자, 북한이탈주민, 5 · 18 민주화운동 관련자가 해당되고, 2종 수급권자는 국민기초생활보장 대상자 중 1종 수급대상이 아닌 가구가 해당된다.

급여의 내용은 국민건강보험제도의 요양급여에 해당하는 것과 마찬가지로 진찰 · 검사, 약제 · 치료재료의 시급, 처치 · 수술과 그 밖의 치료, 예방 · 재활, 입원, 간호, 이송 등의 서비스다. 의료급여수급권자의 진료비 본인부담에 있어 보호대상자별로 차이가 있다.

의료급여에 관한 업무는 수급권자의 거주지를 관할하는 특별시장 · 광역시장 · 도지사 · 특별자치도지사(시 · 도)와 시장 · 군수 · 구청장이 행한다. 이들 기관을 의료급여 보장기관이라고 하며, 수급대상자의 선정 및 의료급여증 교부 등의 업무를 담당한다.

의료급여사업의 재원에 충당하기 위하여 시 · 도에 의료급여기금을 설치한다. 그 기금은 국가보조금, 지방자치단체의 출연금, 상환 받은 대불금, 징수한 부당이득금, 징수한 과징금, 기금의 결산상 잉여금 및 그 밖의 수입금으로 조성한다. 국가와 지방자치단체는 기금운영에 필요한 충분한 예산을 확보하여야 한다. 국가보조금의 비율은 보조금의 예산 및 관리에 관한 법령이 정하는 바에 의한다. 기금은 일반회계와 구분하여 별도의 계정을 설정하여 관리하여야 한다.

(3) 노인 장기요양보험 제도

장기요양보험 가입자는 건강보험 가입자와 동일하며, 공단은 장기요양보험료와 건강보험료를 통합하여 징수한다. 공단은 통합징수 한 장기요양보험료와 건강보험료는 각각 독립회계로 관리한다. 장기요양보험료는 건강보험료액에 장기요양보험료율을 곱하여 산정한다. 장기요양보험료율은 복지부장관 소속 노인장기요양위원회의 심의를 거쳐 대통령령으로 정한다.

국가는 매년 예산의 범위 안에서 당해 연도 장기요양보험료 예상수입액의 100분의 20에 상당하는 금액을 공단에 지원한다. 국가와 지방자치단체는 의료수급권자의 장기요양급여비용 중 공단이 부담하여야 할 비용과 관리운영비의 전액을 대통령령이 정하는 바에 따라 각각 부담한다.

본인일부부담금으로는 재가급여는 당해 장기요양급여비용의 100분의 15, 시설급여는 당해 장기요양급여비용의 100분의 20, 「국민기초생활보장법」에 의한 수급자는 전액 면제, 의료급여수급권자, 소득.재산 등 보건복지부장관이 정하여 고시하는 일정금액 이하인 자는 본인부담금을 50% 경감한다.

재가 및 시설 급여비용의 청구 및 지급은 장기요양기관이 수급자에게 재가급여 또는 시설급여를 제공한 경우 공단에 장기요양급여비용을 청구하여야 하며, 공단은 이를 심사하여 공단부담금(본인부담금을 공제한 금액)을 당해 장기요양기관에 지급한다. 그리고 재가 및 시설 급여비용은 급여종류 및 장기요양등급 등에 따라 장기요양위원회의 심의를 거쳐 보건복지가족부장관이 정하여 고시한다.

등급판정은 "건강이 매우 안 좋다", "큰 병에 걸렸다" 등과 같은 주관적인 개념이 아닌 "심신의 기능 상태에 따라 일상생활에서 도움(장기요양)이 얼마나 필요한가?"를 지표화한 장기요양인정점수를 기준으로 한다. 장기요양인정 점수를 기준으로 5개 등급으로 등급판정을 한다.

그림 9-7 등급판정 절차

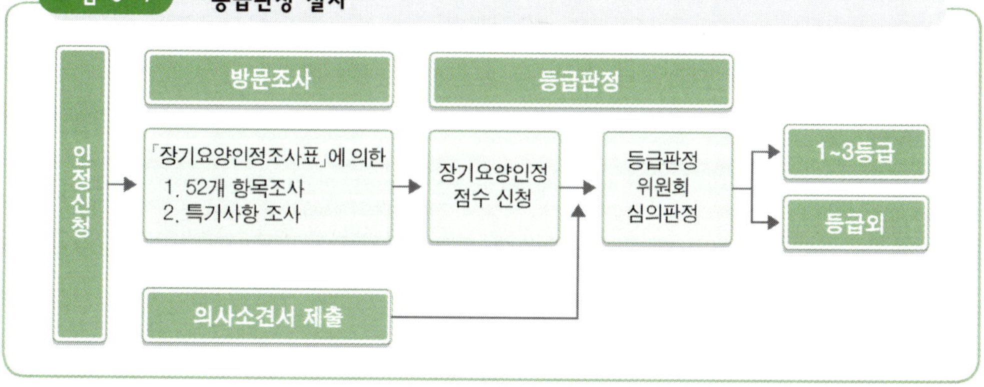

그림 9-8 장기요양인정점수 구간별 장기요양인정등급

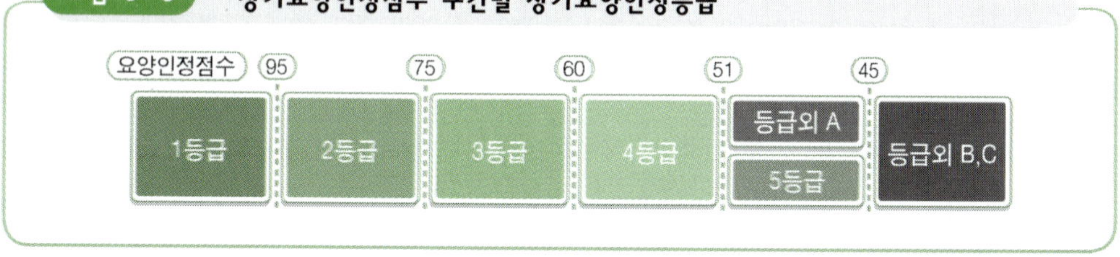

보험급여의 내용으로는 첫째, 재가급여로 방문`요양을 하는데 장기요양요원(요양보호사)이 수급자의 가정 등을 방문하여 신체활동 및 가사활동 등을 지원한다. 둘째, 방문목욕이 있는데, 장기요양요원(요양보호사)이 목욕설비를 갖춘 장비를 이용하여 수급자의 가정 등을 방문하여 목욕을 제공한다. 셋째, 방문간호가 있는데, 장기요양요원인 간호사 등이 의사·한의사 또는 치과의사의 방문간호지시서에 따라 수급자의 가정 등을 방문하여 간호, 진료의 보조, 요양에 관한 상담 또는 구강위생 등을 제공한다.

주·야간보호는 수급자를 하루 중 일정한 시간 동안 장기요양기관에 보호하여 신체활동 지원 및 심신기능의 유지·향상을 위한 교육·훈련 등을 제공하고, 단기보호는 수급자를 일정기간 동안 장기요양기관에 보호하여 신체활동 지원 및 심신기능의 유지·향상을 위한 교육·훈련 등을 제공하고 기타재가급여로 일상생활·신체활동 지원에 필요한 용구 제공 등이 있다.

시설급여는 요양에 필요한 시설과 설비 및 전문인력을 갖추고 있는 노인요양시설에 장기간 입소하여 신체활동지원 등을 제공하고 특별현금급여는 도서·벽지 지역 등 요양시설이 현저히 부족한 지역에 거주하는 자 등 불가피하게 가족 등으로부터 장기요양을 받은 경우에 지원되는 현금급여 등이 있다.

3. 노인주거보장정책

1) 노인주거복지시설의 종류

(1) 양로시설

노인을 입소시켜 급식과 그 밖에 일상생활에 필요한 편의를 제공함을 목적으로 하는 입소정원 10명 이상의 시설이다.

(2) 노인공동생활가정

노인들에게 가정과 같은 주거여건과 급식, 그 밖에 일상생활에 필요한 편의를 제공함을 목적으로 하는 입소정원 5명 이상, 9명 이하 시설이다.

(3) 노인복지주택

노인에게 주거시설을 분양 또는 임대하여 주거의 편의·생활지도 상담 및 안전관리 등 일상생활에 필요한 편의를 제공함을 목적으로 하는 30세대 이상 시설이다.

2) 입소대상

(1) 양로시설·노인공동생활가정

① 무료 입소대상자

일상생활에 지장이 없는 65세 이상의 자로서 아래에 해당하는 자(입소대상자의 배우자는 65세 미만의 경우에도 입소대상자와 함께 입소할 수 있음), 기초생활보장 수급권자 등이다.

② 실비 입소대상자

일상생활에 지장이 없는 65세 이상의 자로서 아래에 해당하는 자, 입소대상자의 당해연도 월 평균소득액이 도시근로자 1인당 월 평균소득액 이하인 자 등이다. 단 2015년도 3월에 2015년도 도시근로자가구 월평균 소득 발표 시까지 2014년도 3/4분기 소득기준을 잠정 적용한다.

③ 유료 입소대상자

입소자로부터 입소비용의 전부를 수납하여 운영하는 양로시설 또는 노인공동생활 가정의 경우에는 60세 이상의 자, 입소대상자의 배우자는 60세 미만인 경우에도 입소 대상자와 함께 입소 가능하다.

(2) 노인복지주택

유료 입소대상자는 단독취사 등 독립된 주거생활을 하는 데 지장이 없는 60세 이상의 자 등이다.

4. 노인주거보장정책의 방향

첫째, 주택의 구입이나 임대에는 많은 비용이 일시에 필요하고 개인과 가구의 경제적 능력이 결정적으로 작용하므로, 국가에서 주택의 분양이나 임대에 있어서의 경제적 부담을 줄이거나 장기적으로 부담을 확산하는 프로그램에는 반드시 저소득층, 특히 저소득층 노인이 제일 우선대상이 되어야 한다.

둘째, 정부는 민간부문으로 하여금 노인을 위한 다양한 형태와 구조의 주택을 공급할 수 있도록 금융지원과 행정지원을 하여야 한다.

셋째, 자선단체, 종교단체 등 비영리단체로 하여금 노인주택을 제공토록 하고 이을 위한 금융, 세제지원을 한다.

넷째, 노인은 가족과 함께 생활하는 것이 가장 바람직한 주거라 할 수 있겠다. 노인이 자녀와 함께 거주할 수 있다면 정신적・심리적 안정을 기할 수 있으며, 국가적으로 볼 때 노인에 대한 사회적 비용을 절감할 수 있을 뿐 아니라 주택난을 그만큼 완화할 수 있어 여러 가지 면에서 경제적이다.

다섯째, 경제적으로 여유가 있는 노인을 위해서는 노인촌의 건설을 고려해 볼 수 있다.

한국의 노인주거복지시설 및 시설입소에 대한 거부감의 팽배 또는 노인주거복지시설의 개발을 저해하는 요인으로 작용하고 있다. 부모부양에 대한 전통적 가치관으로 노인 당사자뿐만 아니라 부모부양에 도덕적 책임감을 느끼는 자녀들이 주변의 시선 때문에 노인의 시설입소를 꺼리고 있는 실정이다. 또한 사회보장 차원의 노인복지 프로그램 및 지역사회의 지원체계가 미흡하다.

| 표 9-7 | 주거 · 교통 분야 과제현황

세부전략	정책과제	세부 정책과제
고령친화적 주고 · 교통 환경 조성	고령친화적 주거환경 조성	조령자 주거안정법 제정, 고령자용 임대주택 공급, 농촌 건강장수마을 육성
고령친화적 대중교통 및 보행환경 조성	고령친화적 대중교통 · 보행 환경 개선	편리한 교통환경 · 안전한 보행환경 조성, 고령운전자 안전교육 추진

제4절 노인가족 복지의 전망과 대책

1. 고령화사회의 노인복지 전망

21세기 2011년 현재, 세계 각국의 공통적인 정책 중에 하나가 고령사회에 대한, 노인복지 발전방향이다. 한국도 예외가 아니며, 한국형 노인복지모형과 방법은 무엇인가에 대하여 이미 정치권에서는 2010년 6 · 3 선거를 기해 무상급식을 비롯한 보편적 복지와 선택적 복지 등으로 뜨거운 이슈로 떠올랐다. 이는 1945년 건국 이래 정치권에서 복지유형을 놓고 공방하는 소외계층의 권리의식 향상이라는 고무적인 일로, 학계와 사회복지관계인들도, 우리나라 실정에 맞는 복지정책에 대한 다양한 의견이 봇물을 이루고 있다. 노인복지 발전방향에 관해서 학자마다 우선순위가 다를 수 있지만 첫 번째 주제는 현재의 노인은 누구인가? 를 정립하고 사회적 · 개인적 잘못된 인식이 전해오는 사유는 무엇인가? 지난 60년간 잃어버린 진짜 노인의 상을 찾는 것이 대한민국이 노인복지국가로 발전하는 원년이 되는 길이라고 확신하기 때문이다. 현재 여・야 정치권에서 복지논쟁은 당장은 고통스러운 일도 많겠지만 상대적으로 복지선진국 행을 앞당기는 과정의 일뿐이다.

정부는 이미 정책적 접근방법의 모델인 사회보장법이란 틀 속에 사회보험, 공공부조, 사회서비스법 및 타 필요한 법 등을 구축해 꾸준히 발전해오고 있으며, 국가발전 동력, 각 분야 전문인력자원이 풍부한 나라이다. 새삼스럽게 노인복지방향을 필요로 하는 사유는 지금까지, 경험하지 않았던 인간수명 100세의 장수사회 도래에 인구 5명 중 1명이 고령자로 노인사회가 시작되고 있다는 점에서, 노인사회 주역인 노인이 변화하고 노인이 사회와 국가를 이끌어가는 책임을 명확히 정립할 때가 되었다는 것이다. 한국형 고령사회에서의 노인의 가치와 이념을 새롭게 구축하는 것이 국민적 과제이기 때문이다. 고령사회 노인복지방향은 국가마다 환경과 노인의 특성이 다르며, 정책입안자 및 지도층의 욕구와 국민의 욕구가 다르다는 전제하에 목표는 같을지라도 여러 가지로 고령사회 노인복지방향의 틀을 세 가지로 요약하면 다음과 같다.

첫째, 노인의 정의를 새롭게 구축하고, 둘째, 현존의 국가가 소유하고 있는 법률과 제도를 고령사회 노인복지법과 제도로 보완개정・신설하는 법률적・정책적 개혁의 방향이다. 셋째, 연구개발(R&D)이다. 연구개발 동력 없이 모든 분야에는 미래가 없다. 국립, 도립, 시립, 구립 노인복지정책 임상 등에 관한 연구소를 설치하여 국내・외에 필요한 노인복지 연구를 통한 국제화, 세계화, 노인복지 국으로 발전하여 노인이 살기 좋은 대한민국으로 발전되기를 바란다.

1) 정부와 지방자치단체의 노인복지 전망

(1) 100세 시대정책 틀을 마련 선언

우리 정부는 2012년 4월 국회의원 총선과 2012년 12월 대통령 선거 시 정부와 지방자치단체장 선거공약에서 국가복지 전체의 틀과 중산층 서민복지 그리고 노인복지관련 세부복지대안이 봇물을 이루고 있다. 국민의 복지를 최일선에서 참여하는 사회복지전문인들의 뜨거운 정열과 관심 그리고 비판적 수용이 요구된다.

모든 국가의 새로운 정책개진에 앞서 국가최고지도자의 의지가 개입되므로 정책에 탄력을 받을 수 있다. 2011년 1월 우리나라 대통령 신년 국민과의 대화에서 “100세 시대 도래로 100세 복지정책 틀 마련"을 선언하였다. 고령화로 인한 양극화의 근본 대책으로 삶의 질 선진화전략을 추진하겠다고 밝혔다. 역사적으로 국가복지개혁과 실천에서 최고 지도자의 의지와 관심이 먼저 수립, 구축되어야 한다는 점에서 대통령의 노인복지실천의 발언을 환영하며, 이에 따른 행정부와 입법부의 노력이 지속되기를 기대한다. 2011년 1월 7일 법제처에 따르면 현재의 법률에 적시되어 있는 55세 고령자를 55세 장년으로 개칭하였다. 한편 남편이 아내에게 증여를 약속한 뒤 이를 취소해도 면책되는 「민법」의 조항도 삭제되었다. 인구의 고령화, 남편의 지위약화 등 사회적 변화상을 반영하기 위한 것이다. 또한 고용노동부는 「고령차별금지 및 고령자고용촉진법」을 「고용상 연령차별금지 및 고령자 고용촉진에 관한 법률」로 명칭을 통째로 바꾸는 개정안이 이루어졌다. 이 법은 55세 이상을 고령자로 50~54세를 준고령자로 규정해놓고 있다. 하지만 55세를 고령자로 한 규정이 현실적으로 맞지 않다는 생각을 갖고 있다는 것으로 조사된 결과에 따라 50세 이상을 무조건 장년으로 표기하기로 했다고 법 개정취지를 설명했다.

(2) 정부가 개정하는 법안

2011년 정부의 노력으로, 「남북 주민 사이의 가족관계와 상속 등에 관한 특례법」에 입각하여 통일 후 이산가족의 재산분쟁을 막기 위해 월남 후 남한에서 재혼한 아들의 재산상속 때 남한자녀에게 우선권을 준다. 「형법」에서 인신매매의 대상을 부녀에서 사람으로 확대하여 남녀구분을 무의미화하고 「민법」에서 부부라도 부인에게 약속한 증여를 취소할 수 없다는 것으로 법무부, 농림수산부, 행정부 등 보건복지부관련 전 부서가 법률개정에 나서고 이를 환영한다. 이제 전 국민이 그리고 노인복지관련 전문 연구인과 대학 등에서 힘을 합쳐 100세 시대에 따른 법과 규칙 개정사업에 정부를 도와 공조·협조해야 한다.

(3) 「사회보장기본법」의 변화모델 구축

첫째, 전통적 노인의 인식에서 신노인상 개념의 변화이다. 지금까지 수혜대상에서 시혜주최자로 전환해야 하며, 보호대상에서 사회적 보호역할자로 책임지는 국가사회 신노인상을 정립해야 하며, 이는 노인 스스로 인식 교육되고 정부와 사회는 협력교육 홍보되어야 한다. 둘째, 25세부터 65세까지 40년 동안 일하다가 65세에 퇴직해서 85세까지 20년간 노후생활을 보내던 시대에서 인생 100세로 평균수명 연장에 따른 40년간 기나긴 노후생활

설계를 40대부터 준비·교육되어야 하며, 국가와 사회는 은퇴 후 40년간 노후를 위해 법과 제도, 즉 사회복지정책과 「사회보장기본법」을 개혁해야 한다. 예로서, 각종 보험과 연금법을 개정하고 일자리 창출을 현실성 있게 구축하기 위한 정보화교육과 기술교육, 신노인상 이미지교체 모델개발을 위해 R&D에 많은 재정과 시간을 투자해야 한다.

2) 지방화시대 고령사회정책 동향

우리나라는 1970년 「사회복지사업법」 제정, 1981년 「노인복지법」 제정 실시 등 반세기를 거치면서 2005년부터 중앙정부의 전달체계를 지방화하기 시작하였다. 중앙정부가 초고령사회 대안에 머뭇거리는 동안 지방단체가 아파서 활발히 고령사회 대안을 준비하고 실천해가는 지방정부의 열정을 발견할 수 있다. 문제는 중앙정부와 지방정책 간의 정책괴리현상은 국가고령사회정책을 저해하는 요인으로 작용하여 경제적 손실과 정부의 신뢰도 추락 국민적 사회통합 등 시행착오를 조장한다는 우려가 있다는 것이다.

정부는 표준형 서비스모델을 개발·제공하고, 지역격차를 위한 차별성 예방과 효율적 운영을 위한 법률과 정책을 먼저 구축해서 규제와 규칙을 제공해야 한다. 목표와 목적에 따른 개념 이론 정의 없이(하드 없이) 소프트만 나열하는 일시적 시책은 정권이 바뀌고, 시대흐름에 따라 변질될 우려가 있다는 경험을 누차 번복해서는 안 된다. 최근 정부가 대통령 신년사에 향후 100세 인생시대에 맞는 정책개진의 필요성을 강조한 바 있다.

그러나 정부 최고 지도자에 앞서 지방자치단체에서는 이미 구체적 100세 인생시대 100만 노인을 위한 프로젝트(2011~2015년)를 연구 개발하여 추진전략을 발표해가고 있다. 2010년 10월 4일 경기도 사회복지신문에 발표된 경기도 100세 프로젝트 발표내용을 소개하고자 하는 것은 선 연구된 내용의 전부 또는 일부를 소외시키지 말고 중앙정부가 긍정적으로 수용하고, 평가·보완·합심하여, 범국가적 고령사회대응책을 만들어가는 공조의 협력체제가 있어야겠다는 것이다.

3) 정부의 101가지 '서민 희망 찾기' 사업

(1) 정부의 서민희망본부 사업

보건복지부는 '서민희망본부'를 중심으로, 지난 2010년 10월부터 2011년 2월까지 4개월에 걸쳐 현장종사자의 의견수렴과 129 보건복지 콜센터에 접수된 내용을 통해 노인분야 17개, 아동분야 27개, 장애인 12개, 저소득층 13개, 의료 27개, 사회보험 11개 등 6대 분야 총 107개의 과제를 제시하였다. 노인복지와 관련된 17개의 과제는 다음과 같다.

① 시니어 인턴십 도입, ② 고령자 친화형 전문기업 육성, ③ 행복한 노후설계 센터 전국 설치, ④ 기초연금 근로소득 공제확대, ⑤ 집행유예자도 기초노령연금지급, ⑥ 65세 이전 자도 장기요양등급 판정신청가능, ⑦ 고학력은퇴자 사회공익분야 참여 활성화, ⑧ 방문요양 간호목욕서비스 동시 제공, ⑨ 요양시설 평가강화, 질 향상유도, ⑩ 치매어르신장기요양보장제 확대, ⑪ 치매조기검진 대상자 확대, ⑫ 치매치료기간 지원기간 확대, ⑬ 자살고위험 노인 정신건강증진서비스 제공, ⑭ 노인학대피해자 전용쉼터 설치, ⑮ 기업 콜센터 연계 독거노인 안전 확인, ⑯ 화장시설 확충, ⑰ 장사 종합정보시스템 운영 등이다.

(2) 보건복지부 종합계획에서 '건강수명, 75세로 상향'

보건복지부는 오는 2020년까지 국민의 건강수명을 75세로 끌어올리는 것을 골자로 한 제3차 국민건강종합계획을(2011년~2020년)을 2011년 6월 2일 발표하였다. 건강수명은 평균수명에서 질병이나 부상 등으로 활동하지 못한 기간을 뺀 것으로 2007~2011년 현재 우리나라 국민의 건강수명은 71세이다. 복지부는 건강수명연장을 위해 종합계획전반기인 2015년까지 모두 3조 7,000억 원을 투입하였다. 하지만 2020년 제1차 종합계획 수립 당시에도 2010년까지 건강수명 목표를 75세로 잡은 바 있어 단지 "목표"에 불과한 것이 아니냐는 지적도 있다. 종합계획에 따르면 건강수명 연장을 위한 16개 지표 가운데 성인 남녀 흡연율은 지난 2009년 46%에서 2020년 29.0%로 낮추기로 하였고, 평균 음주량이 7잔 이상(여성은 5잔)이며 남성의 경우 2009년 24.6%에서 18.0%로 여성은 7.3%에서 5.0%로 줄이기로 했다.

이밖에 첫째, 암 검진 수검율 2009년 53.3%에서 23.0%, 둘째, 일반 건강검진 2010년 68.2%에서 80.0%, 셋째, 자살사망률 31.0명(2009년 10만 명당)에서 18.0명, 넷째, 영아사망률 3.3명(2009년 1,000명당)에서 2.8명, 다섯째, 교통사고 사망률 16.1명(인구 10만 명당 2006년)에서 7.0명 등이 목표로 제시되었다.

저자는 보건복지부의 건강수명연장 종합계획을 적극 찬성하는 바이다. 건강은 치료보다 예방이 중요하며, 특히 후기고령인구 증가에 따른 고령남성·여성에 대한 건강예방사업에 보건복지부가 적극 대안을 마련해 가기를 기대하며, 제언하건대 여가 및 건강헬스클럽, 시설참여자 노인들에게, 지속적으로 참여할 수 있는, 여건조성사업비(간식제공 및 교통수단제공)를 포함하여 선진국형(간식제공과 최소한의 일당지급) 건강수명연장, 간접비를 포함해 주기를 기대한다.

4) 노인복지 전문인력 내수에서 국제화 개발전망

지금까지 사회복지사가 기존에 사회복지전문인들의 시야를 넓혀가는 시대적 맞춤형 노인복지 취업을 개발해가야 하겠다. 2011년까지는 41만여 명의 사회복지사가 배출되어 있으며, 2030년까지 100만 명이 배출될 전망이다.

현재 국내·외 석사, 박사 등 전문인력 중에 노인복지를 전공하는 전문인력이 증가하고 있다는 점에서, 향후 고령사회에 필요한 정책과 실천이론에서 한국적인 노인맞춤형 복지 지식과 기술이 국제적으로 인정받을 수 있는 수준으로 향상될 것을 확신하는 바이다. 즉, 노인복지 전문인력의 내수화에서 외수화, 국제화 전략으로 방향을 전환하여야 하며, 이를 위해 대학과 정부는 정책적·학술적 방향전환에 나서서 국력신장의 길을 펴가야 한다.

5) 한국사회복지사협회의 노력

2011년 현재 한국의 사회복지사는 41만여 명이다. 한국사회복지사협회는 사회복지사의 신분보장과 처우개선을 위해 노력하고 있으며, 2011년 3월 11일 「대한노인회 지원에 관한 법률」과 함께 '사회적 지위 처우개선 및 지위향상에 관한 법률안'이 통과되었다. 이에 따라 국가 및 지방자치단체는 사회복지사의 처우를 개선하고 복지를 증진함과 지위향상을 위해 적극적으로 노력하도록 했다. 3년마다 사회복지사 보수 등을 조정하고 공무원수준으로 향상하는 등의 근거를 마련하였다.

한편 사회복지사 공제회를 설립하도록 함으로써 사회복지사의 생활안정에 도움이 되게 되었다. 공제사업의 재원은 회원이 납부한 공제료, 각종 출연금, 공제사업의 운영으로 발생하는 수익금 등이다. 한편 사회복지사 전문직확대로는 기존에 연구되는 군사회사업가, 한국사회사업가 외에 고령사회진입으로 노인 정보화교육을 전담하는 개발보급이 필요한 정보지도사, 정보교육자양성을 위한 교육이 실시되고 있다. 앞으로 유명한 인권변호사처럼 인권사회복지사가 배출되고, 다문화가족(국제 사회복지사)을 위한 전문사회복지사가 양성 · 배출되어야 하며, 2011년 3월부터 시행되는 초등학생 1~4학년 무상급식과 학교폭력과 사교육비, 준비물 없는 이른바 3무 학교복지시행에 따른 아동과 가정을 위한 아동생활복지직 전문사회복지사가 개척되어야 하겠다.

최근에는 고임금의 펀드레이저(기금모금자)의 활약이 두드러진다. 펀드레이저란 특정한 목적에 맞는 자금규모를 분석해 개인단체에 기부독려하고, 기부가 성사되도록 기획하는 직업이다. 우리에게는 생소하지만 미국 등에서는 유능한 펀드레이저 양성과 배출에 노력하고 있고 존재하고 있다. 이들의 활동 무대는 확대되고 있고 유망직종으로 자리매김하고 있다. 중소기업을 위해 일하는 경영학과, 경제학과 출신의 펀드매니저 1,700여 명 중에 이어 최근에는 스마트폰, 다문화가정, 공공복지서비스, 나눔문화 등 사회변화에 따른 펀드레이저에 이어 펀드매니저 등이 나타나고 있다. 고령사회 지역자원개발을 위한 복지펀드매니저가 사회복지학과에서도 양성되는 시대가 도래될 것이다.

한편 우리나라는 남북분단국으로 한국경제를 불안하게 하고 국민의 평화를 저해하는 북한과의 안보와 함께 북한주민의 인권에 관해서 연구하는 북학전문사회복지사가 필요하다. 고령사회를 맞이하여 일본의 케어매니저와는 차별성 있는 한국형 노인복지지도 전문사회복지사 배출로 탈북과 귀순이 늘어나는 시대에 통일부에 북한 전문 사회복지사가 배치되어 미래통일을 위한 준비를 해야 한다.

6) 정부와 대학의 변화 노력

(1) 정부의 개헌을 통한 고령화 시대 대비

개헌에 앞서 새로운 고령사회 대응을 위한 사회복지사의 필요성 대안에 관해 지금까지 노인과 직접 관계된 보건복지부, 행정자치부 산하에만 사회복지사가 존재하던 시대는 20세기 과거 인사일이며, 모든 정부부처에 전문 사회복지사가 배치되어 복지국가 복지사회

건설에 발전을 기할 수 있도록 정부 인사제도 개혁이 함께 개혁되어야 한다고 제언한다. 이는 정부는 취업 장소에 집중할 것이 아니라 국외로 취업장 확대, 취업장이 만드는 일에 정치적 · 경제적 경쟁력을 키워야 한다.

(2) 새마을운동사업 지도 사회복지사 제언

정부가 최근(2011년 4월) 고령화의 늪에 빠진 농촌을 구하기 위해 21세기형 새마을운동인 "스마일 농어촌 운동"을 추진하기로 하였다. 농촌지역의 개성을 살린 이벤트와 상품을 발굴해 수익을 높이고, 도시지역의 인재들은 농촌과 연결하고 도농 동반성장을 유도하는 것이 골자다. 정부의 관련부서에서는 도시의 아파트 단지, 마을, 회사, 학교 등만 2만 곳 이상 농촌마을과 1대1 연대를 맺어 2013년까지 농어촌의 변화를 이끌 10만 명의 지도자를 육성하고 도시지역에서 농산업, 경영경관계획, 공학, 금융, 디자인, 건축 등 다양한 분야의 재능 기부자 100만 명을 확보하여 필요한 농어촌에 연결할 방침이다.

2000년 농촌지역의 65세 이상 노인인구는 21.7%로 5명 중 1명꼴 이었지만, 2009년도에는 34.2%로 3명 중 1명이 넘어섰다. 농림수산식품부장관은 조만간 중앙정부 내에 '국민운동본부추진위원회'를 만들고 사무국과 재능뱅크를 운영하여, 구체적 사업전략을 짤 것이라고 하며, 우수지역에는 "대한민국 농어촌 대상"을 제정하여 시상할 예정이라고 하였다. 결론을 정리하면 색깔 있는 마을 1만 개와 농촌리더 10만 명 육성과 도시재능인력 100만 명의 도시재능기부자를 확보하겠다는 계획이다(동아일보 2011년 4월 29일).

새마을운동은 스스로 우리 마을을 가꾸어나간다는 자조 · 자립정신을 불러일으키고 낙후된 농촌지역사회를 새마을사업으로 발전시켜 한국 60년 역사 중 농촌지역사회개발을 성취시킨 대표업적으로 세계 84개국 5만 명이 20년간 한국에 연수생으로 입국 현재 12개국에서 농촌마을로 한국에 새마을사업을 전수하는 등 국가브랜드인 새마을사업은 세계적 가치적 사업으로 알려져 있으며, 2011년 4월 22일 국회에서 국가기념일로 정한 첫 새마을 날이었다. 2011년 2월 국회표결에서 298명 중 재적 209명, 찬성 191명으로 여 · 야 의원 다수가 찬성, 기권이 13명이었다. 한국현대사 중 여 · 야가 찬성한 이례적인 기념일이다.

새마을사업의 시작은 1970년 4월 22일 한해대책지방장관회의 중 새로운 운동을 처음 시작한다고 선언한 것을 전원이 제청하면서 시작되었고, 경북 청도 신도리의 단아한 풍경을 보고 새마을운동을 착안했다고 하며, 현재 신도리 마을은 새마을 발상지로 개장 후 연간 10만 명이 방문하고 있다. 새마을운동은 1988년 민주화운동 시 군사정권의 도구화로 공격받았으며, 전두환 전 대통령 동생이 중앙회장으로 재임 시 부정으로 22억 원의 횡령 사건으로 치명적 오점을 남기기도 했으나 2000년도에 비영리민간단체(NGO)로 등록법에 의해 국고지원을 받아 관변단체로 이미지를 바꾸어나가고 있다. 이제 새마을운동은 다문화가정지원, 농촌 청년지도자 육성, 새마을운동 세계화를 위한 시대전환에 적극 호응하고 있다.

1970년도 당시 박정희 전 대통령은 시멘트를 전국 마을 3만 5000개소에 335포의 시멘트를 무료공급하고 전 총리(고건)는 당시 내무부 새마을담당관으로 총지휘, 야전침대에서 밤낮 열심히 도왔다고 한다. 최근 동남아, 아프리카에도 새마을사업을 전수코자 많은 연수생이 입국하고 있다. 한국의 전통적 지역복지사업으로 검증된 실적을 갖고 있는 새마을사업을 세계적 국가 지역복지사업으로 새롭게 위상정립하고, 국제적 새마을복지사업으로 확장하여 국제취업 인프라 확장과 경제성장 동력으로 하며 국위선양에의 길 등, 여러 가지 장점을 정리하고 있다.

전문인력으로 2011년 현재 41만 명의 사회복지사 배출인력 중 선발하여 새마을국제인력을 양성교육을 실시하는 한편, 기존 대학에도 새마을 전문 사회복지사를 구축하여, 필요로 하는 저개발국가에 한국의 새마을사업을 보급하는 정책을 개진해야 한다. 이제 세계평화 국가지향을 위해 의료건설교육과 식량지원시대에서 한국의 새마을복지지원의 시대를 창출해가야 한다. 국제평화군 파병을 위해 국회에서 여야찬반론을 벌이는 모습을 종종 볼 수 있었다. 반대 사유는 한국인의 안전문제 등이다. 그러나 앞으로는 국회에서 국제 새마을 사회복지사를 파견하는 숫자 500명, 1천 명 규모와 재원, 그리고 안전에 여・야가 합의하는 모습을 국민이 볼 수 있는 새로운 국회시대를 보고 있으며, 이러한 변화는 한국사회복지사협회와 한국사회복지협의회 그리고 대학 사회복지학회 등의 노력가 정부의 적극적인 협조가 있어야만 될 것으로 적극 제언・기대한다.

(3) 대학의 역할 변화

대학은 국내 인재양성에서 국제 인재양성으로 변해야 한다. 사회와 기업 그리고 정부가 필요로 하는 맞춤형 고비용 인재양성을 지도하며, 대학은 국가가 필요로 한 내수 인력중심에서 세계가 필요로 하는 정의로운 미래국제사회를 이끌어가는 창의적 인재양성으로 거듭나야 한다. 대학은 객관적 문제 몇 개 더 맞은 학생만을 모집하던 시대에서 근접한 아세아 전 국가들에서 다양한 인재를 입국하게 하여 양성·배출하는 대학의 국제화에 더욱 노력하여 고령사회 변화에 다른 국내 경제적 과제를 해결하고 다양한 세계 인재양성을 한국에서 배출하는 시대를 열어가야 한다. 그러기 위해서 과거의 권위적이고 보수적인 교수, 제한된 사고와 지식에서 안주하는 교수들도 함께 변화되어야 한다.

7) 세계 속의 복지상위국가의 길

세계 속의 상위복지국가 순위로는 평상 1위국으로 스웨덴, 핀란드, 노르웨이 등 유럽국이며, 2위로는 영국, 캐나다, 뉴질랜드, 오스트리아, 3위로는 독일, 프랑스, 이탈리아, 일본 등 순위로 예측하고 있다. 상위국 특징으로는 많이 내고 질 좋은 서비스를 많이 받는다는 것이다.

세계 최고 복지수준을 자랑하는 국가들이라 해도 정부가 선전하는 만큼 국민이 만족하지도 않다. 정보통신의 발달과 교육수준의 향상으로 '빵' 해결만으로는 국민의 행복지수라 할 수 없는 시대로 변하고 있다. 그런데 '빵' 해결이 안 되고 인권유린국가가 많이 존재하기 때문이다. 굳이 순위를 그려보면 그 기준에는 첫째는 노인의 존엄성과 노인의 인권의 확보이다. 문제는 정치지도자의 장기집권에서 문제가 발생하며 순식간에 정권이 교체된다. 국민욕구가 반영된 복지제도와 프로그램이어야 하며, 그 제도에서 노인이 얼마나 참여하고, 젊은 생산성 인구가 동의·호응하고 있는가 등 사회적 통합 기여가 참고해야 한다. 현재 유럽에서 스웨덴은 '인류에서 가장 성공한 복지국가'로 주목받고 있다. 우리나라 여·야권과 시민단체들도 스웨덴 모델을 많이 연구하는데, 결론부터 말하면 재벌과 좌파가 공존하는 것은 스웨덴복지모델뿐이기 때문이다.

스웨덴은 1938년에 노·사·정이 함께 '살트요바덴(Saltsjobaden) 협약'을 체결하였다. 이 협약은 기업경영권을 유지하는 대신 일자리 제공, 투자 80%의 배당소득세, 사회공헌 등을 요구하는 내용이나 경영대물림은 인정 발렌베리 가(家)의 독특한 소유구조를 낳았다. 사민당과 노조는 경제권력을 공유하면서 기업지배구조를 감시하는 역할을 하고 있다. 독점 자본과 복지국가가 공존하는 스웨덴 모델이라고 할 수 있다. 즉, 대기업중심의 개방경제를 기반으로 한 나라이다.

첫째, 최근 복지선진국 중 한국정부에서도 스웨덴 국가의 복지모델에 주목하고 있는 사람이 늘어나고 있다. 스웨덴복지는 전형적인 고(高)부담 고(高)복지 모델에 속한다. 소득에 관계없이 누구나 복지혜택을 받는다. 모든 이의 복지를 위해 국민들은 수입의 절반가량을 세금으로 납부하고 고용주는 근로자에게 지급하는 임금의 30%를 사회보장 명목으로 별도로 국가에 납부한다. 세금을 많이 내는 대신 기업은 경영권을 보호 받는다. 문제는 생산인구 1명의 세금으로 2명을 먹여 살리는 제도이다. 이 현상에 의존하는 사람이 너무 많아졌다는 사실을 국민도 정치가들도 알고 있으나, 이젠 개혁에 엄두도 못 내고 있는데, 한 번 확립된 복지제도를 줄이는 것은 대단히 어렵기 때문이다. 스웨덴은 1970년 이후 경제위기를 겪으면서 복지위기를 경험했고, 1992년 우파연립 정부가 들어서면서 복지개혁은 좌·우파 및 각종 사회구성원의 폭넓은 합의로 현재의 스웨덴 복지정책이 운영되고 있다. 스웨덴은 총인구 900만 명(한국인구 5,000만 명)의 소국이고, 출산율도 1.91명(한국출산율 1.21명)이다. 우리나라는 계층 간 양극화 등 환경조건 개선과 함께 점진적으로 스웨덴 복지정책에 주목할 필요가 있다.

둘째, 덴마크, 스웨덴, 네덜란드, 근로자의 평균 소득세율은 각각 59%, 55%, 53% 수준인 반면에, 한국의 국민소득 세율은 8~35% 미만 수준이다. 분명한 것은 우리나라도 선진유럽 국가와 같이 복지국가를 이룩해내야 한다. 그 대안은 무엇부터인가, 국민의 복지욕구를 상위로 향상시키기 위해서 또는 정치권의 복지구호를 충족시키려면 어떠해야 하는가? 지금보다 세금을 두 배, 세 배 더 걷어야 하는데, 우리나라 재정자립도와 정도에서 실제로 가능한가? 또 한 가지 우리나라의 경우 남북으로 갈라져 대치상황에 있는 특수한 국가적 사정이 있는 국가로 북한의 붕괴에 따른 전쟁도발에 따른 막대한 비용이 필요한 나라이다. 현재 북주민의 생활수입으로 통일되면 2,400만 명 인구가 전부 우리나라 국민기초생활대상자급이다.

이런 재원이 준비되어 있는가? 그리스의 경우(136.8%) 아일랜드(112.7%)의 국가부채를 안고 있다. 이웃나라에서 자금을 빌려다가 연금을 지급하다 결국 국가부도 사태에 봉착하였으며, 더 이상 복지 포퓰리즘의 정치적 확산은 집권전략에 남용되어서는 안 된다.

셋째, 미국의 복지제도는 개인의 책임 우선책으로 시장중심형이다. 개인이 스스로 문제를 해결하고 국가의 복지는 보완역을 담당하는 개념이다. 그래서 모든 국민이 노후대책으로 노후보장연금을 열심히 개인적으로 납부하고 있다. 결국 국가세금은 적게 내고 정부의 복지서비스는 약하다. 건강보장률도 24.0%(한국은 64.5%)로 OECD(경제협력개발기구) 30개국 중 꼴찌다. 미국의 시사점 도입은 역시 대기업, 중소기업 계층 간 소득격차가 큰 우리나라 사정에 맞지 않는다. 기타 프랑스와 독일은 북유럽과 영미식에서 중간을 택하고 있다.

넷째, 프랑스는 미테랑 집권 시기(1981~1995), 복지가 크게 발전·강화되었다. 당시 상위층과 노동자의 격차가 심해 양극화하는 자녀교육에서 상위층은 4명 중 3명이 대학진학하는데, 노동자 자녀는 100명 중 4명꼴로 대학에 진학하는 등 억눌린 생활격차, 양극화 현상을 해결하였다. 그러나 프랑스는 지금 과도한 복지 부담으로 적자비율(7.7%)로 급증하고 있다. 독일은 2003년 사회당 시절부터 꾸준한 복지 부담을 줄여가고 있다.

2. 고령화사회의 노인복지 대책

1) 소득보장의 강화

국민연금의 경우 현재의 소득대체율 60%가 가입기간 40년을 기준으로 한 것이므로 높지 않은 형편에서 향후 계속해서 40%까지 낮추겠다는 정부의 방침은 국민연금의 노후소득보장 기능을 유명무실하게 만들 우려가 있다.

기초연금도 정부의 공약을 이행하여야 한다. 즉 65세 이상 전체 노인에게 사회수당 성격으로 소득, 재산구분 없이 20만 원을 지급하고, 노인들은 소득보장 기능이 취약한 상태에 직면하게 되므로 점진적으로 상향 조정이 필요하다.

2) 의료보장의 강화

저수가 진료(감기 등)에 대한 본인부담금은 인상하는 대신, 피보험자의 경제적 부담이 높은 고수가 진료에 대한 건강보험 급여 확대가 바람직하다. 현재의 건강보험 급여체계에서는 값싼 의료처치는 보험급여의 대상에 포함되고, 만성질환, 희귀성 질병, 중증 환자 등에 대해서는 보험급여에서 제외되고 있어 위험의 진정한 사회적 분산이 이루어지지 않고 있다.

의료급여의 시행에서 정부가 의료기관에게 요양급여 비용을 적시에 지불해 주지 않기 때문에 의료기관에서 의료급여 환자를 외면하는 경우가 많다. 의료급여의 재정 안정화와 정부의 신속한 의료수가 지불 방침이 수립되어야 한다.

3) 고용정책의 강화와 확대

현행 고령자고용촉진제도는 장애인의무고용제도와 마찬가지로 기업들의 비협조와 인식부족으로 기대한 성과를 거두지 못하고 있다. 정부의 보다 적극적인 정책의지가 아쉽다.

노동부의 고령자 고용 적합 직종 선정 제도 역시 직종을 선정하여 발표만 할 뿐, 일자리와 노인인력을 연계시키는 전략은 제대로 시행되지 않고 있다. 적합 직종의 선정보다 적합 직종에 노인인력을 실제로 고용하여 배치하는 실행이 중요하다.

4) 노인복지시설의 다양화

노인들은 범주적으로 노인집단일 뿐만 아니라 독특하고 개별적인 문제 상황과 욕구구조를 갖고 있는 개별적인 클라이언트들이기도 하다. 따라서 노인복지의 개별화의 원칙에 따라 노인복지 시설도 다기능화할 필요가 있다.

장기노인요양보험의 실시로 치매, 중풍 노인 등의 보호와 치료를 위한 전문요양시설이 확충되고 있으나, 보험급여 대상 노인이 최중증, 중증 노인으로 한정되어 있어 수발 서비스의 적용 대상을 확대해나가야 하며, 급여 항목에 주택개조급여를 점진적으로 도입하여야 할 필요가 있다.

5) 노인복지 전문인력의 강화

현행 사회복지사도 노인복지에 관한 전문지식을 보유한 전문가이지만, 사회복지사는 아무래도 장애인, 가족, 여성, 저소득층, 청소년 등 다양한 인구계층과 클라이언트 집단을 대상으로 사회복지서비스를 제공하는 종합복지사의 성격이 강하다. 그리고 장기노인요양보험 사업에 종사할 요양보호사를 양성하고 있으나 이들의 전문성이 의문시될 수 있으므로, 노인복지 전담 사회복지사의 교육과 자격제도를 강화하는 방안도 검토할 필요가 있다.

6) 노인교육 프로그램의 전문화

노인의 여흥과 오락을 위한 교육도 중요하지만, 좀 더 예방적이고 생산적인 전문 프로그램이 요구된다. 가령 죽음의 준비를 위한 다양한 프로그램을 개발하는 등 노인교육을 강화할 필요가 있다.

즉 국가의 노인복지정책 확충과 아울러 지방자치단체의 적극적인 의지로서 정책결정과 집행의 행동주체로서 고령사회의 노인문제를 정확하게 판단하고 노인복지정책을 강화하는 노력을 경주해야 한다.

그리고 의료기관, 보건기관, 사회복지시설기관 등 노인복지와 관련되는 각 지방자치단체의 각종 조직, 기관, 단체의 적극적인 사업개발이 필요하며, 각 지방자치단체의 다양한 특성을 내세울 수 있는 고령친화산업의 각종 사업을 개발하고 추진하는 민간사업자의 적극적인 역할이 요청된다.

7) 새로운 노인상 구축

(1) 새로운 노인상 구축의 필요성

결론부터 제언하면 지금까지 노인의 이미지를 노화이론의 "현대화이론"에 초점을 두고 30~40년 몸과 마음을 다 바쳐 일한 직장에서 55~60세에 퇴직규정에 의해, 은퇴시키는 국가 및 사회가 대한민국이다. 왕권적인 기업의 50년 전통을 고수하는 일이며, 청년 일자리 핑계는 변명일 뿐이다.

노인 이미지와 존재가 폄하된 채, 사회변화에도 정부와 기업이 변화되지 않고 있다. 이러한 연령차별의 근원은 과거 100~200년 전 노예시대의 영주와 군주가 인간의 인격과 존엄성과는 관계없이, 인간을 노동력집단으로만 취급하던 발상이며, 노인을 하위계층으로 낙인을 찍는 행위일 뿐이다. 이런 사회적 불평등을 멈추기 위해 인간은 활동적 존재라는 이론(다양한 사회변화에 적극적 활동자이며 긍정적 자아개념을 유지하고 성공적인 생을 살아간다)과 지속적인 습관의 존재이론(노년기 이전과 동일하게 자신의 고유한 생활습관을 유지함) 등을 제언하여, 국가권력자와 기업경영자들의 비민주적이며, 이기적 · 영리적 습관에 대응한 사회학자들의 이론적 설득과 투쟁이 있는 지 100년이 지난 지금도 정신적 · 육체적 건강한 장년들을 연령 잣대로 일터에서 몰아내는 일은 정부와 기업의 오랜 유착으로 빚어지며, 그 피해는 국민 모두 가진다. 이제 사회가 바뀌고 시대가 바뀐 고령사회에서 100년 노동착취적인 고용자의 사고는 개혁되어야 하며 정부와 기업이 고령사회 인식을 새롭게 펼쳐갈 수 있도록 국민과 함께 노인들의 힘과 능력을 발휘해 주어야 한다. 이것이 고령사회노인의 역할이며, 국가의 경쟁력을 위한 일이며, 장래 후손들의 미래를 위한 노인의 역할이다.

(2) 고령사회 노인의 이미지 정의하는 새로운 노인상은 무엇인가

결론부터 말하면, '새 출발 노인, 브랜드 확보'이다. 고령사회를 맞이하여 노인이 사회를 책임지는 일의 상징이며, 노인상 정립에 이념을 확고히 개혁하고, 모든 노인이 이를 숙지하고 이행해야 한다. 노인이 사회적 활동을 책임지는 노인이라면, 노인만을 위한 일에서 청년과 중년, 장년을 포괄적으로 수용한 사회적 활동에 힘을 보여줄 수 있어야 한다. 분명한 것은 이제 현대노인들은 정부와 기업에 두려워할 노인이 아니다. 새 출발 노인의 상징은 과거 권위 직위경력 이력을 말끔히 벗어버리고, 새롭게 구축되는 고령사회의 주역으로 국가미래를 책임지는 자세로 정부와 정치인이 어려운 일 피하는 일에 노인의 힘으로 이 나라 이 국민을 위해 활동하는 것이다. 60년간 노인들이 이 나라를 수호하고 경제발전에 주역으로 헌신했다면 이제 국민의 생활안정을 위해 행정편의 주의적·체계유지적 발상을 제거해 주는데, 노인이 봉사해 주어야 새로운 노인상이 만들어질 것이다.

우리나라에서 60년간 햇빛을 못 본 노인의 활동적 역할은 이제 신시대의 고령화사회에서 한국의 베이비붐 세대가 중심이 되어 세계로 퍼져가기를 기대한다. 활동적 노인이론과 함께 20세기에 즐겨 사용하던 재출발노인재활이론도 폐기하고, "새 출발 이론"으로 개진하여야 한다. 20세기 장수생명 80세에서는 60세 은퇴 후 20년간 노후에 필요한 만큼의 생애에서는 타이어에 바람만 주입해서도 가능했겠지만, 이제 21세기 10년이 지난 2011년 100세 장수의 고령화사회에서는 40~50년 긴 인생여정을 타이어에 바람만 주입해서는 안 되며, 새 자동차로 새 출발해야 한다. 새 출발의 길은 두 가지로 대별할 수 있다. 협의적(미시적) 봉사로 마을 가꾸기와 청소년 선도 독거노인케어봉사도 중요하다. 이제 거시적·광의적 국가경제발전과 서민경제안정을 위한 생산적 국익사업 활동에 노인이 나설 때가 되었다.

노인의 이미지 중 허위 포장된 괴담에 불과한 내용이 너무 많다. 의존적 노인, 수혜적 노인 등이 일반적 노인상으로 비춰지는 것은 60년 전 생각이다. 다만, 국가발전과 가족보호를 위해 몸 바쳐 일했을 뿐이며, 국가 사회 환경이 노후사회보장제도가 미비하여 노후 경제적 준비의 입장권을 상실한 것은 개인노인의 잘못이기 전에 국가가 보상해 줄 책임이 있을 뿐이다.

(3) 기존의 법과 제도개혁의 보완시급

우리나라 고령사회 노인복지방향으로는 기존의 모든 법과 제도를 모두 보완개혁, 신설해야 한다. 사람도 사회와 국가세계가 바뀌었는데. 법과 제도는 30년, 60년 전의 것들이다. 지금까지 사용하고 있는 법과 제도는 국가경쟁력 13위, 국민소득 2만 달러 시대에서의 법과 제도였다면 향후 국민소득 4만 달러 복지국가 상위국으로 변신하기 위해서 미래발전의 발목을 잡은 행정편의적인 방법이다. 즉, 고령사회환경 구조와 인간욕구에 맞는 법과 제도로 새롭게 구축되어야 한다.

세상은 변하고 사회가 변화되어 인간생활이 모두 변화되었는데, 법과 제도 및 행정규제는 정부가 새로 시작될 때마다 개혁시도는 되어가고 있으나, 좀 더 과감히 모든 법과 제도가 새롭게 보완되고, 필요한 법은 제정되어야 하며, 국회지방자치단체회의 인력도 시・구의회의원 모두 혈세로 운영되고 있는 거품은 제거해야 한다. 공직자연봉과 공무원연금도 국민화합차원에서 조정되어야 한다. 분명한 것은 법과 제도가 고령사회변화에 맞게 개혁 없이는 우리나라의 세계화에 미래가 없으며, 고령사회발전은 멀어진다는 것이다.

마침 고령사회진입시기에 2013년 새 정부가 출범하여 기대를 해 본다. 법과 제도의 개혁과 보완기준은 소극적・국내적 입지에 기준과 잣대는 안 되며, OECD 국가로서의 위상에 맞아야 한다. 노인복지에서 새로운 노인상의 정립이 새롭게 구축되어야 한다. 복지국가지향에서 약자(아동, 장애우, 허약노인과 빈곤노인)의 국가적・사회적 보호는 세계 각국이 사회보장이라는 법규와 사회정책을 통해 보호지원 하는 것을 당위성 있는 사업으로 규정하고 있다. 빈곤 허약노인을 보호하는 것이 노인의 대표적 의미로 부여하는 것은 시정개혁되어야 하며, 노인 스스로도 당당한 노인으로 거듭나야 하며, 과거 60년간 한국의 오늘을 만들어놓은 주인공으로, 사회적 경륜과 경험과 능력을 인정받고, 자학에서 벗어나 새로운 국가발전 사업에 봉사해서 인정해 주는 사회적 인식이 뿌리내려야 하는 것이다. 새로운 고령화사회에서 특히 우리나라가 세계화에 상위권 국가로 진입하기 위해서는 유엔 등 국제사회동향에 적극적 접근이 필요하다.

유엔이 1991년 유엔총회에서 노인을 위한 유엔원칙을 제정하고(한국은 1997년 10월 2일을 노인의 날로 지정) 노인의 인권보호를 위한 실천원칙을 ① 독립, ② 참여, ③ 보호, ④ 자아실현, ⑤ 존엄의 원칙을 선택하고 고령화는 전 생애에 걸친 과정이며, 그렇게 인식되어야 함을 이미 천명한 지 오래다.

한편 전 인류의 노후준비는 사회정책의 통합적인 분야가 되어야 한다고 하고 정책요소에는 육체적 · 심리적 · 문화적 · 종교적 · 경제적 요소들과 건강 및 기타 필요한 요소들을 포괄해야 한다고 천명한 지 20년이 경과되었다. 정부는 2007년 11월에 노인복지시설과 노인인권보호 및 안전관리지침을 만들었고 노인 학대, 노인자살예방 등의 법률을 제정하였으나 선언적 · 예방적 대안에서 공격적 대안을 마련해야 한다.

8) 고령사회 복지청 구축시급

복지국가론이 고령사회 국가발전전략으로 넘어서려면 최고 지도자의 의지가 중시된다. 그리고 많은 진보좌파, 우파들의 깊은 고민과 함께 보좌인들의 연구개발(R&D)에 투자와 기간을 필요로 한다. 두 가지 정부정책대안을 제언하면 대통령 직속 "100세 노인생활대응책위원회"의 설치를 통해 노인문제가 더 이상 부정적으로 확대되기 전 장기적이고 체계적인 건강취업 사회적 참여, 그리고 필요한 전문인력과 재원 등의 시스템 구축이 되어야 한다. 일본에서는 1989년에 고령자복지추진 10개년 전략(골드플랜)을 수립한 바 있다.

한편 미국에서는 1961년부터 10년마다 한 번씩 노인대책 백악관회의가 열리고 있다. 두 번째, 노인관련 국립 100세 노인연구원 설치가 구축되어야 하겠다. 과학적 뒷받침이 없는 시간과 자원을 낭비할 뿐이다. 현재 한국보건산업진흥원, 한국개발연구원, 한국보건사회연구원, 한국여성개발원과 국립연구원 등이 산재해 있고 대학과 노인단체가 있으나 산재한 노인복지연구를 결집하고 평가하며 상호네트워크를 연결하고 평가해가면서 국제적으로 인정되는 전문인력의 양성 등의 거점기관을 구축하여 노인증가에 따른 예견되는 문제를 대응해가는 세계적인 한국의 "국립노인연구원"이 속히 설치되어야 할 것이다. 과제와 쟁점은 또 있다.

정부에 의해 주도 · 설치되는 노인관련단체나 기관 설립 시, 30~40년 노인복지에 참여한 실무경험과 지식경륜을 갖고 있는 자는 배제되고, 정치적 인맥의 자들로 시스템이 구축되고 있다는 현실이다. 관련단체를 통한 제도의 실천도 중용하지만, 국가장래를 위한 전문 인력의 활동은 더욱 주요하다고 사료된다.

9) 노인복지연구 R&D 투자 강화

첫째, 우리나라 정부에 '노인복지청' 개설과 민간단체로 '한국고령사회복지연구소(가칭)' 또는 "한국노인국립연구소"(가칭)가 설립·운영되어야 한다. 2018년 고령사회 2026년 초고령사회 대비 고령사회대응을 위한 영구적이고 국민이 인정하고 세계가 신뢰하는 거점 노인복지연구소가 없다. 그간 정부의 고령사회대응책 노력으로는 2002년에 21세기 고령사회에 대비한 '노인보건복지종합대책'을 수립하여 노인에 대한 긍정적인 이미지 재고 및 연령 통합적 '사회지지적 환경구축'과 빈곤, 질병, 고독, 역할상실 등에 대한 범부처적으로 대응한다는 전략이다.

그러나 노인문제의 심각성 인식은 반영하였지만 실천, 실효성에서는 많은 문제점이 제기되고 있다. 즉, 국민이 모르고 노인관련종사자 간에 인식이 없다. 한편 2005년 5월 18일 「저출산·고령사회기본법」이 법률 제7496호로 제정되어 9월 1일 시행령 제정으로 9월 8일 보건복지부 직제개편 "저출산, 고령사회정책본부"가 신설·운영 중이다. 그리고 2007년 4월 27일 「노인장기요양보험법」이 제정되어 2008년 7월부터 급여실시 중이며, 2009년 3월에 「노인장기요양보험법」이 일부개정 실시 중이다.

법과 제도의 행정인력만으로는 '고령화사회' 노인복지대응에 성공할 수 없다. 정부 및 지방자치단체와 민간전문인이 수평적 통합된 노인복지 연구기관이 설치되어 연구개발 전담 거점기관이 절실히 필요하다는 것이다. 한편 국가적으로 새로운 시스템을 구축할 때 기존 정치인이나, 공무원 중심에서 선임되고, 실무경력과 지식기술이 검증된 사람들이 소외되고, 권력자 지인중심으로 선임되는 소위 낙하산 인사정책의 문제점도 함께 개혁되어야 한다. 현 정부, 과거 정부 모두 낙하산식 인사정책에는 '엽관제도' 만능이라는 생각이 변함이 없다는 것이 한국의 국가발전 저해요인으로 지적되는 큰 대목이다.

아무리 좋은 제도라도 리더가 누구인가에 따라 기관에 신뢰도와 가치가 인정받는다는 평범한 이치를 망각하는 지인 인사습관에서 벗어나야 한다. 최근 2011년 3월 11일 지인 인사습관을 계속 진행 중이라는 것이 한국지도자들의 해결과제이다. 해법은 간단하나 해결은 어렵다.

둘째, 21세기 10년을 보내고 2011년 새로운 10년을 맞이하여, 정치, 경제, 사회, 문화 각 분야에서 국제적 전략변화로는 국민의 욕구변화 대응을 위한 요인분석 및 미래대응체계 분석 및 신 욕구 맞춤형 서비스 개별을 위한 R&D(연구개발) 사업에, 막대한 투자와 전문 인력을 집중개발・증진해가고 있다. 우리나라는 고령화사회 국민욕구대안을 위한 한국의 기업 중 한 곳을 소개하면, LG그룹은 2011년 신입・경력 채용인원 9,000명 중 5,000명을 R&D (연구개발) 인력으로 뽑고, 한편 LG전자, LG디스플레이의 대졸채용 인력 중 80% 이상을 R&D 인력으로 선발하는 등 그룹 전체 연구개발 인력규모를 2만 6천 명에서 3만 1,000명으로 키우겠다고 밝히고 있다. LG의 변화・발전의 근간은 R&D라며 5~10년을 내다보고 핵심원천 기술개발에 총력을 기울이고 있다. R&D 인력에 대한 처우가 상승되고 지속적인 우수인력 확보에 전력하고 있다. 기업과 함께 정부와 민간전문단체에서의 고령사회 대응에서도 예외일 수 없다.

셋째, 수명은 100세 시대로 진입하는데, 사회의 모든 제도 및 시스템과 국민인식은 여전히 10년 전 2000년도(70~80세) 시대에 머물고 있다. 선진국 선경험 지원시스템과 정책 벤치마킹과 함께 우리 국민의 욕구에 맞는 맞춤형 고령사회 대응 (1) 노인의 취업보장정책, (2) 노인의 건강예방정책, (3) 노인의 고독과 사회참여증진 등의 새로운 정책기술개발과 지원을 위한 한국 장수사회 복지정책개발연구소(가칭) 등을 설립하고 이를 거점으로 한 R&D 실천예산과 인력시스템이 대폭 지원되어 국제적이며, 장기적인 고령사회대응책 준비에 정부가 적극적 투자를 하여야 한다.

얼마나 고령사회대응책 마련에 R&D에 투자를 하는가에 따라, 고령사회 국가적 성공, 실패가 가름되게 되어 있다. 정부의 주요 국책사업과 무상복지 등 쏟아 붓기 식 대신 저출산 대책이나 고령화사회노인 인력개발 등 성장기반에 집중 연구개발을 시키고 생산적 지출과 무관한 지출의 비중을 줄이고 성장관련 부문의 재원을 확보할 수 있도록 방법을 찾는 것은 R&D이다.

넷째, 고령사회가 우리에게 하나의 큰 도전으로 다가오고 있다. 최근의 보건복지부조사에서 현재 우리 사회의 노인부양문제에 대해 국민들의 84.7%가 심각하다고 느끼고 있으며, 대부분의 노인요양문제가 개인(가족) 차원이 아닌 사회적으로 해결할 문제(87.5%)로 인식하고 있다.

그만큼 평균수명의 연장으로 노인인구가 증가하고 출산율의 저하로 청장년층이 감소하는 고령사회는 노인문제의 큰 숙제를 우리에게 던져주고 있다. 우리나라는 고령사회가 급속히 진행되고 있다. 고령사회가 진전되어 노인문제가 크게 증폭되면서 노인복지정책의 과제가 본격화될 전망이다.

즉 저출산과 핵가족화의 급격한 진전으로 노인·자녀 별거세대가 늘어나고 노인부양가능도 크게 쇠퇴할 것으로 전망된다. 이러한 사회구조적 변화 상황 속에서 노인의 건강 의료에 대한 욕구가 증대하고 노인의 경제적 생활안정의 문제도 확대되며, 노인의료복지시설의 입소증대와 노인의 주거생활, 여가활동 등 복지서비스 욕구도 늘어나게 될 전망이다.

노인복지정책은 당면한 노인문제를 해결하고 노인들이 건강하고 안락하게 생활할 수 있도록 하기 위한 선택과정이다. 그런데 노인복지정책을 수립하는 데 있어서 중요한 것은 우리 앞에 다가오고 있는 고령사회의 노인문제를 어떻게 보고 그 해결 방향을 어떻게 잡느냐에 따라 기본적 시각의 문제이다.

사회복지에 관한 제반정책은 그동안 국가에 의해서 기획되고 있기 때문에 사회보험, 공공부조, 사회서비스는 전국적으로 거의 획일적으로 운영되고 있었고, 참여정부부터 지방분권화 정책에 따라 보건복지부로부터 67개 국고보조사업이 지방에 이양되었으나 재정자립도가 좋은 일부 대도시의 주민만이 혜택받을 수가 있다.

따라서 대부분의 지방자치단체는 재정자립도가 낮기 때문에 욕구에 맞는 부가서비스를 받기도 어렵다. 복지욕구는 크고 복지자원은 적은 상황을 어떻게 개선할 것인지가 직면한 과제이다. 흔히들 노인을 의존적인 존재로 파악하고, 노인문제를 부정적으로 보는 경우가 많다. 그러나 이와 같은 시각으로는 고령사회의 노인문제를 해결할 수 없다. 노인이 전 인구의 1/3이 넘는 사회가 될 때 이러한 시각으로 노인문제를 해결할 수 없다는 사실을 생각해 보면 답은 자명하다.

노인문제를 보는 시각의 전환이 필요하다. 노인을 긍정적으로 보아야 한다. 의료적인 문제가 아니라 스스로 생활할 수 있는 독립적이고 자율적인 존재로 보아야 한다. 고령사회의 많은 노인들은 이렇게 독립적으로 생활하고 경제적·사회적 역할을 수행하며, 사회발전에 기여하도록 견인하여야 한다.

지역사회의 자그마한 부분이라 할지라도 자원봉사 또는 일거리를 만들어 주는 지방자치단체의 복지정책도 필요하리라고 본다. 특히 늘어가는 치매·중풍 등 중증 노인성질환의 어르신들이 편안하게 생활할 수 있고 가족들의 부담을 경감시킬 수 있는 노인전문 의료서비스와 요양보호 대책을 더욱 확충하여야 할 것이다. 이들 시설의 운영형태도 수요자의 비용부담능력에 따라 무료, 유료시설로 다양하게 만들어야 하며, 병행하여 지역사회에서 재가노인복지서비스도 대대적으로 확대하여야 한다.

노인복지정책 중에서는 국가차원이 아니라 지방차원에서 해결해야 할 과제가 더 많다.

첫째, 지방자치단체가 노인복지의 중요성을 인식하고 앞장서야 한다. 특히, 시·군·구 기초자치단체가 지방별로 노인복지종합 계획을 수립해야 한다.

예를 들면 '○○시 노인복지복지계획'을 수립 하는 것이다. ○○지역 노인인구와 생활상태를 조사하고, 노인들이 당면하고 있는 문제를 소득문제, 건강의료문제, 사회적 서비스 문제 등 각 범주별로 파악한 후에 그에 대한 대책으로 지역사회복지협의체 등의 자문을 얻어 지방차원에서 해결할 수 있는 정책, 서비스전달체계와 재정확보계획을 만드는 것이다.

둘째, 지역사회의 복지네트워크를 만들어야 한다. 각 지방자치단체 지역의 풍부한 인적·물적 자원이 있음에도 그동안 기업과 종교기관, 복지기관의 긴밀한 유대관계가 없이 산발적으로 일회성 후원내지 봉사활동에 그치는 경향이 있었다. 그리고 지역사회복지시설, 기관의 실무자들의 실무협의체의 조직이나 긴밀한 협력체계는 이루어지지 않고 있다. 지역사회의 잠재되어 있는 자원을 하나로 결집하여 각 지방자치단체의 복지수준을 향상시켜야 할 것이다.

고령사회에서 노인복지는 다양한 자원을 전제로 하고 있다는 것을 인식하고 지방자치단체의 복지관계자의 조직화와 시민들의 복지의식을 고취시켜 노인복지에 동참하는 적극적인 자세와 태도가 무엇보다 중요하다.

제10장

다문화가족의 개념 및 발생 원인

제1절 _ 다문화가족의 개념

제2절 _ 다문화가족의 실태 및 문제

제3절 _ 다문화가족의 지원 정책 및 사업현황

제4절 _ 다문화가족의 지원 방안

제1절 다문화가족의 개념

우리 사회에 '다문화' 또는 다문화주의'라는 말이 등장한 것은 오래된 일이 아니다. 이 용어는 스위스 사회를 표현하는 용어로 1950년대 말에 처음 사용되었는데, 이후 캐나다에서 대중화되었으며, 1970년대에 영어권 국가에서 빠르게 확산되었고, 한국사회에서는 1980년대 말 이후에 등장하였다.

다문화주의에 대한 정부의 관심은 2005년 5월 외국인 문제의 위상이 "대통령 지시 과제"로 격상되면서 본격화되기 시작하였으며, 2006년 4월 국정회의에서 "다인종 · 다문화 사회로의 진전은 거스를 수 없는 대세"라는 대통령의 발언이 있은 후 정부의 각 부처는 "이주자를 통합하려는 다문화주의 정책" 개발과 입안을 위한 경쟁에 적극 나서게 되었다. 그리고 2000년대에 들어서 한국에서의 다문화주의에 대한 논의가 본격화되었다.

이에 따라 국제결혼, 이중문화 가정 등으로 불리던 국제가족결혼은 '다문화가족'으로 불리게 되었다. 다문화가족에 대한 일반적 개념은 언어, 인종 등이 서로 다른 민족 · 문화적 배경을 가진 사람들로 구성된 가족으로, 그동안 우리 사회는 두 가지 이상의 인종 사이에서 결합된 가족의 형태를 혼혈가정이라고 불러왔다. 그러나 혼혈가정의 자녀들, 즉 2세대에게는 그 '혼혈'이라는 단어 자체가 가지고 있는 상징적 차별성과 특수성으로 인해 오히려 거부반응을 일으킬 수 있어 다문화가족이라는 용어의 사용이 더 보편적이다(김범수 외, 2010).

「다문화가족지원법」의 정의에 의하면 한국에서 다문화가족은 다음과 같다. 첫째, 「재한외국인 처우 기본법」 제2조 제3호의 결혼이민자와 「국적법」 제2조부터 제4조까지의 규정에 따라 대한민국 국적을 취득한 자로 이루어진 가족, 「국적법」 제3조 및 제4조에 따라 대한민국 국적을 취득한 자와 같은 법 제2조부터 제4조까지의 규정에 따라 대한민국 국적을 취득한 자로 이루어진 가족, 이외 북한에서 태어나 탈북하거나 한국에 입국하여 한국인 또는 외국인을 만나 결혼하여 가족을 이룬 북한 이탈주민(새터민) 가족을 포함하여 분류해 볼 수 있다(정하성 외, 2007).

| 표 10-1 | 다문화가족의 유형

가족유형	내 용
국제결혼 가족	• 한국인 아버지와 외국인 어머니 사이에서 태어난 아이 • 한국인 어머니와 외국인 아버지 사이에서 태어난 아이
외국인근로자 가족	• 외국인근로자가 한국에서 결혼하여 태어난 아이 • 본국에서 결혼하여 형성된 가족이 국내에 이주한 가정의 아이
북한이탈주민 가족	• 북한에서 태어나서 한국에 입국한 아이 • 한국에서 한국인 또는 외국인을 만나 결혼하여 태어난 아이

출처: 보건복지부(2005). (북한이탈주민 가족 추가함)

1. 다문화가족의 발생요인

다문화가족 발생의 요인은 급변하는 현대사회와 관련이 있고 이를 정리하면 다음과 같다(박희숙 외, 2014).

첫째, 해방 이후 혼란에 따른 미군과 우리나라 여성과의 다문화가족이 발생하였다. 해방 이후 미군의 한반도 진주로 미군 통치기를 거치면서 6·25동란에 이르는 기간 동안, 그리고 미군이 우리나라에 상주하면서 소위 미군 상주지역을 중심으로 미군들과 우리나라의 여성들 사이에 가정을 꾸리는 과정에서 발생한 다문화가정이 그 시초라고 할 수 있다.

둘째, 90년대 이후 농촌총각 장가보내기 운동이 펼쳐지면서 결혼이민여성들이 급증하였다. 국내적으로는 농촌의 젊은 여성들이 양질의 교육기회 및 취업기회를 찾아 도시지역으로 이주함에 따라 농촌의 노총각들이 배우자를 찾는 데 어려움을 겪게 되었으며, 이러한 국내 사정과 아울러 한국과 비교하여 상대적으로 빈곤한 국가의 여성들이 경제상황 및 생활환경 등이 여유로운 국가로 이동하여 더 나은 취업의 기회 및 생활환경을 개척하고자 하는 것도 국제결혼 증가의 원인이 되고 있다. 이러한 상황이 지속되면서 타국의 여성을 배우자로 맞아 가정을 이루는 경우가 빈번해지기 시작하였다. 또한, 이러한 결혼이주현상으로 인해 영리를 추구하려는 국제결혼중개업체들이 발생하게 되었으며, 1990년 허가제에서 신고제로 바뀌게 되고 이후 자유업에 전환되면서 사설 중개업체들이 증가하게 되어 국제결혼 증가의 요인으로 크게 작용하였다.

셋째, 산업화 이후 경제가 성장하면서 소위 3D 업종에서의 인력난으로 인해 노동자들이 대거 유입되었다. 1980년대 후반 이전까지 국제사회에서 한국은 국제이주 송출국으로 1960~1970년대 독일에 광부 및 간호사 등에 파견하였으며, 1970~1980년대에는 중동에 건설기술 및 노동인력을 파송해왔다. 그러나 1988년 올림픽개최를 계기로 한국은 아시아의 주요한 이주노동력 유입 국가의 위상을 갖게 되었으며, 단기간에 이뤄진 이민 송출국에서 이민유입국으로의 위상의 변화는 국내・외적 차원에서 여러 가지 긍정적인 효과들을 가져다주었다. 이러한 국제사회에서 한국의 국가이미지 제고로 인해 한국은 아시아출신 노동자들이 선망하는 '코리안드림'의 목적지가 되었다. 이렇게 1980년대 후반부터 외국인노동자들이 국내에 유입되면서 한국사람과의 혼인을 통한 다문화가정을 꾸리게 되었다. 이들 외국인노동자들을 통해 형성된 다문화가정은 대부분 가정형편의 어려움을 겪고 있다. 대부분이 저임금 생산직의 3D업종이다 보니 경제적으로 어려움에 처해 있는 가정이 대다수이다.

넷째, 북한탈북자 가족의 유입도 다문화가족 발생 원인의 하나라고 할 수 있다. 북한이탈주민(새터민)은 북한 체계와 사회를 떠나 휴전 이후 다양한 동기에서 한국사회에 정착하여 공식적으로 한국에서 주민등록을 취득한 북한지역출신 탈북주민들을 가리키는 용어이다. 북한이탈주민(새터민) 가족의 첫 번째 유형은 1994년 이후 북한체제가 심각한 경제난에 부딪혀 북한주민의 주거지 이동에 대한 사회적 통제력을 상실하기 시작하면서 증가하였다. 최근에는 중국인이나 조선족과 결혼한 사람이 배우자와 함께 입국한 후 북한이탈주민으로 신고하고 한국사회에 정착하는 경우도 늘어나고 있다. 두 번째 유형은 탈북자 출신의 남성 또는 여성이탈주민의 수가 증가하면서 한국인과 결혼이 늘어나고 있다. 세 번째 유형은 북한이탈주민(새터민)으로서 우리 사회에서 결혼하지 않고 단독으로 동료와 함께 생활하는 가족이다(황범주, 2007; 윤동화, 2009 재인용). 그러나 언어와 얼굴이 같다는 이유로 다문화가정으로 인정을 하지 않는 경우도 있지만, 한편으로 서로 다른 문화적 배경으로 인해 학계에서는 북한이탈주민가정도 다문화가정에 포함시켜 논의하고 있으나, 북한이탈주민의 특수성이 있으므로 정부에서는 이들을 다문화가정에 포함시키지 않고 별도의 지원방안을 마련하여 추진하고 있다.

이와 같이 국내의 다문화가족의 발생 원인은 세계화에 따른 시장개방, 상대적으로 높은 소득수준 및 노동시장환경, 그리고 출산율 저하 및 농촌지역의 여성인구 감소 등 국내의 인구학적 변화 등으로 볼 수 있다.

제2절 다문화가족의 실태 및 문제

1. 다문화가족의 실태

한국 사회에서 다문화가족의 증가는 1950년 한국전쟁 이후 생겨난 미군병사와 한국여성 간의 결혼으로부터 시작해 1980년대 이후 외국에서 유입된 노동자 중심으로 구성된 가족으로 나타났다. 또한, 그 이후 1980년대 말 시작된 한국 농촌 남성들과 중국의 조선족와의 결혼이 이루어졌으며, 1990년대 중반 이후 베트남, 필리핀을 비롯한 아시아 국가 여성들과의 국제결혼으로 확산되었다. 새터민 가족도 2002년 한 해에 1,000명 이상, 2006년 이후 2,000명 이상 입국해 2011년 남한 내 탈북 새터민이 2만천 명이 넘어섰다(통일부, 2011년 4월).

현재 우리사회 결혼이민자는 2002년 이후 매년 28% 이상의 높은 증가율을 보였으나 최근 국제결혼 건전화를 위한 결혼이민 사증발급심사강화 및 국제결혼 안내프로그램 이수의무화조치 등으로 인하여 최근 3년간 평균 증가율은 0.6%이다. 2014년에는 150,994명으로 전년대비 0.09% 증가하는 데 그쳤다. 성별로는 여성이 128,193명으로 전체의 84.9%로 절대 다수를 차지하고 있으며, 남성은 22,801명으로 15.1%에 불과한 것으로 나타났다. 또한, 국적별로는 중국 40.2%, 베트남 26.3%, 일본 8.3%, 필리핀 7.3%순으로 체류하고 있으며, 총 국가 수는 195개국이다. 1990년대까지는 종교단체를 통해 입국한 일본여성이 다수를 차지하고 있었으나, 2000년대 초부터 중국 및 필리핀 국적의 결혼이민자의 증가가 두드러졌으며, 최근에는 베트남, 캄보디아, 몽골, 타이 등 국적이 다양해지는 경향을 보이고 있다(출입국 외국인 통계연보, 2014).

이와 같이 1990년대 이후 2005년에 이르기까지 국제결혼이 증가한 배경은 세계화에 따른 시장개방, 노동시장환경의 변화, 그리고 혼인시장의 불균형과 출산율 저하 및 농촌지역의 여성인구 수 감소 등의 인구학적 변화가 작용하였기 때문이다. 또한, 2005년 이후 국제결혼이 다소 감소한 것은 정부가 국제결혼중개업체에 대한 관리를 강화한데 따른 것이다.

| 표 10-2 | 결혼이민자의 증감 추이

(단위: 명, %)

연도	2006	2007	2008	2009	2010	2011	2012	2013	2014
인원	93,786	110,362	122,552	125,087	141,654	144,681	148,498	150,865	150,994
증감률(전년대비)	25.0%	17.7%	11.0%	2.1%	13.2%	2.1%	3.0%	2.0%	0.0%
남자	10,958	13,126	14,753	15,876	18,561	19,650	20,958	22,039	22,801
여자	82,828	97,236	107,799	109,211	123,093	125,031	127,540	128,826	128,193
중국	56,286	63,203	67,787	65,992	66,687	64,173	63,035	62,400	60,663
베트남	14,831	21,614	27,092	30,173	35,355	37,516	39,352	39,854	39,725
일본	6,546	5,823	5,223	5,074	10,451	11,162	11,746	12,220	12,603
필리핀	4,324	5,033	5,819	6,321	7,476	8,367	9,611	10,383	11,052
기타	11,799	14,689	16,631	17,527	21,685	23,463	24,754	26,008	26,951

출처: 출입국 · 외국인 통계월보(2014).

「다문화가족지원법」에 근거한 다문화가족규모는 2007년 126,955명에서 2012년 267,727명으로 6년간 110.9% 증가, 주민등록인구 대비 다문화인구비율은 2012년 0.53%로 200명 중 1명이 다문화인구임을 의미한다. 또한 다문화가족 자녀규모는 2007년 44,258명에서 2012년 168,583명으로 동 기간 280.9% 증가하였다.

| 표 10-3 | 다문화가족 및 다문화가족 자녀규모의 변화추이

(단위: 명)

연도	2007	2008	2009	2010	2011	2012
다문화가족	126,955	144,385	167,090	181,671	252,764	267,727
다문화가족 자녀	44,258	58,007	107,689	121,935	151,154	168,583

출처: 행정안전부(2007~2012). 지방자치단체 외국인주민현황 조사 결과.

다문화 이혼은 2013년 13,482건으로 2012년 13,701건보다 219건(1.6%) 감소하였다. 전체 이혼이 전년보다 0.9%, 한국인(출생기준) 간 이혼이 1.2% 증가한데 비해 다문화 이혼은 1.6% 감소하여 2년 연속 감소 추세를 보이고 있다. 전체 이혼에서의 다문화 이혼 비중은 11.7%로 전년보다 0.3% 감소하였다.

| 표 10-4 | 한국인 부부의 이혼과 다문화 이혼

(단위: 건, %)

		전 체			다문화이혼			한국인(출생기준) 간 이혼		
		2011	2012	2013	2011	2012	2013	2011	2012	2013
이혼 건수		114,284	114,316	115,292	14,450	13,701	13,482	99,834	100,615	101,810
(비중)		(100.0)	(100.0)	(100.0)	(12.6)	(12.0)	(11.7)	(87.4)	(88.0)	(88.3)
전년 대비	증감	-2,574	32	976	131	-749	-219	-2,705	781	1,195
	증감률	-2.2	0.0	0.9	0.9	-5.2	-1.6	-2.6	0.8	1.2

출처: 통계청(2013). 다문화인구동태통계.

2. 다문화가족의 문제

현재 우리사회에서 국제결혼이 차지하는 비율은 2009년 10.8%로 결혼하는 부부 10쌍 중 1쌍이 국제결혼 부부이다. 특히 국제결혼 중 한국인 남자와 외국인 신부의 결혼 비율은 2009년 75.5%로 남성결혼이민자에 비해 매우 높은 수준을 보이고 있다(통계청, 2010). 반면 매년 증가하는 국제결혼에 비례해 가파르게 이혼율도 상승하고 있어, 2006년에 이혼 건수가 3,933건이었던 것이 2009년 8,300건으로 가파르게 증가하고 있다(통계청, 2010). 이러한 현상은 여성결혼이민자 가족이 건강한 가족관계를 유지하는 데 어려움이 많으며, 이혼 이후의 또 다른 사회문제를 양산하고 있음을 보여준다. 그렇다면 이러한 현상의 원인은 어디에 있는 것일까? 보건사회연구원(2009)의 조사에 의하면 여성결혼이민자가 한국 생활에서 가장 힘들어 하는 점은 대표적으로 언어 문제(22.5%)가 가장 높고, 경제문제(21.1%), 자녀문제(14.2%) 등에서 어려움을 호소하고 있다고 하였다. 또한, 결혼이주여성 인권백서(2008)에서는 부부간 갈등의 가장 큰 원인이 '생활방식의 차이'이며, 여성결혼이민자들은 자신의 모국문화와 한국문화 차이 속에서 많은 갈등을 경험하고 있다고 하였다. 다음은 다문화가족의 문제 유형을 부부관계 문제, 자녀문제, 고부관계 문제, 폭력 및 학대 문제, 경제·취업 문제, 이혼문제, 체류·국적 문제, 인권문제 등으로 나누어 구체적으로 살펴보고자 한다.[16]

16) 다문화가족문제 유형은 전국다문화가족사업지원단(2008)의 2006~2008년까지의 상담사업 결과를 바탕으로 한

1) 부부관계 문제

다문화가족의 부부문제는 크게 세 가지로 부부관계 계급화문제, 결혼생활에서의 부부간 기대차이 문제, 언어와 문화적 차이에서 오는 적응 문제 등으로 나누어 볼 수 있다(최정혜, 2009). 부부관계의 계급화는 경제적으로 어려운 나라로부터 더 잘사는 나라로 결혼을 선택함으로써 한국 남편의 가부장제적 경향이 더 강화되고, 국가 간 불평등이 사적인 부부관계에서도 영향을 미치어, 부부관계가 마치 준 계급관계처럼 변하는 것이다(최정혜, 2009). 특히, 여성결혼이민자는 20대 이하가 많고, 한국남성은 40대 전후가 많으며, 배우자와의 평균연령 차이도 약 10세 정도가 차이가 난다. 그리고 캄보디아나 베트남의 경우 17세의 연령 차이를 보이고 있어 세대 차이로 인한 부부문제가 발생하고 있다. 또한, 교육수준에 있어서도 초등학교 이하의 학력소지자 여성결혼이민자 중 51.0%가 고등학교 이상의 학력을 가진 한국인 남편과 결혼해 부부간 교육수준 격차가 매우 심하며 대체로 한국남성이 여성결혼이민자 보다 교육수준이 다소 높은 것으로 나타나(보건사회연구원, 2009), 연령과 교육수준의 차이로 인한 부부문제가 발생할 것으로 예상된다.

두 번째로 다문화가족 부부관계에는 서로에 대한 기대 차이가 잠재되어 있다. 한국남성은 남자의 특권을 누릴 수 있는 가부장제적인 결혼을 유지하고, 순종적인 아내를 얻고 싶어 한다. 그러나 제3세계의 여성은 자국에서의 좌절과 갈등으로부터 도피와 남녀차별적인 환경에서 해방되고 싶은 희망으로 덜 가부장적으로 보이는 상대나 경제적으로 나은 배우자를 찾고 싶어한다(이혜경, 2005). 그런데 한국인 남성은 외국인과 결혼한 이유에 '순종적이고 내 부모에게 잘할 것 같아서', 또는 '한국 사람과 외모 면에서 거의 차이가 없어서' 등의 이유로서 가부장제적인 결혼을 배경으로 깔고 있다(설동훈, 2006). 이렇게 결혼이민자 부부는 서로 상반된 욕구를 가지고 출발하므로, 결혼 후 서로 간의 기대차이로 인한 갈등의 소지가 있고, 결혼생활 적응에 큰 어려움을 가져올 수 있다.

세 번째로 언어와 문화적 차이에서 오는 적응 문제이다. 새로운 문화와 가족생활 적응에서 지지적인 남편이 있는 아내들이 스트레스를 덜 느끼고(Furnham et al, 1989; 최정혜 재인용), 여성결혼이민자에게 본국 출신 친구가 있는 것이 심리적 적응에 긍정적인 영향

분류 기준을 인용하였다.

을 미친다고 한다(Berry et al., 1987; Ying & Liese, 1991; 최정혜 재인용). 그러나 여성결혼이민자에게 '돈 때문에 시집왔다고 의심'하거나 '용모통제', '동일출신국 사람들 모임에 보내지 않기' 등 자신이 선택한 배우자에 대해 믿지 못하고 부적절한 생각을 하고 있는 사례가 많이 있어서(전국다문화가족사업지원단, 2008) 여성결혼이민자의 한국생활 적응에 적절한 도움을 주지 않는 경우가 발생되고 있다.

2) 자녀 문제

결혼이민자들이 한국에서 자녀를 양육하며 호소하는 문제로는 '여성결혼이민자의 한국어 미숙으로 인한 자녀의 언어발달지연', '자녀 교육기관과의 의사소통의 어려움', '자녀의 정체성 혼란에 대한 문제해결능력 부족', '남편의 전처자녀의 양육 및 관계문제', '학령기 자녀의 학교생활과 또래와의 어울림(왕따) 지도 문제' 등으로 나타났다(전국다문화가족사업지원단, 2008). 또한, 초등학생 자녀를 둔 결혼이민자의 73.5%가 자녀를 교육하는 데 어려움을 겪고 있으며, 가장 어려운 점으로 학원비 마련(27.4%), 학습지도(예습 및 복습)(23.2%), 숙제 지도하기(19.8%) 순으로 응답하였다(보건사회연구원, 2009). 이러한 결과는 일반 한국가족의 자녀양육 시 어려움으로 나타난 경제적 부담(53.8%), 학업성적(19.8%)과 차이를 보였다(여성가족부, 2005). 이러한 결과는 낮은 사회·경제적 지위와 더불어 결혼이민자들의 부족한 한국어 능력으로 인해 자녀와 교육기관과의 의사소통의 어려움이 심각하며 이국적 외모와 언어에서 들어나는 정체성 문제, 경제적 어려움 등의 문제에서 기인하는 것으로 보인다.

한편 다문화가족의 자녀는 언어 발달 지체 및 문화 부적응으로 인해 학교수업에 대한 이해도가 낮으며, 지나치게 소극적이거나 반대로 폭력성 또는 주의력결핍과잉행동장애(ADHD)를 보이는 등 정서장애도 나타내고 있으며, 또한 교과서를 비롯한 교재와 교사들의 태도가 다문화주의를 포용하지 못하는 데서 오는 '차별'과 '배제' 때문에 아동들이 조기에 사회적 소외를 경험할 가능성이 높다는 것이다. 현재 초등학교에 재학 중인 국제결혼가정 자녀들(87%)이 중·고교 진학 연령대로 진입할 경우, 정서적으로 민감한 학생들이 심리적 위축감과 자신감 상실 등 정서적 발달에도 좋지 않은 결과를 초래하여, 무단결석, 가출, 폭력 등의 사례가 늘어나 사회문제가 될 우려가 있다(복지부 실태조사, 2005). 이러한 결과는 한국인들이 혈통에 근거한 민족 및 국민 개념을 강하게 가지고 있음을 보여주는 것이다. 즉, 폐쇄적인 단일문화에 익숙한 한국인들 속에서 이들 결혼 이민자들이 경험할 냉대와 소외감을 예측할 수 있으며, 다른 한 편으로는 오래 동안 단일문화에 익숙한 한국인들이 다문화에 대해 개방과 다양성의 수용이라는 방향으로 그 시각을 바꾸어나갈 필요가 있음을 반증하는 결과이기도 하다.

3) 고부관계 문제

결혼이민자와 고부관계에서 드러나는 문제로는 '시어머니와의 의사소통의 어려움', '지나친 사생활 간섭에서 오는 갈등', '비인격적인 대우', '한국 고유의 전통적인 시댁, 시누이와의 이해부족에서 오는 갈등', '강제성을 동반한 취업 요구 또는 취업반대로 인한 고부갈등문제', '남편과의 갈등이 시부모와의 갈등문제로 비화되는 경우', '결혼이민여성이 본국의 어머니를 초청하여 한 집에서 함께 거주하는 경우', '다문화가족지원센터 이용 시 시부모가 교육장에 나와 감시', '아이에 대한 시어머니의 무관심' 등으로 나타났다(전국다문화가족사업지원단, 2008). 결혼이민자가 한국어와 한국 요리 등 한국문화에 익숙하지 않은 경우 시부모의 정서적 지지와 가사지원은 시댁가족에 대한 또 다른 애착관계를 형성하는 데 도움이 될 수 있으나 많은 경우 시부모가 여성결혼이민자에게 가부장적인 이데올로기에 입각한 성역할을 요구하여 그로 인한 갈등이 발생하고 있으며 지나친 간섭과 통제가 고부관계 문제로 나타나고 있다.

4) 폭력(가정 · 성)문제

국제결혼 부부의 문화적 차이, 부족한 한국어 능력, 여성의 사회활동 기회 부족, 남편의 음주문화와 타문화에 대한 이해 결여 등은 한국 다문화 사회의 형성 초창기부터 심각한 다문화가족의 폭력 · 학대 문제를 예상하게 하였다(신경희, 2004; 양선화, 2004). 부부 갈등이 해결되지 않고 장기간 지속되면 욕구좌절이 증가되고 결국 부부관계가 파괴되며, 갈등과 분노를 비현실적으로 다루면서 학대의 결과가 도출된다(Fincham, 2003; Wu & Demaris, 1996; 정예리, 2011 재인용). 이때 나타나는 가정폭력의 유형으로는 남편의 상습적인 구타, 성적 학대, 강제적 이혼 종용, 국적취득신청기피, 자녀학대 등 다양한 형태로 나타나고 있다(전미선, 2009). 또한, 지난 '2015년 다누리 콜센터 사업결과보고서'에 따르면, 다문화 가정의 전화 상담 내용 가운데 이혼이나 폭력과 관련된 상담이 전년 대비 약 20% 이상 늘어난 것으로 보고되고 있다. 구체적으로 폭력 피해 상담이 1만 4천 476건에서 1만 7천 951건으로 24% 들어 증가폭이 가장 컸고, 이혼 문제 상담도 1만 9천 386건에서 2만 4천 10건으로 23.8% 늘었습니다. 이러한 결과는 폭력 피해 이주 여성의 인권 보호를 위한 체계와 건강한 부부관계를 이룰 수 있는 지원이 필요함을 알 수 있다.

5) 경제 · 취업 문제

다문화가족의 가구소득은 전반적으로 낮으며, 빈곤층이 다수 있는 것으로 파악되었다. 전국다문화가족실태조사(2015)에 의하면 월평균 가구소득은 200~300만 원이 30.4%로 가장 많았고, 100~200만 원 미만 23.8%로 가구소득이 전반적으로 낮았으며, 300~400만 원 미만은 20.5% 순으로 나타났다. 출신국별 월평균 가구소득을 살펴보면 필리핀, 중국, 조선족, 캄보디아 등 동남아 지역 출신의 결혼이민자가 저소득층이 많았고, 북미 · 호주 · 서유럽 등 선진국 출신의 결혼이민자는 고소득층이 많았다. 또한, 다문화가구의 38%는 아파트에 거주하고 있으며, 단독주택 33%, 다세대주택 18.7%의 순이다. 그리고 43%가 자가 소유이며, 보증금 있는 월세 29%, 전세 21% 순으로 거주하는 것으로 나타났다(전국 다문화가족실태조사, 2015).

한편, 결혼이민자 · 귀화자 중 취업자 비율은 63.9%(여성 59.5%, 남성 83.4%)로, 우리나라 전체 고용률(60.3%)보다 높게 나타났다. 이는 2012년 조사 여성 53%, 남성 80.3%에 비해서도 증가한 수치이며, 우리나라 전체 고용률보다 남녀 모두 10% 가량 더 높은 것으로 나타났다.

6) 이혼 문제

통계청(2010)의 혼인 · 이혼통계 결과에 의하면 2010년 한국인과 외국인 부부의 이혼은 1만1천2백 건으로 2009년보다 5백건 감소하였고, 2000년 이후 최초로 감소로 전환하였다. 그러나 전체 이혼 중 외국인과의 이혼은 9.6%로 2009년보다 0.2%p 상승하였고, 외국인과의 이혼 중 외국 여성과의 이혼이 70.3%로 외국남성과의 이혼인 29.7%보다 매우 높은 비율을 보이고 있다. 특히 외국 여성과의 평균 동거기간이 3.2년으로 외국남성과의 평균 동거기간인 6.0년보다 낮으며, 한국인 부부 평균 동거기간인 14.0년에 비해 매우 짧게 나타나고 있어 결혼이민자가 한국생활에서 적응하며 가족을 유지하는 것이 얼마나 어려운 일인지 예상할 수 있다. 이렇게 결혼이민자 가족이 이혼하는 원인에는 성격차이(29.4%), 경제적 무능력(19.0%), 외도(13.2%), 학대와 폭력(12.9%), 심각한 정신장애 및 기타(9.8%), 음주 및 도박(8.7%), 배우자 가족과의 갈등(7.0%) 등의 순으로 나타나고 있고, 중국 조선족, 한족, 북미·호주 서유럽의 결혼이민자가 성격차이인 반면, 베트남·필리핀·캄보디아는 학대·폭력을 지적한 비율이 높게 나타났다(보건사회연구원, 2009). 이밖에 한국인과 외국인 이혼부부의 10.8%가 이혼당시 미성년 자녀가 있고 그 수가 매년 증가하고 있어 이혼 가족과 자녀에 대한 대책이 절실히 요구되고 있다.

7) 체류·국적 문제

결혼이민자의 한국국적 취득률은 여성이 31.8%, 남성이 23.9%로 여전히 체류의 불안정성을 보여주고 있고, 특히 한국국적의 남편과 같이 살고 있음에도 불구하고 국적취득을 하지 않았거나 예정하고 있지 않은 여성결혼이민자가 9.1% 있음은 결혼의 안정성과 관련하여 특별한 관심을 두어야 할 것으로 보인다(한국보건사회연구원, 2009). 우리나라「국적법」은 결혼이민자가 한국인과 혼인 후 2년까지 외국인으로서의 지위를 갖고, 1년을 거주한 뒤에만 체류연장 절차를 밟아 영주자격(F-5)이나 한국 국적신청(간이 귀화)이 가능하다. 그러나 이 조건 때문에 결혼이민자의 경우 결혼 후 2년간의 부부관계가 위계적인 관계로 작용할 수 있으며, 혼인관계가 중단된 결혼이민자는 체류연장 및 귀화신청이 불가능하므로 자녀양육 및 결혼이민자의 기본생계가 보장되지 않는다. 결국 국적법이나 출입국관리법은 결혼이민자를 국민 한 사람으로 존중하기보다 국적을 얻기 위한 기간과 혼인관계 규정을 둠으로써 평등하고 건강한 부부관계의 형성을 저해하는 요소가 될 수 있다(박선민, 2012). 그러므로 이러한 법규정은 여성결혼이민자의 남편과 시댁 가족에 대한 신뢰 및 법 제도에 대한 신뢰를 저해할 수 있는 요인이 될 것으로 여겨진다.

8) 인권 문제

국제결혼이 상업화된 결혼중개업체를 통해 비인권적 · 매매혼적 문제가 거론되고 있다. 그 예는 국제결혼 중개업의 인신매매성 광고 현수막('후불제', '염가제공', '도망가면 다시 책임지고 주선함')에서도 쉽게 발견된다. 이와 함께 이들 국제결혼 업체는 가부장적 여성 이미지를 강조하며 상업화하고 있다. 예를 들어, 베트남 여성의 경우는 "순종적이며, 모성애가 강하고 나이 차이에 구애받지 않고 순결하다"고 소개하고, 몽골의 경우 "모성애가 강하고 부모님 모시기 좋아한다", 필리핀의 경우 "영어권이므로 2세의 언어교육에 유리하고 일부종사하며, 절대 이혼하지 않는다" 등 가부장적인 한국남성의 구미에 맞게 우리나라보다 비교적 양성평등문화를 갖고 있는 아시아 여성들을 가부장적으로 미화시키고 있다. 이와 같이 결혼의 과정에서부터 진정한 의미의 결혼이라기보다는 인신매매성 결혼 · 의사소통의 부재 · 문화적 차이이라는 위험한 요인들을 안고 결혼을 하기 때문에 결혼 생활에서의 폭력과 불화 그리고 이혼으로 이어지는 가정의 수도 많다.

또한, 여성결혼이민자의 34.8%와 남성결혼이민자의 52.8%가 한국생활에서 외국인이라는 이유로 차별대우를 받은 경험이 있었으며, 선진국 일수록, 도시에 거주하고 연령과 학력이 높을수록 차별 경험이 더 많은 것으로 나타났다(보건사회연구원, 2009).

이제 우리나라가 다문화 사회로 이행되고 있음은 자명한 사실이다. 그러므로 국제결혼한 여성들이 우리나라에서 건강하고 행복한 삶을 살 수 있도록 긍정적인 방향에서 지원 · 협조하는 것이 필요하다. 왜냐하면 국제 결혼한 부부가 건강한 결혼생활을 하지 못하면 이들 가족의 문제가 곧바로 사회문제가 되며, 이들 사이에서 태어나는 2세들이 건강하게 성장하지 못할 경우 이와 함께 부과되는 사회적 비용도 우리가 떠맡아야 할 부분이기 때문이다.

| 표 10-5 | 다문화가족의 문제 유형

문제 유형	내 용
부부관계문제	• 아내의 주요 호소내용 - 돈 때문에 시집왔다는 의심 - 시댁가족들의 지나친 간섭 - 본국과 외부와의 전화통제 - 생활비 안주기 - 용모통제(노출이 심한 옷에 대한 제재) - 말 안 들으면 복국으로 보낸다는 협박 - 한국에 적응하기 위한 한국 음식 먹기, 요리하기 강요 - 신분증 빼앗고 안주기 - 한국어교육에 참여시키지 않기 - 동일출신국 사람들 모임에 보내지 않기 - 컴퓨터 가르치지 않기 - 빨리 임신하도록 강요 - 원하지 않은 성행위 강요 - 도망 갈 것이라고 의심 • 남편의 주요 호소내용 - 지속적인 본국으로의 송금요구 - 물건사달라고 조르기 - 가사노동기피 - 시부모를 무시 - 게으름 - 폭력적(할퀴기, 꼬집기, 자해하기, 협박하기, 칼들기) - 출신국 남자와의 채팅 및 문자주고받기 - 과도한 소유욕(질투, 의부증) - 부모, 형제 초청에 대한 과도한 요구 - 성생활기피 - 임신기피
자녀문제	• 부모-자녀관계 문제 - 자녀와의 의사소통 어려움으로 오는 갈등 - 어머니를 무시하는 자녀의 태도 - 재혼인 경우 전처의 자녀와의 관계 어려움 - 자녀학습에 대해 지도해주지 못하는 아쉬움과 미안함 - 학령기 자녀의 학교 및 가정생활지도

	• 자녀양육문제 - 여성결혼이민자의 한국어 미숙으로 인한 자녀의 언어발달지연 - 자녀 교육기관과의 의사소통의 어려움 - 자녀의 정체성 혼란에 대한 문제해결능력 부족 - 남편의 전처자녀의 양육 및 관계문제 - 학령기 자녀의 학교생활과 또래와의 어울림(왕따)지도 문제 - 국외 체류자녀 학국입적문제 - 출산 후 신생아 및 산모의 건강문제 - 여성결혼이민자와 남편 및 시댁과의 자녀양육관 차이 - 임신과 출산, 자녀양육에 대한 지식부족 - 신생아 목욕법과 기저귀 갈기, 영양 간식, 자녀신체발달정보
고부관계문제	- 시어머니와의 의사소통의 어려움 - 지나친 사생활 간섭에서 오는 갈등 - 비인격적인 대우 - 한국 고유의 전통적인 시댁, 시누이와의 이해부족에서 오는 갈등 - 강제성을 동반한 취업 요구 또는 취업반대로 인한 고부갈등문제 - 남편과의 갈등이 시부모와의 갈등문제로 비화되는 경우 - 결혼이민여성이 본국의 어머니를 초청하여 한 집에서 함께 거주하는 경우 - 다문화가족지원센터 이용 시 시부모가 교육장에 나와 감시 - 아이에 대한 시어머니의 무관심
폭력(가정 · 성)문제	- 남편의 지나친 음주와 폭력 및 자녀의 정서불안 문제 - 시아버지의 폭력 - 음주 후 배우자의 성행위 강요 - 의사소통 부족으로 인한 감정교류 차단 및 폭력적 성생활, 그로 인한 스트레스 - 인신 및 출산강요 - 과도한 성관계 요구 또는 성생활 거부 문제 - 많은 나이 차이와 문화적 차이에서 오는 성생활 불만
경제 · 취업문제	- 남편의 경제적 상실이나 생활력 부족으로 인한 가정경제의 어려움 - 부인의 경제적 권한이 전혀 없거나 개인용돈을 전혀 주지 않음에 따른 고충 - 결혼이민자 여성의 친정에 대한 경제적 지원으로 인한 갈등 - 배우자의 과도한 소비로 인한 가정경제의 어려움 - 결혼이민여성은 본국에 송금하기 위해 취업을 원하는 반면 남편은 경제력 부족으로 아내의 송금을 반대하는 문제 - 직장에서 남편의 급여가 연체되거나 남편의 실직에 따른 어려움 - 남편의 취업상담, 취업교육에 대한 문의 - 의사소통 능력이 부족한데도 무조건 돈을 벌고자 하는 의욕만 있는 경우

이혼문제	- 배우자의 외도 및 가정생활 소홀로 인한 이혼청구 - 결론중개업소의 잘못된 정보로 인한 이혼청구 - 임신 중 친자의심으로 인한 이혼청구 - 남편의 경제력 상실과 폭력으로 인한 이혼청구 - 이혼 후 자녀양육문제 - 이혼관련 필요서류 및 절차 문의 - 결혼이민여성의 가출・무단귀국으로 인한 남편의 이혼소송
체류・국적문제	- 이혼 후 한국체류에 관한 상담 - 결혼이민자의 친지초청 및 체류관련상담 - 국적취득과 절차에 대한 문의사항 - 외국인 등록증 연장 - 시댁가족이나 남편이 여권이나 외국인등록증을 본인에게 주지 않고 가지고 있는 문제 - 여성결혼이민자의 국적취득에 관해 남편의 동의 기피와 불합리함에 대한 상담
인권문제	- 남편과 시댁식구들의 결혼이민자 여성에 대한 비인간적 대우(외출금지, 언어폭력, 신체학대) - 결혼이민자 여성의 사회적인 편견과 무시로 인한 어려움 - 무시당하는 느낌과 우울증 - 부인이나 며느리를 일꾼이나 파출부 개념으로 대접 - 한국말 모른다는 이유로 하여 집안에 거의 감금상태로 지내게 하는 경우

출처: 전국다문화가족사업지원단(2008), 다문화가족 상담가이드북.

제3절 다문화가족의 지원 정책 및 사업현황

다문화가족지원 정책이 우리나라에서 범정부 차원에서 시작된 것은 2006년 4월에 개최된 국정과제회의에서 "여성결혼이민자 가족 사회통합 지원 대책"이 수립되면서부터였다. 이 대책에는 12개의 관련 중앙부처가 총 7개 과제와 27개소 과제를 분류하여 시행하도록 하였으며, 당시 여성가족부가 다문화가족지원사업을 총괄하여 수행하였다. 또한, 지역사회 내 다문화가족지원을 위한 전담기관으로 다문화가족지원센터가 설치・운영되었으며, 2006년에 21개소에서 시작하여 2011년 200개소 설치를 앞두고 있을 만큼 그 수가 증가하였다. 이어서 2007년 12월에 여성가족부 가족통합팀이 신설되면서 중앙부처 차원의 다문화가족 업무 전담부서가 설립되었으며, 2008년 3월에 새정부 조직개편과 함께 보건복지가족부에 신설된 다문화가족과에서 다문화가족지원사업을 전담하게 되었다. 그러나 이후 2010년부터 보건복지가족부가 보건복지부로 여성부가 여성가족부로 개편되면서 다문화가족과는 다시 여성가족부로 이관되었고, 2011년 중앙정부의 다문화가족지원사업은 8개부처(여성가족부, 법무부, 교육과학기술부, 고용노동부, 행정안전부, 문화체육관광부, 농림수산식품부, 방송통신위원회)에서 29개 세부사업을 수행하고 있다.

우리나라의 다문화정책은 「다문화가족지원법」, 「재한외국인처우기본법」, '다문화가족지원정책 기본계획(2010-2012)' 등에 근거하여 동화주의적 관점에서 '열린 다문화사회를 만드는 것'을 목적으로 하고 있다. 또한, 다문화가족에 대한 지원 내용은 대부분 이주여성의 적응과 사회적 갈등을 야기하지 않도록 사회적 통합에 맞추어져 있으며, 오히려 다양한 문화의 공존과 소수자들의 문화를 이해하기 위한 정책 마련은 미흡한 채 여성결혼이민자로 하여금 한국어와 한국문화 정체성 확립과 같은 주류문화로의 빠른 동화를 위한 정책들이다(오세영, 2010). 물론 한국어와 한국문화에 대한 조기습득은 사회생활에서 소외감과 이질감을 극복하는 데 도움을 줄 수 있으나 반대로 여성결혼이민자의 특성은 무시한 채 무조건적인 적응을 위한 정책과 사업은 가족 내에 불평등을 조성하여 여성결혼이민자를 포함한 가족의 건강성을 약화시킬 수 있을 것이다.

다문화가족을 위한 지원 정책 및 사업은 다문화가족의 특성이나 욕구를 반영하여 다문화가족이 건강한 생활을 영위할 수 있도록 구성되어야 하며, 그것이 실현될 때 개인, 가족, 사회체계의 상호연계를 통해 건강한 가족과 건강한 사회를 이룰 수 있을 것이다.

그러면 현재 다문화가족을 지원하는 정책과 사업을 부처별로 살펴보면 다음과 같다.

1. 다문화가족 관련법

여성결혼이민자 및 다문화가족을 위한 법·제도는 「출입국관리법」, 「재한외국인처우기본법」 등이 있고, 결혼이민자를 위한 규정으로 「국적법」, 「결혼중개업의 관리에 관한 법률」, 「다문화가족지원법」 등이 있다.

이러한 현행법들은 결혼이민자의 사회정착단계에 따른 제도적 장치들로, 여성결혼이민자와 다문화가족의 사회통합을 목적으로 하고 있다. 결혼중개소를 통해 한국인과 결혼하게 되는 결혼이민자는 먼저 「결혼중개업의 관리에 관한 법률」의 규정을 받게 되며, 결혼을 전후하여 한국으로 입국하여 체류하게 되면 「출입국관리법」의 규정을 받는다. 결혼이민자가 국적을 취득하기 전의 기간 동안은 외국인의 신분으로 「재한외국인처우기본법」의 규정을, 국적을 취득할 경우 「국적법」에 의거한다. 또한 결혼이민자가 가족을 구성하게 되면 「다문화가족지원법」의 지원을 받게 된다.

「다문화가족지원법」(제정 2008. 3. 21., 시행 2008. 9. 22.)은 다문화가족구성원의 안정적인 가족생활을 통해 삶의 질 향상과 사회통합에 기여함을 목적으로 하고 있다. 이 법은 외국인 중에서 결혼이주로 만들어진 다문화가정의 구성원들이 안정적인 가족생활을 영위하는 데 필요한 제도와 여건에 관한 중앙정부와 지자체의 각종 조치와 지원을 규정하고 있다. 이 법에 의해 2008년 이후 이주 외국인, 특히 다문화가족에 대한 다문화정책의 제도적 틀이 마련되었고, 법적 기반은 더욱 공고해졌다. 그러나 이 법은 다문화가족을 지원하기 위해 가장 기본이 되는 법으로 그 궁극적인 방향과 목적을 제시하였다는 점에 있어서는 의미가 있으나 실질적으로 다문화가족을 지원하는 데에는 한계가 있다.

「결혼중개업의 관리에 관한 법률」(제정, 2007. 12. 14., 시행 2008 .6. 15.)은 결혼중개업의 건전한 지도육성과 이용자 보호를 통한 건전한 결혼문화 형성을 목적으로 하고 있다. 이 법은 국제결혼을 알선하고 중개하는 과정에서 야기된 인권침해 및 부정적인 사안을 예방하고 대체하기 위한 제도적 안전망을 포함하고 있다. 본 법률은 여성결혼이민자에게 예비 배우자 및 시댁가족에 대한 정확한 신상 정보를 제공할 수 있도록 하여 문제가 있는 결혼중개업소의 경우 시정명령, 영업정지, 폐쇄조치 등의 규정을 두고 있어 여성결혼이민자가 예비 배우자 및 시댁가족에 대한 신뢰와 한국의 법과 제도에 대한 신뢰를 높일 수 있도록 돕는다. 그러나 이 법은 처벌규정의 실효성, 제도시행의 가능한 담당인력의 확보, 관련 부처 간 업무협력, 관련 국가 간 협력체계 등의 감독관리기능의 강화가 필요하며, 국제중개업의 위법, 탈법에 대한 강력한 처벌규정이 보완되어야 한다.

「출입국관리법」(개정 2005. 8. 4.)은 대한민국에 입국하거나 대한민국으로부터 출국하는 모든 국민 외국인의 출입국관리와 대한민국에 체류하는 외국인의 체류관리 및 난민인정절차에 관한 사항을 규정하고 있다. 다른 외국인과 마찬가지로 결혼이민자는 입국 시 「출입국관리법」에 따라 해당 지역의 출입국관리사무소에 '외국인' 등록을 하게 되며, 일정기간 국내에 체류, 혼인생활을 유지하는 경우 한국국적 취득이 가능하도록 되어 있다.

「국적법」(개정 2005. 7. 5.)은 결혼이민자가 대한민국 국민이 되는 요건을 정하는 법률이다. 결혼이민자는 한국인과 혼인 후 2년까지 외국인으로서의 지위를 갖고, 1년을 거주한 뒤에만 체류연장 절차를 밟아 영주자격(F-5)이나 한국국적 신청(간이귀화)이 가능하다. 그러나 이 조건 때문에 결혼이민자의 경우 결혼 후 2년간의 부부관계가 위계적인 관계로 작용할 수 있으며, 혼인관계가 중단된 결혼이민자는 체류연장 및 귀화신청이 불가능하므로 자녀양육 및 결혼이민자의 기본생계가 보장되지 않는다. 결국 「국적법」이나 「출입국관리법」은 결혼이민자를 국민의 한 사람으로 존중하기보다 국적을 얻기 위한 기간과 혼인관계 규정을 둠으로써 평등하고 건강한 부부관계의 형성을 저해하는 요소가 될 수 있다. 그러므로 이러한 법 규정은 여성결혼이민자의 남편과 시댁가족에 대한 신뢰 및 법 제도에 대한 신뢰를 저해할 수 있는 요인이 될 것으로 여겨진다.

이상의 다문화가족 관련법을 살펴보면 다문화 사회 진입에 부응하여 「다문화가족지원법」, 「결혼중개업의 관리에 관한 법률」, 「출입국관리법」, 「국적법」 등을 제정 하였으나 결혼이민자의 한국사회적응을 위한 기본적인 법적 기반을 이루었을 뿐 실질적으로 결혼이민자가 배우자 및 시댁가족 그리고 한국사회와 법제도에 대한 신뢰를 형성하기에는 한계가 있다고 보인다. 또한, 결혼이민자의 한국사회 적응에 필요한 네트워크 및 참여를 실질적으로 지원하는 법적 규정이 없어 이에 대한 실질적인 법 제정이 요구된다고 할 수 있다.

2. 정부의 다문화가족지원사업

우선 정부부처별 여성결혼이민자를 지원하기 위한 사업을 살펴보면 다음의 〈표 10-6〉~〈표 10-14〉와 같다.

1) 법무부 소관 사업

법무부의 다문화가족지원사업은 국제결혼 안내 프로그램, 해피스타트 프로그램, 사회통합프로그램, 결혼이민자 네트워크, 정부합동고충상담, 시설종사자 다문화이해제고 사업 등을 실시하고 있다. 먼저 국제결혼 안내 프로그램은 대한민국 국민 중 법무부 장관이 고시한 국가의 국민과 국제결혼을 하려 하거나 이미 국제결혼을 한 상태에서 외국인 배우자를 초청하려는 사람을 대상으로 국제결혼 관련 현지 국가의 제도, 문화, 예절정보 등 소개, 결혼사증 발급절차 및 심사기준 등 정부정책 소개 등을 안내해 주는 프로그램이다. 해피스타트 프로그램은 신규결혼이민자대상으로 한국사회 적응에 필요한 기초생활정보제공, 선배 결혼이민자와 만남 등을 연계한다. 사회통합프로그램은 이민자 및 국민을 대상으로 한국어 교육을 초급, 중급, 고급으로 나누어 제공한다. 결혼이민자 네트워크는 출신국가지역별 결혼이민자 네트워크를 통해 정보 공유, 커뮤니티 조성을 도모하고 정부합동고충상담은 재한외국인을 대상으로 고충상담, 무료법률지원, 무료 건강검진 등을 제공한다. 마지막으로 다문화 관련 시설종사자에 대한 다문화이해제고 교육 등을 실시하고 있다.

| 표 10-6 | 법무부의 다문화가족 지원사업

지원명	대 상	지원내용
국제결혼 안내 프로그램	대한민국 국민 중 법무부 장관이 고시한 국가의 국민과 국제결혼을 하려 하거나 이미 국제결혼을 한 상태에서 외국인 배우자를 초청하려는 사람	• 3시간 과정으로 국제결혼 관련 현지 국가의 제도, 문화, 예절정보 등 소개 • 결혼사증 발급절차 및 심사기준 등 정부정책 소개 • 전국 15개 출입국관리사무소 내 이민통합지원센터가 지정한 장소(2011년 3월7일부터 국제결혼 안내프로그램 이수 의무화)
해피스타트 프로그램	신규결혼이민자대상 최초입국 후 외국인등록(3개월)이전	• 한국사회 적응에 필요한 기초생활정보제공 • 선배 결혼자와 만남 • 최초 체류기간 연장 시 2년 부여
사회통합프로그램-언어 (한국어과정)	이민자 및 국민	• 1,2단계(초급), 3,4단계(중급), 5단계(고급) • 각 단계별 100시간
결혼이민자네트워크	결혼이민자	• 출신국가지역별 결혼이민자 네트워크를 통해 정보공유, 커뮤니티 조성
정부합동고충상담 실시	재한외국인	• 고충상담, 무료법률지원, 무료건강검진
시설종사자: 다문화 이해제고	다문화 관련 종사자	• 공무원, 경찰, 다문화 시설 종사자 등

출처: 김유경 외(2013). 다문화가족 지원기준 개선방안 연구 재구성. 한국보건사회연구원.

2) 교육부 소관 사업

교육부의 다문화가족지원사업은 예비학교 운영, 대학생 멘토링, 진로진학지도, 이중언어강사 양성사업, 학교: 다문화 이해제고, 한국어교육과정(KSL) 등이 있다.

예비학교 운영사업은 다문화가정의 아동을 대상으로 정규학교 배치 전 사전 적응 교육을 실시하는 것이고, 대학생 멘토링 사업은 다문화가정의 자녀에게 기초학력 향상 및 학교적응력증진을 지원하는 프로그램이다. 또한, 진로진학지도는 다문화가정의 초중고생에게 수학 · 과학, 언어, 예체능 우수학생 육성프로그램을 운영하고, 고등학생을 위한 직업교육 프로그램을 운영하는 것이다. 이중 언어강사 양성사업은 이중 언어 구사능력을 갖춘 다문화가정 학부모를 이중언어강사로서 양성하는 교육프로그램이다. 다문화 이해제고 프로그램은 유치원, 어린이집교재 및 초, 중등교과서 다문화교육을 실시하는 프로그램이고, 한국어교육과정(KSL)은 다문화학생이 다수 재학하는 학교에서 방과후 혹은 정규수업 중 한국어 교육을 추가적으로 받을 수 있도록 하는 프로그램이다.

| 표 10-7 | 교육부의 다문화가족 지원사업

지원명	대 상	지원내용
예비학교 운영	학령 전 아동 다문화가정의 아동	정규학교 배치 전 사전 적응 교육 (2012년 26개소)
대학생 멘토링	다문화가정의 자녀	기초학력 향상 및 학교적응력증진
진로진학지도	다문화가정의 초중고생	수학 · 과학, 언어, 예체능 우수학생 육성프로그램을 운영하고, 고등학생을 위한 직업교육 프로그램 운영
이중언어강사 양성사업	이중언어 구사능력 갖춘 다문화가정 학부모	이중언어강사 양성 교육
학교: 다문화 이해제고	학생	유치원, 어린이집교재 및 초.중등교과서 다문화교육내용 포함
한국어교육 과정(KSL)	다문화배경을 가진 학생	다문화학생이 다수 재학하는 학교에서 방과후 혹은 정규수업 중

출처: 김유경 외(2013). 다문화가족 지원기준 개선방안 연구 재구성. 한국보건사회연구원.

3) 고용노동부 소관사업

고용노동부의 다문화가족지원사업은 결혼이민자 취업지원을 위해 결혼이민자 집중거주 지역을 중심으로 6개 지원기관을 선정하여 지원하고 있고, 내일배움카드제는 고용센터에서 훈련 상담을 거쳐 내일배움카드를 발급한 후 고용노동부장관이 인정한 훈련과정을 수강하도록 지원하는 것이다. 취업성공패키지는 결혼이민자, 저소득층 등 취업 취약계층을 대상으로 직업훈련 등 취업을 지원하는 프로그램이다.

| 표 10-8 | 고용노동부의 다문화가족 지원사업

지원명	대 상	지원내용
결혼이민자 취업지원	결혼이민자	구인구직등록 후 상담 통해 취업 알선
내일배움카드제 (직업능력 개발계좌제)	결혼이민자	고용센터에서 훈련상담을 거쳐 내일배움카드를 발급받은 후 고용노동부 장관이 인정한 훈련과정 수강 (연중수시)
취업성공패키지	결혼이민자	결혼이민자, 저소득층 등 취업취약계층 대상으로 직업훈련 등 취업지원

출처: 김유경 외(2013). 다문화가족 지원기준 개선방안 연구 재구성. 한국보건사회연구원.

4) 행정자치부 소관 사업

행정안전부의 다문화가족지원사업은 여성결혼이민자 지도자 양성교육, 다문화 IT방문 지도, 시설종사자 등을 중심으로 다문화를 이해제고 사업을 추진하고 있다. 먼저 여성결혼이민자 지도자 양성교육은 여성결혼이민자와 새마을부녀회원 간의 멘토 결연을 추진하고 지도자를 양성하는 교육이다. 또한, 다문화 IT방문 지도는 한국어와 IT 능력을 갖춘 결혼이민자를 다문화 IT방문지도사로 양성, 동일 출신 국가 다문화가정에 방문하여 IT 교육을 통해 국내 조기 정착을 도모하는 프로그램이다. 이밖에 시설종사자를 대상으로 다문화 이해제고 교육을 추진하고 있다.

| 표 10-9 | 행정자치부의 다문화가족 지원사업

지원명	대 상	지원내용
여성결혼이민자 지도자 양성교육	여성결혼이민자 및 다문화가족	여성결혼이민자와 새마을부녀회원간의 멘토 결연 추진 및 지도자 양성 교육
다문화 IT방문 지도	여성결혼이민자 및 다문화가족 8개권역(서울, 경기, 인천, 부산, 경북, 경남, 충남, 전남)	한국어와 IT 능력을 갖춘 결혼이민자를 다문화 IT방문지도사로 양성, 동일 출신 국가 다문화가정에 방문하여 IT 교육 및 국내 조기 정착 지원
시설종사자: 다문화 이해제고	다문화 관련 종사자	공무원, 경찰, 다문화 시설 종사자 등

출처: 김유경 외(2013). 다문화가족 지원기준 개선방안 연구 재구성. 한국보건사회연구원.

5) 문화체육관광부 소관 사업

문화체육관광부의 다문화가족지원사업은 한국어교육 방송제작 및 방영, 도서관 다문화 자료실 설치 및 문화·교육 프로그램 운영지원, 박물관에서 세계를 만나다, 다문화가정 독서진흥 콘텐츠서비스, 디브러리포털 다문화정보 서비스, 다문화 이해제고 교육, 초등학교 입학 전 프로그램 등이 있다. 한국어 교육 방송 제작 및 방영사업은 중국어, 베트남어, 필리핀어 이민자가 한국어 교육을 받을 수 있도록 방송하고 다문화가족 자녀를 위한 한국어 교육을 방송하는 사업이다. 또한, 공공도서관 내에 다문화 자료실을 11개관 설치하고 공공·작은 도서관에서 다문화 관련 문화·교육을 총 40개관에서 할 수 있도록 운영지원을 하고 있다. 그리고 '박물관에서 세계를 만나다' 프로그램은 14~16세 내국인 청소년을 대상으로 교과연계 세계문화 체험 교육이나 음식으로 배우는 다문화교육 등을 통해 타문화 인식제고 교육을 실시하고 있다. 이밖에 전래동화 및 우수그림책을 5개 국어로 번역하여 동화 구연 및 애니메이션을 제공하는 독서진흥콘텐츠서비스와 7개 언어로 구성된 다문화 정보, 다문화 책 정보, 다문화 블로그 콘텐츠를 운영하는 디브러리포털 다문화정보 서비스를 제공하고 있다. 초등학교 입학 전 프로그램으로 어린이집, 유치원의 특별활동 등을 통해 진행하는 교육과 학생과 다문화 관련 종사자 대상 다문화 이해제고 교육 등을 실시하고 있다.

| 표 10-10 | 문화체육관광부의 다문화가족 지원사업

지원명	대 상	지원내용
한국어 교육 방송 제작, 방영	다문화가족	• 결혼이민자를 위한 한국어 교육 방송 • 방송 언어: 중국어, 베트남어, 필리핀어 • 다문화가족 자녀를 위한 한국어 교육 방송
도서관 다문화 자료실 설치 및 문화, 교육 프로그램 운영지원	다문화가족, 외국인, 일반 국민	• 공공도서관내 다문화 자료실 설치(총11개관) • 공공·작은도서관에서 다문화 관련 문화·교육프로그램 운영지원(총 40개관)
박물관에서 세계를 만나다	일반 국민 (14~16세 청소년)	• 내국인을 대상으로 하는 타문화 인식제고 교육 - 교과연계 세계문화 체험 교육 - 음식으로 배우는 다문화교육
다문화가정 독서 진흥 콘텐츠서비스	다문화가족, 외국인, 일반 국민	• 전래동화 및 우수그림책 5개 국어 번역 동화구연 및 애니메이션 제공 - 중국어, 베트남어, 영어, 태국어, 몽골어
디브러리포털 다문화정보 서비스	다문화가족, 외국인, 다문화관련 실무자 및 연구자, 일반국민	• 다문화 정보(7개 언어), 다문화 책정보, 다문화블로그 콘텐츠 운영 - 한국어, 영어, 일본어, 중국어, 태국어, 베트남어, 타갈로그어
학교: 다문화 이해 제고	학생	유치원, 어린이집교재 및 초.중등교과서 다문화 교육내용 포함
시설종사자: 다문화 이해제고	다문화 관련 종사자	공무원, 경찰, 다문화 시설 종사자 등
초등학교입학 전 프로그램	학령 전 아동 다문화가정의 아동	어린이집, 유치원의 특별활동 등을 통해 준비

출처: 김유경 외(2013). 다문화가족 지원기준 개선방안 연구 재구성. 한국보건사회연구원.

6) 농림수산식품부 소관 사업

농림수산식품부의 다문화가족지원사업은 결혼이민여성 기초 농업교육으로 농업이론 및 현장체험교육을 실시하고 1:1 맞춤농업교육은 농촌지역 여성결혼이민자에게 전문 여성농업인을 멘토로 연계해 1:1 맞춤 농업교육을 지원하는 것이다. 또한, 농촌정착지원과정은 가족단위로 참여하는 농촌정착지원 교육을 제공하는 것이고 공무원, 경찰, 다문화 시설 종사자 등 다문화 관련 종사자를 위한 다문화 이해제고 교육을 실시하고 있다.

| 표 10-11 | 농림수산식품부의 다문화가족 지원사업

지원명	대 상	지원내용
결혼이민여성 기초 농업교육	농촌지역거주 여성결혼이민자	농촌지역 여성결혼이민자 대상 농업이론 및 현장체험교육 실시
1:1 춤농업교육	거주기간 1년 이상 실제 영농활동에 종사하는 농촌지역 여성 결혼이민자	농촌지역 여성결혼이민자에게 전문여성농업인(멘토)을 연계하여 1:1 맞춤 농업교육
농촌정착지원과정	가족단위(결혼이민자와 그 배우자, 시부모, 자녀 등)로 참여(2~4인)	가족단위로 참여하는 농촌정착지원교육
시설종사자: 다문화 이해제고	다문화 관련 종사자	공무원, 경찰, 다문화 시설 종사자 등

출처: 김유경 외(2013). 다문화가족 지원기준 개선방안 연구 재구성. 한국보건사회연구원.

7) 국방부 소관 사업

국방부 다문화가족지원사업은 간부 및 병사를 대상으로 다문화교육을 실시하여 소수종교자를 배려할 수 있도록 하며 다문화가족 병영체험 등을 실시하고 있다.

| 표 10-12 | 국방부의 다문화가족 지원사업

지원명	대 상	지원내용
병영환경조성	간부 및 병사	군 대상 다문화교육 실시 소수종교자 배려 다문화가족 병영체험실시 등

출처: 김유경 외(2013). 다문화가족 지원기준 개선방안 연구 재구성. 한국보건사회연구원.

8) 보건복지부 소관 사업

보건복지부 다문화가족지원사업은 영유아 보육료 지원사업 및 어린이집 미이용 아동에 대한 지원으로 연령에 따라 무상보육지원을 하고 있다. 또한, 인지능력향상 독서도우미 서비스로 주1회 독서도우미가 방문하여 책 읽어 주는 프로그램을 지원하고 있다. 국내거주 외국의료인 진료코디네이터 양성사업을 통해 외국인 환자 유치 및 응대에 필요한 진료코디네이터 양성 교육과 결혼이민자와 자녀를 위한 무료 정신 건강 상담서비스를 정신보건센터에서 제공하고 있다. 외국인근로자 등 소외계층 의료서비스 지원으로 입원 및 외래수술 총 진료비, 임산부 산전 진찰비, 아동 외래 진료비 등을 지원하고 있으며, 결혼이민여성의 건강증진을 위해 보건소 통역서비스 및 교육자료 제공 및 여성결혼 이민자 자조모임을 지원하고 있다. 이밖에 다문화 이해제고를 위해 유치원, 어린이집 교재 및 초·중등교과서 다문화교육내용을 포함하고 있다.

| 표 10-13 | 보건복지부의 다문화가족 지원사업

지원명	대 상	지원내용
영유아 보육료 지원사업	만 0~2세 보육료	전 계층(소득·재산 수준과 무관) 만 0세 394천 원, 만 1세 347천 원, 만 2세 286천원
	만 3~5세 보육료	전 계층(소득·재산 수준과 무관) 만 3~5세 220천 원
	장애아보육료	만 12세 이하 장애아동(소득·재산 수준 무관) 394천 원 *장애아누리과정(만 3~5세) 414천 원
어린이집 미이용 아동에 대한 지원	어린이집, 유치원, 돌봄서비스 미이용 시	만 0~5세 전 계층 아동 소득재산 수준 무관 만 0세 200천 원, 만 1세 150천 원 만 2세 100천 원, 만 3세~취학 전 100천 원
	농어촌양육수당	취학 전 만 5세 이하, 농어촌 지역 거주 어린이집·유치원 미이용 농어업인가구의 가정 양육 아동 만 0세 200천 원, 만 1세 177천 원 만 2세 156천 원, 만 3세 129천 원 만 4세~취학 전 100천 원
	장애아동양육 수당	어린이집·유치원을 이용하지 않는 취학 전 만 5세 이하 등록 장애아동은 소득수준 무관 양육수당 지원 만 0~2세 200천 원, 만 3세~취학 전 100천 원
인지능력향상 독서도우미	만 2~6세 일반자녀 및 다문화가족 자녀 (월평균 가구소득 100% 이하)	주 1회 독서도우미 방문, 책읽기 서비스 제공
국내거주 외국의료인 진료코디네이터 양성사업	국내거주 외국인 의료관련 인력으로 한국어 구사가 가능한 자(중국·몽골·베트남 등)	외국인 환자 유치 및 응대에 필요한 진료코디네이터 양성 교육(중국·몽골·베트남 등)
학교: 다문화 이해제고	학생	유치원, 어린이집교재 및 초.중등교과서 다문화 교육내용 포함

정신보건센터	결혼이민자와 자녀	무료 정신 건강 상담서비스 제공
결혼이민여성 건강증진	여성결혼이민자	보건소 통역서비스 및 교육자료 제공, 여성결혼 이민자 자조 모임 지원
외국인근로자 등 소외계층 의료서비스 지원	의료혜택을 받을 수 없는 외국인근로자 및 그 자녀, 국적 취득 전 여성결혼 이민자 및 그 자녀, 난민 및 그 자녀	입원 및 외래 수술 총 진료비, 임산부 산전진찰비, 아동 외래 진료비 등 * 건강보험 미가입자

출처: 김유경 외(2013). 다문화가족 지원기준 개선방안 연구 재구성. 한국보건사회연구원.

9) 여성가족부 소관 사업

여성가족부의 다문화가족지원사업은 한국어교육서비스, 다누리 콜센터, 언어 영재교실, 언어발달서비스, 자녀생활서비스, 부모교육서비스, 중도입국청소년, 결혼이민여성 인턴 운영, 결혼이민여성 직업교육 훈련, 여성새로일하기센터 결혼이민여성 인턴, 여성새로일하기센터 직업교육훈련, 이주여성긴급지원센터, 이주여성보호시설, 다문화 이해제고, 찾아가는 가족사랑 치과진료소, 초등학교 입학 전 프로그램 등을 추진하고 있다. 먼저 결혼이민자를 대상으로 한 한국어교육, 가족상담 및 정서지원, 한국생활 정보제공 등을 위한 한국어교육 서비스를 제공하고 있고 다누리 콜센터를 운영함으로써 다문화가족지원센터의 사업안내, 한국생활 정보제공, 다문화가족 복지서비스 안내, 생활통역 제공 등이 이루어지고 있다. 언어영재교실은 다문화가족 자녀 만 3세~초등학교 재학생, 비다문화가족자녀, 배우자·시부모 등의 가족구성원을 대상으로 결혼이민자 출신국 언어와 문화 수업을 받을 수 있도록 지원하고 있다. 언어발달서비스는 만 12세 이하 다문화가족 자녀를 대상으로 언어평가를 실시하여 언어교육을 제공하고 자녀생활 서비스로 만 3~12세 다문화가족 자녀에게 독서코칭, 발표토론, 숙제지도, 기본 생활습관, 건강 및 안전, 가정생활, 진로지도 등을 지원하고 있다.

또한, 자녀를 양육하는 결혼이민자에게 부모교육 서비스를 제공하고 있고, 중도입국청소년을 위한 멘토링, 기초생활한국어, 교우관계 및 정체성, 진로, 학과 지도 등을 제공하고 있다. 여성결혼이민자의 취업과 자아실현을 위해서는 결혼이민자 인턴, 결혼이민 여성 직업교육 훈련, 여성새로일하기센터 결혼이민여성 인턴, 여성새로일하기센터 직업교육훈련

프로그램 등이 실시되고 있다. 이밖에 결혼이민자 가정의 폭력 및 성폭력 등의 문제를 해결하기 위한 이주여성긴급지원센터와 이주여성보호시설 등이 운영되고 있으며, 찾아가는 가족사랑 치과진료와 초등학교 입학 전 프로그램 등이 추진되고 있다.

| 표 10-14 | 여성가족부의 다문화가족 지원사업

지원명	대 상	지원내용
한국어교육 서비스	결혼이민자 (입국 5년 이하)	한국어교육, 가족상담 및 정서지원, 한국생활 정보제공
다누리 콜센터	다문화가족, 결혼이민자 및 자녀	국내 거주 다문화가족에게 다문화가족지원센터 사업 안내, 한국생활 정보제공, 다문화가족 복지 서비스 안내, 생활통역 제공
언어 영재교실	다문화가족 자녀(만3세~초등학교 재학생), 非다문화가족자녀, 다문화가족(배우자, 시부모 등)도 참여 가능	결혼이민자 주요 출신국 언어 및 문화 수업 ※ 중국어, 베트남어, 일본어, 러시아어, 몽골어, 캄보디아어
언어발달 서비스	다문화가족 자녀 (만 12세 이하)	언어평가(초기) 및 언어교육(개별교육/모둠교육)
자녀생활 서비스	다문화가족 자녀 (만 3~12세)	독서코칭, 발표토론, 숙제지도, 기본 생활습관, 건강 및 안전, 가정생활, 진로지도 등
부모교육 서비스	만 3~12세 이하의 자녀를 양육하는 결혼이민자	• 부모성장, 부모자녀 관계 형성, 영양 및 건강관리, 학교·가정생활지도 • 생애주기별 3회 서비스 지원(임신·신생아기, 유아기, 아동기)
중도입국 청소년 Rainbow	중도입국 청소년 (9~24세)	멘토링, 기초생활한국어, 교우관계 및 정체성, 진로, 학과 지도 등
결혼이민여성 인턴운영	다문화가족, 여성결혼이민자와 자녀, 한부모가족, 조손가족 등 취약가족의 자녀와 그 보호자	여성결혼이민자 채용기관에 지원금 지원하여 인턴으로 연결되도록 함
결혼이민 여성 직업교육 훈련	여성새로일하기센터에 등록된 구직희망 여성결혼이민자	여성새로일하기센터에서 운영 중인 직업훈련과정 제공
여성새로 일하기센터 결혼이민여성 인턴	여성새로일하기센터에 구직등록한 여성결혼이민자	여성새로일하기센터를 통하여 여성결혼이민자인턴으로 사업장

여성새로일하기센터 직업교육훈련	취업을 희망 여성결혼이민자 중 여성새로일하기센터에 구직 등록한 자	여성새로일하기센터(100개소)에서 운영 중인경력단절여성 대상
이주여성 긴급지원센터	결혼이민자 가정폭력, 성폭력, 성매매 등 피해 여성	긴급지원 및 보호시설, 경찰, 병원 등 유관기관 연계
이주여성 보호시설	가정폭력, 성폭력, 성매매 등 피해 이주여성 및 동반 아동	일시 보호, 상담, 의료, 법률, 출국 지원
시설종사자: 다문화 이해제고	다문화 관련 종사자	공무원, 경찰, 다문화 시설 종사자 등
찾아가는 가족사랑 치과진료소	다문화가족, 여성결혼이민자와 자녀, 한부모가족, 조손가족 등 취약가족의 자녀와 그 보호자	무료 구강검진, 불소도포, 치과질환에 대한 (2차)심화진료
초등학교 입학 전 프로그램	학령 전 아동 다문화가정의 아동	어린이집, 유치원의 특별활동 등을 통해 준비

출처: 김유경 외(2013). 다문화가족 지원기준 개선방안 연구 재구성. 한국보건사회연구원.

이상의 정부부처별 사업은 다문화가족의 안정적인 한국사회 적응을 지원하고자 하였다는 데 의미가 있으나 건강한 다문화가족의 형성을 돕기에는 아직 여러 부분에서 문제점이 있는 것으로 보인다. 여러 중앙부처에서 다문화가족을 지원하고 있는 관계로 유사 및 중복사업이 행해지고 있고, 유사한 사업을 중앙부처에서 중복 수행할 경우, 책임소재가 불분명할 뿐 아니라 사업의 수행 기준과 성과에 대한 기준에 있어서도 부처 간 차이가 존재하는 등의 문제가 발생할 수 있을 것이다. 그러므로 유사 및 중복사업에 대한 일원화 또는 책임부처의 명확화가 필요하다.

제4절 다문화가족의 지원 방안

다문화가족을 위한 그간의 정부의 노력은 다문화가족의 사회 적응을 위해 근간이 될 만한 정책과 서비스를 구축하였다는 데 의미가 있다. 그러나 여전히 다문화가족의 대상 중

결혼이민자에 초점을 두었다는 차별성으로 시작해 프로그램의 목적과 서비스 전달의 문제, 부처별 협의 및 연계 부족의 문제 등 앞으로 다각적인 시각에서 다문화가족의 욕구조사와 더불어 그들에게 필요한 문제들을 적극적으로 해결해 가야 할 것이다.

다음은 다문화가족의 정책 및 사업 현황을 바탕으로 향후 다문화가족을 위한 지원 대책을 제시한 것이다.

1. 다문화가족 지원 범위 확대

현재 다문화가족에 대한 기준은 「재한외국인 처우 기본법」에 의한 결혼이민자와 「국적법」에 의해 출생 시부터 국적을 취득한 자로 이루어진 가족, 「국적법」에 따라 귀화허가를 받은 자와 동법에 의해 출생 시부터 국적을 취득한 자로 이루어진 가족을 의미한다. 법령의 이러한 명시로 인해 우리나라의 다문화가족에 대한 지원은 대상의 한계에 머무르고 있다. 「재한외국인 처우 기본법」에 의할 경우 적용대상은 결혼이민자, 난민, 영주권자, 전문외국인력, 외국국적동포, 이주노동자 사실혼 관계자 등 국내에 체류하는 외국인 전부를 보호대상으로 하고 있으나 현재 다문화가족 지원은 「다문화가족지원법」에 규정되어 있는 가족만을 지원대상으로 명시하고 있기 때문이다. 더구나 불법적 체류자는 보호대상에서 제외되고 있고, 북한이탈주민 가족도 별도의 지원대상으로 분리하고 있다. 따라서 현재의 다문화가족의 범위를 확대해 결혼이민자 중심의 다문화가족지원센터의 역할이 외국인근로자, 여성결혼이민자, 다문화가족 등을 지원할 수 있는 전달체계로 확대되어 다양한 다문화가족이 정책 안에서 보호 받을 수 있도록 해야 할 것이다.

2. 수요자 특성을 반영한 맞춤형 서비스 강화

다문화가족을 위한 사업은 수요자 특성을 반영하지 못하고 있어 수요자 특성에 맞는 맞춤형 서비스 강화가 필요하다. 여성결혼이민자만 보더라도 다양한 나라 출신의 여성결혼이민자들이 처한 상황이 제 각각이고, 그에 따라 기대하는 정책 수요가 매우 다양하다는 점을 고려하면, 현재 정책의 특성과 한계가 뚜렷이 부각된다. 현재 정책은 한국인 남성이 국제결혼 중개업체를 통해 결혼한 베트남 · 캄보디아 · 필리핀 등 동남아시아 출신 결혼이민자와 그 자녀에 초점이 맞추어져 있다. 이를테면, 전체 결혼이민자의 약 4분의 1에 달하는 중국 조선족 결혼이민자들은 한국어 교육 수요가 거의 없다. 여성결혼이민자의 출신국, 학력수준, 한국어 구사능력, 배우자의 사회경제적 지위 등에 따라 그들이 원하는 지원 정책 수요는 제 각각이다(설동훈, 2010).

또한, 기관이 공통적으로 제공하는 프로그램은 한국어, 한국요리강습, 전통문화체험 등이 주를 이루어 일방적으로 한국문화에 적응하도록 강조한다는 문제가 있다는 지적이다. 이주여성들이 문화적 배경, 가족관계에 대한 그들의 기대를 이해하기보다 한국사회의 이상적인 가족상황을 이주여성에게 소개해서 그들이 그러한 관계를 만들어 가도록 요구하는 것이다(이오복, 2011). 그러므로 다문화가족을 위한 서비스는 그들의 특성과 욕구를 정확히 파악해 그들에게 필요한 정책과 서비스를 제공해야 할 것이다.

3. 정부부처별 유사 · 중복 사업 문제 개선

현재 11개 중앙부처의 역할과 기능이 중복되면서 예산의 비효율적 문제가 지속되고 있다. 정부부처별 다문화 중복 사업을 살펴보면 결혼이민자를 대상으로 하는 한국어 교육 서비스의 경우 여성가족부에서 실시하는 것과 법무부 사회통합 프로그램으로서 한국어 과정 프로그램이 중복되고 있으며, 다문화가족 자녀의 학교생활초기 적응을 지원하고자 여성가족부 · 문화체육관광부의 "초등학교입학 전 프로그램"과 교육부의 "예비학교 운영" 사업은 프로그램의 내용이 유사하게 이루어지고 있다. 또한, 다문화가정아동의 학습지원을 위한 교육부의 "대학생 멘토링"과 여성가족부의 "자녀생활서비스"도 사업명만 다를 뿐 유사한 지원내용으로 추진되고 있다.

일자리 제공사업의 경우, 여성가족부, 고용노동부, 교육부, 행정자치부, 보건복지부가 제 각각의 취업지원 및 일자리 개발 사업을 추진하고 있어 결혼이민자 일자리 정책이 분리되어 진행되고 있다.

결국 이러한 사업의 중복문제는 국가 예산의 낭비와 더불어 수요자인 다문화가족들에게 혼돈을 일으킬 수 있어 프로그램 참여를 저해하는 문제로 귀결될 수 있다. 그러므로 다문화가족을 위한 사업은 정책총괄부처 중심의 서비스 전달체계가 마련되어야 할 필요가 있다. 현재 다문화가족정책기본계획을 여성가족부 중심으로 하고 있으며 각 부처 간의 사업을 조정하고 역할과 기능을 명료히 하는 강력한 추진체계가 구성되어야 할 것이다. 또한, 다문화가족이라는 대상 중심의 지원에서 다문화가족의 욕구와 문제중심의 지원에 초점을 두면서 부처 간의 기능에 있어 책임의 명료화를 지향해야 할 것이다.

4. 해체 다문화가족 보호를 위한 안전장치 마련

해마다 다문화가족의 이혼율이 급증하는 것에 반해 다문화가족의 해체 후 보호를 위한 안전망이 부족하다. 현재 여성가족부는 "폭력피해 이주여성 지원사업"을 실시하여 이주여성 긴급지원센터 중앙 1개소와 지역 센터 6개소가 전부이므로 16개 시·도에 1개씩 상담소가 설치되어 가정해체 이후 결혼이민자에 대한 생활안정, 취업지원, 정서적 지지 등의 지원방안이 마련되어야 할 것이다.

특히, 다문화가족은 복합적 욕구를 가지고 있는 특성으로 인해 가족의 위기 혹은 갈등에 대한 전문적 접근이 매우 필요하다. 초기적응과 자녀의 학교적응 문제뿐 아니라 다문화가정의 가족생활의 안정적인 지원을 위해 위기가정 또는 위험에 노출된 다문화가정에 대한 가족단위 사례관리가 필요하다. 다문화가족의 사례관리로서 가족상담, 자원연결, 가족의 정신건강문제, 자녀의 학교적응 문제, 갈등 및 위기에 대한 대응 등 복합적인 욕구를 지원하기 위한 체계가 마련되어야 할 것이다.

5. 다문화 전문인력 양성을 통한 취업지원 및 효율적 운영

여성결혼이민자의 취업희망률은 86.2%로 실제 취업률인 36.9%보다 매우 높은 수치이다(보건사회연구원, 2009). 여성결혼이민자가 한국사회에서 건강한 가족을 형성하는 것과 더불어 자신의 능력을 키우고 사회적인 자아실현을 이루는 것도 새로운 환경에서 안정적으로 적응하는 데 중요한 요소가 될 것이다.

그러나 다문화가족을 지원하는 다문화가족지원센터의 취·창업 교육에 따른 일자리 연계인원은 44명으로 교육인원 대비 7.5%수준에 불과하였다(보건사회연구원, 2009). 또한, 취업교육의 직종도 다문화강사, 원어민강사 등으로 한정되어 있어 결혼이민자 개인의 특성에 맞는 맞춤형 직종 개발과 교육 그리고 적절한 취업연계가 요구된다. 마지막으로 부처별 다문화 전문인력 교육을 위한 인력양성이 유사하므로 사업 간 연계를 강화해 효율적으로 전문인력을 운영하고 「다문화가족지원법」에 다문화 전문인력 양성에 관한 법적 근거가 마련되어야 할 것이다. 이밖에 다문화가족의 가족생활 안정을 위하여 가구주 대상으로 직업훈련 및 취업연계 면에서도 관심을 갖고 강화하여야 할 필요가 있다.

6. 다문화가족에 대한 올바른 인식제고

다문화가족에 대한 올바른 인식은 더불어 사는 건강한 가족 및 사회문화 정착에 가장 근간이 될 수 있는 중요한 요소이다. 그러나 우리사회가 보수주의적인 혈통의식과 가부장성이 깊기 때문에 다문화가족에 대한 수용이 여전히 어려움을 보이고 있다.

그러므로 이를 위해 여러 차원에서 개입이 필요하다. 먼저 전체 결혼이민자의 89.2%가 여성결혼이민자이며 결혼 이후 이들에 대한 차별, 편견, 폭력 등의 인권침해가 심각하며, 남편과의 갈등 시부모 및 시댁과의 갈등이 여전하므로 가족 내 이러한 갈등을 해소할 수 있도록 피해자인 여성결혼이민자뿐 아니라 가해자 입장에 있는 한국인 남편과 시부모에 대한 교육 및 인식개선이 무엇보다 중요하다(김수연, 2010).

다음으로 다문화가족과 더불어 살고 있는 이웃, 교사, 친구, 사회복지사, 관공서 직원 등 한국인에 대한 다문화교육 및 홍보프로그램이 확대되어야 한다. 이것은 다문화가족에 대한 상호존중 및 문화적 다양성을 인정하는 사회를 지향하는 데 필요한 필수 요소이다.

이상과 같이 다문화가족의 증가가 지속되고 있는 가운데 다문화가족을 위한 사회안전망이 적절히 구축되지 않는다면 결국 사회적 취약계층을 생산하고 가족해체를 가속화시켜 우리 사회의 통합을 저해하는 시급한 사회문제가 될 것이다.

그러므로 다문화가족을 지원하기 위한 정책이 실효성을 갖기 위해서는 관련 부서 및 부처, 지자체, 관련기관들과 협의·협조체계를 강화하는 노력이 병행되어야 하며, 향후 다문화가족실태조사와 중장기 추이 및 영향 분석을 꾸준히 수행하여 중장기 차원의 정책을 효율적으로 추진해 나가야 할 것이다.

참고문헌

결혼이주여성 인권백서(2008). 적응과 폭력사이에서-결혼이주여성 실태조사 및 상담사례 모음-. 한국이주여성인권센터.

고명석(2008). “사회복지시설 종사자의 인권의식에 관한 연구”. 서울기독대학교 박사논문.

고명석(2010). 「사회문제와사회복지」. 대왕사.

고명석(2010). 「사회복지법제론」. 동문사.

고명석 외(2010). 「사회복지개론 제3판」. 대왕사.

고재욱·황진수(2013). 노인복지론. 양서원.

교육부(2013). 특수교육통계

교육부(2015). 특수교육연차보고서.

김미숙·전진아·하태경(2013). 한국아동종합실태조사. 한국보건사회연구원.

김성희·변용찬·손창균 외(2011). 「2011년 장애인 실태조사」. 한국보건사회연구원.

김성희·이연희·황주희 외(2014). 「2014년 장애인 실태조사」. 한국보건사회연구원.

김승권(2010). 한국 다문화가족의 사회경제적 특성과 정책적 함의. 보건복지포럼.

김욱외(2012). 노인복지론. 양서원.

김유경 외(2013). 다문화가족 지원기준 개선방안 연구. 한국보건사회연구원.

박희숙·강월숙·고선영(2014). 가족복지론. 공동체.

변용찬·김성희·윤상용 외(2006). 「2005년도 장애인 실태조사」. 한국보건사회연구원.

보건복지부(2005). 국제결혼 이주여성 실태조사 및 보건복지 지원 정책방안.

보건복지부(2015). 새로마지플랜.

보건복지부(2015). 장애인복지사업안내.

보건복지부(2015). 전국아동학대현황보고서. 보건복지부.

보건복지부·교육과학기술부·법무부·행정안전부·문화체육관광부·지식경제부·고용노동부·여성가족부·국토해양부·국가보훈처·방송통신위원회·중소기업청(2011). 제4차 장애인정책종합계획 2013~2017.

보건사회연구원(2009). 전국다문화가족실태조사 연구.

설동훈(2010). 다문화가족정책의 현황과 과제. 참여연대사회복지위원회 월간 복지동향 138. 13-17.

신경희(2004). 국제결혼가족의 부부갈등요인에 관한 연구.-한국 남성과 필리핀 여성의 부부관계를 중심으로-. 조선대학교 정책대학원 석사학위논문.

양선화(2004). 상담사례에서 본 국제결혼 이주여성의 삶. 광주전남지역 국제결혼 이주여성 실태보고 및 토론회. 광주여성의 전화 부설 가정폭력상담소 자료집.

오정수·정익중(2008). 아동복지론. 학지사.

이종복 외(2012). 노인복지론. 글로벌복지문화연구회 편.

장인협·오정수(1999). 아동·청소년복지론. 서울대 출판부.

전국다문화가족사업지원단(2008). 다문화가족 상담가이드북.

전미선(2009). 여성결혼이민자가 경험한 가정폭력 현상과 복지서비스 개선방안: 서울 및 수도권 거주자 사례연구에 기반하여. 경희대학교 행정대학원 석사학위청구논문.

정예리(2011). 해체가족 여성결혼이민자와 그 자녀의 삶; 필리핀 여성을 중심으로. 중앙대학교 대학원. 박사학위청구논문.

주성훈(2010). 다문화가족지원사업 문제점과 개선과제. 국회예산정책처.

통계청(2010). 인구동태통계연보.

통계청(2013). 다문화인구동태통계.

통계청(2013). 한국의 사회동향 2012.

통계청(2014). 인구주택총조사 및 2005~2030 장래가구추계.

통계청(2015). 경제활동인구조사.

통계청(2015). 발생유형별요보호아동현황. 보건복지부.

통계청(2015). 보건복지통계연보.

통계청(2015). 총 이혼건수 및 조이혼율.

한국보건사회연구원(2014). 한국복지패널조사.

한국장애인개발원(2013). 장애인 편의시설 설치 실태조사.

Duckworth, D., The Classification and Measurement of Disablement, London : HMSO, 1983.

Kadushin, A., J. Martin, Child Welfare Services, Macmillan, N.Y., 1988.

WHO, International Classification of Impairmets, Disabilities, and Handicaps, Geneva : WHO, 1980.

저자소개

■ **대표저자 고명석**

명지대학교 사회복지학 석사, 케어복지고위 지도자과정 수료
서울기독대학교 문학박사
명지대학교 사회복지학과 객원교수
명지대학교 보건복지부위탁 사회복지사양성 과정 주임교수
국가인권위원회 전문상담위원
한국인권사회복지학회 이사
한국교정사회복지학회 이사
사단법인 한국개인운영신고시설협회 명예회장
국민건강보험공단 서대문 노인장기요양등급 판정위원장
사회복지법인 '세림복지재단' 이사
사회복지법인 '함께하는세상' 이사
사단법인 '자기고용지원연구소' 대표이사
이천시장애인종합복지관장

■ **공동저자 김경원**

성신여자대학교 가족학 석사, 가족학 박사
명지대학교 사회복지학 석사
명지대학교 보건복지부위탁 사회복지사양성 과정 객원교수
명지대학교 방목기초교육대학 외래교수
명지전문대학 외래교수

■ **공동저자 박선민**

성신여자대학교 가족학 석사, 가족학 박사
명지대학교 보건복지부위탁 사회복지사양성 과정 외래교수
서울여성가족재단 위촉연구원
동대문건강가정지원센터 상담팀장
북부지방법원 협의이혼 상담위원
양성평등전문강사
광운대학교 대학원 외래교수

가족복지론

초판 1쇄 발행 / 2016년 7월 1일
초판 2쇄 발행 / 2018년 2월 25일
초판 3쇄 발행 / 2019년 7월 31일

공저자 / 고명석 · 김경원 · 박선민
발행인 / 이 중 수
발행처 / **동 문 사**

서울특별시 서대문구 홍제원 1길 12
(홍제동 137-8)
Tel : 02)736-3718(대), 736-3710, 3720
Fax : 02)736-3719
등록번호 : 1974.04.27 제9-17호
가격 : 19,000원

ISBN : 978-89-8251-829-4(93330)
E-mail : dong736@naver.com
www.dongmunsa.com